《MINFADIAN》
ZONGZEBIAN
ANLI
JINGJIE

《民法典》案例精解书系

《民法典》
总则编案例精解

杨立新 ◎主编

知识产权出版社

全国百佳图书出版单位

—北京—

图书在版编目（CIP）数据

《民法典》总则编案例精解／杨立新主编 . —北京：知识产权出版社，2020.9
ISBN 978 - 7 - 5130 - 7133 - 8

Ⅰ.①民… Ⅱ.①杨… Ⅲ.①民法—总则—法律解释—中国 Ⅳ.①D923.15

中国版本图书馆 CIP 数据核字（2020）第 161205 号

责任编辑：齐梓伊   责任校对：王 岩

执行编辑：凌艳怡   责任印制：刘译文

封面设计：索晓青 张新勇

《民法典》总则编案例精解

杨立新　主编

扈　艳　副主编

出版发行：知识产权出版社 有限责任公司	网　　址：http://www.ipph.cn
社　　址：北京市海淀区气象路 50 号院	邮　　编：100081
责编电话：010 - 82000860 转 8176	责编邮箱：qiziyi2004@qq.com
发行电话：010 - 82000860 转 8101/8102	发行传真：010 - 82000893/82005070/82000270
印　　刷：天津嘉恒印务有限公司	经　　销：各大网上书店、新华书店及相关专业书店
开　　本：720mm×1000mm　1/16	印　　张：24.25
版　　次：2020 年 9 月第 1 版	印　　次：2020 年 9 月第 1 次印刷
字　　数：380 千字	定　　价：98.00 元
ISBN 978 - 7 - 5130 - 7133 - 8	

作者简介

杨立新 男，1952年1月出生，中国人民大学法学院教授，中国人民大学民商事法律科学研究中心研究员，中国民法学研究会副会长、世界侵权法学会主席、东亚侵权法学会理事长。

兼任全国人大常委会法工委立法专家委员会立法专家，参与合同法、物权法、侵权责任法、消费者权益保护法等10余部法律的起草和修订工作。2015年以来，全程参与民法典编纂工作，参加了民法典总则和分则各编的起草工作。

研究领域为民法总则、侵权责任法、人格权法、物权法、债法、婚姻家庭法和继承法。出版专著、民法教材、其他民法读物等100余部，在《中国社会科学》《法学研究》《中国法学》等刊物发表民法论文500余篇。

焦清扬 中国人民大学法学院民商法学博士。

杜泽夏 中国人民大学法学院民商法学博士。

李付雷 中国人民大学法学院民商法学博士。

扈 艳 中国人民大学法学院民商法学博士研究生。

阙梓冰 中国人民大学法学院民商法学博士研究生。

苏 烨 中国人民大学法学院民商法学硕士。

修订说明

　　本书是《民法总则案例教程》（第 2 版）的修订版，编写过程贯穿我国民法典编纂的进程。我国的民法典编纂事业几经波折，已成为几代民法学人的心愿。2014 年 10 月，党的十八届四中全会提出编纂民法典这一重大任务，民法学界非常珍惜这次难得的历史机遇，投入了极大的学术热情和精力。2017 年 3 月 15 日，第十二届全国人民代表大会第五次会议通过了《民法总则》，完成了编纂民法典的第一步任务。之后民法典分则编纂工作逐步展开，我国民法典于 2020 年全部编纂完成。民法典的编纂对于法治精神在我国的切实彰显、我国民法理论的体系化和科学化以及法律适用的统一均有重大作用。值《中华人民共和国民法总则》正式通过之时，编者就启动了《民法总则案例教程》的修订工作，结合民法总则最新的立法体例和内容，对本书的结构、内容、案例进行了调整和更新。2020 年 5 月 28 日，《中华人民共和国民法典》正式通过，编者又结合民法典的最新内容对本书进行了修改，以期对读者学习和理解《民法典》总则编我国民法基础理论有所帮助。

　　《民法总则案例教程》（第 2 版）出版于 2012 年，全书以案例解读的形式将总则编的基础理论进行了串联，以案说法的形式相较一般教科书体例更为具体直观，有利于读者对民法进行更为全面生动的学习，也受到了读者的良好反馈。本书保持了这一形式，每一节均以案例开始，围绕案例的争议焦点展开本部分民法理论的阐释，最后给出参考结论，这使得读者在阅读和学习时，基本模拟了法律适用的全过程。

　　本次修订的主要变化体现在体例、内容和案例方面。体例和内容上，本书以总则编的立法体例为指引，汲取了全国各大高校优秀法学教材的经验，本着最大程度协调民法理论与实践的原则，以民事法律关系要素为基本框架，兼容民事法律关系的静态与动态理论，共分为五编十二章，对民法总则理论进行了较为系统的梳理，将原来的四编调整为五编，增加了民事法律关系变动的内容，同时对原有民法导论的部分进行了整合和扩充，成为现在第一编基础理论部分。第一编介绍了民法的基础理论，是学习和研究民法的导论部分，较为宏观系统地介绍了民法的若干基础理论，主要包括民法概述、民法规范和民事法律关系三个部分。第二编讨论了民事法律关系的主体制度，其内容包括自然人、法人和非法人组织三个部分。第三编阐释了民事法律关系的客体，主要梳理了民事客体的种类。第四编介绍了民事法律关系的内容，以民事权利、义务与责任的线索展开。第五编介绍民事法律关系的变动，重点阐释了民事法律行为、代理和时效期间的计算。此外，随着我国审判实践的发展与司法水平的进步，除保留个别经典案例外，本书对教程案例进行了全面更新。

追求理论联系实际，将知识和实践紧密结合，使教材更加可读、便于学习是我们编写教材一直秉持的理念和追求的目标。不过，由于功力有限，距离目标还有较大差距，对于本书存在的问题，欢迎广大师生读者批评指正。

编者

二○二○年五月

目　录

第三编　民事法律关系客体

第四编　民事法律关系内容

第五编　民事法律关系变动

第一编

民法的基础理论

本编要点

  本编是学习和研究民法的导论部分，较为宏观系统地介绍了民法的若干基础理论，主要包括民法概述、民法规范和民事法律关系三个部分。具体而言，民法概述部分，从宏观上对民法的基本问题进行了介绍，主要内容有民法的概念与沿革、民法的立法宗旨与调整对象以及民法的效力范围。民法规范部分，对民法规范进行了体系化的介绍，主要内容有民法的渊源、民法的基本原则和民法的适用。民事法律关系部分，是学习民法的核心，其主要内容有民事法律关系的概念与意义、民事法律关系的类型与要素以及民事流转。

第一章　民法概述

本章知识点概要

　　本章为民法概述部分，从宏观上对民法的基本问题进行了介绍，主要内容有民法的概念与沿革、民法的立法宗旨与调整对象以及民法的效力范围。

　　民法这一概念源于古罗马法的市民法，《中华人民共和国民法典》（以下简称《民法典》）沿袭原《中华人民共和国民法通则》（以下简称原《民法通则》）第2条的规定，从调整对象的角度对民法概念下了定义，即："民法调整平等主体的自然人、法人和非法人组织之间的人身关系和财产关系。"根据是否具有实然的现实规范形式，民法概念可以分为形式上的民法和实质上的民法。一般而言，形式意义的民法就是指民法典；实质意义的民法是指所有调整民事法律关系的法律规范的总称，它包括民法典和其他民事法律规范。民法是私法、人法、权利法，并具有行为规范和裁判规范的双重意义。民法的发展经历了义务本位、权利本位到社会本位的过渡。

　　《民法典》第1条规定的是立法宗旨和立法根据，立法宗旨有保护民事权益、调整民事关系、维护社会经济秩序和适应社会经济发展需要四个方面。其中，对于民事关系的调整，有事前调整和事后调整两种方式，凭借法律的权威，对社会关系施加影响、进行规范，使之形成一种理想的社会秩序。宪法是民法的立法根据，民法依据宪法的基本规则制定，遵守宪法基本规则的规定，实现宪法的立法宗旨。

　　民法的适用范围，是指民法规范在何时、何地、对何人发生法律效力。民法对人的适用范围，是指民事法律规范对于哪些人具有法律效力。一国法律对人的效力，存在两种不同的理论：一是属人主义，即以人为标准，确定法律对人的拘束力。二是属地主义，即以领土主权为原则，根据地域标准，确定法律对人的拘束力。民法在空间上的适用范围，是指民事法律规范在地域上所具有的效力。任何国家都是根据主权、领土完整和法制统一的原则，来确定各种法律、法规的空间效力范围的。空间效力一般可以分为域内效力和域外效力。

第一节　民法的概念与沿革

案例1　违法抽沙债务案

【案情】

被告莱州盛泰货运有限公司承包了平度市九店镇苗东村前水库，被告承包后，交给原告于某组织人抽沙，原告提供抽沙船和铲车，每立方被告给原告 7 元钱，从 2010 年开始施工至 2011 年 3 月 30 日。2011 年 3 月 11 日，双方结算时，由被告会计郝某出具了欠条一张，证明欠款 19 100 元，欠条载明是抽沙款。之后原告以多次催要，被告对前述欠款一直拖延不付为由，向法院提起诉讼，请求法院判令被告给付劳务费 19 100 元。被告辩称，郝某是其会计，郝某出具的欠条系职务行为，其予以认可，但原告所诉的该笔款项其已付清。

【问题】

因违法抽沙行为产生的债权是否应该受到民法保护？

【法理分析与参考结论】

一、民法的概念和特征

（一）民法概念的语源

民法这一概念源于古罗马法的市民法，与万民法相对应。英语将其转译为 civil law。学者一般都认为，在后世，万民法成为国际法的语源，市民法则成为民法的语源，因为在罗马法中，市民法是对罗马市民适用的法律的总称，是与万民法相对应的概念。在查士丁尼制定《民法大全》时，罗马帝国对其境内的所有居民皆赋予市民权，导致市民法与万民法相互融合。中世纪以来，市民法一词成为罗马法的总称，西方学者称之为私法，曾经与教会法相对应。在法国大革命之后，市民被理解为公民，因而民法被认为是适用于全体人民的法律。①

据考，中国古代语源存在民法一词，见《尚书·孔氏传》，是指商汤时咎单所著一部著作《明居民法》，即说明居民之法，就是民法规范。② 私法意义上的民法一词出现在近代日本新旧法律体系交替之时的明治时代。③ 我国最早使用中文民法概念的是 20 世纪初叶南洋公学译书馆翻译的《日本法规大全》，将第三类法规译为"民法"。1929 年"中华民国"国民政府起草《"中华民国"民法·总则篇》，在法律中正式使用"民法"概念，直至今日。

（二）民法的概念

法律为社会生活之规范，民法为法律之一种，故亦为一种规定社会生活之规范。④ 民法概念可以分为形式意义的民法和实质意义的民法。

1. 形式意义的民法

形式意义的民法就是指民法典。民法典是按照一定的体系结构将各种基本的民事法律制度加以系统编纂，从而形成的规范性法律文件。其最基本的特点就是体系化和系统化，体现了民法的形式理性的要求，使其成为民事法律规范中的最高形式。

2014 年 10 月 28 日发布的《中共中央关于全面推进依法治国若干重大问题的决定》，将编纂民法典作为加强依法治国的重要任务之一，为此，立法机关制订了五年完成编纂民法典任务的计划。这是建设市场经济法律体系的

① 王利明：《民法总则研究》，中国人民大学出版社 2012 年版，第 5 页。
② 《尚书·孔氏传》是魏晋人伪托西汉经学家孔安国对《尚书》经文的注释，对《尚书·汤诰》的"咎单作明居"一语注释："咎单，人名，主土地之官，作《明居民法》一篇，亡。"见薛梅卿、叶峰：《中国法制史稿》，高等教育出版社 1990 年版，第 17 页。
③ 叶孝信：《中国民法史》，上海人民出版社 1993 年版，第 2 页。
④ 邓定人：《民法总则之理论与实用》，商务印书馆 1948 年版，第 1 页。

关键环节，2020 年完成编纂民法典的任务，是建立了严格的形式意义上的民法。

2. 实质意义的民法

实质意义的民法，是指所有调整民事法律关系的法律规范的总称，它包括民法典和其他民事法律规范。① 不仅包括成文的民法典，还包括一切具有民法性质的法律、法规以及判例法、习惯法。②

在我国，曾经实质意义的民法概念具有特别的意义。这不仅体现在我国民法性质的法律法规丰富，更重要的是在我国还没有完成民法典的编纂任务时，除了民法总则之外，还有合同法、担保法、物权法、侵权责任法、婚姻法、收养法、继承法等一系列民法单行法，当时实质意义的民法概念具有更为重要的意义。

（三）我国民法的概念

《民法典》沿袭原《民法通则》第 2 条的规定，从调整对象的角度对民法概念下了定义，即"民法调整平等主体的自然人、法人和非法人组织之间的人身关系和财产关系"。这一规定与原《民法通则》第 2 条规定基本相同，只是列举的民事主体增加了非法人组织，将公民改为自然人。依照这一规定界定民法概念，即民法是指调整平等主体的自然人、法人和非法人组织之间的人身关系和财产关系的法律规范的总称。

二、民法的性质和本位

（一）民法的性质

1. 民法是私法

公法和私法是历史上对法律性质的基本划分。调整公的行为即国家行为的法律是公法，是关于国家组织及国家主权行为的规范;③ 调整私的行为即个体行为的法律是私法，即所有关于人类彼此之间法律关系的规范，其确认

---

① 王利明：《民法总则研究》，中国人民大学出版社 2003 年版，第 9 页。
② 梁慧星：《民法总论》，法律出版社 1996 年版，第 2 页。
③ 黄立：《民法总则》，元照出版公司 2001 年版，第 7 页。

人类彼此间有哪些自由、权利、义务和风险。① 我国现行的经济体制是市场经济，在经济活动中主要是依靠经济规律来调整商品生产者和经营者以及个人的活动；国家对市场经济的干预，对个体行为的干预，都是通过事前规范行为标准的方法，即事前调整的方法进行的，事后调整不是主要的调整方式；商品经营者和生产者以及个体在市场经济中，还是依照自己的意志依法进行民事活动，因而民法的性质仍然是私法而不是公法。

2. 民法是人法

民法对社会关系的调整，是通过调整人的行为的方式进行的，因此，民法以人为本，把人作为基本出发点，规定自然人、法人和非法人组织的根本地位，确定合理的人性观点，依公平、正义的观念来规范人的行为，建立和谐的人际社会。民法的基本内容就是对人的关系的调整，规定人的法律地位，规定人的法律人格，规定人对市民社会利益的支配，以及对人的权利和利益的保护。这些都是把人作为市民社会的中心，人是市民社会的主宰者，一切都是以人为中心进行规范。因此，民法就是人法。

3. 民法是权利法

民法的基本内容是规定民事主体的民事权利，规定民事权利行使的规则，规定对民事权利的保护。《民法典》总则编开宗明义，第 1 条就规定其立法宗旨是"保护民事主体的合法权益"，因而整部民法就是一部民事权利法，是一部以权利为中心的法律。民法之所以是一部民事权利法，就在于整部法律的内容基本上是授权性法律规范，授予民事主体以人格权、身份权、物权、债权、继承权、知识产权、股权等权利，并鼓励民事主体行使自己的权利，当自己的权利受到损害时敢于依法寻求保护。因而，民法与主要是禁止性法律规范的刑法形成鲜明的对比。

4. 民法具有行为规范和裁判规范双重属性

行为规范是指作为人民行为的准则，裁判规范并非作为人民行为的准则而是作为法院裁判案件的准则。② 民法作为市民社会的行为准则，以不特定

---

① 黄立：《民法总则》，元照出版公司 2001 年版，第 7 页。
② 梁慧星：《民法总论》，法律出版社 1996 年版，第 31 页。

的人为规范对象，性质当然属于行为规范。但是，民法这种行为规范是以国家强制力作为保障，违反该行为规则，诉请法院裁判纠纷，法官当然要以民法规定作为裁判的基准，故民法又是裁判规则。正因为如此，民法具有行为规范和裁判规范的双重属性。

（二）民法的本位

1. 民法本位的含义和发展

民法的本位，是指民法的基本观念、基本目的和基本任务。在民法的发展历史上，民法本位的变化可以分为以下三个时期。

（1）义务本位时期。民法的义务本位时期始于罗马法，终于中世纪。这种以身份关系为基础的市民社会的民法，就是民法的义务本位。其基本特点在于，民法的构建以义务为法律的中心，其立法本旨在于规定禁止性规范和义务性规范，其目的在于对人的地位的确认，不承认私的自治，不是将各种各样的法律关系形成委之于个人的自由意思，而是对不同身份的人规定不同的义务，维护社会的身份秩序。

（2）权利本位时期。民法的权利本位时期存在于中世纪以后，从 16 世纪开始，成熟于 19 世纪。这个时期个人成为政治、经济、社会各方面的独立主体，各个立于平等的地位，法律关系的发生均以个人的意思为归依，实现了从身份到契约的转变。因此，民法从义务本位改变为权利本位，实现了民法本位的根本变革。在权利本位时期，以往的强制义务变为统一的义务，义务观念大减，而以往的绝对义务变成为权利的内容，权利观念大张。法律的基本任务，是使人尽其义务而转向保护权利，为使权利的实现才有义务的履行。因此，个人权利的保护成为法律的最高使命，权利成为法律的中心观念。在这一时期，权利本位的集中体现，就是近代民法的三大原则，即契约自由原则、所有权绝对原则和过错责任原则。

（3）社会本位时期。自 20 世纪初期开始，民法进入社会本位时期。在这个时期，资本主义逐渐进入垄断阶段，市场经济的发展形成了各种严重的社会问题，诸如劳资对立、贫富悬殊等，都与民法的三大原则有关。因此，进入 20 世纪之后，民法观念为之一变，由极端尊重个人自由变为重视社会公共福利，对三大原则有所修正，出现了最低工资规定、最高工时限制、消费者权利保护等立法新浪潮，形成了社会本位的立法思想。主要表现在：第一，对契约自由的限制，表现在对缔结契约加以公法的监督，注重保护经济上的弱者；第二，所有权绝对原则的限制，规定权利滥用的禁止，所有权行使亦应遵守诚实信用原则；第三，无过错责任原则的采用，对高度危险、产品责任、环境污染和动物损害等侵权案件等实行无过错责任原则。

社会本位并不是对权利本位的否定，而是对极端权利本位进行的修正，同时也不是义务本位的复活。在社会本位，权利观念和权利保护仍然是民法的最大任务，法律只是矫正 19 世纪立法过于强调个人的权利而忽略社会利益的偏颇，并没有脱离个人及权利观念，仅仅是在个人与社会、权利与义务之间谋求平衡。

2. 我国民法的本位

我国古代民法崇尚宗法和身份，轻视权利，义务本位思想传统极端深厚。近代以来，直至《大清民律草案》《民国民律草案》的起草和《民国民法》的正式颁行，才初步建立了权利本位的观念。在社会主义建设初期，封建传统思想残余存在，加上"左"的思想影响，片面强调国家、社会利益，在法律思想上表现为彻底的、极端的社会本位，否定个人利益、个人意志和个人权利。其极端表现，就是反右运动和"文化大革命"。改革开放之后，进行思想上的拨乱反正，在法律上确认权利本位，具有更重要的意义。因此，原《民法通则》确定民事立法以民事权利及其保护为中心，通篇体现了民事权利主体、民事权利取得、民事权利种类和民事权利保护的权利本位思想。同时，该法也体现了社会本位思想，如公平原则、诚信原则、公序良俗原则、禁止权利滥用原则、无过错责任原则等。民法总则、民法典继承了民法通则的上述优点，继续发扬光大。故我国民法的本位是，突出权利本位，兼采社会本位，以权利本位为主、社会本位为辅的立法思想。

三、民法的历史沿革

（一）罗马法

罗马法是罗马奴隶制国家整个历史时期的法律的总称，[①] 通常是指罗马

---

① 周枏：《罗马法原论》，商务印书馆 1994 年版，第 1 页。

起源时起至查士丁尼时代止的罗马法律，由于罗马法最有影响的是其私法，因此，在通常意义上所称罗马法是指罗马法的私法。直至今天，罗马法的制度还在发挥着影响。罗马法分为三部分，一是人法，二是物法，三是诉讼法，分别调整罗马市民的人身关系、财产关系以及市民之间的诉讼关系。

（二）日耳曼法

日耳曼法是指公元5世纪至9世纪西欧早期封建制时期适用于日耳曼人的法律。日耳曼法是在日耳曼部族侵入西罗马帝国建立蛮族国家的过程中，在罗马法和正在形成的基督教教会法的影响下，由原有氏族部落习惯逐渐发展而成的法律。就地区范围而言，凡是古代日耳曼人所建立的国家的法律都属于日耳曼法。① 日耳曼法主要是习惯法，并且没有区分公法和私法，也没有区分公权和私权。与罗马法的最大区别在于，日耳曼法更强调团体主义，保护的中心是团体，诸如家庭、氏族、公社等。个人利益应当服从于团体利益；人们之间的关系在法律上是由他们的身份决定的，而不能凭个人的意志加以改变；日耳曼法更侧重的是以具体的生活关系为依据，注重调整支配与义务拘束的关系。因此，后世将日耳曼法称为团体本位。对于罗马法的个人主义法律思想言之，日耳曼的法律思想实属超个人主义的，两者恰成鲜明的对比。②

（三）近现代民法

近代民法是指经过17世纪和18世纪的发展，在19世纪欧洲各国编纂民法典而获得定型化的一整套民法概念、民法原则、民法制度、民法理论和民法思想的体系。这个时期民法的主要特点是：第一，确认抽象的人格平等原则，民法从身份的法、等级的法逐渐发展到平等的法、财产的法。第二，开始形成私法自治观念，形成了私法和公法的基本概念和分野。第三，产生了民法的三大原则。第四，注重形式理性和形式正义。

现代民法的起始时期在19世纪末至20世纪。在这一时期，资本主义由自由资本主义向垄断资本主义发展，国家对经济生活加强干预，生产力迅速

---

① 王利明：《民法总则研究》，中国人民大学出版社2003年版，第75页。
② 郑玉波：《民法总则》，中国政法大学出版社2003年版，第11页。

发展，科技发展取得巨大进步，大公司和大企业不断兴起。为了适应这种新的经济形势，现代民法发生了很大变化，以适应这种变革。不过，现代民法并没有发生根本性的变化，与近代民法没有本质的区别，是对近代民法的原理、原则进行修正和发展的结果。① 在这个时期，民法的主要特点是：第一，强调人格的实质平等，重视人格权的法律保护；第二，民法社会化功能大大增强；第三，加强对实质正义的维护；第四，民法商法化和交易规则一体化。21 世纪的民法将成为更为开放、更富有进取精神的法律。

四、当代中国民法的沿革

自 1949 年 10 月 1 日至 2017 年 3 月 15 日，我国共制定了 12 部民法单行法，从比较法经验来看，当代中国的民事立法是比较迟缓的，在此期间有三次民法立法高潮。

第一次民事立法高潮是 1954 年至 1958 年。在此期间里，立法机关对民法立法做了大量工作，起草的草案及有关研究资料累计约 950 万字。② 在此期间起草的民法草案涉及总则、分则的各个部分，内容是完整的。这些内容尽管多仿制于《苏俄民法典》，计划经济色彩极浓，但仍可以看出当时制定民法典的高度热情。

第二次民事立法高潮是 1962 年至 1966 年。随着中国三年自然灾害的影响逐渐消除，毛泽东提出不仅刑法要制定，民法也需要制定。③ 立法机关重新启动民事立法工作。从 1963 年北京政法学院和中国社会科学院等起草民法典草案开始，到 1964 年 7 月 1 日全国人大常委会办公厅草拟的 262 个条文的《中华人民共和国民法草案（试拟稿)》，民法典已经有了雏形。1964 年 11 月 1 日，全国人大常委会办公厅提出了 283 个条文的《中华人民共和国民法草案（试拟稿)》，草案拟就后未经付印，未经正式讨论，就因社会主义教育运动而停止。

第三次民事立法高潮是从改革开放后 1979 年开始至今。改革开放之后，中央决定加强法制建设，尽快完成民法立法。这次立法高潮分为前后两期：

---

① ［日］北川善太郎："关于最近之未来的法律模型"，见《民商法论丛（第 6 卷)》，法律出版社 1997 年版，第 286 ~ 287 页。

② 根据何勤华主编的《当代中国民法典草案总览》上卷和下卷的内容统计。

③ 顾昂然：《当代中国民事法律概述》，法律出版社 2000 年版，第 3 页。

前期是从 1979 年开始，邓小平提出，应该集中力量制定刑法、民法、诉讼法和其他各种必要的法律。① 这一阶段的重要成果是制定了民法通则，这是当代中国第一部具有民法总则性质的民法基本法，具有极为重要的意义。后期是从 20 世纪 90 年代立法机关决定制定完整的民法典开始。1998 年全国人大常委会决定恢复民法典起草，② 2002 年年初，李鹏委员长决定加快民法典起草工作，随后于 2002 年 12 月对《中华人民共和国民法（草案）》进行了审议。2004 年 6 月，党的十届人大常委会变更立法计划，决定搁置民法典草案的起草工作，后来我国先后通过多部民事单行法。2020 年 5 月 28 日，《民法典》正式通过，全文 7 编 1260 个条文。

五、参考结论

根据《民法典》对立法宗旨的规定，民法保护的对象仅限于民事主体的合法权益，因而对"民事主体的合法权益"作出准确界定即构成了对民事纠纷加以正确裁判的重要前提条件之一，基于此，有必要确立合理且具有可操作性的判断"民事主体的合法权益"的标准，其中最主要的即为对合法性的判断，但由于民事利益具有相当的抽象性，因而判断起来有一定难度，需要通过司法实践予以明确。本案中，法院根据原《民法通则》第 6 条的规定，在判断当事人所从事行为合法性的基础上，对原告诉请保护的民事利益的合法性作出了判断，即在当事人所从事的行为不符合法律规定，系违法行为的情况下，该行为所产生的利益也不具有合法性，因而不能获得法律的保护。这样一来，即将对抽象的民事利益的合法性的判断转换为了对相对具体的行为的合法性的判断，提高了判断的可操作性；同时，由于法律规范通常会包含特定的行为模式及法律后果，因此在确定了当事人行为的性质后，即能根据法律后果的规范来判断其是否合法，因而也提高了判断的准确性。在《民法典》总则编第 8 条规定"民事主体从事民事活动，不得违反法律，不得违背公序良俗"的条件下，法院在裁判中即可通过判断当事人行为的合法性来判断该行为所产生利益的合法性，并进而确定是否对其予以保护。

---

① 顾昂然：《当代中国民事法律概述》，法律出版社 2000 年版，第 3 页。
② 顾昂然：《当代中国民事法律概述》，法律出版社 2000 年版，第 81 页。

第二节　民法的立法宗旨与调整对象

案例2　采矿权纠纷案

【案情】

2007年8月27日，原告何某与被告三门县国土某局签订了一份《浙江省采矿权有偿出让合同》，原告取得三门县横渡镇白溪河道a采矿区范围普通建筑用砂的开采权。合同约定：出让人同意在2007年9月1日到2009年8月30日将合同第3条所列范围内的普通建筑用砂开采权出让给原告，如在采矿有效期限内设定的资源量未开采完的，原告应提前1个月提出延续申请，出让方应根据资源保有量准予延续，直至设定的资源量开采完毕为止。2007年11月30日，被告颁发给原告3310×××010号采矿许可证，该许可证载明的有效期限为2007年12月至2009年12月。2009年10月23日，被告与三门县水利局、三门县横渡镇人民政府联合向原告发出《告知书》，称：原告取得的采矿权已到期，即日起应停止开采和加工，并于2009年11月31日前自行拆除、清理完场内采（制）砂石设备及砂石料，逾期则予以强制拆除和清理。2009年12月15日，被告与三门县水利局、三门县横渡镇人民政府组织人员利用挖掘机等机械设备，将原告在白溪砂场内的采（制）砂设备强行予以拆毁。后原告提起行政诉讼，2010年7月10日，天台县人民法院作出〔2010〕台天行初字第30号行政判决书，确认被告与三门县水利局、三门县横渡镇人民政府于2009年12月15日拆毁原告白溪砂场内的采（制）砂设备的行为违法。终审法院审理后维持原判。之后，原告又提起行政赔偿诉讼，要求被告与三门县水利局、三门县横渡镇人民政府赔偿原告的机器设备及半成品砂石料的损失。2011年7月6日，天台县人民法院作出〔2010〕台天行赔初字第1号行政赔偿判决书，判决被告、三门县水利局、三门县横渡镇人民政府共同赔偿给原告财产损失人民币806 776元，被告与三门县水利局、三门县横渡镇人民政府不服该判决上诉至台州市中级人民法院，现该案尚在审理过程中。原告又以被告未完全履行采矿权有偿出让合同的义务为由，向人民法院提起民事诉讼，请求法院判令被告承担违约责任。

【问题】

原告与被告签订的《浙江省采矿权有偿出让合同》性质为何？

【法理分析与参考结论】

一、民法的立法宗旨和根据

《民法典》第1条规定的是立法宗旨和立法根据，即"为了保护民事主体的合法权益，调整民事关系，维护社会和经济秩序，适应中国特色社会主义发展要求，弘扬社会主义核心价值观，根据宪法，制定本法"。

（一）民法的立法宗旨

1. 保护民事权益

民法是保护民事权利的法律，以保护民事权利为宗旨。这是因为，民法的核心问题，就是民事权利，就是对民事主体赋予权利、规范权利行使规则和保护权利。民法保护民事权利的前提，是赋予民事主体民事权利。这些民事权利，在《民法典》总则编第五章关于"民事权利"的规定中，都做了具体的列举，包括人格权、物权、债权、知识产权、继承权、股权和其他投资性权利。该法第126条还有一个弹性的规定，即"民事主体享有法律规定的其他民事权利和利益"。所有这些民事权益，都得到民法的保护。

2. 调整民事关系

民法也把调整民事关系作为自己的宗旨。在市民社会中，推动其发展的根本动力，来自于民事法律关系的产生、变更和消灭，这就是民事关系的流转。如果市民社会没有民事法律关系，市民社会就不复存在。民法是市民社会的根本大法，因此其基本功能和立法宗旨，就是要调整民事关系。法律调整，是指法律凭借其权威，对社会关系施加影响、进行规范，使之形成一种理想的社会秩序的活动。民法的调整方法，一是事前的调整，二是事后的调整，通过这两种调整方法实现对社会关系的影响和规范。

（1）事前调整。民法的事前调整，就是塑造社会关系为法律关系，使其依循符合立法者意志的方向发展，形成一种理想的民法秩序。这就是确定民事权利义务关系，使民事法律关系的参加者按照民法的规定，行使权利，履行义务，形成理想的民法秩序。

民法的事前调整最重要的工作是制定科学完善的民法典，规定民事主体行使权利、履行义务的行为规范，使民事主体按照民法典规定的民法规则实施民事法律行为。尽管我国目前民法的单行法已经基本制定完成，但在制定民法典的工作上尚有很多工作需要继续完成。

（2）事后调整。民法的事后调整，是对被破坏的民事法律关系按照民法的规定使之恢复圆满状态，恢复民法规定的民事秩序。这就是对破坏法律关系的人处之以民事责任，使其受到制裁，强制其按照民法规范实施行为，同时对权利受到侵害的受害人进行救济，使其损害得到平复。

3. 维护社会和经济秩序

维护社会和经济秩序，也是民法的立法宗旨。民法在保护民事主体的合法权益的同时，也要特别维护社会和经济秩序，这就是通过规范民事主体行使民事权利的规则，强制民事主体依法履行义务，建立起市民社会的稳定秩序。市民社会秩序包括两部分，一部分是人身关系的秩序，另一部分是财产关系的秩序。

4. 适应社会发展需要

适应社会发展需要，也是民法的立法宗旨。这要求民法及时反映社会发展的变化，根据社会发展的实际需要，制定相应的民法规则，使民法适应社会发展的要求，进一步推动社会的发展。例如，当今时代最重要的科技进步就是互联网的发展，以及大数据技术的出现。在世界各国的民法对这些事物还未作出反应的时候，《民法典》总则编第 127 条就规定了："法律对数据、网络虚拟财产的保护有规定的，依照其规定。"即将这些事物规定为民事权利客体，可以对其建立民事权利，及时地反映了社会发展的要求。民法适应社会发展的需要，就是要规定适应社会发展的民法规则，同时再制定适应社会发展需要的民法规则，进而推动市民社会的发展，让市民社会的主体享受到社会进步的福祉。

（二）民法的立法根据

民法的立法根据，就是《民法典》总则编第 1 条规定的"根据宪法，制定本法"，因此宪法就是民法的立法根据。

《民法典》总则编第 1 条规定宪法是民法的立法根据，就确定了宪法是民法的母法，民法依据宪法的基本规则制定，遵守宪法基本规则的规定，实现宪法的立法宗旨。民法虽然是市民社会的根本大法，是确定民事权利、履行民事义务的基本法，但它必须是在宪法的指导下，规定市民社会的基本规则，而不得违反宪法。

二、民法调整对象

（一）民法的调整对象及其意义

法律以调整对象的不同为标准而分为不同的法律部门。民法调整的对象是民法规范所调整的各种社会关系，[①] 即平等主体的自然人之间、法人之间以及自然人与法人之间的人身关系和财产关系。

研究民法调整对象的意义在于：第一，正确划分法律部门，区分民法和其他部门法，构建不同于其他部门基本法的民事法律体系。每一个不同的法律部门，都有自己的特定调整对象和适用范围，因而形成了特定的法域，并在此基础上构建整个法律体系。第二，根据民法不同于其他法律的调整对象，确定民法独特的法律调整方法，即主要是通过任意法的方法，赋予当事人以私法自治的权利，调整民事法律关系。第三，明确法院民事案件的管辖权限，对不同性质的诉讼案件适用不同的诉讼程序，在司法机关内部实行科学的分工。

（二）民法调整对象的内容

《民法典》总则编第 2 条规定："民法调整平等主体的自然人、法人和非法人组织之间的人身关系和财产关系。"按照这一规定，民法调整对象的内容包括两个要素：一是主体范围；二是内容范围。主体范围是平等主体，内容范围是人身关系和财产关系。其中平等主体是民法调整对象的主体范围，人身关系和财产关系则是民法调整内容的两大类型。

---

① 王利明：《民法总则研究》，中国人民大学出版社 2012 年版，第 25 页。

概括起来，民法的调整对象分为两大类：一是平等主体之间的人身关系；二是平等主体之间的财产关系。

1. 平等主体之间的人身关系

人身关系，是指与人身密切相连而不可分割的社会关系。平等主体之间的人身关系，是指平等主体之间与人身不可分离而无直接财产内容的社会关系。一般认为，人身中的"人"是指人格，"身"是指身份。民法调整的人身关系，就是人格关系和身份关系。这两类法律关系在民法上表现为人格权和身份权，《民法典》总则编第109条至第111条规定的是人格权关系，第112条规定的是身份权关系。前者是具有非财产性、专属性、固有性的社会关系，后者是亲属之间的非财产性、身份性和义务性的社会关系。

民法调整人身关系，坚持以人为本，突出对人格利益和身份利益等精神利益的保护，体现人格尊严、人格平等和人格自由，实现对人权的完善保护。

民法调整的人身关系具有如下特点：第一，主体地位平等。民法调整的人身关系的主体具有平等的法律地位，相互之间没有隶属关系，任何一方不得命令或者强迫另一方作出或者不作出某种行为。① 第二，与人身不可分离。人身关系是基于人身利益而发生的关系，离开了人身就不会发生人身关系。不论自然人还是法人，离开了人格关系，就会丧失主体资格；同样，自然人如果离开了亲属之间的身份关系，也丧失了民事主体身份。第三，不直接体现财产利益。人身关系中权利人的权利和义务人的义务，都不直接体现财产利益，但人身关系与财产利益又有联系，有的人格利益可以转化为财产利益，如企业名称权可以依法转让，有偿转让即可获得财产利益；有些人格利益经过合理授权使用，也会产生财产利益，如公开权。② 在身份关系中，包含一定的财产利益，如赡养、抚养和扶养，都有财产的内容。

2. 平等主体之间的财产关系

财产关系，是以财产为媒介而发生的社会关系，是指平等主体在物质资料的生产、分配、交换和消费过程中形成的具有财产内容的社会关系。民法

---

① ［德］卡尔·拉伦茨：《德国民法通论（上册）》，王晓晔等译，法律出版社2003年版，第5页。
② 杨立新：《人格权法》，法律出版社2011年版，第324页以下。

的财产关系主要表现为两种，一种是财产的所有关系，另一种是财产的流转关系。财产所有关系是人们在占有、使用、收益和处分物质财富过程中所发生的社会关系，表明财产的归属关系，体现某一种特定的财产归谁所有，以及其他人就该财产与财产权利人之间的利用关系。① 财产流转关系是指人们在转移物质财富过程中所发生的社会关系，是动态的财产关系，包括商品流转关系、遗产流转关系以及其他财产流转关系，其中商品流转关系是最主要的财产流转关系。

财产的所有关系着眼于利益的享有，是享有的安全，是静的安全，这种安全主要由物权编等来保障。财产的流转关系着眼于利益的取得，是动的安全，是交易的安全，几乎所有的民法都调整财产流转秩序，最为重要的为债和合同法。② 民法调整财产归属关系的目的在于维护财产的归属秩序，以保护财产的静的安全，而调整财产的流转关系的目的在于维护财产的交易的安全和秩序，以保护财产的动的安全。③

上述社会关系作为民法的调整内容，必须是在平等主体之间发生的，就是说，民法调整的人身关系和财产关系，必须在主体上是平等的，不是平等的主体之间发生的人身关系和财产关系不能作为民法调整的内容。主体平等，就是当事人之间互不隶属，处在同等的地位，保持自己独立的意志自由。

三、参考结论

平等主体界定了民法调整内容的主体范围，在诉讼中判断当事人是否属于法律地位平等的平等主体是确定案件是否由民事审判庭审理的重要方式之一。但是，在判断当事人是否属于法律地位平等的平等主体时，又不能仅在一般意义上作出判断，亦即不能仅根据当事人之间在一般情况下所具有的管理和被管理的关系就认为当事人之间不是平等的民事主体关系，而是应当判断当事人是否以平等的身份介入具体的社会关系中，即在实质意义上作出判断。本案中，虽然签订《浙江省采矿权有偿出让合同》的双方当事人分

---

① 《物权法》第 2 条第 1 款规定："因物的归属和利用而产生的民事关系，适用本法。"《民法典》生效后为物权编第 205 条的规定。
② 郑玉波：《民商法问题研究（一）》，三民书局 1991 年版，第 415 页。
③ 王利明：《民法总则研究》，中国人民大学出版社 2012 年版，第 35 页。

别为自然人何某和三门县国土某局，何某在一般情况下需要接受三门县国土某局的管理，这种管理具有强制性，但就本案的合同来看，订立合同的意思表示系由何某自愿作出，并不具有强制性，因而属于三门县国土某局代表国家，作为矿产资源所有权人这一民事主体将其享有的矿产资源所有权这一民事权利的占有、使用、收益权能通过收取一定的对价让渡给其他民事主体的一种等价有偿的市场交易行为，故应由民法调整。

第三节　民法的效力范围

案例3 **海上货物运输纠纷案**

【案情】

2009 年 11 月，舜天公司将一批全棉针织婴儿服装出售给美国 B 公司，货物总价（FOB 上海）63 360 美元。同年 9 月 11 日，S 银行应 B 公司申请开立了可转账信用证，第一受益人中间商 IPO 公司，金额为 500 000 美元，中转行汇丰银行台北分行，第二受益人舜天公司，转账金额为 192 480 美元。舜天公司委托嘉宏公司承运上述出口货物。嘉宏公司签发并向舜天公司交付的正本提单载明，托运人舜天公司，收货人凭 S 银行指示，通知人 B 公司，承运船舶/航次为 MAUNALEI/037E，装货港中国上海，卸货港美国长滩，交付地美国洛杉矶，交货联系人为 C 公司，集装箱编号 MATU2476901，3300 纸箱婴儿服装，交接方式为集装箱堆场至集装箱堆场，海洋提单编号为 MATS4113069000，运费到付，2009 年 12 月 2 日装船，同日在上海签发。上述集装箱于 2009 年 12 月 13 日到达卸货港，15 日重箱提取出场，22 日空箱返回进场，之后投入其他航次的使用。2010 年 7 月 13 日，汇丰银行（台湾）有限公司致函 IPO 公司，称其自开证行收到信用证项下退回的单证。现舜天公司持有上述全套正本提单。庭审中，嘉宏公司承诺于 2010 年 11 月 9 日之前就货物的状态、是否放行、是否处于承运人掌控之下等情况予以明确，并提供相应证据，否则同意承担相应的责任。

【问题】

该案是否应适用中国民法？

【法理分析与参考结论】

一、民法的适用范围

法律的适用范围是一切法律都要涉及的问题。民法的适用范围，是指民法规范在何时、何地、对何人发生法律效力。民法的适用范围，也是民法的效力范围。

（一）民法对人的适用范围

民法对人的适用范围，是指民事法律规范对于哪些人具有法律效力。一国法律的对人效力，存在两种不同的理论：一是属人主义，即以人为标准，确定法律对人的拘束力。属人主义通常以人的国籍为标准，不论其处于国内或国外，只要该人具有本国国籍，属本国国民，即适用本国的法律。二是属地主义，即以领土主权为原则，根据地域标准，确定法律对人的拘束力。凡是居住在本国领土之内的人，无论其国籍属于本国还是外国，均受本国法律的管辖。

民法对人的适用范围主要有以下几种不同情况。

1. 中国自然人和法人

我国民法对居住在中国境内的中国自然人和设立在中国境内的中国法人，具有法律效力。中国自然人、中国法人在中国领域内实施民事行为，行使民事权利，一律适用中国法律。

2. 外国人、无国籍人和外国法人

我国民法对居留在我国境内的外国人、无国籍人和经我国政府准许设立在中国境内的外国法人，原则上具有法律效力。但有两种例外：第一，根据我国缔结或参加的国际条约、双边协定的规定或经我国认可的国际惯例，我国民法对享有司法豁免权的外国公民（如来访的国家元首、政府首脑和他们的随从人员，外国使节和他们的家属等）不具有法律效力。第二，我国民法中某些专门由中国自然人、中国法人享有的权利能力，对外国人、无国籍人或外国法人不具有法律效力。

3. 居留在外国的我国自然人

居留在外国的我国自然人，原则上应适用所在国的民法而不适用我国民法。例如，原《民法通则》第 143 条规定："中华人民共和国公民定居国外的，他的民事行为能力可以适用定居国法律。"这尽管是对确定民事行为能力的法律所作的规定，但也包含了一种意思，即居住在国外的中国自然人，其从事民事活动应当适用所在国的法律。不过，依照我国民法的特别规定和我国缔结或参加的国际条约、双边协定以及我国认可的国际惯例，应当适用我国民法的，仍然适用我国民法。

（二）民法在空间上的适用范围

民法在空间上的适用范围，是指民事法律规范在地域上所具有的效力。任何国家都是根据主权、领土完整和法制统一的原则，来确定各种法律、法规的空间效力范围的。空间效力一般可以分为域内效力和域外效力。

1. 民法的域内效力

民法的域内效力，是指一国民法的法律效力可以及于该国管辖的全部领域，而在该国管辖领域以外无效。一般的原则是，我国民事法律规范的效力及于我国主权管辖的全部领域，但在确定某一个具体民事法律、法规的效力时，由于制定、颁布民事法律、法规的机关不同，民事法规适用的空间范围也不相同。大体上有以下两种情况。

第一，凡属全国人民代表大会及其常务委员会、国务院及其所属各委、部、局、署、办等中央机关制定并颁布的民事法规，适用于中华人民共和国的领土、领空、领海以及根据国际法、国际惯例应当视为我国领域的一切领域，如我国驻外使馆，我国航行或停泊于我国境外的船舶、飞机等。

第二，凡属地方各级立法机关根据各自的权限所颁布的民事法规，只在各该立法机关管辖区域内发生效力，在其他区域不发生效力。

2. 民法的域外效力

民法的域外效力，是指民法在其制定国管辖领域以外的效力。在现代社会，法律一般不能当然产生域外效力，但是随着国际交往的发展，为保护国家和自然人、法人的利益，也可以在例外情况下规定域外效力。例如，《中华人民共和国海洋环境保护法》第 2 条第 3 款规定："在中华人民共和国管辖海域以外，排放有害物质，倾倒废弃物，造成中华人民共和国管辖海域污染损害的，也适用于本法。"

二、参考结论

本条规定了我国民事法律适用的空间范围，这涉及人民法院在处理具体民事案件时对准据法的选择，进而影响案件的裁判结果。本案中，上诉人嘉宏公司在上诉理由中提出应适用香港法律，但二审法院根据双方当事人的注册成立、营运地，涉案运输合同的签订地和货物出运港所在地等，认为双方当事人签订运输合同的行为属于在中华人民共和国领域内进行的民事活动，所以应当适用中华人民共和国法律。

第二章 民法规范

本章知识点概述

本章为民法规范部分，对民法规范进行了体系化的介绍，主要内容有民法的渊源、民法的基本原则和民法的适用。

法的渊源亦称为法源，是指法的表现形式。民法渊源分为实质渊源和形式渊源。实质渊源还可以分为法律渊源和历史渊源。《民法典》总则编第10条是关于法源的规定："处理民事纠纷，应当依照法律；法律没有规定的，可以适用习惯，但是不得违背公序良俗。"我国民法法源有宪法、民事制定法、民法法官法、民事习惯、民法理论和国际条约、国际惯例等，各类法源的效力层级与适用顺位与程度均有不同。民法规则体系，是指民法规则的层次结构。它由三个不同层次的规则构成，这就是最高规则、基本规则和具体规则。此外，还包括介于基本规则和具体规则之间的中间规则。

《民法典》总则编在第3条至第9条规定了民法的基本原则，是贯穿民法始终具有普遍约束力的民法规范，分别是私权神圣原则、平等原则、意思自治原则、公平原则、诚实信用原则、公序良俗原则和绿色原则。其中绿色原则是《民法典》总则编的亮点之一，是指民事主体在从事民事活动时，应当节约资源，保护生态环境，实现人与资源关系的平衡，促进人与环境和谐相处。

民法规范的生命在于适用，通过民法规则适用，可以将民法规范适用于当事人之间的争议，并使争议中的当事人之间的权利义务关系得到确认。民法适用的一般规则是上位法优于下位法、新法优于旧法以及特别法优于普通法。民法的解释，是指根据有关法律规定、法学理论，对民事法律规范的内容、含义和所使用的概念、术语所做的说明。依据作出解释的主体不同，可分为立法解释、司法解释和学理解释；根据解释方式差异可以分为文义解释、体系解释、目的解释、当然解释、历史解释、合宪解释和比较法解释。

第一节　民法的渊源

案例 1　港口作业纠纷案

【案情】

案外人威兰德香港公司与案外人共同海运公司签订合作协议，约定自2013 年 12 月 7 日始，双方在华北关西航线上共同派船、舱位互换的事宜。共同海运公司在该航线上运营的 3 条船舶的船名依次为青岛快航、大连快航、天津快航。依据威兰德公司与威兰德香港公司签订的船舶代理协议，威兰德香港公司将其控制的所有船舶在挂靠中国所有港口时均委托威兰德公司作为其船舶代理；威兰德公司负责在国内代付威兰德香港公司委托的港口船舶使费等所有款项；威兰德公司将正本航次账单送达威兰德香港公司，威兰德香港公司审核无误后，向威兰德公司支付相关港口船舶使用费。2013 年 12 月至 2014 年 3 月，本案诉争港口费用涉及该国际班轮运输航线的 19 个航次，其中均有威兰德香港公司与共同海运公司互换的舱位。中海集装箱运输天津有限公司是涉案航线的总船代。涉案 19 个航次中威兰德香港公司所占舱位产生的港口费用共计 795 307 元未付。另查明，威兰德公司是威兰德香港公司的国际船舶代理人，威兰德天津公司是威兰德公司的分支机构，在天津港具体实施国际船舶代理人的事务，其不具有法人资格，不是独立核算的分支机构。威兰德香港公司未取得我国交通运输部颁发的国际班轮运输经营资格登记证。港口作业人东方码头公司作为原告向天津海事法院提起诉讼，请求判令威兰德天津公司、威兰德公司向其支付港口费用 795 307 元及利息，并由威兰德天津公司、威兰德公司承担本案的诉讼费用。

【问题】

法院依据行业实践进行裁判是否有误？

【法理分析与参考结论】

一、民法渊源

（一）民法渊源的含义

1. 民法渊源的概念和分类

法的渊源亦称为法源，是指法的表现形式。[①] 表现在各国家机关根据其权限范围所制定的各种规范性文件，以及民事习惯和民法法理。通常认为，在民法渊源中，法律为第一顺位的法源，称为法律优先主义，法律规定含义不明时，应以解释方法确定其内容；法律未规定时，应依习惯而为裁判，习惯为第二顺位的法源，称为习惯的补充效力；无法律也无习惯时，应依法理而为裁判，法理为第三顺位的法源，以补法律及习惯的不足。[②] 有的学者将民法法源分为制定法和非制定法，前者是指法律、命令、自治法、条约，后者是指习惯、判例及司法解释、法理、学说。[③]

民法渊源分为实质渊源和形式渊源。实质渊源还可以分为法律渊源和历史渊源。法律渊源是针对作为法律的适用者而言，成文法、习惯法、判例法等法律规范是实质的法律渊源；而历史渊源则是针对法律资料的来源而言，诸如外国法、学说、惯例、道德等法律资料。形式渊源则是指法律效力的渊源，即法律效力所由发生的根源。

2. 民法渊源的不同含义

民法渊源的含义可以概括如下。

第一，立法意义上的民法渊源，也就是民法规范产生的原因。凡是能够成为法律规范或者能够成为法律规范产生的根据的，都可以成为民法渊源。

---

① 施启扬：《民法总则（第 8 版）》，中国法制出版社 2010 年版，第 51 页。
② 施启扬：《民法总则（第 8 版）》，中国法制出版社 2010 年版，第 51 页。
③ 林诚二：《民法总则（上）》，瑞兴图书股份有限公司 2007 年版，第 15 页。

成文法的民法渊源是民法的立法行为，习惯法的渊源是体现在习惯法中的共同法律信念。

第二，司法意义上的民法渊源，是指凡是成为裁判依据的规则，不论其是否为法律规范，只要能够作为法官裁判民事案件依据的，都是民法的渊源。如民事司法解释、民事习惯，都可以作为民事案件的裁判依据，也都是民事法律渊源。

第三，民事行为规则意义上的民法渊源，是指不仅仅能够作为裁判民事案件依据的裁判规则，而且要能够成为民事主体行为规范的规则才能够成为民法渊源。

掌握民法渊源，对于正确理解民法，尤其是正确适用民法，指导民事主体的民事行为，约束民事裁判行为，都具有重要的意义。

（二）民法渊源的具体形式

我国民法渊源有以下几种。

1. 宪法

宪法是国家根本法，是全国人民代表大会制定的、具有最高法律效力的法律。理解宪法作为民法的渊源，就要掌握宪法原则对民法的立法、解释、适用的最高指导地位，宪法条文对于民法适用的权威作用。宪法作为民法渊源一般不应作为民事裁判的依据，而应作为立法的根据。

2. 民事制定法

制定法相对于法官法和习惯法而言，是指国家以成文法形式制定的法律。民事制定法是指除宪法规范之外的具有民事性质的成文法，包括民法、行政法中的民事规范以及行政规章和地方法规中的民事规范。

（1）民法典和民法单行法。民法典是民法的基本渊源，是民法的主要表现形式，其地位仅次于宪法。我国在没有全部完成民法典编纂工作前，民事立法主要是由民法单行法表现，如民法总则、合同法、担保法、婚姻法、收养法、继承法、物权法、侵权责任法等。

（2）行政法规中的民事规范。国务院依据宪法、法律制定的行政法规中的有关民事规范，是民法的重要渊源。规范民事行为，处理民事纠纷，同样要依照这些行政法规中的民事规范办理，它们是民法渊源。

（3）行政规章和地方性法规中的民事规范。行政规章是指国务院各部委以及各省、自治区、直辖市的人民政府和省、自治区的人民政府所在地的市以及设区的市的人民政府根据宪法、法律和行政法规等制定和发布的规范性文件。行政规章不属于立法，但是其中的民事规范属于民法渊源。省级和设区的市的权力机关有权制定地方性法规，在这些地方性法规中有关民事的规范也是民法渊源。应注意的是，《最高人民法院关于适用〈中华人民共和国合同法〉若干问题的解释》第4条规定："合同法实施以后，人民法院确认合同无效，应当以全国人大及其常委会制定的法律和国务院制定的行政法规为依据，不得以地方性法规、行政规章为依据。"这是对地方性法规和行政规章的排除性规定。

3. 民事法官法

民事法官法是相对于制定法的概念，是指在司法实践中法官适用法律积累的民法适用经验，并经过最高人民法院整理、发布，具有民事裁判拘束力的规范。我国的民事法官法体系包括三部分：一是最高人民法院就民事法律适用的一般性问题作出的规范性民法司法解释；二是最高人民法院就具体案件适用法律的疑难问题作出的批复，即批复性民法司法解释；三是人民法院层层遴选、经过最高人民法院批准的民事指导性案例，具有"各级人民法院审判类似案例时应当参照"[1] 的效力。这样理解民事法官法，对于正确适用民事法律具有重要意义。

4. 民事习惯

习惯是指非立法机关所制定，而由社会各成员反复实施，且具有法的确信的规范。习惯须具备的要件是：第一，在社会上有反复实施的行为，是客观要件；第二，具有法的确信，是其主观要件；第三，具有法律拘束力，应当遵守。习惯达到此种程度，始具有法的效力。[2] 在民法没有规定的范围内，民事习惯不与现行法律、法规相抵触，不违背公序良俗，经过国家认可，具有民法渊源的意义。《民法典》总则编第10条规定："处理民事纠纷，应当

---

① 《最高人民法院关于案例指导工作的规定》第7条。
② 施启扬：《民法总则》，中国法制出版社2010年版，第55页。

依照法律；法律没有规定的，可以适用习惯，但是不得违背公序良俗。"在没有法律规定的情况下，依据习惯作出判决，因而习惯是民法渊源之一。

5. 民法法理

一般认为，民法法理就是指民法的学说、理论，在民事案件无法律、习惯法可资适用时，可以参考法理。在我国的司法实践中，适用民法法理裁判者较多，而适用民事习惯裁判者较少，法官更敢于适用法理确认民事权利义务的争议。尽管《民法典》总则编没有规定法理是民法法源，但是这并不能否认民法法理的民法渊源的地位，应当认为民法法理是民法渊源之一。

6. 国际条约和国际惯例

国际条约是两个或两个以上的国家就政治、经济、贸易、军事、法律、文化等方面的问题确定其相互权利义务关系的协议。国际条约包括条约、公约、协定、和约、盟约、换文、宣言、声明、公报等。国际条约虽然不属于国内法的范畴，但我国政府与外国签订的或者我国加入的国际条约，对我国国内的国家机关、企事业单位、社会团体和公民也具有与国内法一样的约束力。从这个意义上讲，我国签订或加入的国际条约也是我国法的渊源之一。

国际惯例也叫作国际习惯，一种是属于法律范畴的国际惯例，具有法律效力，另一种是属于非法律范畴的国际惯例，不具有法律效力。《国际法院规约》规定，国际惯例是指作为通例之证明而经接受为法律者。这是指前一种国际惯例。在制定民法典时，专家学者都主张应当将国际条约和国际惯例规定为我国民法渊源，立法机关没有采纳。不过，这并不否认国际条约和国际惯例的民法渊源地位，也不是否认原《民法通则》第142条关于"中华人民共和国法律和中华人民共和国缔结或者参加的国际条约没有规定的，可以适用国际惯例"的规定，只是不需在《民法典》总则编中规定而已。故国际惯例也是我国的民法渊源。

二、民法规则体系

民法规则体系，是指民法规则的层次结构。换言之，民法规则体系研究的是民法规则究竟由哪些部分构成的。民法规则是一个体系，分别由三个不同层次的规则构成。这就是最高规则、基本规则和具体规则。此外，还有介于基本规则和具体规则之间的中间规则。

（一）民法规则的最高规则

民法规则体系的最高规则，就是民法的基本原则。这些规则贯穿在整个民法制度和规范之中，是民法的本质及其基础的集中表现，是高度抽象的、最一般的民事行为规范和价值判断标准，它不仅是民事立法的准则，而且是民事主体进行民事活动的基本准则，是解释民法、适用民法和补充立法漏洞的基本准则。①

（二）民法规则的基本规则

民法规则体系中的基本规则，是基本权利类型的抽象规则。在一种基本类型的权利中，有自己所遵循的一般规则。民法不像刑法或者行政法那样整部法律在其统一的最高规则的指导之下，而是除了在最高规则的一般指导下，各种基本类型权利还有自己独特的、在这个领域中的一般规则。这些规则，仅仅是规范这一种基本权利类型的一般规则，对其他基本权利类型不发生作用。它既接受民法规则最高规则的一般指导，同时又对该种基本权利类型中的具体权利规则具有指导意义。学习、研究民法应当在民法规则的最高原则指导下，学习、研究该基本权利类型的一般规则，并将其作为学习、研究该种基本权利类型具体规则的指导原则。

（三）民法规则的具体规则

民法规则的具体规则，是指某种特定的权利行使的具体规范。例如，在物权体系中的所有权，包括一般所有、共有和建筑物区分所有，如何行使这种具体权利，都要有自己的规则。在物权法中，具体的规定就是它的具体规则，行使这种权利、进行民事活动、裁判民事纠纷，要按照这些具体规则进行。它既接受民法规则中最高规则的一般指导，也要接受基本权利类型的基本规则的指导。凡是违背最高规则和基本规则的，都被认为是不合法的规则。因此，制定民法、解释民法、适用民法，都必须接受这些最高规则和基本规则的约束。

（四）民法规则的中间规则

在民法规则体系中，其实还有一种中间规则，它存在于基本规则与具体

---

① 王利明：《民法总则研究》，中国人民大学出版社 2012 年版，第 104 页。

规则之间。不过，这种规则在有些权利类型中存在，在有些权利类型中并不存在，因此并没有将它作为一个普遍的规则体系层次。例如，债法有债法的基本规则，但是在债法的基本规则与债法的具体规则之间，存在合同之债、无因管理之债、不当得利之债与单方法律行为之债四种不同的债的基本类型。这四种债的基本类型各自都有自己的规则。例如，在合同之债中，存在合同之债的抽象规则，这就是中间规则，这种合同之债的中间规则对所有类型的合同都具有指导意义，其既不是债法的基本规则，也不同于具体类型合同的具体规则，因此是中间规则。掌握这种中间规则，对于研究具体问题具有重要意义。

三、参考结论

《民法典》总则编第 10 条规定了法律法规和习惯两类民法渊源，在法律法规无法为法官提供充分的裁判依据时，习惯可以补充作为裁判依据。但是，在适用习惯作为裁判依据时，法官需要持审慎态度，这不仅要求法官充分说明以习惯作为裁判依据的必要性，还要求法官对该习惯是否具有通用性以及是否违背公序良俗加以判断。本案中，一审、二审的判决结果虽然一致，但二者的裁判依据并不相同，一审以交易习惯作为裁判依据，二审则以成文法作为裁判依据。较之于一审法院，二审法院在对待交易习惯时更为审慎：首先，其找到了能够解决本案争议焦点的成文法规范，否定了适用习惯作为裁判依据的前提条件；其次，其分别对一般规范意义和个别规范意义上的（交易）习惯进行了识别，并得出了不存在能够作为裁判依据的（交易）习惯的结论。二审法院的做法体现了民法渊源在适用上的先后顺序，以及适用成文法以外的渊源时所应秉持的审慎态度。

第二节 民法的基本原则

案例 2 集体组织成员权益纠纷案

【案情】

原告王甲于 1993 年 4 月取得被告居民组户口，就学、生活一直在被告居民组，至今仍在被告居民组；原告刘某于 2012 年 12 月 5 日与原告王甲结婚，2013 年 1 月 7 日取得被告居民组户口；原告王乙 2013 年 6 月 7 日出生，于 2013 年 6 月 26 日取得被告居民组户口；原告王甲 1993 年 4 月至 2011 年 6 月未享受被告居民组成员的相关分配权。2011 年 6 月至 2015 年年底期间三原告与本村其他村民享有同等的分配权。2015 年春节被告为村民每人分配大米 30 斤或食用油 3 桶。2016 年"三八"妇女节，被告为居民组妇女每人分配卫生纸 1 提、洗衣液 1 桶。2016 年 3 月 16 日，被告为村民每人分配土地补偿款 6000 元。被告以原告王甲不具有合法的被告居民组集体经济组织成员资格而取消了三原告享受村民福利待遇的权利。又查明：被告居民组成员王丙 1981 年与丈夫宋某离婚，其与宋某生育一子王丁，由宋某抚养，至今王丙未再结婚。原告王甲系王丙妹妹之子，其出生后便由王丙抚养，后结婚生子均在被告居民组，并与王丙共同生活在一起。户主为王丙的常住人口登记卡上所记载的王丙与原告王甲之间的关系为"子"，原告刘某为"儿媳"，原告王乙为"孙子"。经原、被告确认，大米 30 斤或食用油 3 桶价值为 55 元，卫生纸 1 提价值 15 元，洗衣液 1 桶价值 15 元，以上物品被告居民组均未向三原告分配。

【问题】

原告三人是否具有集体经济组织成员资格？

【法理分析与参考结论】

一、民法的基本原则

（一）私权神圣原则

《民法典》总则编第 3 条规定的是民事权益保护原则，即"民事主体的人身权利、财产权利以及其他合法权益受法律保护，任何组织或者个人不得侵犯"。这一规定沿袭了原《民法通则》第 5 条规定的内容，并且在该条的基础上，作了进一步的扩展。私权神圣原则是指人身、财产权利以及其他合法权益神圣，受法律保护，任何组织或者个人不得侵犯的民法基本准则。

私权神圣原则的含义是：第一，民事主体享有广泛的民事权利，包括人身权利、财产权利。凡是民法典规定的民事主体享有的民事权利，都是神圣不可侵犯的权利，都受到民法的全面保护。第二，民事主体不仅享有广泛的民事权利，还享有合法的其他利益，凡是民法保护的民事主体的利益，都属于法益的范畴，也都是神圣不可侵犯的，都受到民法的全面保护。第三，民事主体的合法权益神圣，就意味着民事主体享有、行使民事权益，不受任何人和任何机关的非法干涉和侵犯，凡是非法侵犯民事主体合法权益的，都构成侵权行为，应依法予以制裁。第四，民事主体的民事权益受到侵害的，受害人享有请求权，有权依法向法院起诉，请求保护，而使受到侵害的权益得到恢复，保持民事权利的圆满状态。法官不得以法无明文规定为由而拒绝审判，从而防止受到侵害的民事主体的民事权益无法得到恢复。

（二）平等原则

《民法典》总则编第4条规定："民事主体在民事活动中的法律地位一律平等。"这一条文规定了民法最重要的基本原则，就是平等原则。平等原则，是民法针对民事主体地位确定的最高规则，是指在民法中所有的民事主体在法律地位上一律平等，没有任何人的法律地位可以高于其他人的法律地位。

平等原则是民法基本原则中的首要规则，在民法基本原则体系中居于最重要的地位。这是因为：第一，民事主体地位平等集中地体现了民法调整对象的特征。民法调整对象是平等主体之间的人身关系和财产关系，而不是非平等主体之间的社会关系。第二，民事主体的地位平等集中地反映了民事主体对其市民社会地位的诉求，如果民事主体的地位不平等，其享有的权利和负担的义务就会不平等，一定会造成不公平的后果，将会使一部分民事主体可以支配、歧视另一部分主体。第三，民事主体地位平等也是市场经济的本质要求。市民社会与市场经济紧密相关，市场经济的最本质特征就是体现在主体之间的平等性上，因为交易天然地要求交易双方的地位是平等的，在利益上是等价的，否则就不能产生公平的竞争，不能形成有序的市场经济秩序。平等原则是由民法调整的社会关系的性质决定的。民事主体地位平等的前提是人格独立和人格平等，在此基础上，任何民事主体的地位一律平等。平等以独立为前提，独立以平等为归宿。平等的实现，就使民事主体在相互之间互不隶属，各自能独立地表达自己的意愿，其合法的权益得到平等保护。

平等原则的具体表现包括：第一，民事主体资格平等。民事主体资格平等就是所有的民事主体的民事权利能力一律平等。第二，民事主体的地位平等。在各种具体的民事法律关系中，在各种民事活动中，民事主体的法律地位一律平等。当事人参与法律关系时的地位必须平等，任何一方都不具有凌驾或优越于另一方的法律地位。当事人在进行民事活动时，必须平等协商，不得对另一方发出强制性的命令或指示，不得要挟和强制。第三，民事主体平等地享有权利承担义务。在民事法律关系中，当事人的权利义务也是平等的，享有权利，承担义务。第四，民事主体在适用法律时平等。当事人在法律面前人人平等，在适用法律规则时一律平等，平等地受到民事法律的拘束，违反法律时应承担相应的民事责任，不得有任何偏袒和歧视。第五，民事主体的民事权益平等地受法律保护。民事主体的民事权益，既有法律直接规定的，也有当事人依法通过合同约定的。任何民事主体合法的民事权益都受法律保护，他人不得侵犯。在任何一个民事主体的权益受到侵害之后，都平等地受到民法的保护和救济。

（三）意思自治原则

《民法典》总则编第 5 条规定的是自愿原则，实际上就是对意思自治原则的高度概括，[①] 是指民法规定的民事主体在法定范围内享有广泛的行为自由，并根据自己的真实意志设立、变更、消灭民事法律关系的基本准则。意思自治原则在民法领域中具有重要地位，要求在市民社会中，所有的民事主体都能在自我决定下，依据个人的意思行使民事权利，履行民事义务，参与具体的民事活动，实现自己对社会生活的要求，而无须国家的介入。因此，意思自治原则体现了民法的基本精神，贯穿于整个市民社会之中，调整全部民事法律关系。

《民法典》总则编将意思自治原则规定为民法基本原则，是因为意思自治原则奠定了民法作为市民社会基本法的基本地位，强调私人之间各法律关

---

① 王利明：《民法总则研究》，中国人民大学出版社 2012 年版，第 115 页。

系应取决于个人的自由意思，承认当事人依本人自由意识所为的意思表示具有法律的约束力，应对基于此种意思表示所形成的私法上的生活关系赋予法律上的效力。意思自治原则最直接地反映了市场经济的本质需求，在市场经济中，民事关系特别是合同关系是主要的社会关系，这种关系越发达越普遍，就意味着交易越活跃，市场经济就越具有活力，社会财富才会在不断增长的交易中得到增长，民法强调意思自治原则，就是要保障民事主体在市场中享有在法定范围内的广泛的行为自由，并能根据自身的意志从事各种交易和创造财富的行为。因此，意思自治原则，是贯彻民事主体行为自由的必然要求，每一个民事主体只有具备了这种行为自由，才能够充分地发展自己的人格，维护自己的尊严，实现自己在市民社会中的价值。

意思自治原则的主要内容是：第一，确立民事主体在法律允许的范围内具有广泛的行为自由。意思自治原则的实质，就是赋予民事主体以行为自由，在法律允许的范围内，自主决定自己的事务，自由从事各种民事活动，确定参与市民生活的交往方式，最充分地实现自己的价值，而不受任何非法的干预。第二，确立民事主体自由实施法律行为，调整主体之间的相互关系。意思自治原则确立民事主体的行为自由，就是要保障民事主体能够自由地实施法律行为，调整与其他民事主体之间的相互关系。第三，确立法无明文禁止即为自由原则。意思自治原则同时也表明，在私法领域，民事主体实施法律行为的原则，必须实现法无明文禁止即为自由，只要法律未设立明文禁止的规定，民事主体即可为，因而与公权力行使所适用的法无明文规定即不可为原则，是完全相反的。后者是对公权力的限制，前者是对私权利的保障。只要不违反法律法规的强制性规定，民事主体可以自由行使民事权利，国家不得对其进行干预。

（四）公平原则

《民法典》总则编第 6 条规定的是公平原则："民事主体从事民事活动，应当遵循公平原则，合理确定各方的权利和义务。"公平原则，是民法针对民事利益确定的基本原则，是指对市民社会的人身利益、财产利益进行分配时，必须以社会公认的公平观念作为基础，维持民事主体之间利益均衡的基本规则。

公平原则要求民事主体应本着公平、正义的观念实施民事行为，司法机关应根据公平的观念处理民事纠纷，民事立法也应该充分体现公平的观念。公平原则的具体含义如下。

第一，公平原则的基本要求是民事利益分配关系的均衡，实现分配正义。民法的公平，是以利益的均衡作为价值判断标准，以调整民事主体之间的民事利益关系。公平是指一种公正、正直、不偏袒、公道的特质或品质，同时也是一种公平交易或正当行事的原则或理念。任何民事活动，都涉及民事利益的分配。公平原则要求民事主体利益分配的公平性，以保证民法分配正义的实现。第二，公平原则要求民事主体依照公平观念行使权利、履行义务，实现交换正义。公平原则是强调民事主体在民事活动中，要遵循公平正义的理念和道德法则。因此，民事主体在从事民事活动的过程中，应当按照公平的观念正当行使权利，严格履行义务。在民事利益交换中，体现民法正义的要求。第三，公平原则主要是对民事活动目的性的评价标准，实现实质正义。判断任何一项民事活动是否违背公平原则，较难从行为本身和行为过程作出评价，更多需要从结果上对是否符合公平要求进行评价。如果交易的结果形成当事人之间极大的利益失衡，除非当事人自愿接受，否则法律应当作出适当的调整。[①] 第四，公平原则是法官适用民法应当遵循的基本理念，以实现裁判正义。法律是善良公平之术，而民法最充分地体现了公平、正义的要求。所以，法官在适用法律处理民事纠纷时，应当严格依照公平理念作出判断。可以说，任何一个判决如果在结果上是不公平的，可能就是有缺陷的。公平虽然是一个抽象的概念，但因为社会一般人对公平仍然有一个基本的价值评判标准，所以法官应当依据社会的一般公平、正义观念进行司法活动，实现裁判正义。

（五）诚信原则

诚信原则，是民法针对具有交易性质的民事行为和民事活动确定的最高规则，是将诚实信用的市场伦理道德准则吸收到民法规则当中，约束具有交易性质的民事行为和民事活动的行为人应当诚实守信，信守承诺的民法最高准则，被称为民法特别是债法的最高指导原则，甚至被称为"帝王原则"。

---

① 王利明：《民法总则研究》，中国人民大学出版社 2012 年版，第 121 页。

《民法典》总则编第 7 条规定："民事主体从事民事活动，应当遵循诚信原则，秉持诚实，恪守承诺。"诚信原则的意义在于：第一，对于民事主体的民事活动进行指导，确立民事主体以善意方式行使权利、履行义务，在进行民事活动时遵循基本的交易道德；第二，它能够填补法律漏洞，实现司法活动的创造性与能动性；第三，诚信原则有禁止权利滥用，使权利行使不得超出正当界限的作用，其标准就是诚信；第四，诚信原则要求维持当事人之间的利益以及当事人利益与社会利益之间的平衡。

诚信原则是一项特别重要的原则，是市场经济交易当事人应严格遵循的道德准则，也是每一个公民在社会生活中行使权利、履行义务所应当遵循的基本原则。诚实信用原则是基本的商业道德，也是信用经济的基础。任何一部法律的执行都要求执法者、守法者具有良好的法律意识和诚信观念。否则，再好的法律也将在执行中被规避，甚至形同虚设。从这个意义上说，依诚信原则行使权利和履行义务将为法治社会奠定坚实的基础。尽管诚信观念实际上是道德和伦理的观念，但在法律上确认诚信原则也表明了法律对这一伦理价值的珍视，说明违反诚信原则并不仅仅只是承担道德上的谴责或者其他道德责任，而且还需要承担法律上的责任。诚信原则作为民法的一个基本原则，属于强行性规范，当事人不得通过约定的方式排除和规避该规则的适用。

诚实信用原则的基本功能是：第一，确定民事行为规则。诚信原则在确定民事行为规则时，主要体现在两个方面：一是行使民事权利应以诚实为本；二是履行民事义务应恪守信用。第二，为解释法律和合同确定准则并填补法律漏洞和合同漏洞。民法确立诚实信用为最高规则，同时还根据需要制定若干体现诚实信用原则的具体条款，使诚信原则通行于民法的各个环节。在解释法律和合同时，应当遵守诚信原则；在法律出现漏洞时，应当依据诚信原则进行补充；在法律规定不足或者存在空白时，法官应当依据诚信原则作出补充，不得因法律无明文规定而拒绝审判；在合同法领域，如果合同出现漏洞，也应依据诚信原则进行补充。第三，依诚信原则平衡当事人的利益冲突。法官以及仲裁员在处理民事案件时，应当贯彻诚实信用原则，要以事实为依据，以法律为准绳，全面保护各方当事人的权利，平衡各方当事人的利益，平衡当事人与社会之间的利益。同时，要求当事人在民事活动中充分尊重他人利益和社会利益，不得损害国家、集体和第三人的利益。

（六）公序良俗原则

《民法典》总则编第 8 条规定："民事主体从事民事活动，不得违反法律，不得违背公序良俗。"这一条文规定的是公序良俗原则。公序良俗原则，也是民法针对民事行为和民事活动确定的最高规则，是指以一般道德为核心，民事主体在进行非交易性质的民事行为时，应当尊重公共秩序和善良风俗的基本准则。公序良俗是由公共秩序和善良风俗两个概念构成的。原《民法通则》第 7 条以社会公德和社会公共利益代替公共秩序和善良风俗，要求民事活动应当尊重社会公德，不得损害社会公共利益，该条承认了公序良俗原则。在非交易的民事行为和民事活动中，公序良俗是衡量利益冲突的一般标准。法官依据公序良俗原则，填补法律漏洞，平衡利益冲突，确保国家和公共的利益，协调冲突，保护弱者，维护社会正义。

公共秩序也叫作社会公共利益，是指全体社会成员的共同利益。法律维护公共秩序，保障社会公共利益，也就是保护全体人民的共同利益，保护每一个公民的自身利益。《民法典》总则编不仅将尊重社会公共利益作为一项民事活动的基本原则，而且在民事法律行为制度中，将尊重社会公共利益作为民事法律行为的有效条件之一。

善良风俗也就是社会公共道德，是指由社会全体成员所普遍认许、遵循的道德准则，是我国民法所恪守的一个基本理念，如我国民法提倡尊重人格尊严，切实保护民事主体的人格权；提倡家庭生活中互相帮助、和睦团结，禁止遗弃、虐待老人和未成年人，禁止订立违反道德的遗嘱，禁止有伤风化、违背伦理的行为；在财产关系中，要求人们本着"团结互助，公平合理"的精神建立睦邻关系，提倡拾金不昧的良风美俗，确认因维护他人利益而蒙受损失者有权获得补偿等。

法律规定公序良俗原则的意义是：第一，主要目的在于实现对社会秩序的控制，由于这种对秩序的控制不可能全部由强行法来完成，规定公序良俗就是为了要强调民事主体进行民事活动必须遵循社会所普遍认同的道德，补充强行法规定的不足，从而使社会有序发展。第二，对意思自治进行必要的限制，意思自治必须依赖于公序良俗原则，实现意思自治必须在不违背公序良俗原则时才为适法，据此对民事行为提供更为全面的规则指引，并对其法律效力作出评价。第三，弘扬社会公共道德，建立稳定的市民社会秩序，从而保障市民社会有序发展。

（七）绿色原则

《民法典》总则编第 9 条规定："民事主体从事民事活动，应当有利于节约资源、保护生态环境。"此为绿色原则。绿色原则也称为生态原则，是指民法要求民事主体在从事民事活动时，应当有利于节约资源，保护生态环境，实现人与资源关系的平衡，促进人与环境和谐相处。

加强对环境和资源保护，是我国宪法规定的基本国策，也是人类的共同职责。把绿色原则规定为民法的基本原则，其意义在于，任何民事主体从事民事活动，不仅要遵循公平、正义、平等、诚实信用、公序良俗的原则，还必须把保护生态环境、节约资源的基本精神，作为贯穿物权、债权、知识产权、婚姻家庭、继承以及侵权责任的基本准则。民法基本原则虽然不能直接适用于具体案件，却是民事活动的指导思想所在。《民法典》总则编规定绿色原则作为民法的基本原则，就是要把绿色原则与公平原则、平等原则、诚实信用原则、公序良俗原则并列在一起，使节约资源、保护生态环境成为贯彻民法始终的行为准则，进而使人与资源的关系平衡，人与环境和谐相处。

民事主体从事民事活动遵循绿色原则的目的，就是节约资源、保护生态环境，促进人与自然的和谐发展。在民事主体行使民事权利时贯彻绿色原则，不仅仅要严格执行《民法典》侵权责任编对环境污染责任的规定，制裁环境污染的侵权行为人，责令环境污染的责任人负担更重的举证责任，甚至承担惩罚性赔偿责任，更重要的是，在行使物权、债权、知识产权等财产权利时，要充分发挥物的效能，防止和避免资源被滥用，使资源的利用达到利益最大化，使有限的资源在一定范围内得到更充分的利用。即使在婚姻家庭、继承等方面，也要体现绿色原则，缓解资源的紧张关系，使得在利用家庭财产，以及在继承领域分配遗产时，采用最有利于发挥物的效能的方法。

二、参考结论

"民事主体的人身权利、财产权利及其他合法权益"这一表述具有很强的包容性，其囊括了所有在民法上被明确规定的权利，以及尚未被立法明确规定为权利，但是理应获得保护的利益。由于这一条所具有的包容性，在援引这一条作为保护某项民事权益的依据时，应当对该项民事权益的正当性和保护必要性进行充分论证。在本案中，人民法院即通过详细阐明原告三人具有集体经济组织成员资格的理由，论证了对原告三人基于其集体经济组织成员资格所享有的民事权益保护的正当性，并依据"保护民事主体人身权利、财产权利及其他合法权益"的规定保护了原告的民事权益，使这一规范发挥了其应有的作用。

第三节　民法的适用

案例3　航空货运纠纷案

【案情】

2012年1月30日，蓝宇科技与案外人中航华东光电有限公司签订产品购销合同，约定中航华东光电有限公司向蓝宇科技购买液晶屏48块，单价5万元，合计总价值240万元。交货日期为2012年6月底，如延迟交货蓝宇科技需按日支付货款全额5‰的违约金。2012年6月27日，通达公司受蓝宇科技委托将液晶屏交由货航公司托运。通达公司支付航空运费30万元后，货航公司出具了托运人为通达公司的航空货运单并将该液晶屏交由东方航空实际承运。2012年6月28日，蓝宇科技到东方航空提货时只收到液晶屏24块，剩余液晶屏没有运送到西安。2012年7月16日，经蓝宇科技配合公安机关多方查找，剩余24块液晶屏在长沙机场找到。东方航空向原告出具了《货物运输事故记录》，对承运过程中发生部分货物丢失的事实予以认可。在货航公司向通达公司出具的航空货运单上第1条"关于承运人责任限额的声明"条款中明确约定："货物在国内运输过程中因承运人原因发生损失（包括丢失、短少、变质、污染、损坏，以下同），承运人最高赔偿限额为毛重每千克人民币100元。托运人已向承运人办理货物声明价值并支付声明价值附加费的，该声明价值为最高赔偿限额，承运人能够证明货物的实际损失低于声明价值的，按实际损失赔偿。"航空货运单上载明，涉案丢失货物的毛重为12 千克。2012 年 7 月 23 日，蓝宇科技又与案外人中航华东光电有限公司签订产品购销合同，就双方所签订的案涉产品购销合同交货逾期赔偿约定如下：违约天数分别为 7 天和 16 天，赔偿金额分别为 42 000 元和 96 000 元，合计138 000 元；违约赔偿金支付方式为中航华东光电有限公司付蓝宇科技货物余款时同时扣除；等等。中航华东光电有限公司于 2013 年 1 月 15 日向蓝宇科技发出扣除违约金函告，认可其欠蓝宇科技案涉产品购销合同尾款为 70 万元，扣除 138 000 元违约金，应付货物尾款为 562 000 元，自蓝宇科技收到本函告之日起，即视为该公司收到了蓝宇科技支付的违约金 138 000 元。

【问题】

《民用航空法》是否应优先于《合同法》① 适用？

【法理分析与参考结论】

一、民法规则适用的意义和一般原则

（一）民法规则适用的意义

民法规定民法规则是为了适用。民法规则的适用在民事裁判中具有以下意义。

1. 通过民法规则适用，将民法规范适用于当事人之间的争议

通过民事裁判进行的民法调整，是事后调整。民法的事后调整，是将被破坏的民事法律关系按照民法的规定使之恢复圆满状态，恢复民法规定的民事秩序。这是民法规则适用的基本目的。

2. 通过民法规则适用，确认对原告的请求权予以支持还是否认

在任何一个民事诉讼中，原告都认为自己的权利受到侵害或者法律关系的圆满状态受到破坏，因此才请求法律的确认和恢复。因此，民事争议都集

① 《民法典》生效后则为合同编相关规则。

中体现在请求权上，民事主体请求法院保护自己的民事权利，必须通过行使请求权，实现自己的主张。在民事裁判的过程中，法官应当依照民法规则对原告的请求权和被告的抗辩权及抗辩进行审查，确认原告的请求权是否成立，是否应当获得支持，进而作出裁判，确定对原告的请求权是否予以支持，对被告的行为是否予以谴责。这是民法规则适用的基本方法。

3. 通过民法规则适用，使争议中的当事人之间的权利义务关系得到确认

法院在对民事争议适用法律时，支持还是否认原告的请求权，其实就是在按照民法规则对特定的当事人之间的权利义务关系进行调整，确定当事人之间的权利义务应当如何确认，使之符合民法关于这种民事法律关系的权利义务的规范。这是民法规则适用的基本内容。

（二）民法规则适用的一般原则

1. 上位法优于下位法

上位法优于下位法原则，是指在效力较高的规范性法律文件与效力较低的规范性法律文件相冲突的情况下，应当适用效力较高的规范性法律文件。①在民法领域，效力较高的民法规则优先于效力较低的民法规则的适用。原则是，宪法具有最高的法律效力，法律的效力低于宪法但高于其他任何法规和规范性文件。适用民法规则，法官首先应当寻找上位法，如果上位法与下位法发生冲突，应当优先适用上位法。如果上位法的原则规定得比较抽象，下位法的规定作为补充和细化，并不发生冲突，应当同时适用。与法律冲突的司法解释一律无效；但法律只有原则性规定而无具体规定的，司法解释的具体规定即为有效，应当同时适用。

2. 新法优于旧法

新法优于旧法原则是处理法律规范冲突的另一个重要原则。新法优于旧法，亦即后法优于前法，即同一事项已有新法公布施行时，旧法应当废止。它指的是，在法律适用中，对同一个问题，法律有前后两种或几种不同规定时，司法机关优先适用新法，即新法的规定排斥旧法的效力，在新的法律生效后，与新法内容相抵触的原有法律的内容失效，原有法律的内容不再

---

① 王利明：《民法总则研究》，中国人民大学出版社 2012 年版，第 147 页。

适用。民法规则的适用同样适用新法优于旧法原则。

适用新法优于旧法原则应当注意以下两个问题：①由于我国民事法律法规的公布时间并不相同，跨越了很长时间，有一些法律法规的修改不完全是通过对原有的法律法规内容的修改、补充和废止的方式进行的，有可能是通过颁布另外一个新的法律，在该法律中修改了某一个旧的法律的内容，但旧的法律仍然有效，以至于同一事项的新旧法律规范发生冲突。这时，应当根据新法优于旧法的原则，适用新法。②有的新法规定的规则，部分修正了旧法的规定，但旧法中的有部分规定并未被废止。对此，仍然应当适用旧法规定。

3. 特别法优于普通法原则

特别法优于普通法原则是法律适用的基本原则之一。由于特别法相对于普通法在具体内容上的特殊性，即空间效力、对人效力、时间效力等方面的特殊规定，因而特别法在特定范围内，对人、时间、地域等问题，排除了普通法的适用，而只适用特别法。

由于适用这一原则的时候，特别法将排除普通法的适用，因此要特别注意民法特别法适用的范围。既不能强调民法普通法的普遍适用性而不执行民法特别法的特殊规定，也不能无限制地扩大民法特别法的适用范围。

把握民法特别法的适用范围可以掌握以下几点：第一，有的民法特别法规范的适用范围是以民事主体为标准划分的，其适用范围以民事主体的范围为标准。第二，有的民法特别法的适用范围是以违法行为所侵害的权利划分的，其适用范围应以所侵害的权利类型所限定的范围为标准。第三，有的民法特别法规范的适用范围是以主管机关的管辖范围划分的，其适用范围应以其主管机关的管辖范围为标准。第四，有的法律开宗明义就规定了该法的适用范围的，该法所规定的民法特别法规范应与这一适用范围相同，超出这一范围则不适用。

二、民法的解释

（一）民法解释的概念

民法的解释，是指根据有关法律规定、法学理论，对民事法律规范的内容、含义和所使用的概念、术语所做的说明。民事法律规范都是对社会生活中的民事活动所作的抽象概括，是具有稳定性、定型化特点的规则；而社会生活本身却是不断发展变化的。正因为如此，正确适用民法，就必须对民法的有些规定进行解释。因此，民法的解释也称作民法的适用方法。

对法律解释的理解有不同见解。客观说认为，民法之解释，应在探求客观上法律之目的何在，此说较有弹性，能配合法与时移的需要；主观说认为，民法之解释，应在于探求立法者之意思。主观说关于立法者的意思难以确定，事实上有其困难；尤其是立法者意思因年代久远，如坚持立法当时之意思，有时会阻碍法律之进步，也常因时代变迁而不符合时代潮流。① 因此，民法解释应采客观说立场。

（二）民法解释的种类

1. 立法解释

民法的立法解释，是指国家立法机关对民法法律规范所作的权威性解释。这是最高效力的民法解释。任何民法解释与这种解释相悖，都没有效力。党的十二届全国人大常委会第十一次会议 2014 年 11 月 1 日通过《关于〈中华人民共和国民法通则〉第九十九条第一款、〈中华人民共和国婚姻法〉第二十二条的解释》，明确公民原则上应当随父姓或者母姓，考虑到社会实际情况，公民有正当理由的也可以选取其他姓氏，包括：选取其他直系长辈血亲的姓氏；因由法定扶养人以外的人扶养而选取扶养人姓氏；有不违反公序良俗的其他正当理由三种情形。

2. 司法解释

民法的司法解释，是指最高人民法院在审理民事案件中对具体适用民事法律规范进行的解释。人民法院在审判活动中，经常遇到具体应用民事法律、法规的疑难问题，需要进行解释。最高人民法院针对这些问题作出解释，统一全国法院对民事法律、法规的理解和适用。《最高人民法院关于贯彻执行〈中华人民共和国民法通则〉若干问题的意见（试行）》《关于确定民事侵权精神损害赔偿责任若干问题的解释》等，是规范性的解释。对具体案件的适用法律问题，最高人民法院作出的具体解释是批复性司法解释。这些解释对人民法院的民法

---

① 林诚二：《民法总则（上）》，瑞兴图书股份有限公司 2007 年版，第 38~39 页。

适用都具有约束力。

3. 学理解释

民法的学理解释，是指法学理论工作者在学术研究、法学教育中对民事法律规范进行的解释，以及个人按照自己的理解对民事法律规范进行的解释。这种解释不具有法律效力，但对推动法律的发展、进步和法律适用，具有重要意义。

（三）民法的其他解释

1. 文义解释

文义解释，又称文理解释，是指按照法律条文用语的文意及通常使用方法来进行解释，或者是按照一般语言习惯中的含义或者该法条的特定含义进行阐释。它一般仅限于对法律用语字面上的含义进行解释。严格的文义解释可以促进法律的可预期性和安全性，防止法官随意超越法律而使法律处于不稳定的状况，但也会导致法律适用机械化倾向。

2. 体系解释

体系解释，是指以法律条文在法律体系上的地位，即依其编、章、节、条、款、项之前后关联位置，或相关法条的法意，阐明规范意旨的解释方法。

3. 目的解释

目的解释，是指以法律规范的目的为根据，来阐述法条的疑义。任何法条在规定时都有一定的目的，在解释法律时就应当充分贯彻立法者的目的。根据法律的客观目的解释法律的应有含义，也称为客观解释或者客观目的解释。这些客观目的常常包括了法的一些基本价值，如公平、正义、安全、对权利的保障等。目的解释可以分为目的性扩张和目的性限缩。

4. 当然解释

当然解释，是指法律虽无明文规定，但根据法律规定的目的来考虑，如果其事实较之于法律所规定的情况更有适用的理由，就可以直接适用该法律规定。

5. 历史解释

历史解释，又称法意解释或沿革解释，是指通过对历史及立法过程中所参考的资料，以及对立法过程中的记录、文件、立法理由书等的研究，来理解立法者在立法时所作的价值判断和所要实现的目的。简言之，就是根据各种历史性的因素来探求立法者的立法目的，从而对法条作出正确的解释。历史性因素，包括颁布法律时的法律环境和社会环境、立法的动机、立法者所追求的目的、先例、法律制定者们的说明、草案等立法素材。

6. 合宪解释

合宪解释，是指依据宪法以及位阶较高的法律规范来解释位阶较低的法律规范的含义。这种解释方式实际上就是根据法律的位阶顺序来解释。首先，宪法的位阶最高，所有的法律都不得与宪法的规定相违背。其次，为全国人大及其常委会颁布的法律，行政法规和地方性法规都不得与法律相违背。

7. 比较法解释

比较法既是法学研究的重要方法，也可以作为法律解释的方法，在确定现行法上某项法律规范含义的时候，可以通过比较法方法的运用，参考域外相关的法律规定来妥当确定法律规范的含义。因此，比较法的方法应当成为法律解释的方法。

三、民法特别法链接条款的适用方法

对于民法特别法，《民法典》总则编规定了多层次的民法特别法链接条款。这是一个非常重要的民法理论问题和实践问题，具有特别重要的价值，但民法学界目前还很少有人予以关注。

（一）对民法特别法链接条款概念的界定

在一个法律的部门，通常由两个部分构成：一部分是普通法，另一部分是特别法。中国的民法体系也是由两个部分构成的：一是民法普通法，即正在编纂的民法典（目前是各个民法单行法构成的民法体系）；另一部分，就是存在于民法典之外的其他法律中规定的民事法律规范。在民法这两个部分之间，必须有一个链接的形式，这就是《民法典》总则编规定的民法特别法链接条款。因此，民法特别法链接条款，是指在《民法典》总则编中设置的将民法特别法整合到民法之中，使之与民法普通法相衔接，构成民法全部体系的一般条款和特别条款。①

---

① 在给"民法特别法链接条款"定义时，应当说明的是，《民法典》总则编第 11 条规定的条款，也是法律适用规则条款，但是笔者更认为它的链接民法特别法的作用更为明确，当然这并不否认它是法律适用规则条款。

（二）民法特别法链接条款的适用方法

《民法典》总则编规定民法特别法链接条款的基本目的，就在于确定如何适用民法特别法。其适用的法律规则是《中华人民共和国立法法》第92条的规定："同一机关制定的法律、行政法规、地方性法规、自治条例和单行条例、规章，特别规定与一般规定不一致的，适用特别规定；新的规定与旧的规定不一致的，适用新的规定。"还包括《民法典》总则编第11条的规定："其他法律对民事关系有特别规定的，依照其规定。"这些规定的内涵是特别法优于普通法，换言之，如果民法典之外的法律或者其他非民事法律中的民事法律规范属于民法特别法时，这部民法特别法或者民法特别法的规范就排斥民法典具体规定的适用效力，而优先适用民法特别法。

在民法特别法的具体适用上，有以下问题。

第一，同一位阶的特别法与普通法的适用。同一机关制定的法律的特别规定与一般规定不一致的，优先适用特别规定。这里包括两种情况：一是，在同一位阶的不同法律中，如都是基本法，存在普通法与特别法的区别的，优先适用特别法。民法是基本法，行政法和刑法也是基本法，位阶相同，如果行政法和刑法规定的民法规范与民法典规定的民法规范不一致的，应当优先适用行政法和刑法的民法规范。二是，在同一部法律中，既有一般规定也有特别规定，同样也存在特别法与普通法的适用效力问题，应当优先适用特别规定。不过，在研究民法特别法的具体适用上，着重研究的是前一个问题，后一个问题是法条竞合，不属于特别法链接条款问题。

第二，不同位阶的民法特别法与民法普通法的适用。民法特别法存在不同的位阶，特别是在民法典的下一个位阶的法律中规定的法律规范。这样的法律也是民法特别法，具有优先适用的效力。

四、参考结论

《民法典》总则编第11条规定了在法律适用上特别法优先于普通法的原则。而本案的裁判依据之一，原《中华人民共和国合同法》（以下简称原《合同法》）第123条规定，"其他法律对合同另有规定的，依照其规定"。该条规定的内容同样体现出了特别法优先于普通法的法律适用原则。本案涉及的是航空运输合同纠纷，《民用航空法》作为调整航空运输合同的特别法，自然应当优先适用。

第三章　民事法律关系

本章知识点概述

本章是民事法律关系部分，是学习民法的核心，其主要内容包括民事法律关系的概念与意义、民事法律关系的类型与要素以及民事流转。

民事法律关系，是指民法规范调整的权利义务关系，是由民法所调整的平等主体即民事主体之间的人身关系和财产关系。民事法律关系是整个民法逻辑体系展开与构建的基础。除概念所涵盖的特点外，还具有主体平等性、内容和变动上的任意性以及客体复杂性和体系开放性的特点。

民事法律关系的类型化，就是要把各种各样的具体的民事法律关系按照不同的标准进行划分，分成不同的类型，对不同类型的民事法律关系总结出不同的规则，进行不同的法律规制，适用不同的法律规定。其类型按照效力级别有最高类型、基本类型、中间类型和具体类型。按照不同的分类标准，对民事法律关系可作如下主要分类：人身法律关系和财产法律关系、绝对法律关系和相对法律关系、物权法律关系和债权法律关系、人格法律关系和身份法律关系。民事法律关系包括主体、客体和内容三方面要素。

民事关系要素的变更，表现为民事关系的发生、变更和消灭。法律事实，是发生法律上效力的各种事实，亦即发生权利得丧及变更效力的各种事实。民事法律事实的类型分为事件和行为。事件，是指不直接包含人的意志的法律事实；行为，是指受人的意志支配的有意识的活动，行为分为合法行为和不合法行为。如果一个民事法律关系的发生、变更或者消灭需要几个民事法律事实，这几个民事法律事实的总和，就是民事法律事实构成，简称为事实构成。

第一节　民事法律关系的概念与意义

案例 1　集体收益分配案

【案情】

原告巫某系被告金秀瑶族自治县桐木镇桐木村民委员会解放街第三村民小组村民，其在"文化大革命"期间外出，1970 年在平南县思旺镇崇秀村鱼鳞屯与原告徐某结婚并生活在该屯，先后共同生育了巫乙、巫丙、巫丁、巫戊、巫己 5 个子女，巫己等 5 人为本案共同原告，因该屯集体认为原告巫某不是该屯村民，且原告徐某系出嫁女，所以在 20 世纪 80 年代初落实家庭联产承包责任制时没有分配田地给原告七人。原告巫某于 1985 年在平南县去世后，原告徐某带其子女回到解放街三组，经被告集体同意，原告徐某及其子女于 1986 年加入并取得在被告处的户籍。被告 1981 年已将责任田承包到户，后因部分村民农转非或去世，被告将该部分村民承包的责任田收回作为机动田，重新分配给新出生人口或新加入被告集体的人。1988 年，被告抽签分配 7 份机动田（每份 0.85 亩），原告徐某户分得其中 1 份，其余为陈某等 6 户分得。1996 年 1 月 1 日，被告与包括原告徐某户在内的集体各户签订《土地延包合同书》，以确认各户承包土地的种类及面积，原告徐某户承包有 0.85 亩水田，何某、张某等各户承包有水田及自留地，集体的林地、岭地等是否承包到户，《土地延包合同书》并没有写明。经庭审查明，除水田外，属被告集体所有的岭地、林地分别是平地岭、大岭（果园）及桥底岭。2008 年 1 月 10 日及 2010 年 4 月 18 日，被告分别按每份田（0.85 亩）160 元、80 元的分配方案，两次将出租平地岭所得的承包金发放给包括原告徐某户在内的集体各户。2010 年 6 月 10 日，被告将出租大岭（果园）地所得的承包金 72 000 元，按每份田（0.85 亩）300 元的分配方案进行分配，同时以村民会议决议及部分村民签名的形式，决定不让原告徐某户参与此次分配。原告先后向桐木村委、桐木镇人民政府申请调处，因被告不同意支付大岭（果园）

地收益款给原告致使调解未果。2010 年 8 月 13 日，原告以被告侵害其合法权益为由诉至法院，要求被告给付大岭（果园）地集体收益款 300 元。

【问题】

被告是否有权参与分配集体收益？

【法理分析与参考结论】

一、民事法律关系的基本问题

（一）民事法律关系的概念

关系，是指人与人之间生活上的联系。[1] 民法上的法律关系理论由德国民法学家萨维尼首次提出，他认为"各个法律关系就是由法律规定的人和人之间的关系"。[2] 在我国，法律关系这一概念作为概括一切法律规定的人与人之间的关系的基本概念，并不仅仅包括民事法律关系，其外延应当包括公法关系和私法关系，而民事法律关系只是私法上的法律关系。

民事法律关系，是指民法规范调整的权利义务关系，是由民法所调整的平等主体即民事主体之间的人身关系和财产关系。民事法律关系是整个民法逻辑体系展开与构建的基础。[3]

（二）民事法律关系的特征

1. 民事法律关系是人与人之间的社会关系

民事法律关系是人与人之间在社会生活中产生的权利义务关系，而不是人与物之间或者物与物之间的关系。民事法律关系通常离不开物，甚至有时还直观地表现为人与物之间的占有、支配关系，但物只能是人与人之间的民事法律关系的客体或者中介，而不可能是民事法律关系的主体。

2. 民事法律关系是民法规范调整的平等主体之间的社会关系

民事法律关系是根据民法规范建立起来的关系，而民法是调整具有平等

---

① 梁慧星：《民法总论》，法律出版社 1996 年版，第 47 页。
② 龙卫球：《民法总论》，中国法制出版社 2001 年版，第 120 页。
③ 王利明：《民法总则研究》，中国人民大学出版社 2012 年版，第 174 页。

法律地位的主体之间的人身关系和财产关系的法律。在市民社会，民事主体都是平等的，其人格、地位一律平等。在民事法律关系中，当事人之间不存在管理与服从的关系，而是彼此平等、互不从属的关系。民事法律关系的内容也是平等和对等的，在通常情况下一方取得权利必须以承担相应的义务为前提，反之亦然。主体平等是民事法律关系与行政法律关系等的区别性特征。

3. 民事法律关系是以权利义务为内容的人身关系和财产关系

民事法律关系是以权利义务为内容的关系，即民法调整平等主体之间的关系的方法是赋予当事人以民事权利，同时使当事人承担民事义务，权利义务构成了民事法律关系的内容。民事法律关系是以民事利益为内容的权利义务关系，其全部的权利义务内容都是关于民事利益的关系，这就是人身关系和财产关系。这一方面是说，民事法律关系是以民事利益即人身利益和财产利益为客体；另一方面也说明，凡是关于人身关系和财产关系的权利义务关系，都是民事法律关系。

4. 民事法律关系是由国家强制力保障的社会关系

民事法律关系是由国家强制力保障其实现的，国家禁止不履行民事义务和对他人民事权利的侵犯。在民事法律规范中，民事主体可以做什么，或者应当做什么，不可以做什么，都体现了国家对各种行为的态度，由此形成了国家认可的市民社会秩序，不允许有人随意破坏。如果这种现实的权利义务关系受到破坏，破坏者就必须承担民事责任。

民事法律关系除了具有上述法律特征外，还具有以下特点。

第一，主体的平等性。民事法律关系具有平等性的特点。民事法律关系是平等主体之间的关系，各民事主体不论是自然人、法人还是国家，不论其所有制如何，都具有平等的法律地位。同样，基于民事主体的平等性，各主体之间的权利义务也多数具有公平性、对等性，许多财产关系都以等价有偿为原则，[①] 未经本人同意，都不得为其设定义务。

第二，内容和变动上的任意性。民事法律关系通常不涉及公序良俗。在市场经济条件下，民事主体都是其个人利益的最佳判断者，只要是不涉及公

---

① 佟柔主编：《中国民法学·民法总则》，中国人民公安大学出版社1990年版，第46页。

序良俗问题，法律没有必要加以禁止，允许民事法律关系的变动和内容具有相当的任意性。这种任意性具体表现在：民事法律关系的设立、变更和终止具有一定的任意性，法律允许当事人在法律规定的范围内自主创设和消灭民事法律关系；法律也允许当事人自由确定民事法律关系的内容，即与他人之间的权利义务关系。只要这些内容不违背法律的禁止性规定和公序良俗，法律都确认其效力。因此，在民事法律关系中，法无禁止即可为。这与公法中法无授权即为禁止恰好形成鲜明对照。正是基于这种任意性，从而新型的民事法律关系不断出现，并且决定了对民事案件法官不得以法律没有明文规定为由而拒绝裁判。

第三，客体上的复杂性和制度上的开放性。随着社会、经济、科技的发展，各种新型的民事利益为人们所发现、认知和利用，民事法律关系的客体具有相当的复杂性。随着民事法律关系客体的不断发展变化，民法也就逐渐形成了一系列的新规则。正因为如此，民法必须具有开放性，及时接纳新的民事利益，围绕这些新的法益形成新的民事法律关系。由于大陆法系民法成文法形式的局限，有时难以预见到未来社会生活的发展变化，因此，现代各国民法典一般都通过诚实信用原则、公序良俗原则等抽象规范为法官创造新的法律规则提供指引，从而适应开放性的要求。

二、民事法律关系的意义与功能

（一）民事法律关系的方法论意义

民法研究的基本对象是民事法律关系，民法总则规定的是抽象的民事法律关系规则；分则规定的则是具体的民事法律关系规则。

1. 民法方法论的核心必须是能够统领民法的事物

民法方法论的核心内容，必须是一个能够统领整个民法和市民社会的事物。民法是人法，民法对人的法律调整，是通过规定权利实现的。任何民事权利都必须与义务相对应。民事权利和民事义务的结合，就构成了民事法律关系。从这个意义上说，只有民事法律关系才是能够统领全部民法和市民社会的内容。

2. 民事法律关系是民法规范的本质内容

（1）民法总则规定的是抽象的民事法律关系。民法总则的基本内容，除了规定民法的基本原则之外，还规定民事主体、民事权利、物等民事利益，民事法律行为及其代理以及诉讼时效。这些内容实际上就是规定民事法律关系的抽象内容，规定了民事法律关系的全部要素。

（2）民法分则规定的是具体的民事法律关系。民法分则的基本内容，是对民事法律关系的展开，是规定具体的民事法律关系。民事法律关系分为各种基本类型。按照民事法律关系的不同基本类型，将民法分则分为不同的编。分则规定的是具体的民事法律关系，规定的是民事法律关系的具体规则。

3. 学习与研究民法的基本方法必须从法律关系入手

在学习、研究民法时，发现民法的基本运动规律，应用这个基本的运动规律去掌握民法的基本精神，掌握各项民法规则；在研究民法的时候，也是要用民法的基本运动规律作为指导，使研究得出的结论符合市民社会的运动规律。学习、研究民法首先就是要学习、研究民事法律关系，用最简捷的方法，找到这个市民社会运动的基本方式和规律；在这个基础上，遵循市民社会运动的基本方式和规律，发现民法新问题，创造民法新规则。

（二）民事法律关系方法是民法的基本方法

1. 民事法律关系是观察市民社会的基本方法

民法观察市民社会，首先看到的是人，但不是一般的人，而是民事主体。民法观察社会看到的人与人之间的关系，也不是一般的物质关系和思想关系，而是在这些社会关系之上形成的权利义务关系。这种权利义务关系体现的是人身关系和财产关系，因而是民事法律关系。在一个市民社会中，每一个人都是这个社会的主体，相互之间按照民事权利义务关系结构在一起，尽管关系纷繁复杂，但其层次清楚、性质分明，都是按照民事权利义务关系有序地组合在一起。

2. 民事法律关系是规范市民社会行为的基本方法

正是因为民法观察社会的基本方法是看人，看人与人之间的权利义务关系，因此，民法在规范市民社会民事主体的行为时，也是从民事法律关系入手，赋予民事主体以权利，同时对权利人的相对人规定应当履行的义务。民法按照自己的理想，为创建一个公平、正义、诚信、和谐的市民社会秩序，把人与人之间的权利义务关系作出统一的规范，人们按照这样的规范从事民事活动，发生争议也按照这样的规范予以解决。

3. 民事法律关系是裁判民事案件的基本方法

在市民社会中民事主体之间发生纠纷的时候，在民事主体之间的民事法律关系出现了不协调，或者是一方侵害了其他民事主体的民事权利，或者是民事主体行使民事权利不符合民法确定的规则。当法官裁判民事纠纷案件时，其基本方法也是分析当事人之间民事法律关系的性质，据此确定解决纠纷应当适用的法律。

4. 民事法律关系是研究民法的基本方法

民法观察市民社会的方法是民事法律关系，规范市民社会行为的方法是民事法律关系，法官裁判民事纠纷案件的方法也是民事法律关系的方法。学者在研究民法时，在研究民法、观察市民社会、规范民事主体行为时，采用的方法也必须与之相一致，也就是看人，看人与人之间的关系，看人与人之间的权利和义务关系，看市民社会主体之间的民事法律关系。

民事法律关系是民法观察社会、规范行为、裁判纠纷，学者研究民法的基本方法，掌握了这个方法，就掌握了认识民法、认识民法规范、认识市民社会的基本方法。

三、参考结论

"民事主体平等地享有权利、承担义务"和"民事主体的民事权益平等地受法律保护"是民事主体在民事活动中法律地位平等的两种重要表现。本案中，原告和被告的其他成员均具有该集体经济组织成员的资格，均为出租或发包集体所有的不动产或动产所获得的集体收益的所有权人，共同享有所有权，且这种权利的享有应具有平等性。这种平等性一方面体现为原告和被告集体其他成员均有权分配集体收益，另一方面体现为该项权利平等地受法律保护。基于此，在被告的其他成员获得收益分配款时，原告作为与其他成员法律地位平等的民事主体，也应获得相应的收益分配款。

第二节　民事法律关系的类型与要素

案例2　预约合同纠纷案

【案情】

位于北京市通州区玉兰湾嘉园 10 号楼 1 单元 X 号房屋（以下简称 X 号房屋）系由被告北京祁连房地产开发有限公司所有。2015 年 5 月 8 日，原告薛某向被告支付款项 1 万元，被告为其出具的收款收据上载明：今收到薛某交来 K2 玉兰湾诚意金 1 万元。但原告未与被告就 X 号房屋签订《购房意向书》及《商品房预售合同》。2015 年 7 月 31 日，被告与案外人江苏福星建设工程有限公司大仪分公司（以下简称福星公司）签订《北京市商品房认购书》，约定被告以 32 847.82 元/平方米的价格将 X 号房屋出售给福星公司。认购定金为 5 万元。同日，福星公司向被告支付款项 5 万元，被告为其出具的收款收据上载明：今收到江苏福星建设工程有限公司大仪分公司交来 K2 玉兰湾 X 号房定金 5 万元。原告当庭表示其与被告的销售人员在 2015 年 5 月已就 X 号房屋的购买事宜达成一致意见，被告已经同意按照单价 26 404 元/平方米的价格将 X 号房屋向其进行出售，后被告的销售人员又以各种理由推托，导致其未及时与被告签订 X 号房屋的《商品房预售合同》，后因 X 号房屋价格大幅上涨被告拒绝与其签订《商品房预售合同》。经法院释明，原告坚持其诉讼请求，即要求被告与其按照单价 26 404 元/平方米的价格签订《商品房预售合同》。

【问题】

被告是否应同原告签订房屋买卖合同？

【法理分析与参考结论】

一、民事法律关系的类型

（一）民事法律关系类型划分的意义

民事法律关系是一个总类，是一个从纷繁复杂的、形形色色的具体民事法律关系中概括出来的抽象概念。它是认识市民社会的一般方法，也是对市民社会运动规律的抽象概括。同时，民事法律关系又是具体的社会关系，表现为实实在在的现实的权利义务关系。在市民社会中，用具体的法律规范规制各种各样的、具体的民事法律关系，就必须对民事法律关系类型化，因此才能把民事法律关系具体化。

民事法律关系的类型化，就是要把具体的民事法律关系按照不同的标准进行划分，分成不同的类型，对不同类型的民事法律关系总结出不同的规则，进行不同的法律规制，适用不同的法律规定。可以说，没有民事法律关系的类型化，就没有民法的规则，也就没有民法的法律适用。所以，民事法律关系的类型化，是对民事法律关系适用法律的基础，也是法律规制法律关系的基础。

（二）民事法律关系类型化的级别

1. 最高类型

最初始的类型化，就是划分民事法律关系的基本类型。其包括人身法律关系和财产法律关系，它是基于民事利益的两大基本类型而划分的民事法律关系的最高类型。

2. 基本类型

在最初始的民事法律关系类型化之后，还要将人身关系分为人格关系、身份关系，将财产关系分为物权关系、债权关系、知识产权关系、继承关系，这是基本的民事法律关系类型。

3. 中间类型

在民事法律关系的基本类型之下，是中间的民事法律关系类型，如物权法律关系中的所有权关系、用益物权关系、担保物权关系和占有关系；人格法律关系中的物质性人格权关系和精神性人格权关系等。

4. 具体类型

具体类型是民事法律关系的具体化，是民事法律关系的终极类型，也就是民事法律关系类型化的极限。民事法律关系类型化的终极化、极限化，才能够最终地对这种民事法律关系制定具体规则，对民事法律关系的纠纷案件适用法律。

民事法律关系的类型化和具体化，就是将概括的、抽象的民事法律关系进行细化，确定民事法律关系的级别层次，分级掌握民事法律关系的规律和特点，最终为适用法律确定基础。

（三）按照性质划分的民事法律关系类型

在一般的教科书中，对民事法律关系的划分都是以民事法律关系的性质为标准进行划分的，确定了民事法律关系的基本类型。这就是人身法律关系和财产法律关系、绝对法律关系和相对法律关系、物权法律关系和债权法律关系、人格法律关系和身份法律关系。这些划分和类型化都是必要的。

民事法律关系的最基础形式，就是具体的民事法律关系，这就是再也不能进行类型化了的民事法律关系。在司法实践中，对一个争议的民事纠纷适用法律，必须进行民事法律关系类型化的终极化、具体化，就是对案件的民事法律关系进行"定性"，才能够最终确定对这个案件的法律适用问题。

对民事法律关系类型化的基本意义，在于掌握不同类型的民事法律关系的共性；对民事法律关系类型化的终极目标，就是对民事法律关系具体化，以确定法律适用。也就是说，民事法律关系的类型化——表现不同类型民事法律关系的共性；民事法律关系的具体化——确定民法的法律适用。

民事法律关系类型化的基本模式如下。

人身法律关系：人格法律关系和身份法律关系。①人格法律关系可划分为一般人格权法律关系、物质性人格权法律关系和精神性人格权法律关系。物质性人格权划分为身体权、健康权和生命权。精神性人格权分为标表型人格权，包括姓名权、名称权和肖像权；评价型人格权，包括名誉权、信用权和荣誉权；自由型人格权，包括人身自由权、隐私权和性自主权等。②身份法律关系分为配偶权法律关系、亲权法律关系和亲属权法律关系。

财产法律关系：①物权法律关系，包括所有权、用益物权、担保物权以及占有；所有权分为一般所有、共有和区分所有以及相邻权；用益物权包括地上权（建设用地使用权、分层地上权、乡村建设用地使用权、宅基地使用权）、土地承包经营权、地役权、典权和居住权；担保物权分为抵押权、质权、留置权以及所有权保留、优先权和让与担保。②债权法律关系，包括合同法律关系、侵权责任法律关系、不当得利关系和无因管理关系。其中合同关系最为复杂，具体化为《民法典》（合同编）规定的有名合同：买卖合同、供用合同、赠与合同、借款合同、租赁合同、融资租赁合同、承揽合同、建设工程合同、运输合同、技术合同、保管合同、仓储合同、委托合同、行纪合同和居间合同，以及其他无名合同。③知识产权法律关系，可以分为著作权关系、商标权关系、专利权关系以及其他知识产权关系。④继承权法律关系，分为遗嘱继承、法定继承、遗赠和遗赠扶养协议。

这些生命权、亲权、共同共有、买卖关系、著作权法律关系、遗嘱继承等关系，都是最基础的民事法律关系。

二、民事法律关系的要素

民事法律关系包括主体、客体和内容三方面要素。

关于民事法律关系的要素构成还存在五要素说。五要素说认为民事法律关系的要素除了主体、客体和内容之外，还包括民事法律关系的变动及变动的原因。① 但由于考察任何一种民事法律关系都应当了解变动的原因及变动的效果，这就意味着必须查找一定的法律事实，但法律事实毕竟是外在于法律关系的，它本身并不是法律关系的要素。② 因此，本书采民事法律关系三要素说的主张。

（一）主体

民法以权利为中心，权利关系的中心，即为所谓权利主体，因之，民法总则研究之始，即为民事权利主体问题。③ 民事法律关系的主体也称为民事主体、权利主体，是指法律所承认的能够以自己的名义参加民事法律关系，享受民事权利并承担民事义务的人。民事法律关系主体是市民社会的支配者，是对市民社会中的民事利益的支配者。在总体上，全体民事法律关系主体对全部的民事利益进行支配；从具体的方面看，各个民事主体则从不同的范围内，对个别的民事利益进行支配，而不是对整体的民事利益进行支配。各个不同的民事主体对各自不同的民事利益进行单独的支配，综合形成了民事主体对民事利益的整体支配，实现了人对市民社会的支配。

民事法律关系的主体要素，就是人，包括自然人、法人和非法人组织。

---

① 陈华彬：《民法总论》，中国法制出版社 2011 年版，第 168 页。
② 王利明：《民法总则研究》，中国人民大学出版社 2012 年版，第 176 页。
③ 李宜琛：《民法总则》，正中书局 1947 年版，第 56 页。

民事主体首先是自然人，现代法治强调自然人均享有民事主体资格，而且此种资格不容剥夺。法人是法律拟制的人，这是基于社会生活的需要，法律应当允许一些社会组织在依法创设之后，以自己的名义参加民事法律关系，进行民事活动。随着市场经济的发展，法人之外的非法人组织也成为一类新的市场主体，法律也承认其可以以自己的名义参加民事法律关系，从而非法人组织也可以成为民事主体。此外，国家在特定场合中也可以成为民事主体。

民事法律关系主体称之为"人"，得为民事主体的法律资格称之为"人格"。此所谓人格，就是民事权利能力。①

在民事法律关系中，民事主体分为权利主体和义务主体。这是因为民事权利和民事义务的对应性，一方享有权利一般就意味着由另一方承担义务；而一方承担义务也就意味着由另一方享有权利，因此，在民事法律关系中原则上有双方甚至多方主体。在某些民事法律关系中，双方当事人既享有权利又承担义务。例如，在双务合同如买卖关系中，买方有请求交付标的物并移转使用权的权利，同时负有支付价款的义务，而卖方有收取价款的权利以及交付出卖物的义务。

民事法律关系的一方主体可以是单一的，也可以是多数的。例如，在物权关系中，除物权人以外的所有人都是义务主体；而在共有的情况下，其权利主体却是两个或两个以上的人。

在总则编中，首先规定的是有关民事主体的抽象规则：第一，规定民事法律关系的主体包括自然人、法人和非法人组织和特殊情形下的国家；第二，规定民事主体的民事权利能力和民事行为能力；第三，在自然人的民事行为能力中，规定民事行为能力的状态，即完全民事行为能力、限制民事行为能力和无民事行为能力，规定对限制民事行为能力人和无民事行为能力人的监护制度。

（二）客体

民事法律关系的客体也称为权利客体，是指民事权利和民事义务所指向的对象。换言之，私权之客体，则为归属于私权主体的权利的对象。② 民事权利

---

① 陈华彬：《民法总论》，法律出版社 2011 年版，第 168 页。
② 蔡肇璜：《民法总则》，大东书局 1947 年版，第 92 页。

和民事义务是以特定的民事利益为客体的，没有客体，民事权利和民事义务就无所依归，从而无法确定。而各民事主体之间也正是因为一定的客体而彼此发生联系，从而为民法所调整。《民法典》总则编第五章名义上规定的是"民事权利"，其实主要的还是规定民事权利客体，尽管其规定的客体并不全面。

有的学者认为，民事法律关系客体的概念是伪概念，认为民事法律关系无客体，而是存在民事关系之根据，即民事关系中归属之财产、人身、准人身，是民事关系发生和存在的原因，是民事关系中权利义务共同的担当物、表现物、反应物，是民事关系的根据。[①] 对这种意见中的具体说明，笔者是同意的，因为这些财产、人身、准人身等，是民事关系的根据，其实就是笔者所说的民事利益。但笔者认为这不是民事法律关系的客体而是根据的说法，则值得斟酌，因为这些所谓的根据，其实就是民事权利和义务所指向的对象，称之为民事法律关系的客体并无大错。

各国民法典并未对私权的客体作一般性的规定，而多数是仅规定其中最重要的客体，即物。但在实际上，物只是民事权利客体之一种，民事权利因其种类不同，可以有不同的客体。[②] 将这些不同民事法律关系的客体概括起来，民事法律关系的客体就是民事利益，其中包括物和其他民事利益。这些物和其他民事利益包含了市民社会的各种各样的不同利益。在市民社会，民事主体支配这些民事利益，就是支配整个市民社会。因此，包含这些利益的物和其他民事利益就成了市民社会的客体要素，在民事法律关系中就成了民事法律关系的客体。这是产生民事法律关系的客观基础。那种认为民事法律关系客体是"体现一定物质利益的行为"[③] 的观点，尽管有一定的道理，但无法概括人格权法律关系和身份权法律关系的客体，故不采纳。《俄罗斯联邦民法典》总则的第三分编专门规定了权利客体，详细规定了具体的权利客体，特别值得赞赏。

在不同的民事法律关系中，其客体是不同的：人格权关系的客体是生命、健康、身体、名誉、隐私等人格利益；亲属关系的客体是因亲属关系而享有的一定身份利益；继承关系的客体是遗产，其既包括物，也包括债权等财产

---

① 李锡鹤：《民法原理论稿（第2版）》，法律出版社2011年版，第140页。
② 梁慧星：《民法总论（第3版）》，法律出版社2007年版，第59页。
③ 佟柔主编：《民法原理》，法律出版社1983年版，第33页。

权利；物权关系的客体是物，例外情况下如权利质权中可以是权利；知识产权关系的客体是无形财产，包括智力成果、工商业标识等；债的关系的客体则是债务人的特定行为，即给付，并且基于给付而产生的期待利益。根据上述不同的客体，民法构建了人格权、身份权、继承权、物权、知识产权、债权等一整套权利体系，并以此来展开民法分则的各项具体内容。

在作为权利客体的民事利益中，最主要的部分就是物。物就是财富，是市民社会的物质基础，是民事主体能够支配的物质，以及这些物质中存在的物质利益。在市民社会，一方面，除了人之外这个社会的客观存在就是物，不再有其他任何客观存在的东西，因而是构成市民社会的要素。另一方面，尽管市民社会是人的社会，但是人脱离了物就无法生存，无法发展，这是因为物存在于人体之外，表现为有体物，能够独立成为一体，能够满足人的需要，具有一定的稀缺性，并能为人所支配，为人创造利益，使人在这个社会中存在下来，发展起来。因此，物是市民社会的基本要素之一，是构成市民社会的基本物质要素。它是民事利益的基本部分。随着经济和社会的发展，人们能够支配和利用的各种利益层出不穷，民事法律关系的客体的范围也将进一步扩张。

民法总则规定民事法律关系客体，就是规定民事利益以及民事利益的类型，特别是规定物以及物的类型。

（三）内容

民事法律关系的内容，是指民事主体在民事法律关系中所享有的权利和承担的义务。

民事法律关系的具体表现，是民事权利主体对特定的民事利益享有权利，对这项民事利益占有、支配，这就是民事权利。民事权利就是民事主体为实现某种利益而依法为某种行为或不为某种行为的自由（或者可能性）。[①]

为了保障民事主体对这种民事利益的支配，即保障民事主体的权利，确定与这一个民事主体相对应的其他民事主体，也就是其他所有人或相对的特定人负有义务，或者是权利主体之外的全体民事主体，或者是与权利主体相对的特定的民事主体，这些主体"为满足权利人的利益而为一定的行为或者

---

① 王利明主编：《民法》，中国人民大学出版社 2000 年版，第 43 页。

不为一定的行为的必要性",① 就是民事义务。

这种权利义务关系，是市民社会民事主体的基本联系方式，也是民事法律关系的内容。

以义务产生的原因为标准，可以把民事义务分为法定义务与约定义务。法定义务是直接由民法规范规定的义务，如对物权等各种支配权的不得侵害的义务、对父母子女的赡养抚养义务等。约定义务是通过民事法律行为确定的义务，主要为合同义务。以义务的内容为标准，可以把民事义务分为积极义务与消极义务。以进行一定的行为（作为）为内容的义务称为积极义务，以不进行一定的行为（不作为）为内容的义务称为消极义务。绝对权的义务人一般仅负消极义务；相对权的债务人一般负积极义务。在债法中，可以将债务进一步区分为主给付义务、从给付义务和附随义务。②

民事义务不履行的后果，是民事责任。能够发生民事责任的民事义务，是真正的民事义务。而在有些情况下，虽然某人依法应当进行某种行为（包括作为和不作为），但相对人不能请求其履行，其不履行时相对人也不能请求其承担损害赔偿等民事责任，而只是使其遭受权利丧失或减损的不利益，这就是不真正义务。③ 例如，在债务履行过程中，债权人自身发生重大事项致使履行债务发生困难时的通知义务。④ 债权人怠于履行此义务时，债务人不能请求其承担违约责任，但可以中止履行或者将标的物提存。

《民法典》总则编规定民事法律关系的内容比较复杂，主要是民事权利及其类型、民事权利的取得方法、取得民事权利的法律行为、代理、法律事实、民事权利的存续期间（时效）、民事义务及其类型、民事义务不履行的法律后果即民事责任。

三、参考结论

在本案中，原告薛某虽然支付了 1 万元，被告也出具了针对前述款项的收据，但被告并未作出与原告订立房屋买卖合同的意思表示。相较于此，其

---

① 王利明主编：《民法》，中国人民大学出版社 2000 年版，第 43 页。
② 王利明主编：《民法学》，复旦大学出版社 2004 年版，第 627 页以下。
③ 王泽鉴：《债法原理（第 1 册）》，中国政法大学出版社 2001 年版，第 47 页。
④ 参见《合同法》第 70 条。

后被告与福星公司签订《北京市商品房认购书》，对购房价格以及认购定金作出约定，接受福星公司向其支付的定金并为其出具收款收据的一系列行为则明显表明了其选择福星公司作为另一方当事人订立房屋买卖合同的意思。这是被告基于自愿原则行使其选择订立或不订立房屋买卖合同以及合同相对人的意思自由，具有正当性，应受到法律保护。原告要求被告违反其意愿与自身订立买卖合同，侵犯了被告按照自己的意思设立民事法律关系的自由，不符合自愿原则的要求。

第三节　民事流转

案例3　房屋买卖合同纠纷案

【案情】

　　原告曹某与第三人李某为夫妻关系。第三人李某于1993年4月20日办理了龙集建（92）字第121772号集体土地建设用地使用证，其中用地面积为167.26平方米，建筑占地面积为167.26平方米。原告曹某与第三人李某在该地上所建房屋结构为土木砖混。2006年12月28日，第三人李某与被告黄某就上述房产买卖达成协议，双方签订了《绝卖房契》1份，主要内容："甲方李某，乙方黄某。第1条，甲方对出售权的声明及房屋基本情况。甲方保证所出售房屋产权权属清晰，自愿将坐落于龙岩市新罗区某镇某村3组房地产权转让给乙方。该房出售并交出土地使用证以及老字据。第2条，成交价格甲乙双方同意上述房地产总转让价为人民币86 900元。第3条，甲乙双方约定的付款及交易程序，付款方式分为两期，第1期付款人民币六万五千元整，余款在乙方接管产权后无任何纠纷情况下，乙方一次性在3个月内付清。第4条，移交项目：①房屋装修及附属设施现有状况应保存完整转让给乙方。②在乙方接收房屋时，甲方应结清移交前水、电等各种费用，保证水、电到位。③新房门前空地归乙方所有，鱼塘再向内扩宽1.5米，保证道路畅通。第5条，此房屋产权纯属甲方祖遗或自置有继承权和出售权，如有上手来历不明或亲族后代寻机争执、混闹，均由甲方负全部责任，并需赔偿乙方损失金30万元，此系买卖两愿，各不反悔，恐后无凭，立此为证。第6条，交房管理。乙方至第一期款项交付清楚后，甲方应将土地使用证及房屋管理权完整交给乙方，乙方享有房产权和使用权，如乙方二期款项到期未付，甲方有权收回管理权。第7条，附属工程甲方应将其厕所二间，附房屋产权一起配套交给乙方。"签订协议当日，原、被告及第三人李某、李某之子和儿媳在协议上签名捺手印，原告曹某由第三人李某代签名，原告曹某捺手印。邻居数人在场作为证人签名捺手印。之后，被告黄某按约将购房款支付第三人李某，第三人李某将《绝卖房契》中约定的建筑物及附属物、土地使用权证原件交付被告黄某。被告黄某于2006年12月搬入居住使用至今，并对房屋进行了装修。因房价上涨，现原告以该房屋买卖违反法律规定为由诉至法院，请求依法确认原告曹某与第三人李某于2006年12月28日签订的《绝卖房契》（房产转让合同）无效，并将房产返还给原告。

【问题】

该房屋买卖合同效力如何？

【法理分析与参考结论】

一、民事流转的概念和流转方法

（一）民事流转是民事法律关系运动的基本方式

民事法律关系运动的基本方式，是民事流转。[①] 有的学者将此称为民事

[①] 民事流转是现在的民法理论已经不常提及的概念。其实这个概念是很准确地描述了民法法律关系运动的形式的。在1984年出版的《中国大百科全书·法学卷》提到了"民事流转"的概念，这里说，民事法律关系的发生、变更或消灭，有时候只要一个法律事实，有时需要几个法律事实，法学上把引起某一个法律关系发生变更或者消灭的几个法律事实的总和，称为民事法律事实的总和。整个民事法律事实的总和，就构成民事流转。1980年出版的《法学词典》"民事流转"条解释："权利主体间转移财产权利过程中，产生各种民事法律关系的法律行为以及其他法律事实（如买卖、借贷、侵权行为）的总和。"1985年出版的《新编法学词典》"民事流转"条规定："指基于法律事实引起民事主体之间财产权利流动转移的过程，即权利处于动态状况。由于合同、侵权、赠与、继承引起的财产权的移转，就是民事流转。"但是近年来，这个概念已经不被提及，很少有人用了。在对民事流转概念的这些界定中，差不多都是说民事流转就是民事法律事实构成，也是说民事权利的动态状况。笔者更赞成后一种说法。

关系变动，认为民事法律关系变动是指民事关系要素的变更，表现为民事关系的发生、变更和消灭。① 这两种说法是一样的，笔者认为用比较传统的民事流转概念更为准确。有人认为，民事法律关系变动及其原因，也是民事法律关系要素，为动的要素。② 笔者认为，将民事法律关系的变动称为民事流转，专门进行研究，比将其认定为民事法律关系要素更为稳妥。

民事流转这个概念是概括民事法律关系运动方式总和的概念，因此，民事流转实际上就是民事法律关系产生、变更和消灭的过程，是民事法律关系运动的基本方式。民事法律关系通过产生、变更和消灭的不断运动，也就是民事流转，推动市民社会的不断发展和变化。民事流转，就是民事法律关系的基本运动方式，也是市民社会的基本运动方式。民事法律关系在不停地发生、变更和消灭，构成了市民社会的基本运动形式。

（二）民事流转的基本形式：民事法律关系的产生

民事法律关系的产生，是指民事法律关系基于何种事实或者行为而发生。这是民事流转的基本形式之一。

有的民事法律关系是基于法律事实而产生，如出生的法律事实产生了身份关系；有的民事法律关系是基于行为而产生，如合同债权的取得、物权中所有权的取得。应当注意的是，在出生的事实产生的民事法律关系中，有的是固有的民事法律关系，有的是基于出生的事实而取得的民事法律关系，前者为人格法律关系，后者是身份法律关系。

有的民事法律关系的产生较为复杂。例如，共有关系的产生，不是仅仅指共有的所有关系产生。所有权关系的发生，就是所有权的取得，包括原始取得与继受取得。例如，作为原始取得方式的孳息、拾得遗失物、发现埋藏物或隐藏物、先占、添附、善意取得，作为继受取得的买卖、互易、赠与、继承等，都是所有权法律关系发生的事实或者行为。这些所有权发生的根据，对于共有关系的发生都是适用的。但是，共同共有关系的产生更重要的是共

---

① 李锡鹤：《民法原理论稿（第 2 版）》，法律出版社 2011 年版，第 163 页。

② 郑玉波：《民法总则》，中国政法大学出版社 2003 年版，第 94 页；梁慧星：《民法总论（第 3 版）》，法律出版社 2007 年版，第 58 页；陈华彬：《民法总论》，中国法制出版社 2011 年版，第 168 页。

同关系的存在和法律规定。没有后一个原因，共同共有关系不会产生，而只
会产生所有权法律关系。

研究民事法律关系的产生，就是要研究基本民事法律关系产生的基本原
因，研究具体的民事法律关系产生的具体原因，从中归纳出民事法律关系发
生的一般规律和特殊规律，使人们认识市民社会的基本运动规律，对其进行
科学、合理的法律规制。

应当注意的是，民事法律关系产生之前，也还有一种特别的情况，就是
胎儿的事实存在。胎儿存在后，尽管还没有发生民事法律关系，但是胎儿的
存在是客观的，因而对于其出生后所发生的民事法律关系具有特别的意义。
例如，胎儿的伤害和继承问题。

研究民事法律关系的产生，既要研究民事法律关系产生的一般原因和规
律，也要研究特别的、具体的民事法律关系的产生原因和规律，进而展开对
民事法律关系的全面规范和掌握。如前所述，研究共有的法律关系，不但要
研究所有权发生的一般原因，而且更重要的是要研究共有关系发生的特殊原
因，这就是相对于共有关系产生的这种特殊的所有权发生原因究竟是什么，
进而研究和揭示共有关系发生的一般规律，制定相应的法律规则。

（三）民事流转的基本形式：民事法律关系的变更

民事法律关系的变更也是民事流转的基本形式之一，是民事法律关系在
存续期间发生了变化。

民事法律关系的变更，分为主体变更、内容变更和客体变更。

从原则上说，任何民事法律关系在存续期间都会发生变更，只是由于民
事法律关系的性质不同，其变更的范围、性质和程度各不相同。

在绝对性的民事法律关系中，一般不会发生重大的变更，仅仅是会发生
简单的、适当的变化。例如，在人格权法律关系中，基于人的出生而产生固
有的人格权法律关系，在身份法律关系中，则基于出生的事实而取得身份法
律关系。有的时候，个别的人格法律关系会发生变化，如肖像权被转移使用、
名称权被转移使用等，都是简单的、适当的变更。只有在名称权法律关系中，
才会发生主体的变更，即全部转让名称权以及名称权的继承。婚姻关系及亲
子关系的内容，因人的变更而受影响，故其法律关系本身，或个别的权利义

务均不得让与和继承。物权关系的让与或继承，其所转移者，包括与该物权关系相结合构成一体的权利义务，如相邻关系，或地上权人支付地租的义务。①

在相对性的民事法律关系中，变更是一种基本的运动形式，包括主体的变更、内容的变更以及客体的变更。债权关系，除其本身极个别独立的权利义务，原则上均得让与，充分显现债权的交易性。

民事法律关系变更的意义，在于民事法律关系变更之后，等于旧的民事法律关系消灭，新的民事法律关系产生。不过也存在特别的情况，如合同更新（即以新抵旧），从保护债权人的角度出发，规定新旧民事法律关系都存在，但是效力上有所区别。② 这是一种特例。

（四）民事流转的基本形式：民事法律关系的消灭

民事流转的基本形式之一，是民事法律关系的消灭。民事法律关系的消灭，是该民事法律关系已经完成了自己的使命，到了终结的时候，走到了灭亡，不复存在。

任何民事法律关系都会消灭，都不会永久存在。这是因为民事法律关系以人为其主体，人并不是永久存在的，因此民事法律关系就不会永久存在，即使这个人是一个法人，这个法人也不会永久存在的。既然如此，基于人而产生的民事法律关系当然就一定会消灭。不过，就市民社会的总体民事法律关系而言，市民社会不消灭，民事法律关系的存在和运动就永远不会消灭。

一般的民事法律关系都会随着主体的死亡和消灭而消灭。自然人死亡了，以其为主体的人格权法律关系就消灭了，物权法律关系也消灭了，债权法律关系也消灭了。这是民事法律关系消灭的主要原因。有一个特别的情况，就是自然人在死亡之后，对某些人格利益和身份利益，法律还要保护一个时期，这就是死者的人格利益和著作权的法律保护。前者设置保护人进行保护，后者规定保护期限为 50 年。

民事法律关系的消灭由于权利的转让而消灭，如转让所有权。民事法律

---

① 王泽鉴：《民法总则》，三民书局 2008 年版，第 89 页。
② 杨立新：《债与合同法》，法律出版社 2012 年版，第 202 页以下。

关系的消灭由于义务的履行而消灭，如合同债务的履行。特别的情况就是后契约义务的履行要求，在合同消灭之后，还要继续履行，还存在拘束力。

民事法律关系消灭的意义在于，特定的民事法律关系彻底死亡，不复存在，权利义务关系不再发生拘束力。这就终结了该民事法律关系中权利义务主体之间的市民社会特定的联系。但是，这里消灭的只是一个特定的民事法律关系的联系，还有很多的民事法律关系在存续着，消灭的只是个别的联系。直到这个主体在实质上消灭了，并且经过了一个适当的保护期，这个人才彻底地消灭于市民社会，不再与市民社会的主体发生任何关系了。

二、民事法律事实是民事流转的基本动力

（一）法律事实的法律价值

任何事物的发生、发展、变化，都要有动力，民事法律关系的流转同样需要动力。民事流转的动力就是民事法律事实。法律事实，是发生法律上效力的各种事实，亦即发生权利得丧及变更效力的各种事实。[①]

任何民事法律关系的产生、变更和消灭，都必须基于一定的动力，就是基于一定的民事法律事实。能够引起民事法律关系产生、变更和消灭的客观现象，就是法律事实。[②]

一个民事法律事实的出现，就会引起法律关系的产生、变更或者消灭。研究民事法律关系的基本动力，就是要研究法律事实和法律事实构成，以及是否发生民事法律关系产生、变更或者消灭的后果。

民事法律事实的类型分为事件和行为。如果一个民事法律关系的发生、变更或者消灭需要几个民事法律事实的时候，这几个民事法律事实的总和，就是民事法律事实构成，简称为事实构成。

（二）事件

事件，是指不直接包含人的意志的法律事实。最典型的事件，就是人的

---

① 王泽瀛：《民法总则》，北平法律函授学校 1933 年版，第 125 页。
② 佟柔主编：《中国民法学·民法总则》，中国人民公安大学出版社 1990 年版，第 59 页。原本的法律事实概念，就是民事法律事实概念，是由大陆法系民法学家创立的。但是法律事实被法理学借用、成为法学的一般概念之后，民法上的法律事实就被冠以"民事"法律事实的限定词，民事法律行为、民事法律关系等都是如此。

出生和死亡，以及灾害、时间的经过等。这些事实虽然与人的意志无关，或者不直接具有意志性，但其一旦发生，就依法在一定的主体之间发生、变更或者消灭一定的民事法律关系。例如，人的死亡发生继承法律关系，经过一定的时间就会发生消灭时效的法律后果，特定的民事法律关系就会消灭胜诉权，或者发生取得某项所有权法律关系。

事件的意义在于：一是对于事件，法律可以规定它是否具有法律后果以及具有何种法律后果，但是不能控制其数量和发生与否。这就是说，法律对事件只能规定法律后果，但是不能对它进行控制，这正是事件的本质属性所决定的。二是当事人对于事件的发生与否，不能进行人为的干预，不能人为地促使或者阻止事件的发生，否则必须承担不利于己的法律后果。例如，人的死亡是发生继承关系的事件，如果继承人故意杀害被继承人，则其继承权丧失。三是事件本身没有合法性的属性，不具有合法和不合法之分。

（三）行为

行为，是指受人的意志支配的有意识的活动。行为分为合法行为和不合法行为。

合法行为，产生法律规定的法律后果，是肯定性的法律后果，设立、变更或者消灭民事法律关系。合法行为是指符合或者不违反民事法律规范的行为，分为表示行为和事实行为。

表示行为是法律行为，是指民事主体基于意思表示，旨在发生、变更、消灭民事法律关系的行为。它的特征，是当事人有意识地要建立或者变更、消灭民事法律关系，并通过一定的行为将内心的意思表达出来。如果当事人的意思表示有瑕疵或者缺陷，或者违反法律，即表示行为不合法，该行为就没有法律效力或者法律效力待定。

事实行为，是指行为人主观上不一定具有发生、变更、消灭民事法律关系的意思，但是客观上能够引起这种法律后果的行为。由于这种行为是在客观上产生法律后果的行为，所以与表示行为不同，行为人不一定需要具备民事行为能力。

不合法行为是不符合法律要求的行为或者违反法律规定的行为，如违约行为、侵权行为、不履行法定义务的行为和不合法的表示行为。这些行为的发生，引起民法的否定反应，行为人应当承担民事责任，在当事人之间产生请求权的法律关系。

（四）事实构成

事实构成，就是民事法律事实构成，是指引起某一个民事法律关系发生、变更或者消灭的几个法律事实的总和。如遗嘱继承法律关系的发生，需要具备有效的遗嘱行为，还需要被继承人死亡的事件。这两个法律事实结合在一起，才能够发生遗嘱继承的法律关系。

事实构成的意义在于，当法律规定一个民事法律关系的发生、变更或者消灭需要具备事实构成的时候，就必须按照法律要求，具备几个事实构成的法律事实，否则不会发生法律规定的后果。

三、参考结论

民事法律关系的设立、变更均需遵循民法的基本原则。本案中，原告在自愿与被告签订并履行房屋买卖合同 10 年后，因征拆房屋价值上涨而以房屋买卖合同违反法律、法规的强制性规定为由主张无效，可见其实施该行为的目的只是获取更大的利益，而这一行为将会对被告的利益造成损害，这无疑不符合从事民事活动的"善意"标准，因而也就违背了诚实信用原则，自然不应在法律上获得支持。

第二编
民事法律关系主体

本编要点

  本编介绍民事法律关系的主体制度，研究内容包括自然人、法人和非法人组织。《民法典》总则编改变了原《民法通则》对民事主体两分法的传统做法，采用了三分法的立场，即民事主体包括自然人、法人和非法人组织。这是我国民事主体制度的一个重大变化。自然人、法人和非法人组织享有民事权利、负担民事义务，进而推动民法社会的发展和进步。对于自然人，要重点掌握的是自然人的民事权利能力和民事行为能力问题、监护、宣告失踪和宣告死亡、个体工商户和农村承包经营户的相关制度；对于法人，要重点掌握的是法人的分类、成立、民事能力和机关的相关制度；对于非法人组织，要重点掌握的是非法人组织的特征和范围。

第四章　自然人

自然人，是指依自然规律产生，具有自然生命，区别于其他动物的人。民法的自然人概念，包括所有的自然人：既包括本国的自然人，也包括外国的自然人，以及无国籍的自然人。连体人和植物人等特殊的自然人也属于自然人的范畴。

民事权利能力，也叫作民事主体资格，简称为人格，是指作为民事主体，可以享受民事权利、承担民事义务的资格。在当代社会，所有的自然人作为民事主体，都平等地具有民事权利能力，都具有法律上的人的资格，对任何人不得有任何歧视和偏见。自然人的民事权利能力始于出生，终于死亡。《民法典》总则编第13条规定："自然人从出生时起到死亡时止，具有民事权利能力，依法享有民事权利，承担民事义务。"胎儿虽然尚未出生，但是在胎儿出生时是活体的情况下，法律将其出生时间提前，视胎儿为已出生，使胎儿具有部分民事权利能力，从而得以享受权利。《民法典》总则编第16条规定："涉及遗产继承、接受赠与等胎儿利益保护的，胎儿视为具有民事权利能力。但是，胎儿娩出时为死体的，其民事权利能力自始不存在。"这就是对胎儿部分民事权利能力的规定。由于胎儿享有部分民事权利能力，因而他们在母体中尚未出生前并不能行使这些权利，须待其出生后享有完全民事权利能力时方可行使。胎儿行使这些权利，应当以自己的名义行使，但因其民事行为能力的限制而应由其亲权人以法定代理人的身份代理。自然人的民事权利能力终止于死亡。自然人的死亡包括生理死亡和宣告死亡。生理死亡也称为自然死亡，是指自然人生命的自然终结。宣告死亡是基于法律的规定而宣告自然人死亡，这种死亡也发生自然人民事权利能力终止的后果。自然人死亡，将产生重要的法律效果，首先该自然人不再具有民事权利能力，不能再作为民事权利主体；其次，将发生继承开始、婚姻消灭、遗嘱继承或遗赠发生效力、委托关系终止等效果。

民事行为能力，是指民事主体以其行为参与民事法律关系，取得民事权利，承担民事义务和民事责任的资格。从另一个角度上说，民事行为能力是民事主体独立从事民事活动的资格。自然人的民事行为能力分为无民事行为能力、限制民事行为能力和完全民事行为能力。《民法典》总则编规定不满8周岁的未成年人和完全不能辨认自己行为的成年人为无民事行为能力人。我国民法规定了两种限制民事行为能力人。一是8周岁以上不满18周岁的未成年人；二是年满18周岁但不能完全辨认自己行为的成年人。我国民法规定的完全民事行为能力人分为两种：一是年满18周岁的成年人；二是以自己的劳动收入为主要生活来源的已满16周岁不满18周岁的未成年人。前者是完全民事行为能力人，后者是被视为完全民事行为能力人。

监护，是指对于不在亲权照护之下的未成年人，丧失或者部分丧失民事行为能力的成年人，为照护其人身或者财产而设置的民事法律制度。《民法典》总则编改变了原《民法通则》对监护种类的规定，将监护分为对未成年人的监护和对丧失或者部分丧失民事行为能力的成年人的监护。

宣告失踪，是指自然人离开自己的住所下落不明达到法定期限，经过利害关系人申请，人民法院依照法定程序宣告其为失踪人的民事主体制度。《民法典》总则编第40条规定："自然人下落不明满二年的，利害关系人可以向人民法院申请宣告该自然人为失踪人。"第41条规定："自然人下落不明的时间自其失去音讯之日起计算。战争期间下落不明的，下落不明的时间自战争结束之日或者有关机关确定的下落不明之日起计算。"法律规定宣告失踪的目的，是通过人民法院确认自然人失踪的事实，结束失踪人财产无人管理及其应履行的义务不能得到及时履行的非正常状态，以保护失踪人和利害关系人的利益，维护社会经济秩序的稳定。

宣告死亡，是指自然人下落不明达到法定期限，经利害关系人申请，人民法院经过法定程序，在法律上推定失踪人死亡的民事主体制度。《民法典》

总则编第 46 条规定："自然人有下列情形之一的，利害关系人可以向人民法院申请宣告该自然人死亡：（一）下落不明满四年；（二）因意外事件，下落不明满二年。因意外事件下落不明，经有关机关证明该自然人不可能生存的，申请宣告死亡不受二年时间的限制。"自然人被宣告死亡后，发生与自然死亡相同的法律后果，被宣告死亡的自然人在法律上被认定为已经死亡，其财产关系与人身关系都要发生变动。

个体工商户，是指在法律允许的范围内，依法经核准登记，从事工商经营活动的自然人或者家庭。①《民法典》总则编第 54 条规定："自然人从事工商业经营，经依法登记，为个体工商户。个体工商户可以起字号。"

农村承包经营户，是指在法律允许的范围内，按照农村土地承包经营合同的约定，利用农村集体土地从事种植业以及副业生产经营的农村集体经济组织的成员或者家庭。《民法典》总则编第 55 条规定："农村集体经济组织的成员，依法取得农村土地承包经营权，从事家庭承包经营的，为农村承包经营户。"

第一节　自然人的概念和范围

案例 1　植物人离婚案

【案情】

王某（男）、赵某（女）经人介绍相识，后登记结婚，婚后生育一女，现随王某一起生活。2011 年 10 月 9 日，王某发生交通事故，呈植物人生存状态，有鼻饲营养管、气管切开套管及保留尿管，头部 MRI 及 PET/CT 显示：双额顶右基底节区胖胝体、脑干多发挫裂伤，脑软化，极重度智能损伤，至今未能苏醒。经原告与公婆协商一致，双方都同意赵某与王某离婚，但因王某的情况民政部门无法办理离婚手续。故赵某诉至本院，经法院调解，赵某坚持要求离婚，王某之母作为王某法定代理人同意离婚。

---

① 屈茂辉主编：《中国民法》，法律出版社 2009 年版，第 114 页。

【问题】

王某成为植物人后还是民事主体吗？其与赵某的婚姻关系还存在吗？他的母亲能够作为他的代理人同意其与赵某离婚吗？

【法理分析与参考结论】

一、自然人概念的界定

自然人，是指依自然规律产生，具有自然生命，区别于其他动物的人。

自然人首先是生物学意义上的概念，凡是活着出生、有生命的人类个体，都称为自然人；自然人也是法律概念，在市民社会中，自然人是最典型的民事主体。

从人类的历史来看，自然人并非必然就是民事主体。在古代社会，并非生物学意义上的人这种生命体都能够成为民事主体。例如，在罗马法中，取得权利主体的人必须取得自由民的身份，必须是市民，并且家属服从家父权，仅家父享有完全的权利能力，且称之为市民。奴隶虽然是自然人，但并不是民事主体，不得与他人进行诸如订约之类的民事活动。自近代资产阶级革命以来，民法对自然人的民事主体资格都普遍地、无条件地予以承认，只要是生物学意义上的人，已经出生完成，都自动享有权利能力，成为民事主体。

二、自然人概念与公民概念的区别

《民法典》总则编第二章确立了自然人的民事主体地位，与原《民法通则》表述为"公民（自然人）"的方法不同。尽管原《民法通则》的表述表明了立法者的立法意图，即公民就是自然人，但这种立法方式仍然存在不足，因为公民的概念与自然人的概念是存在差异的。其主要差别如下。

第一，公民是公法的概念，是指具有一国国籍的自然人，往往与其所属国家所赋予的各项政治权利有关；而自然人纯粹是一个私法概念，传统民法和民法理论使用自然人的概念，而不使用公民的概念。

第二，自然人的外延更为广泛，它不仅包括本国公民，而且还包括外国公民和无国籍人。在民法中使用公民的概念，将使我国公民之外的自然人难以获得民法赋予的民事主体资格,这与现代人权观念以及民事立法的趋势是背道而驰的,① 也不足以凸显各国民法规定的在主体资格上的平等性。

三、自然人的范围

（一）自然人的一般范围

民法的自然人概念,包括所有的自然人,既包括本国的自然人,也包括外国的自然人,以及无国籍的自然人。

（二）特殊的自然人

研究自然人的范围,还要注意研究特殊的自然人。这就包括连体人和植物人。

1. 连体人

在民事主体中,连体人在所有的自然人中为数极少,但他们却是独立地存在着。对于他们的法律人格问题,民法较少关注,缺少必要的研究,更缺少立法的规范。

连体人作为特殊的自然人,最主要的问题是其民事权利能力的问题,即享有几个人格。换言之,即连体人是一个人还是两个人。综合学界的不同学说,主要有以下四种观点:"非人说""一人说""两人说"和"混合人说"。

对连体人法律人格基本定位的标准,必须综合"人"的生物学、心理学以及社会学的基本特性。当连体人的各个个体具备以下三个条件时,应当由连体人的各个个体独立地享有法律人格。

第一,连体人的个体各自拥有独立的人脑。无论连体人的身体、肢体是何种表现形式,他们的身体连接得如何不同,只要连体人的个体各自拥有独立的大脑,能够独立进行思维,就可以将连体人的个体定位为独立的人格。

第二,连体人的个体各自具有独立的意志。无论连体人个体之间的身体如何相连,只要他们各自拥有独立的意志,能够对事物作出自己的判断,他们就有各自独立的法律人格。如果连体人个体没有自己的独立意志,不能将其认为具有独立的法律人格。

---

① 王利明:《民法总则研究》,中国人民大学出版社 2003 年版,第 235 页。

第三，连体人的个体各自充当一定的社会角色。连体人的个体必须有独立的社会角色。只要他们在各自独立意志的支配下，以独立的社会角色与他人发生联系，具有作为人的必备的社会性基础，他们就具有独立的法律人格；反之，则只具有一个人格。

事实上，只要连体人个体有独立的、正常的人脑，他们的独立意志以及独立的社会角色则不难实现。因此，连体人的个体尽管身体相连，独立行为受限，但其只要具备了独立的、正常的人脑以及具有独立的意志和扮演独立的社会角色，那么他就应当具有独立的法律人格。这是生物学、心理学、社会学关于"人"的特质的界定的必然结果，是不可剥夺的；反之，如果连体人尽管身体、四肢分开为个体，却共同拥有一个人脑，只有一个意志，只扮演一个社会角色，那么他就不能享有两个法律人格，而只能有一个法律人格。确定了这一点，民法就可以更好地保护连体人的民事权利，解决连体人个体的权利冲突问题。

2. 植物人

从民法的角度观察植物人，主要涉及的问题是：第一，植物人是否具备民事主体地位。近代以来，民法将民事主体资格赋予所有的人。但是，作为人的最基本判断标准是健全的人脑、自主的意识和一定的社会角色及互动能力。① 而植物人并不具备或者并不完全具备这些要素。第二，植物人的民事行为能力如何定性、如何补正。由于植物人与精神病人在医学上不能等同，因此，难以将其纳入以年龄和精神状态作为界定标准的无民事行为能力人；能否采用传统监护制度来补正植物人的法律人格，是一个亟待解决的问题。第三，植物人的法律人格何时终结。正常的自然人的法律人格终结于死亡，而植物人在进入永久性植物状态时，其意识的恢复几乎为不可能，如果脑死亡，则无论如何不能恢复意识。那么，这时可否推定其自然死亡，或者适用传统的宣告死亡制度，或者重新界定死亡的标准？

我们认为，尽管植物人丧失自我意志能力以及社会互动能力，丧失了作为社会的人的基本条件，但他们仍然是生物学层面上的人，仍然具有社会价

---

① 杨立新、张莉："连体人的法律人格及其权利冲突协调"，载《法学研究》2005 年第 5 期。

值和社会意义，所以他们应该具有比一般的生命物质更高的道德和法律地位。我们不能将他们视为空的"躯壳"生命，不能像处理死者一样去处理和操纵植物人，必须确定他们的主体地位，并给予他们特殊的法律规则来补正他们作为民事主体的缺陷。只有这样，才能更好地保护植物人的民事权利的正当行使；当其受到侵害时，能够保证其得到妥善的保护。

四、参考结论

自然人是一种重要的民事主体类型，是出生以后具有生命的人。本案中，虽然王某处于植物人状态，但其生命依然存在，因此，仍然属于自然人的范畴，其仍然是民事主体。因此其所具有的各种法律关系并不因为其处于植物人状态而受到任何影响，其与赵某的婚姻关系仍然存在并受法律保护。由于王某丧失了认识能力，不能实施民事法律行为，因而其母亲可以作为其法定代理人，代其实施法律行为，与赵某离婚。

第二节　自然人的民事权利能力和民事行为能力

案例2 胎儿抚养损害赔偿纠纷案

【案情】

原告王某的母亲牟某与王甲自由恋爱多年并同居生活。2002 年 4 月 27 日，挂靠在被告泸州市汽车二队的被告杨某驾驶小货车，从泸州市纳溪区安富镇沿泸纳二级公路向泸州方向行驶，由于对前方路面情况观察不够，将同向行走的赶猪人王甲撞倒，王甲经抢救无效死亡。泸州市公安局交通警察支队二大队认定，杨某负此次事故的主要责任。王甲死亡时，牟某已怀孕。2002 年 10 月 22 日，牟某生育了原告王某。2003 年 1 月，牟某代理王某提起诉讼，要求杨某赔偿必要的生活费、教育费。被告杨某辩称，原告即便算王甲的遗腹子，王甲死亡时其尚未出生，不是具有民事权利能力的、能够行使请求权的民事主体。

【问题】

胎儿具有民事权利能力吗？其能够享有抚养损害请求权吗？

【法理分析与参考结论】

一、民事权利能力

民事权利能力即权利能力，也叫作民事主体资格，简称为人格，是指作为民事主体，可以享受民事权利、承担民事义务的资格。

在民法中，无论是有生命的人类个体，还是无生命的组织团体，只有具有民事权利能力，才具有成为民事主体的资格，从而才能成为民事主体，才能够享受权利、承担义务。简言之，民事权利能力就是人格，就是成为民法上主体的资格。

二、自然人的民事权利能力及特征

（一）自然人的民事权利能力

所有的自然人都具有民事权利能力，都具有法律上的人的资格。在当代社会，自然人作为民事主体，一律享有平等的做人资格，都具有民事权利能力。

（二）自然人民事权利能力的特征

自然人民事权利能力的特征如下。

1. 自然人的民事权利能力具有属人性

民事权利能力首先是自然人的人格。早期市民法中的人格，只是讲人类个体的人的资格，也就是生物学意义上的人才具有人格，享有民事权利能力。与此相对应的是，动物不具有民事权利能力，从而也不能成为民事主体。在理论上有人主张动物应当具有人格或者准人格，应当享有人所应当享有的民事权利，这并不是一种正确的意见。① 动物是不同于一般物的特殊物，不是

---

① 杨立新、朱呈义：“论动物法律人格之否定——兼论动物之法律‘物格’”，载《法学研究》2004 年第 5 期。

民事主体，不能积极实施某项民事法律行为，他人即使向动物实施诸如遗赠、赠与之类的法律行为，也应属无效。为适应动物保护的潮流，《德国民法典》第 90a 条第 1 款规定："动物不是物。"但是又在第 2 款规定："它们受特别法的保护。法律没有另行规定时，对于动物适用为物确定的相关规则。"因此，德国民法也并不否定动物的物的属性，不承认动物具有自然人的地位，认为其不是民事主体。

2. 自然人的民事权利能力具有普遍性

任何自然人因其出生而当然取得民事权利能力，除死亡外，不得加以剥夺。这是自然人民事权利能力普遍性的集中表现。换言之，所有的自然人皆享有民事权利能力，任何人自出生至死亡，均具有享受权利、负担义务之资格。① 即使植物人已经不能感知外部世界，但是作为自然人，其仍然具有民事权利能力。

3. 自然人的民事权利能力具有平等性

自然人的民事权利能力是普遍的，因而，就派生了自然人的民事权利能力具有平等性的特征。由于人人皆享有权利能力，就说明在权利能力的享有上，人人都处于同等地位，不分男女、种族、阶级、财富、宗教等的不同，仅凭其自然出生的事实就取得民事权利能力。这就是自然人民事权利能力的平等性。我国《民法典》总则编第 14 条规定"自然人的民事权利能力一律平等"，就表达了立法者对自然人民事权利能力平等性的确认。

4. 自然人的民事权利能力不得让与和抛弃

民事权利能力是人的价值及主体性的基础，与自然人的人身须臾不可分离，因此，法律特别强调自然人的民事权利能力不得转让或者抛弃。自然人如果丧失民事权利能力，就会失去享有民事权利的机会与可能，难以安身立命，不啻使人复归为动物。

三、自然人民事权利能力的开始

（一）自然人民事权利能力始于出生

自然人的民事权利能力始于出生。《民法典》总则编第 13 条明确规定：

---

① 刘得宽：《民法诸问题与新展望》，台北商务印书馆 1980 年版，第 80 页。

"自然人从出生时起到死亡时止，具有民事权利能力，依法享有民事权利，承担民事义务。"

对于出生，《民法典》总则编第 15 条规定："自然人的出生时间和死亡时间，以出生证明、死亡证明记载的时间为准；没有出生证明、死亡证明的，以户籍登记或者其他有效身份登记记载的时间为准。有其他证据足以推翻以上记载时间的，以该证据证明的时间为准。"这一规定并没有确定究竟应当以何时为准，仅仅是说明了证据意义的认定问题。对于究竟应当怎样确定自然人的出生，学理应当予以说明。

何谓出生，历来有不同的主张。例如，"阵痛说"主张产妇阵痛开始为出生；"一部露出说"主张胎儿身体的一部露出母体之外为出生；"全部露出说"主张胎儿身体全部露出母体之外为出生；"断带说"主张胎儿的身体与母体分离，脐带剪断为出生；"发声说"则主张胎儿离开母体后发出第一次声音为出生；"独立呼吸说"主张胎儿的身体产出母体，并胎儿开始独立呼吸为出生。①

一般认为，出生应具备两个要件，一为"出"，二为"生"，二者缺一不可。"出"即是指胎儿的身体与母体分离，"生"则是指脱离母体的婴儿应有生命，而不论其生命所能保持时间的长短。②"出"与"生"的标准：出，为胎儿须与母体完全脱离，以完全露出为标准，则脐带虽尚与母体连络，不妨谓之出生。生，则以有活存为必要，即胎儿全部露出时须有呼吸能力。③按照当代医学公认的出生标准，出生应为胎儿完全脱离母体，独立存在，并能自主呼吸。

（二）胎儿的例外规则

1. 胎儿及其部分民事权利能力

胎儿，是指自然人未出生但在受胎之中的生物体状态。为了保护胎儿的利益，民法实行预先保护主义，规定胎儿以将来非死产者为限，关于其个人

---

① 杨立新：《人身权法论》，人民法院出版社 2006 年版，第 385 页。
② 郑玉波：《民法总则》，三民书局 1979 年版，第 68~69 页。
③ 史尚宽：《民法总论》，正大印书馆 1980 年版，第 73 页。

利益之保护，视为既已出生。① 其含义是，在胎儿出生时是活体的情况下，法律将其出生时间提前，视胎儿为已出生，使胎儿具有部分民事权利能力，从而得以享受权利。《民法典》总则编第 16 条规定："涉及遗产继承、接受赠与等胎儿利益保护的，胎儿视为具有民事权利能力。但是胎儿娩出时为死体的，其民事权利能力自始不存在。"这就是对胎儿部分民事权利能力的法律规定。

由于胎儿取得部分民事权利能力系以"娩出时为活体"为条件，那么胎儿的民事权利能力究竟产生于何时呢？对此，存在着法定解除条件说与法定停止条件说两种学说。法定解除条件说认为，胎儿于出生前即取得民事权利能力，如果出生时为活体，则其民事权利能力延续；如果是死产的，则溯及地丧失其权利能力，等于其没有取得民事权利能力。法定停止条件说认为，胎儿于出生前并未取得民事权利能力，如果为死产时，则当然不取得民事权利能力；如果为活体时，则溯及于受胎时起取得民事权利能力。

何谓受胎？这涉及人的生命自何时开始有法律地位的问题。我国法律对此没有规定，可以参照德国法院的看法。德国宪法法院认为，人的生命至迟始于受精卵着床时。德国学术界认为，人的生命始于受孕并着床后第 14 天。②

对于上述两种学说，法定解除条件说尽管可以使胎儿提前取得民事权利能力，目的仅止于使胎儿取得民事权利而非承担民事义务，对胎儿的利益保护较为周全，但这种学说与实际情况相差较大。故本书赞成法定停止条件说的主张，即应当从胎儿出生的事实推溯于其出生前享有部分民事权利能力。在胎儿出生前，可以享有的一切权利，包括损害赔偿请求权、抚养费请求权、继承权、受赠与权、非婚生胎儿对其生父的认领请求权等，均已存在，但尚未被享有，待其出生成为法律上的"人"时，即可当然地以自己的名义享有和行使这些权利。

2. 胎儿享有的权利

胎儿的部分民事权利能力究竟应当包含哪些，《民法典》总则编第 16 条

---

① 这是我国台湾地区的相关规定。许多国家的规定与此类似，如《日本民法》第 721 条规定："胎儿，就损害赔偿请求权，视为已出生。"

② 施启扬：《民法总则》，中国法制出版社 2010 年版，第 66 页。

仅规定了继承遗产和接受遗赠,范围较窄,但是由于其包括了"等"字,因此胎儿基于其部分民事权利能力所享有的权利范围应当更宽,应当包括以下内容。

一是继承权。胎儿的继承权是法律强制赋予的权利。为了保护胎儿的利益,被继承人应当在遗嘱中为胎儿保留必要的份额;如果没有遗嘱,则应当按照《民法典》继承编第 1155 条关于"遗产分割时,应当保留胎儿的继承份额"的规定,保留胎儿的继承份额,待其出生时继承;如果出生时为死体的,则该份额由其他继承人继承。

二是受遗赠权和受赠与权。胎儿的受遗赠权和受赠与权与胎儿的继承权不同,并不是来源于法律的强制性规定,而是取决于遗赠人和赠与人的意愿。他人以胎儿为赠与对象,遗赠或者赠与其遗产或者财产,胎儿即享有这样的权利,待其出生后就能够取得这些财产。

三是人身损害赔偿请求权。胎儿在受胎后至出生前,其人身受到侵权行为的损害,同样享有向加害人请求人身损害赔偿的请求权。胎儿因母体输血而受病毒感染的,亦可向加害人请求人身损害赔偿。

四是抚养损害赔偿请求权。加害人不法侵害胎儿的法定抚养人致死,胎儿出生后,享有对加害人的抚养损害赔偿请求权,可以向加害人行使抚养损害赔偿请求权。

五是身份权请求权。胎儿在其出生后,对于其生父享有抚养费给付请求权,如果其拒绝认领,胎儿还享有认领请求权。

3. 胎儿权利的行使

胎儿享有部分民事权利能力,但他们在母体中尚未出生前并不能行使这些权利,须待其出生后享有完全民事权利能力时方可行使。胎儿行使这些权利,应当以自己的名义行使,但因其民事行为能力的限制,应由其亲权人以法定代理人的身份代理。

4. 胎儿为死产的法律后果

如果胎儿为死产,尽管其曾经享有部分民事权利能力,但其民事权利能力在事实上并未取得,故以上各项请求权均未发生,并不发生其权利的继承问题。

胎儿是死产的法律后果是:第一,保留的胎儿继承份额的必留份,由其他继承人依照法律规定进行继承。第二，赠与或者遗赠，其法定代理人已经受领给付的，因无取得的法定原因而构成不当得利，应予返还；未受领的，赠与合同和遗赠遗嘱无效。第三，胎儿的人身损害赔偿请求权未发生，对其的伤害视为对母体的侵害，发生母亲的损害赔偿请求权。第四，抚养损害赔偿请求权不发生，胎儿的母亲可以适当请求增加人身损害赔偿数额。

四、自然人民事权利能力的终止

（一）自然人的民事权利能力终于死亡

自然人的民事权利能力终止于死亡。自然人的死亡包括生理死亡和宣告死亡。生理死亡也称为自然死亡，是指自然人生命的自然终结。至于自然死亡的原因是什么，如是因罹患疾病、被人杀害、意外事故而死等，对民事主体的资格丧失并无影响。宣告死亡是基于法律的规定而宣告自然人死亡，这种死亡也发生自然人民事权利能力终止的后果。自然人死亡，将产生重要的法律效果：首先，该自然人不再具有民事权利能力，不能再作为民事权利主体；其次，将发生继承开始、婚姻消灭、遗嘱继承或遗赠发生效力、委托关系终止等效果。

（二）死亡时间的确定

生理死亡的时间在民法上具有重要的法律意义。

按照《民法典》总则编第 15 条的规定，死亡须有医疗机构的证明。但是在学理上何为死亡，学界有不同主张。"脉搏停止说"认为脉搏停止为死亡，"心脏停止说"认为心脏停止跳动为死亡，"呼吸停止说"认为呼吸停止为死亡，"脑死亡说"认为大脑机能停止活动为死亡，"生活机能丧失说"认为生活机能遭到损害不能复生为死亡。[①] 通说认为，死亡是人的生活机能的绝对终止，一般以呼吸及心脏鼓动停止时，为死亡的时间。[②] 这种观点称为"心肺死"。[③]

确定死亡，在理论上应采生活机能丧失的主张作为判断标准。在实践中，

---

① 杨立新：《人身权法论》，人民法院出版社 2006 年版，第 387 页。

② 史尚宽：《民法总论》，正大印书馆 1980 年版，第 75 页。

③ 施启扬：《民法总则》，中国法制出版社 2010 年版，第 67 页。

应遵医学上的死亡确定为标准，以死亡证书上记载的时间为准，如果死亡证书上记载的时间与自然人死亡的真实时间有误差的，则以查明的实际死亡时间为准。自然人死亡，其生命即时结束。

自然人死亡以后应当由医院和有关部门开具死亡证明书，自然死亡的时间一般应以死亡证书上记载的时间为准。如果死亡证书中记载的时间与自然人死亡的真实时间有出入，则应以自然人死亡的真实时间为准。

在当代，更多的立法例主张采取"脑死亡说"作为判断死亡的标准。脑死亡，是指脑干或脑干以上中枢神经系统永久性地丧失功能。脑死亡概念有别于传统的、以心跳和呼吸停止为标准的心肺死亡判断标准。许多学者认为，随着医学科技的发展，病人的心跳、呼吸、血压等生命体征都可以通过一系列药物和先进设备加以逆转或长期维持。如果脑干发生结构性损伤破坏，无论采取何种医疗手段，最终必然导致心脏死亡。因此，与心脏死亡相比，脑死亡标准更为科学，更可靠。[1] 我国台湾地区 2004 年 8 月 9 日发布了"脑死判定标准"判定脑死亡，台湾地区有关规定认为："医师自尸体摘取器官施行移植手术，必须在器官捐赠者经其诊治医师判定病人死亡后为之。前项死亡以脑死判定者，应依卫生主管机关规定之程序为之。"目前，脑死亡已经被多数人所接受。[2] 对此，我国大陆地区应当尽快颁布有关脑死亡的法律、法规，尽早确认脑死亡标准。

（三）数人在同一事件中死亡

数人在同一事件中死亡，不能确定各自死亡时间的先后，需要在法律上确定死亡的先后顺序，其意义主要在于确定继承的问题。

数人在同一事件中死亡，能够确定先后死亡时间的，按照实际的死亡时间确定；不能确定各自死亡时间先后顺序的，则需要采用推定的办法确定。《最高人民法院关于贯彻执行〈中华人民共和国继承法〉若干问题的意见》第 2 条规定："相互有继承关系的几个人在同一事件中死亡，如不能确定死亡

---

[1]　目前已有80余个国家和地区承认了脑死亡标准。中国医学界自20世纪80年代开始讨论建立"脑死亡"标准，起草的中国脑死亡诊断标准初稿已完成，正在广泛征求各方意见，进行修改和完善。

[2]　施启扬：《民法总则》，中国法制出版社 2010 年版，第 67 页。

先后时间的，推定没有继承人的人先死亡。死亡人各自都有继承人的，如几个死亡人辈分不同，推定长辈先死亡；几个死亡人辈分相同，推定同时死亡，彼此不发生继承，由他们各自的继承人分别继承。"这些规定是明确的，应当按照这样的规定认定死亡的先后顺序。

（四）死者人格利益的保护

自然人死亡即丧失民事权利能力，不再是民事主体，也就不能再享有民事权利。但法律规定，对于死者的人格利益仍然进行一定时间的保护，以维护人的尊严和市民社会的秩序。这就是死者的部分民事权利能力问题。《民法典》总则编没有规定死者的民事地位问题，原《民法通则》也没有关于死者的人格利益保护的规定。

学者对死者人格利益民法保护的理论基础进行了深入探讨，提出了诸多观点。①"权利保护说"认为，死者仍然是民事主体，仍然享有权利。这种理论的直接依据是有的国家的法律没有规定人的民事权利能力终止于死亡，还有的学者提出了"形式主体"的概念，认为死者和胎儿这两类"人"可以作为形式主体存在，享有权利。[1] ②"近亲属利益保护说"[2] 认为，法律保护死者的利益实际上是保护其近亲属的利益，死者不能作为主体，也不能享有权利。③"家庭利益保护说"认为，死者名誉和遗属名誉可以以家庭利益为中介连接，法律保护的是家庭的人格利益。[3] ④"法益保护说"把应当保护的死者的人格利益称为法益，这种法益保护，实际上保护的是社会利益而不是私人利益。[4]

综合上述各种学说的特点，本书提出了人身权延伸法律保护的理论，指出了前四种学说的不完善之处，对"法益保护说"进行了完善。对死者人格利益延伸保护的基础，就在于死者享有部分民事权利能力。基本理论要点是：第一，民事主体在其出生前和死亡后，存在着与人身权利相区别的先期法益和延续法益；第二，先期的人身法益与延续的人身法益与人身权利相互衔接，

---

[1] 郭林等："试论我国民法对死者名誉权的保护"，载《上海法学研究》1991年第6期。
[2] 魏振瀛："侵害名誉权的认定"，载《中外法学》1990年第1期。
[3] 陈爽："浅论死者名誉与家庭名誉"，载《法学研究生》1991年第9期。
[4] 王利明主编：《人格权法新论》，吉林人民出版社1994年版，第444~445页。

统一构成民事主体完整的人身利益；第三，民事主体人身利益的完整性和人身法益与人身权利的系统性，决定了法律对民事主体人身保护必须以人身权利的保护为基础，向前延伸和向后延伸。向前延伸，保护的是人在胎儿时的人身法益；向后延伸，保护的是人死亡后的人身法益。运用人身权利延伸保护的学说，不仅可以解释对死者人格利益的保护理论问题，而且还可以解决对人出生前作为胎儿存在时期的人格利益保护问题。[①] 正是因为死者存在部分民事权利能力，因而当其人格利益受到侵害，其近亲属有权提起诉讼进行保护。

五、参考结论

虽然胎儿由于尚未出生不属于自然人，但是胎儿即将出生成为自然人，而且已经有了人类的生命，具有了人格尊严，因而胎儿应当在部分法律关系中具有相应的民事权利能力。根据《民法典》总则编第 16 条的规定，在活着出生的前提下，胎儿的抚养损害赔偿请求权应当得到保护。本案中，在原告王某出生之前，被告杨某将原告王某的法定抚养人之一王甲撞倒，致使其死亡，原告出生后，即享有对被告杨某请求抚养损害赔偿的请求权，并可以向被告杨某行使该项权利。

案例3 未成年人民间借贷纠纷案

【案情】

2016 年 9 月 25 日，17 岁的许某向郑某借款 60 000 元，并出具借条一份。双方对借款期限及利息均未作书面约定。该款经郑某催讨，许某至今未还。原告郑某以被告许某未归还借款为由，向人民法院提起诉讼。请求确认原、被告之间的借款合同无效，被告即时返还原告人民币 60 000 元。

【问题】

许某与郑某之间的借款合同有效吗？

---

① 关于这一理论的完整内容，可以参见杨立新："人身权的延伸法律保护"，载《法学研究》1995 年第 2 期。

【法理分析与参考结论】

一、民事行为能力的概念和意义

（一）民事行为能力的概念

民事行为能力，是指民事主体以其行为参与民事法律关系，取得民事权利，承担民事义务和民事责任的资格。从另一个角度上说，民事行为能力是民事主体独立从事民事活动的资格。

自然人具有民事权利能力，就有资格享受权利、负担义务。不过，享有权利与负担义务的来源并不一样，有的是基于法律的规定，有的是基于人的行为。如果是基于法律规定而享有权利和负担义务，只要具备法律规定的要件，权利人即与他人发生权利义务关系。如果是基于人的行为而取得权利负担义务，则当事人不仅要具有民事权利能力，而且还必须具备民事行为能力，即具有独立从事民事活动的资格，权利人才能通过自己的行为与他人发生权利义务关系。正因为如此，民事行为能力在本质上并不是民事主体进行任何民事活动的资格，而只是实施以意思表示为基本要素的法律行为的资格或能力。所以，民事行为能力是指得为民事法律行为的能力或资格，① 只有具有民事行为能力，才能独立实施民事法律行为。

（二）民事行为能力与民事权利能力的关系

民事行为能力与民事权利能力密切相关。民事行为能力以民事权利能力为前提，民事行为能力也是民事权利能力实现的条件。但是，民事行为能力与民事权利能力不同：民事权利能力是享受权利、负担义务的资格；而民事行为能力则是依行为人的法律行为而取得某些权利、履行特定义务的资格。凡人皆有民事权利能力，民事权利能力因人的出生而当然取得，非因人的死亡而不得剥夺，但并非人人皆有行为能力，只有具有一定条件才能具有民事行为能力。

（三）民事行为能力制度的意义

民法之所以要设立民事行为能力制度，其根本原因是为了保护无民事行

---

① 陈自强：《民法讲义Ⅰ·契约之成立与生效》，法律出版社 2002 年版，第 171 页。

为能力人和限制民事行为能力人的利益。民事行为能力其实就是民事主体独立地进行民事活动的能力，行为人欠缺民事行为能力，就意味着他不具备独立从事民事活动的能力，如果贸然从事民事活动，该行为人在交易中就非常容易受到损害。所以，法律限制这部分人独立从事交易活动，从而保护这些不具有民事行为能力或者民事行为能力受限制的人的利益。

在民法上，民事行为能力制度主要是通过全部或部分否定这些欠缺民事行为能力的人所实施的行为的效力的方式，使他们免受其行为的约束来实现这一目的。在现代社会，对动态的交易安全的保护优先于对静态的交易安全的保护，但是，由于要保护这些欠缺民事行为能力人的利益，民法把对无民事行为能力人和限制民事行为能力人的保护优先于交易安全的保护。因此，与无民事行为能力人或限制民事行为能力人发生交易行为，即使其在主观上是善意无过失的，善意交易者也不能据此主张交易有效。同时，民事行为能力制度还具有保护交易安全的作用，如果任何人皆可以其无民事行为能力为由而主张交易无效，这对交易安全的保护是极为不利的。所以，民法对民事行为能力规定严格而明确的标准：凡是具有民事行为能力的自然人，假借自己没有民事行为能力或者自己的民事行为能力受限制而否定其实施的民事法律行为的效力，法律确认其实施的法律行为有效。

（四）民事行为能力制度的强制性

民法有关民事行为能力的规定均具强行性，废除或限制民事行为能力人的意思表示或约定应属无效。① 这是因为民事行为能力制度具有以上的制度价值，是为保护民事行为能力欠缺者的利益，因此，不容许无民事行为能力人或者限制民事行为能力人以自己的意思全部或部分抛弃以及让与，否则，就完全背离立法意欲保护无民事行为能力人或限制民事行为能力人的初衷；而民事行为能力健全者也不得抛弃或者让与民事行为能力，否则，不但使其不能依其意思享受权利、负担义务从而营造社会生活，而且也会有害于交易安全。因此，与民事权利能力具有不可让与性、不可抛弃性是一样的，民事行为能力也不得转让与抛弃。

---

① 王泽鉴：《民法总则（增订版）》，中国政法大学出版社2001年版，第121页。

二、自然人民事行为能力的分类

（一）民事行为能力的判断标准及其缓和

民事行为能力是民事主体包括自然人和法人独立从事民事活动的能力。就自然人而言，是否具有民事行为能力或者民事行为能力受限制，要以自然人对事物具有正常辨认能力及能预见其行为所可能发生的效果（意思能力）为前提。

但是，自然人对自己行为的辨认能力和对其行为效果的预见并不相同，法律不能根据个别人的认识辨认能力与预见能力来判断其是否具有民事行为能力，因此，民法采取民事行为能力类型化或阶段化的制度，即以自然人的年龄为标准，确定行为人有无民事行为能力以及在多大范围内具有民事行为能力。这是因为，自然人的辨认能力与预见能力往往随着年龄的增长而增强，以年龄作为标准，基本上可以判断自然人的识别能力与预见能力是否健全。各国和地区的立法以年龄为标准，将人的民事行为能力划分为若干阶段。立法例主要有两种：一种是二级主义立法。法律将自然人分为限制民事行为能力人、完全民事行为能力人两种，如法国、意大利、日本和韩国。另一种是三级主义立法。法律将人分为无民事行为能力、限制民事行为能力和完全民事行为能力三种，如德国。《民法典》总则编采取后一种立法例。

完全以年龄作为判断民事行为能力的标准虽然较为客观，但不免失之僵硬，不能将它作为唯一的标准，因此，多数国家的民法通过设置例外规定来予以缓和。例如，规定一般原则是满20岁为成年，成年人具有完全行为能力，同时又规定例外，即未成年人已结婚者，有民事行为能力。我国民法承认民事行为能力标准的缓和，即《民法典》总则编第18条第2款规定："十六周岁以上的未成年人，以自己的劳动收入为主要生活来源的，视为完全民事行为能力人。"但没有关于将未成年人已经结婚者视为有民事行为能力的规定。

在制定《民法典》总则编的过程中，立法者曾经认真讨论了自然人的民事行为能力的类型问题，提出过是否应当采用二级主义立法例的问题。从理论上看，关于自然人民事行为能力的二级主义立法显然具有更大的优势，特别是将自然人认定为无民事行为能力可能会损害他们的人格。但是最终基于原《民法通则》沿用 30 年形成的习惯，我国还是采纳三级主义立法例。故《民法典》总则编将自然人的民事行为能力分为无民事行为能力、限制民事行为能力和完全民事行为能力三种类型。

（二）无民事行为能力

无民事行为能力，是指自然人完全不具有独立进行有效法律行为，取得民事权利和承担义务的能力。

无民事行为能力的自然人，原《民法通则》规定为不满 10 周岁的未成年人和不能辨认自己行为的精神病人。《民法典》总则编改变这一做法，将自然人分为未成年人和成年人，按照两个分段，确定自然人的民事行为能力状态。

1. 不满 8 周岁的未成年人

原《民法通则》规定不满 10 周岁的自然人为无民事行为人，存在较大的问题，因为这等于剥夺了他们参与民事活动的权利和机会。而 6 周岁以上的未成年人已届学龄，虽然可以上学，但认定其为限制民事行为能力人，可能是高估他们的年龄和智力的发育状况。根据有些人大代表的意见，《民法典》总则编根据我国实际情况，认为未满 8 周岁的未成年人，年龄尚小，处于生长发育的最初阶段，虽然也有一定的智力，但不能理性地从事民事活动，如果法律准许其实施民事行为，既容易使他们蒙受损害，也不利于交易的安全，因而规定他们为无民事行为能力人，他们如果需要进行民事活动，不能由他们自己实施，而应由他们的法定代理人代理进行。

2. 完全不能辨认自己行为的成年人

原《民法通则》规定只有完全不能辨认自己行为的精神病患者才为无民事行为能力人，是因为其心智丧失，完全不具有辨认能力和判断能力，法律将其规定为无民事行为能力人，就是为了保护他们的利益。这样的规定尽管是正确的，但是并不完全，因为除了精神病患者之外，还有植物人、阿尔茨海默症患者等成年人，也没有民事行为能力。《民法典》总则编根据实际情况，借鉴学理研究成果，采取了新的成年人无民事行为能力的标准，即不能辨认自己行为。已满 18 周岁的成年人，只要是不能辨认自己的行为的，就是无民事行为能力人，而不再区分是因何原因而不能辨认自己的行为。这样的规定是正确的，因为具体规定成年人是否为无民事行为能力人的原因，无论怎样列举都是会有所遗漏，都会是不全面的。

（三）限制民事行为能力

限制民事行为能力，是指自然人因年龄的原因或者辨认自己行为的原因，不具有完全民事行为能力，只能在法律限定的范围内，进行有效的法律行为，并取得权利、承担义务的能力。

我国民法规定了两种限制民事行为能力人。一是 8 周岁以上不满 18 周岁的未成年人；二是年满 18 周岁但不能完全辨认自己行为的成年人。他们具有受限制的民事行为能力，可以实施与其年龄、智力、健康状况相适应的法律行为，而其他民事活动的实施，则应由他们的法定代理人代理进行，或者征得他们的法定代理人的同意。《民法典》总则编第 19 条规定："八周岁以上的未成年人为限制民事行为能力人，实施民事法律行为由其法定代理人代理或者经其法定代理人同意、追认，但是，可以独立实施纯获利益的民事法律行为或者与其年龄、智力相适应的民事法律行为。"第 22 条规定："不能完全辨认自己行为的成年人为限制民事行为能力人，实施民事法律行为由其法定代理人代理或者经其法定代理人同意、追认，但是可以独立实施纯获利益的民事法律行为或者与其智力、精神健康状况相适应的民事法律行为。"

界定限制民事行为能力人范围的意义，在于有些民事活动他们可以独立实施，有些民事活动他们不能独立实施，应当由他们的法定代理人代理或者征得法定代理人的同意，因而，必须确定限制民事行为能力人可以独立实施的民事法律行为的范围。下面列举的是限制民事行为能力人可以独立实施的行为。

1. 纯获法律上利益的行为

纯获法律上利益，是指单纯取得权利，免除义务，即限制民事行为能力人不因其法律行为而在法律上负有义务。这样的行为，限制民事行为能力人可以独立实施，如对限制民事行为能力人为无负担的赠与，对限制民事行为能力人为债务的承认等，都是这样的行为，限制民事行为能力人当然可以接受。而无偿的借用、借贷等，虽然获得权利和利益，但因限制行为能力人须负返还义务，而违反此项义务时应负损害赔偿责任，因而不是纯获法律上利益的行为。《最高人民法院关于贯彻执行〈中华人民共和国民法通则〉若干问题的意见（试行）》第 6 条规定："无民事行为能力人、限制民事行为能力人接受奖励、赠与、报酬，他人不得以行为人无民事行为能力、限制民事行为能力为由，主张以上行为无效。"这一规定承认限制民事行为能力人可实施接受奖励、赠与等纯获利益行为的效力。不过，在确定限制民事行为能力人实施接受报酬行为的效力时，应当特别慎重，因为接受报酬往往是双务合同中履行义务所获的对价，如果限制民事行为能力人接受报酬须以其履行义务为前提时，则不是纯获法律上利益的行为，不能认定其为有效的民事法律行为，否则，就是认许了限制民事行为能力人所实施的非纯获法律上利益行为的有效性，侵害了限制民事行为能力人的合法权益。

2. 日常生活必需的行为

限制民事行为能力人可以从事一些日常生活所必需的交易行为，如果不是这样，不仅会限制他们的行为自由，而且也会给其生活造成不便。因此，限制民事行为能力的未成年人有权实施理发、购买零食或文具用品、看电影、到游乐场游玩等交易行为。英美法规定，未成年人交易行为的范围，应遵循"必需品规则"，即"与未成年人的生活条件……和与其在出售和交付时的实际需要相适应的物品"，对此，应依未成年人的经济能力、身份等各种情况为标准来判断。①

3. 在法定代理人确定的目的范围内对自己财产的处分行为

法定代理人事先为其子女确定目的范围，允许子女在该范围内处分财产，是事先授权未成年子女从事某种行为，因此该子女的处分行为有效。

（四）完全民事行为能力

完全民事行为能力，是指自然人可以独立进行有效民事法律行为，并取得权利、承担义务的能力。《民法典》总则编第 17 条规定："十八周岁以上的自然人为成年人。不满十八周岁的自然人为未成年人。"第 18 条第 1 款规定："成年人为完全民事行为能力人，可以独立实施民事法律行为。"第 18

---

① 杨桢：《英美契约法论》，北京大学出版社 1997 年版，第 264 页。

条第 2 款规定:"十六周岁以上的未成年人,以自己的劳动收入为主要生活来源的,视为完全民事行为能力人。"

按照上述规定,我国的完全民事行为能力人分为两种:一是年满 18 周岁的成年人;二是以自己的劳动收入为主要生活来源的已满 16 周岁不满 18 周岁的未成年人。前者是完全民事行为能力人,后者是被视为完全民事行为能力人。

法律规定视为完全民事行为能力人,就是民事行为能力缓和的表现,主要是考虑到与《中华人民共和国劳动法》第 15 条规定的协调。该条规定,16 周岁以上的自然人享有劳动权,并可能有一定的收入。如果完全否定其具有完全的民事行为能力,这些人就无法行使劳动权,无法参加劳动获得报酬,因此也就无法保障自己的生活。

判断视为完全民事行为能力人的标准在于"以自己的劳动收入为主要生活来源"。这个标准包括两个内容:一是具有一定的劳动收入,即依靠自己的劳动获得了一定的收入,并且这种收入应当是固定的,而不是临时的、不确定的。二是劳动收入构成其主要生活来源,也就是其劳动收入能够维持其生活,不需要借助其他人的经济资助,也可以维持当地群众的一般生活水平。①

三、参考结论

本案中,许某所实施的借款行为显然并非接受奖励、赠与、报酬等纯获利益的民事法律行为,那么则需要判断该行为是否与其年龄、智力相适应。在没有其他证据的情况下,对于借款时 17 岁的被告而言,借款 60 000 元的行为并不属于其日常生活所必需的行为以及在法定代理人确定的目的范围内对自己财产的处分行为(本案中是使自己的消极财产增加)等一般被认为是与其年龄、智力相适应的民事法律行为,进而该行为应属无效。

案例 4　宣告无民事行为能力人案

【案情】

叶乙于 1985 年开始出现精神病,表现为自言自语、话少、无故外出游

---

① 柳经纬主编:《民法总论》,厦门大学出版社 2000 年版,第 85 页。

走、言行紊乱等。1991 年 7 月其病情加重。经宁波市某医院司法鉴定所确认，叶乙符合精神分裂症的诊断标准，不能正确理解和辨认自己的行为，应当认定为无民事行为能力。申请人叶甲认为，被申请人所在街道有残疾调查，并不时发放低保补贴及物品等，但被申请人在某医院治疗，无法自行领取。且被申请人叶乙之父母及兄长叶丙已去世，无其他兄弟姐妹、未婚无子女，叶甲作为其姑姑一直照顾其生活，故向法院申请确认叶乙为无民事行为能力人，并由申请人叶甲作为其监护人。

【问题】

叶甲是否有权向法院申请确认叶乙为无民事行为能力人？

【法理分析与参考结论】

一、欠缺民事行为能力宣告的范围

欠缺民事行为能力宣告的范围，是不能辨认自己行为或者不能完全辨认自己行为的成年人。《民法典》总则编第 21 条规定："不能辨认自己行为的成年人为无民事行为能力人，由其法定代理人代理实施民事法律行为。八周岁以上的未成年人不能辨认自己行为的，适用前款规定。"第 22 条规定："不能完全辨认自己行为的成年人为限制民事行为能力人，实施民事法律行为由其法定代理人代理或者经其法定代理人同意、追认，但是可以独立实施纯获利益的民事法律行为或者与其智力、精神健康状况相适应的民事法律行为。"

二、欠缺民事行为能力宣告的条件

宣告自然人为无民事行为能力人或者限制民事行为能力人，须具备以下要件。

（一）被宣告人不能辨认自己的行为

《民法总则》为了解决成年监护制度的问题，对于无民事行为能力或者限制民事行为能力人的宣告，不采取列举欠缺民事行为能力的具体原因的方式，而是采用不能辨认自己的行为或者不能完全辨认自己的行为的标准。这种标准的优势是概括性强，能够包容多种丧失或者部分丧失民事行为能力的情形，具有更大的包容性。例如，精神病人、植物人、阿尔茨海默症患者等，都不能或者不能完全辨认自己的行为，因此都可以宣告其为无民事行为能力人或者限制民事行为能力人。

应当特别注意的是，对于 8 周岁以上的未成年人，原本属于限制民事行为能力人，但是如果存在不能辨认自己行为的情形，应当认定其为无民事行为能力人，对其设置监护人，予以更好的保护。

（二）须由利害关系人申请

不能或者不能完全辨认自己行为的成年人的利害关系人，是指与被申请宣告的不能辨认或者不能完全辨认自己行为的成年人有利害关系的人，如该成年人的配偶、父母、成年子女以及其他近亲属，或者与其有利害关系的债权人等。如果没有利害关系人的申请，则宣告程序不能启动，法院不得主动进行宣告。

（三）须经人民法院宣告

由于对成年人欠缺民事行为能力的宣告，在后果上将限制自然人的民事行为能力，所以，只能由人民法院依法作出。利害关系人要求宣告某人因不能辨认或者不能完全辨认自己行为而宣告其为无民事行为能力人或者限制民事行为能力人，并要为其指定监护人，法院应当受理。审查属实的，予以宣告并指定监护人。被人民法院宣告为无民事行为能力或者限制民事行为能力的人全部或者部分恢复民事行为能力的，经本人或者利害关系人申请，人民法院应当依法撤销宣告。

（四）欠缺民事行为能力宣告的程序

宣告成年人欠缺民事行为能力的案件，经由不能辨认或者不能完全辨认自己行为的成年人的利害关系人申请，由人民法院依照法律规定的特别程序进行。

三、参考结论

本案中，叶乙患有精神分裂症，不具备能够正确理解和辨认自己的行为的能力，符合被认定为无民事行为能力人的标准。申请人叶甲作为叶乙的姑姑，系其关系较近的其他亲属，在叶乙父母去世后一直承担叶乙的照顾工作，社区居委会就叶乙的问题一直是与叶甲进行联系，也同意由叶甲作为其监护人。因此，叶甲属于法律规定的"利害关系人"，具有向人民法院申请宣告叶乙为无民事行为能力人的资格，人民法院根据其申请以及叶乙的精神健康状况，宣告叶乙为无民事行为能力人并指定叶甲担任叶乙监护人的判决是符合法律规定的。

第三节 监 护

案例5 邹某诉监护权纠纷案

【案情】

2012 年 1 月 16 日，邹某与许某丙经人介绍相识，后确立恋爱关系并开始同居。2013 年 12 月 10 日双方生育一子取名许某丁。2014 年 1 月 16 日，邹某与许某丙在通城县城往北港镇的道路发生交通事故，许某丙当场死亡，邹某受伤构成十级伤残，许某丁在邹某住院期间由许某丁的伯父许某甲、祖父许某乙、祖母胡某乙抚养。邹某出院后许某丁仍然是许某甲在抚养照顾。2014 年 6 月，邹某起诉要求判决三被告将许某丁交由其抚养成年，许某丁的抚养费在许某丙的遗产中由三被告支付。

【问题】

许某丁的监护人应当如何确定？

【法理分析与参考结论】

一、监护的概念和目的

（一）监护的概念

监护，是指对于不在亲权照护之下的未成年人，丧失或者部分丧失民事行为能力的成年人，为照护其人身或者财产而设置的民事法律制度。

（二）监护的目的

设置监护的目的，是保护未成年人或者丧失或者部分丧失民事行为能力的成年人的合法权益，防止被监护人的合法权益受到非法侵害，保障被监护人的正常生活。其具体内容包括：监护被监护人的人身，管理被监护人的财产，代理被监护人进行民事活动，承担被监护人致人损害的民事法律后果等。[①]

在理论上，有学者认为监护制度是"为维护社会的正常经济秩序而设置的一种法律制度"，[②] 监护就是"代理被监护人进行民事活动"，[③] 这是值得商榷的。监护制度确实有维护社会正常经济秩序的作用，但这显然不是设置监护制度的根本性目的。不仅如此，就是把保护被监护人的合法权益与维护经济秩序并列在一起，作为监护制度的目的，也是对监护制度立法目的的误解。同样，代理被监护人进行民事活动也不是监护制度的目的，只是监护制度的一个具体内容，因而将代理被监护人进行民事活动也作为监护制度的目的也是一个误解。

二、监护的种类

对于监护的种类，原《民法通则》原来只规定了对未成年人的监护和对患有精神病的无民事行为能力人或者限制民事行为能力人的监护两种。借鉴德国、日本等国的立法经验，以及《中华人民共和国老年人权益保障法》增加对民事行为能力欠缺的老年人监护制度的经验，《民法典》总则编对监护采用两分法，即对未成人的监护和对丧失或者部分丧失民事行为能力的成年人的监护。

（一）对未成年人的监护

1. 对未成年人的监护的概念

对未成年人的监护，是指对于没有父母亲权保护的未成年人，以及对于虽然有父母但是父母均不能行使亲权的未成年人设立的监护。

2. 监护与亲权的关系

在立法上，原《民法通则》关于监护的规定存在将监护等同于亲权的缺

---

① 佟柔主编：《民法原理》，法律出版社 1983 年版，第 46 页。

② 马原主编：《中国民法教程》，人民法院出版社 1989 年版，第 55 页。

③ 陈国柱主编：《民法学》，吉林大学出版社 1987 年版，第 40 页。

陷。亲权与监护是有严格区别的。监护是"对于不能得到亲权保护的未成年人""设定专人以管理和保护其人身和财产利益的法律制度"。① 这种观点区分了监护与亲权。处于亲权保护之下的未成年人，其利益已能得到充分保护，无须叠床架屋，再设置监护制度。原《民法通则》第16条第1款称父母是未成年人的监护人，是基于父母的亲权而发生的监护，仅仅是在借用意义上的使用而已，无非说明他们依其亲权，应当管教和保护未成年子女。对于不能得到亲权保护的未成年人才需适用监护制度。②

对此，我国立法有两个客观现实：一是我国亲属法并未设置"亲权"概念；二是立法条文明文规定父母对未成年子女享有监护权。对此应当如何理解呢？笔者认为，依据我国立法和现实生活实际，在父母对于未成年子女的权利义务关系上，亲权与监护权有重合关系，可以说，父母对于未成年子女享有亲权，为亲权人，依其亲权而取得监护权。而亲权与监护权的具体内容不完全相同。从反面观之，对未成年子女监护权的内容，则完全由父母的亲权所包括。按照大陆法系民法传统理论，亲权与监护权是互不相容的，是两种各自独立，不应重合的权利。学者认为，监护与亲权的区别在于：第一，亲权发生的基础是亲子的身份关系，而监护的发生不完全是以血缘亲属关系为基础；第二，亲权具有权利义务的双重性，监护则仅仅是一种职责；第三，法律对亲权人行使亲权多采放任态度，而监护人执行监护事务则受到法律的种种限制；第四，亲权人不得因行使亲权而索取报酬，而监护人对于进行监护活动有权索取报酬。③ 由此可见，原《民法通则》第16条规定是有缺陷的，是将民法与亲属法人为地分割，采纳了英美法的监护概念，造成在亲权与监护的关系上的问题，同时也混淆了大陆法系与英美法系在这个问题上的界限。《民法典》总则编对此的规定有所不同，其第26条第1款规定："父母对未成年子女负有抚养、教育和保护的义务。"这里明显规定的是亲权，而不是监护权。该法第27条第1款还规定："父母是未成年子女的监护人。"这里规定的才是监护权。按照这两个条文规定的内容看，《民法典》总则编

---

① 张俊浩主编：《民法学原理》，中国政法大学出版社1991年版，第120页。
② 张俊浩主编：《民法学原理》，中国政法大学出版社1991年版，第120～121页。
③ 王洪：《婚姻家庭法》，法律出版社2003年版，第315～316页。

是区分了亲权和监护权的界限的,应当理解为,未成年人的父母是其亲权人,同时,未成年人的亲权人也是未成年人的监护人。

(二) 对丧失或者部分丧失民事行为能力的成年人的监护

对丧失或者部分丧失民事行为能力的成年人的监护,是指当成年人由于疾病等原因,丧失或者部分丧失民事行为能力,为保护其民事权益而设立的监护。这些丧失或者部分丧失民事行为能力的成年人由于不能辨认或者不能完全辨认自己的行为,无法认识自己行为的后果,不具有民事行为能力或者民事行为能力受限制,必须对其设立监护人,对他们的行为进行监督和保护。在这些丧失或者部分丧失民事行为能力的成年人中,对丧失或者部分丧失民事行为能力的老年人更应予以保护。我国已经步入老龄化社会,对于老年人由于疾病而不能完全处理自己的事务,应当建立必要的保护制度,在《中华人民共和国老年人权益保障法》第26条规定了老年人监护制度之后,《民法典》总则编将老年人的监护纳入成年监护之中,建立了全面的成年监护制度。

三、监护人

(一) 法定监护人

法定监护人,是指依照法律规定确定的监护人。法定监护应依照法律规定的监护顺序,以顺序在先者为监护人,在前一顺序的法定监护人缺格或缺位时,依次由后一顺序的法定监护人担任。其顺序如下。

对未成年人设定监护人的监护顺序,按照《民法典》总则编第27条的规定,父母是未成年人子女的监护人。在未成年人的父母已经死亡或者没有监护能力的情况下,由下列有监护能力的人按顺序担任监护人:祖父母、外祖父母;兄、姐;其他愿意担任监护人的个人或者组织,经未成年人住所地的居民委员会、村民委员会或者民政部门同意的。其中第四顺序监护人的规定,与原《民法通则》的规定有所区别,并非是"关系密切的其他亲属、朋友",而是"其他愿意担任监护人的个人或者组织,但是须经未成年人住所地的居民委员会、村民委员会或者民政部门同意"。这个规定设定的范围比较宽,但是条件比较严格,需要居民委员会、村民委员会或者民政部门的同意。

关于成年人的监护人范围和监护顺序，按照《民法典》总则编第 28 条的规定，无民事行为能力或者限制民事行为能力的成年人，由下列有监护能力的人按顺序担任监护人：一是配偶；二是父母、子女；三是其他近亲属；四是其他愿意担任监护人的个人或者组织，经被监护人住所地的居民委员会、村民委员会或者民政部门同意的。

依照法定监护方式设定监护人，按上述法定顺序，由顺序在先的监护人自动担任，监护人设定之后，即发生监护法律关系。

（二）指定监护人

《民法典》总则编第 31 条规定的是指定监护人。主要的规则如下。

首先，指定监护人的方式。包括两种：第一，在对担任监护人有争议时，由被监护人住所地的居民委员会、村民委员会或者民政部门指定有监护资格的人担任监护人。第二，当有关当事人对上述机构指定的监护人不服的，可以向人民法院提出申请；有关当事人也可以直接向人民法院提出申请，由人民法院指定。

其次，对指定监护人的要求。指定监护人必须遵守三个要求：第一，应当尊重被监护人的真实意愿；第二，根据最有利于被监护人的原则来选择被监护人；第三，在具有监护资格的人中指定监护人。

再次，临时监护措施。居民委员会、村民委员会、民政部门以及人民法院在依照上述规定指定监护人之前，如果被监护人的人身、财产权利及其他合法权益处于无人保护状态的，应当采取临时监护措施，由被监护人住所地的居民委员会、村民委员会、法律规定的有关组织或者民政部门担任临时监护人。

最后，不得擅自变更指定监护人。监护人被指定后，任何人都不得擅自进行变更；如果对指定监护人进行擅自变更的，法律并没有直接规定变更无效，但是并不免除被指定的监护人的监护责任，其仍须承担监护责任。

（三）意定监护人

意定监护人分为以下三种。

1. 委托监护人

监护人将监护职责部分或者全部委托给他人，叫作监护委托。《民法典》总则编第 30 条规定："依法具有监护资格的人之间可以协议确定监护人。协议确定监护人应当尊重被监护人的真实意愿。"协议确定的监护人，实际就是委托监护人。从理论上说，监护是法定职责，具有强行性的特点，核心在于保护被监护人，因而，从原则上说，监护不能委托。我国司法实践从被监护人的教育和受照顾的必要性出发，有条件地承认监护委托。

委托监护人的设立分为两种情况：一是由亲权人即父母委托他人做子女的监护人；二是由法定监护人把自己的监护职责委托他人实施。监护委托可以是全权委托，也可以是专门委托。如父母将子女委托给祖父母、外祖父母全权照料，或者把精神病人委托精神病医院或者福利院全权照料。

委托监护原则上不改变原监护人的地位，不同于法定监护人以内部协议确定监护人的情形，也不同于监护变更。

2. 遗嘱监护人

遗嘱监护人，是指未成年人的父母通过遗嘱为未成年子女指定的监护人。《民法典》总则编第 29 条规定："被监护人的父母担任监护人的，可以通过遗嘱指定监护人。"父母通过遗嘱指定的监护人，应当具备以下资格：第一，遗嘱人须是亲权人。遗嘱指定监护人，遗嘱人必须是父或母，即亲权人。非亲权人不得以遗嘱指定监护人。即使是亲权人，如果亲权丧失或者被剥夺的，也不能通过遗嘱指定监护人。第二，遗嘱人须是后死的亲权人。先死的亲权人由于尚有亲权人在世，因此无权指定监护人。如果亲权人共同立有遗嘱指定监护人，后死的亲权人没有改变遗嘱的意思，应当认为此是后死亲权人的遗嘱。亲权人立共同遗嘱指定监护人，又是同时死亡的，如在同一事件中死亡推定为同时死亡的，遗嘱有效。第三，遗嘱须符合法律要求。违反遗嘱法律要求的，该遗嘱无效，不发生遗嘱委任监护人的效力。

3. 任意监护人

成年人在其丧失或者部分丧失行为能力之前，可以通过委托监护合同，确定任意监护人。

成年人设定任意监护人，应当在本人具有完全民事行为能力时，依自己的意思选任监护人，并且与其订立委托监护合同，将有关自己的监护事务全部或者部分授予任意监护人，在本人丧失或者部分丧失民事行为能力的事实发生后方有效力，产生监护关系。

任意监护人应当具有完全的民事行为能力，可以是法定监护人，也可以是不是法定监护人的其他人，即近亲属或者其他与自己关系密切、愿意承担监护责任的个人、组织。

（四）自愿监护人

自愿监护人也叫作无因监护人，是指不负有法定监护义务的人自愿担任监护，并经主管组织同意的监护人。《民法典》总则编第 27 条第 3 项规定的"其他愿意担任监护人的个人或者组织，但是须经未成年人住所地的居民委员会、村民委员会或者民政部门同意"，以及第 28 条第 4 项规定的"其他愿意担任监护人的个人或者组织，但是须经被监护人住所地的居民委员会、村民委员会或者民政部门同意"，都是自愿监护人。

担任自愿监护人的资格是：第一，须被监护人不存在法定监护人和意定监护人。第二，须属被监护人的其他亲属或者朋友，且关系密切。第三，须监护人出于自愿。第四，对于年满 8 周岁的被监护人须征求其个人意见。

（五）公职监护人

按照原《民法通则》的规定，未成年人的父母所在单位或者未成年人住所地的居民委员会、村民委员会，丧失或者部分丧失民事行为能力的成年人的所在单位或者住所地的居民委员会、村民委员会或者民政部门可担任监护人，前述单位、组织和机关即为公职监护人。

四、被监护人

《民法典》总则编和《中华人民共和国老年人权益保障法》规定了未成年人、丧失或者部分丧失民事行为能力的成年人为被监护人。

（一）未成年人

未满 18 周岁的未成年人为被监护人。其中未满 8 周岁的未成年人是无民事行为能力人，已满 8 周岁未满 18 周岁的未成年人为限制民事行为能力人，都需要依法进行监护。

未成年人作为被监护人，具有以下条件之一的，即具备资格：一是不在亲权照顾之下。未成年人不在亲权照顾之下，是指未成年人没有父母，可能是父母均已死亡，也可能是父母不明，如弃儿。二是亲权人不能行使亲权。

未成年人的父母均不能行使亲权的，应当为未成年人设立监护人。不能行使亲权，包括父母的亲权被剥夺或者丧失导致的不能，父母失踪导致的不能，以及父母被判刑、患病、吸毒以及与子女相距遥远不能直接行使亲权的不能等情形。

（二）丧失或者部分丧失民事行为能力的成年人

按照国外的传统立法例，成年人的监护分为禁治产人和准禁治产人。对于禁治产人应当设立监护，对准禁治产人应当设立保佐。当代民法的发展趋势是否定禁治产人和准禁治产人的概念，代之以被监护人的概念。我国立法没有采用禁治产人和准禁治产人的概念，当属有先见之明。对于无民事行为能力和限制民事行为能力的成年人设立监护人后，其为被监护人。其中丧失或者部分丧失民事行为能力的老年人尤其需要监护制度予以保护。

（三）障碍人

对那些没有完全丧失民事行为能力的痴呆、智力残疾和身心障碍者，如果因此而无法得到监护制度的救济，将会使他们的合法权益无法保障。因此，当代监护制度对被监护人的范围加以扩大，将这些人称为障碍人，也作为被监护人，可以对其设立监护。《民法典》总则编对于成年监护采取概括的方式予以规定，为此留出了余地。

1. 精神障碍者

精神障碍者，是指那些不属于精神病人，但有精神障碍的民事行为能力欠缺的人，如精神痴呆、智力残疾的人。这些人的精神障碍没有达到精神病人的程度，但是由于精神障碍，无法正常行使民事权利，负担民事义务，因此必须设置监护人对其进行监护，依法保护他们的合法权益，代理其行使民事权利，承担民事义务。将他们认定为部分丧失民事行为能力的限制民事行为能力人，应当是最好的办法。

2. 身体障碍者

身体障碍者，是与精神障碍者同属残疾人的其他残疾人，如高位截肢者，聋、哑、盲等残疾人，① 以及不能正常行使民事权利的连体人。他们的身体

---

① 李霞：《民法典成年保护制度》，山东大学出版社 2007 年版，第 153 页。

有肢体的残障，或者有视觉、听觉、语言表达的残障，因其身体体能的限制，当需要处理的民事事务超出其体能范围时，自己无力完成应当实施的行为，因而其合法权益会受到损害。对此，《民法典》总则编规定成年人丧失或者部分丧失民事行为能力，只考虑将不能辨认或者不能完全辨认自己的行为，作为设置监护人的标准，还值得斟酌，应当扩大设定监护利用者的范围和实质性标准。①

五、监护法律关系的设立、变更和消灭

（一）监护法律关系的设立

设立监护人，就是确立监护法律关系的权利主体，通过为被监护人设立监护人，而使监护法律关系正式确立。

1. 监护人的消极资格

具有监护人消极资格的人不能作为监护人。监护人的消极资格，也叫作"监护人缺格"，是指不得担任监护人的资格。结合我国实际并参考国外立法，监护人的消极资格包括以下几种：①无民事行为能力人和限制民事行为能力人；②受刑罚处罚之人；③有危害被监护人合法权益可能的人；④显然无支付能力的人；⑤去向不明的人；⑥外国人。

2. 设立监护人的方式

设立监护人的方式，分为以下六种。

（1）法定监护的设立。第一，当然设立。如果第一顺序的监护人只有一人，或者虽然有数人但是全体担任监护人的，为当然设立。第二，协议设立。协议设立应当有书面协议，协议要符合法律的要求。第三，指定设立。指定监护适用的条件，是对担任监护人有争议。指定监护分为两种，一是有关组织指定，二是法院指定。

（2）委托监护的设立。《民法典》总则编第30条规定："依法具有监护资格的人之间可以协议确定监护人。协议确定监护人应当尊重被监护人的真实意愿。"委托设立监护人，应当有委托合同以及授权委托书。监护委托合

---

① 李霞：《民法典成年保护制度》，山东大学出版社2007年版，第155页。

同应当包括委托人和受委托人双方的合意，特别是受委托人接受委托的意思
表示，形式上应当符合合同的一般要求。同时，还应当有授权委托书，根据
委托合同，委托人授予受委托人以监护的权利。

（3）遗嘱监护的设立。《民法典》总则编第29条规定："被监护人的父
母担任监护人的，可以通过遗嘱指定监护人。"这种设定监护人的方式，适
用于未成年人的监护，即由未成年人的后死父或母以遗嘱的形式指定特定的
未成年人的监护人。对于老年人，也可以用遗嘱指定自己丧失民事行为能力
或者民事行为能力受限制时的监护人，遗嘱确定之后，遗嘱确定的情形发生，
遗嘱即发生法律效力，由遗嘱指定的监护人对老年人进行监护。在实务中有
遗嘱指定监护人的，应承认其效力。遗嘱的内容及程序、形式均须合法、
有效。

（4）意定监护的设立。《民法典》总则编第33条规定："具有完全民事
行为能力的成年人，可以与其近亲属、其他愿意担任监护人的个人或者组织
事先协商，以书面形式确定自己的监护人。在自己丧失或者部分丧失民事行
为能力时，由该监护人履行监护职责。"同样，《中华人民共和国老年人权益
保障法》第26条也规定，老年人设立意定监护，应当由尚未丧失行为能力的
老年人与其选定的监护人（即老年人的近亲属或者其他与自己关系密切、愿
意承担监护责任的个人、组织中选定的人）签订监护协议，约定在老年人丧
失民事行为能力或者限制民事行为能力的时候，监护协议生效，由约定的监
护人履行监护职责，对丧失或者限制民事行为能力的老年人进行监护。

（5）自愿监护的设立。设立自愿监护人应当符合自愿监护人的资格。自
愿监护人提出监护的意愿之后，依照《民法典》总则编第27条第3项和第
28条第4项规定，须经被监护人住所地的居民委员会、村民委员会或者民政
部门进行资格审查，审查合格的，作出"同意"的表示，自愿担任监护人的
人才能够成为自愿监护人，行使监护职责。

（6）公职监护人的设立。丧失亲权保护的未成年人，以及丧失或者部分
丧失民事行为能力的成年人，没有其他监护人的，依照《民法典》总则编第
32条关于"没有依法具有监护资格的人的，监护人由民政部门担任，也可以
由具备履行监护职责条件的被监护人住所地的居民委员会、村民委员会担

任"的规定,设立公职监护人。公职监护人为民政部门,具备履行监护职责条件的被监护人的住所地的居民委员会、村民委员会也都具有监护人资格。他们决定作为监护人的,即设立了监护人。

(二)监护法律关系的变更

监护法律关系设立之后,可以依据一定的事实而发生变更。

监护法律关系变更的首要条件是,被监护人尚须进行监护。如果监护人发生变更,而被监护人已经不再需要监护,则发生监护关系消灭的后果。

监护法律关系变更的事实是:①监护人死亡或丧失监护能力;②监护人辞职;③监护人撤销。

(三)监护法律关系的消灭

监护法律关系的消灭,也叫作监护关系终止,是监护法律关系的绝对消灭,是因某些法定原因的存在而永远地消灭。

对于监护法律关系消灭的原因一般采取列举主义,详细规定监护关系消灭的各种原因,《民法典》总则编第 39 条第 1 款改变原《民法通则》第 19 条笼统规定为"健康恢复的状况"的做法,对监护关系消灭的原因作了具体规定:"有下列情形之一的,监护关系终止:(一)被监护人取得或者恢复完全民事行为能力;(二)监护人丧失监护能力;(三)被监护人或者监护人死亡;(四)人民法院认定监护关系终止的其他情形。"

监护法律关系消灭的法定原因是:①被监护人取得或者恢复完全民事行为能力;②监护人丧失监护能力;③被监护人或者监护人死亡;④人民法院认定监护关系终止的其他情形。

监护法律关系消灭,发生如下法律上的后果:一是使被监护人脱离监护之外,可以独立行使民事权利,独立承担民事义务;二是在财产上,监护关系的消灭引起财产的清算和归还。

六、参考结论

未成年人的父母是未成年人的第一顺序法定监护人,一般不能对其监护资格加以剥夺或限制。就本案而言,原告邹某是许某丁的亲生母亲,在其没有死亡或者丧失监护能力的情况下,其应当优先于许某丁的伯父、祖父母,即被告许某甲、许某乙、胡某乙担任许某丁的监护人。虽然被告许某甲、许某乙、胡某乙提出邹某有损害许某丁合法权益的行为，但其并未举证证明，因而不能构成人民法院撤销许某丁监护资格的充分理由。所以，邹某要求被告许某甲、许某乙、胡某乙将许某丁送还其监护的诉讼请求应得到人民法院支持。

第四节　宣告失踪和宣告死亡

案例6 **申请宣告失踪案**

【案情】

朱某英与朱某珍系胞姐弟关系，双方父母早亡。2000 年朱某珍在江苏省杭州市打工时认识一女性，双方未领取结婚证并同居生活。2002 年 12 月 21 日，双方生育一女，取名朱某，现就读于庐江县同春中学八年级。2006 年 8 月，朱某珍将女儿托付给朱某英抚养，此后便外出打工，至今未归，经多方寻找，仍下落不明，至今已有八年之久。现朱某英申请人民法院宣告朱某珍为失踪人。

【问题】

朱某英申请人民法院宣告朱某珍失踪的请求能否获得支持？

【法理分析与参考结论】

一、宣告失踪的概念和意义

宣告失踪，是指自然人离开自己的住所下落不明达到法定期限，经过利害关系人申请，人民法院依照法定程序宣告其为失踪人的民事主体制度。《民法典》总则编第 40 条规定："自然人下落不明满二年的，利害关系人可以向人民法院申请宣告该自然人为失踪人。"

法律规定宣告失踪的目的，是通过人民法院确认自然人失踪的事实，结束失踪人财产无人管理及其应履行的义务不能得到及时履行的非正常状态，以保护失踪人和利害关系人的利益，维护社会经济秩序的稳定。

二、宣告失踪的条件

（一）必须自然人下落不明满二年

下落不明，是指自然人离开自己最后的住所或居所后没有音讯，并且这种状况为持续不间断。只有从自然人音讯消失起开始计算，持续地、不间断地经过二年时间，才可以申请宣告失踪。

下落不明与生死不明不同。生死不明是指不知自然人是否仍然生存，而下落不明既包括不知自然人是否仍然生存的状态，也包括知道自然人仍然生存着，但不知其住所或居所的状态。

《民法典》总则编第41条规定："自然人下落不明的时间自其失去音讯之日起计算。战争期间下落不明的，下落不明的时间自战争结束之日或者有关机关确定的下落不明之日起计算。"具体计算下落不明起算的时间，应当从最后获得该自然人消息之日起算。如果是在战争期间下落不明的，则从战争结束之日或者有关机关确定的下落不明之日起算。

（二）须由利害关系人向人民法院提出申请

宣告失踪必须经由利害关系人向人民法院提出申请。利害关系人的范围，应当按照《最高人民法院关于贯彻执行〈中华人民共和国民法通则〉若干问题的意见（试行）》第24条规定的范围确定，即申请宣告失踪的利害关系人，包括被申请宣告失踪人的配偶、父母、子女、兄弟姐妹、祖父母、外祖父母、孙子女、外孙子女以及其他与被申请人有民事权利义务关系的人。其中"其他与被申请人有民事权利义务关系的人"，主要是指失踪人的合伙人、债权人等，因为宣告失踪的目的主要是了结债权债务关系，将合伙人和债权人作为利害关系人应属当然。

宣告失踪的申请可由这些利害关系人中的一人提出或数人同时提出。如果数人中的一人或者部分人提出，利害关系人没有先后顺序的区别。即使各利害关系人就是否宣告失踪发生分歧，只要符合受理条件，人民法院也应当受理。

（三）须由人民法院根据法定程序宣告

宣告失踪只能由人民法院作出，其他任何机关和个人无权作出宣告失踪的决定。

人民法院在收到宣告失踪的申请以后，应当依据《民事诉讼法》规定的特别程序，发出寻找失踪人的公告。公告期满以后，仍没有该自然人的音讯时，人民法院才能宣告该自然人为失踪人。

三、宣告失踪的法律后果

在自然人被宣告为失踪人以后，由于其民事主体资格仍然存在，所以不产生婚姻关系解除和继承开始的后果，只在以下两个方面产生法律效果。

（一）为失踪人的财产设定代管人

法院判决宣告自然人失踪的，应当同时指定失踪人的财产代管人。《民法典》总则编第 42 条规定："失踪人的财产由其配偶、成年子女、父母或者其他愿意担任财产代管人的人代管。代管有争议，没有前款规定的人，或者前款规定的人无代管能力的，由人民法院指定的人代管。"财产代管人除了由其配偶、父母、成年子女担任之外，原《民法通则》第 21 条规定的是"关系密切的其他亲属、朋友"。《民法典》总则编没有沿袭这样的规定，而是规定为"其他愿意担任财产代管人的人"，因而，无论是失踪人的兄弟姐妹、祖父母、外祖父母、孙子女、外孙子女以及其他朋友等，只要是愿意担任财产代管人的，都可以担任财产代管人。法院应当从上述人员中为失踪人指定财产代管人。如果失踪人是无民事行为能力人或者限制民事行为能力人，则由其监护人作为财产代管人最为妥当。

关于财产代管人的职责，《民法典》总则编第 43 条规定："财产代管人应当妥善管理失踪人的财产，维护其财产权益。失踪人所欠税款、债务和应付的其他费用，由财产代管人从失踪人的财产中支付。财产代管人因故意或者重大过失造成失踪人财产损失的，应当承担赔偿责任。"

财产代管人兼具财产保管人和指定代理人的性质。一方面，财产代管人是代管财产的保管人，应当以善良管理人的注意保管失踪人的财产，因故意或者重大过失造成失踪人财产损失的，应当承担赔偿责任。另一方面，财产代管人是失踪人的指定代理人,在法律以及法院授权的范围内,有权代理失踪人从事一定的民事行为,即以失踪人的财产代其清偿债务,也有权代理其接受债权。[①]

(二) 清偿失踪人的债务并追索其债权

代管人的另一项职责是代理失踪人履行债务和受领他人的履行。代管人有权从失踪人的财产中支付税款、债务和诸如赡养费、抚养费之类的其他应当支付的费用;代管人也要尽力追索失踪人的债权,代理失踪人受领他人所作的清偿。代管人不能代理失踪人从事清偿债务和追索债权以外的其他民事活动。

四、财产管理人的变更

《民法典》总则编第 44 条规定了财产代管人的变更规则。

(一) 财产代管人变更的事由

《民法典》总则编第 44 条规定了两种财产代管人变更的事由:一是财产代管人不履行代管职责、侵害失踪人财产权益或者丧失代管能力的,失踪人的利害关系人可以向人民法院申请变更财产代管人。二是财产代管人有正当理由的,可以向人民法院申请变更财产代管人。上述两种情形,都须由利害关系人或者财产代管人向法院提出申请,由人民法院依法判决。在前一种情形,财产代管人不履行代管职责,或者侵害失踪人财产权益的,申请变更的人是利害关系人。财产代管人有正当理由需要变更的,应当自己向人民法院提出申请。

(二) 财产代管人变更的后果

财产代管人由人民法院裁判变更财产代管人的,应当对失踪人的财产在代管期间的情况进行清算,列出财产的清单及在代管期间发生的变化,并且向新的财产代管人进行移交。新的财产代管人有权要求原财产代管人及时移交有关财产并报告财产代管情况。

五、失踪宣告的撤销

《民法典》总则编第 45 条规定:"失踪人重新出现,经本人或者利害关

---

① 王利明:《民法总则研究》,中国人民大学出版社 2012 年版,第 243 页。

系人申请，人民法院应当撤销失踪宣告。失踪人重新出现，有权要求财产代管人及时移交有关财产并报告财产代管情况。"

被宣告失踪的人重新出现（也包括确知其下落，因为这也是重新出现）的，应当撤销对其的失踪宣告。具体程序是，须经被宣告失踪的本人或者利害关系人申请，人民法院应当撤销对失踪人的失踪宣告。宣告失踪的撤销，同样要由人民法院依据法定程序进行。

失踪宣告经撤销，则财产代管关系随之终止。代管人应当将其代管的财产交还给被宣告失踪的人，并向被宣告失踪人报告在其代管期间对财产管理和处置的情况。只要代管人非出于恶意，其在代管期间支付的各种合理费用，失踪人无权要求代管人返还。

六、参考结论

本案中，朱某珍自 2006 年 8 月将女儿托付给朱某英抚养后，外出一直未归，经寻找后仍然无下落，法院发出寻人公告 3 个月期满后，朱某珍仍下落不明。《民法典》总则编第 40 条规定，自然人下落不明满 2 年的，利害关系人可以向人民法院申请宣告该自然人为失踪人。截至 2015 年，朱某珍下落不明已经超过 8 年，满足下落不明大于或等于 2 年的条件，据此，其胞姐依照相关规定，向人民法院申请宣告朱某珍为失踪人，完全符合法律的规定。

案例7 谷某宣告死亡案

【案情】

原告谷某早年下落不明，被告王某作为其配偶，向天津市河西区人民法院申请宣告原告谷某死亡，天津市河西区人民法院于 1994 年 11 月 28 日作出（1994）西民初字第 978 号民事判决书，宣告下落不明人谷某死亡。被告王某于 1995 年 2 月 14 日登记再婚。后原告谷某重新出现，天津市河西区人民法院于 2015 年 4 月 22 日作出（2015）西民特字第 26 号民事判决书，撤销对谷某的死亡宣告。现谷某以王某为被告，向人民法院起诉离婚。

【问题】

谷某要求与王某离婚的诉讼请求能否得到支持？

【法理分析与参考结论】

一、宣告死亡的概念

宣告死亡，是指自然人下落不明达到法定期限，经利害关系人申请，人民法院经过法定程序，在法律上推定失踪人死亡的民事主体制度。

宣告死亡与宣告失踪都是民事主体制度的内容，它们之间有密切的联系。在很多情况下，利害关系人往往是先申请宣告失踪，而后又申请宣告死亡，看起来，似乎宣告失踪是宣告死亡的前置程序，但事实上这样理解是不正确的。宣告失踪并非宣告死亡的必经程序，不管利害关系人是否曾申请过宣告失踪，都可以直接申请宣告死亡。

二、宣告死亡制度的意义

法律规定宣告死亡制度的意义，在于消除自然人长期下落不明所造成财产关系和人身关系的不稳定状态，及时了结下落不明人与他人的财产关系和人身关系，从而维护正常的社会秩序。

三、宣告死亡的条件

《民法典》总则编第 46 条规定："自然人有下列情形之一的，利害关系人可以向人民法院申请宣告该自然人死亡：（一）下落不明满四年；（二）因意外事件，下落不明满二年。因意外事件下落不明，经有关机关证明该自然人不可能生存的，申请宣告死亡不受二年时间的限制。"按照这一规定，宣告死亡应当具备以下条件。

（一）自然人下落不明达到法定期限

宣告一个自然人死亡，须是其下落不明，且须达到法定期限。《最高人民法院关于贯彻执行〈中华人民共和国民法通则〉若干问题的意见（试行）》第 26 条规定："下落不明是指公民离开最后居住地后没有音讯的状况。"此处所说的下落不明是指生死不明，即离开其向来之住所或居所生死不明。[①] 如果知道某人还仍然生存，只是没有和家人联系或者不知道其确切地址，不能认为是下落不明。

---

① 李宜琛：《民法总则》，正中书局 1947 年版，第 92 页。

由于宣告死亡比宣告失踪对被宣告人及其他相关当事人要产生更为严重的影响，因此，宣告死亡所要求的下落不明的时间长于宣告失踪所要求的下落不明的时间，故《民法典》总则编规定，只有自然人下落不明满四年，或者因意外事故下落不明起满二年的，才能宣告该自然人死亡。特例是，如果因意外事件下落不明，经有关机关证明该自然人不可能生存的，申请宣告死亡不受二年时间的限制，在作出证明之时起就可以申请宣告该自然人死亡。

（二）必须由利害关系人向法院提出申请

宣告死亡的利害关系人的范围与宣告失踪的利害关系人的范围相同。但是，由于可以申请宣告死亡的利害关系人的范围较为广泛，如果他们之间没有一定的顺序，就会出现诸如父母要求宣告死亡，但配偶并不希望宣告死亡而愿意继续维持婚姻关系之类的纠纷。因此，《最高人民法院关于贯彻执行〈中华人民共和国民法通则〉若干问题的意见（试行）》第 25 条规定："申请宣告死亡的利害关系人的顺序是：（一）配偶；（二）父母、子女；（三）兄弟姐妹、祖父母、外祖父母、孙子女、外孙子女；（四）其他有民事权利义务关系的人。申请撤销死亡宣告不受上列顺序限制。"按照这一规定，前一顺序的利害关系人不申请宣告失踪人死亡的，后一顺序的利害关系人不得申请死亡宣告；而同一顺序的利害关系人之间则无顺序先后之分，如果部分利害关系人申请宣告死亡而部分利害关系人不同意宣告死亡的，则应当宣告死亡。[①]

法律对利害关系人作出顺序的规定，也可能也会带来一定的问题。例如，顺序在先的利害关系人如果不申请，则顺序在后的利害关系人就无法提出申请，失踪人就会长期不能被宣告死亡，这将使财产关系长期无法稳定，如继承不能发生、遗产不能分割等，对利害关系人的利益损害很大。因此，有人认为，法律以不规定利害关系人的顺序为宜。本书认为，对利害关系人的顺序作出规定，利大于弊，能够更好地协调不同的利害关系人之间的关系，顺序在后的利害关系人如果想要了结财产之间的关系，可以采取宣告失踪的方法解决，并非一定要宣告死亡。宣告死亡的利害关系人之间的顺序须有强制性，否则也会出现更多的纠纷。

---

① 柳经纬主编：《民法总论》，厦门大学出版社 2000 年版，第 97 页。

（三）必须由人民法院依法定程序作出宣告

法院在受理死亡宣告申请后，应当依照民事诉讼法规定的特别程序进行审理，发出寻找下落不明的人的公告，在公告期届满没有其音讯的，人民法院才能作出死亡宣告的判决。

四、宣告死亡的日期和法律后果

《民法典》总则编第48条规定的是被宣告死亡的自然人的死亡日期的确定。自然人的死亡日期的确定首先应当考虑的是人民法院在判决中确定宣告死亡的日期，如果判决书确定了被宣告死亡人的死亡日期的，那么该日期就视为其死亡的日期；其次，如果法院判决没有遵守上述规则，在判决中未确定死亡日期，则应当按照判决作出之日，视为其死亡的日期。另外，因意外事件下落不明宣告死亡的，意外事件发生之日应该视为其死亡的日期。

自然人被宣告死亡后，发生与自然死亡相同的法律后果，被宣告死亡的自然人在法律上被认定为已经死亡，其财产关系和人身关系都要发生变动。宣告死亡的法律后果如下。

1. 财产继承关系开始

自然人被宣告死亡之后，其生前所有的财产变为遗产，由他的继承人继承。被宣告死亡人的债权人有权要求其继承人清偿债务。

2. 婚姻关系终止

自然人被宣告死亡后，其与配偶的婚姻关系终止，双方当事人之间的婚姻关系不再存在，原配偶可以再婚。

五、宣告死亡判决的法律效力

宣告死亡判决发生被宣告人死亡的法律后果，那么，该判决的法律效力的空间范围是什么？这涉及宣告死亡判决具有绝对的空间效力还是相对的空间效力问题。失踪人尽管被宣告死亡，但死亡宣告只是一种推定，失踪人有可能还在异地生存，因此，此地的死亡宣告判决是否在彼地也能发生效力呢？这就是死亡宣告的空间效力问题。如果坚持绝对的空间效力，就会否定被宣告死亡人在异地实施的法律行为的效力，如果坚持相对的空间效力，就应当承认其在异地实施的法律行为的效力。

本书认为，宣告死亡的目的并不是要绝对地消灭或剥夺被宣告死亡人的主体资格，而在于结束以被宣告死亡人原住所地为中心的民事法律关系。因此，被宣告死亡人在其存活地的民事权利能力并不终止，其仍可依法从事各种民事活动。对此，《民法典》总则编第 49 条规定："自然人被宣告死亡但是并未死亡的，不影响该自然人在被宣告死亡期间实施的民事法律行为的效力。"

六、死亡宣告的撤销

被宣告死亡的人重新出现或者确知他没有死亡，经本人或者利害关系人申请，人民法院应当撤销对他的死亡宣告。《民法典》总则编第 50 条规定："被宣告死亡的人重新出现，经本人或者利害关系人申请，人民法院应当撤销死亡宣告。"

（一）死亡宣告撤销的要件

死亡宣告的撤销需要具备以下要件。

（1）须被宣告死亡人仍然生存，重新出现。宣告死亡只是一种法律上的推定死亡，被宣告死亡人未必已经死亡。如果被宣告死亡人仍然生存，重新出现，即应撤销对其的死亡宣告。

（2）须由本人或利害关系人提出申请。宣告死亡的利害关系人范围与申请宣告死亡的利害关系人的范围是一样的，但没有顺序的限制。

（3）须由人民法院作出撤销宣告。死亡宣告必须由人民法院作出，同样，撤销其死亡的宣告也必须由人民法院作出。

（二）死亡宣告撤销后的法律效果

死亡宣告撤销后具有以下法律效果。

1. 婚姻关系的效果

《民法典》总则编第 51 条规定："被宣告死亡的人的婚姻关系，自死亡宣告之日起消灭。死亡宣告被撤销的，婚姻关系自撤销死亡宣告之日起自行恢复，但是，其配偶再婚或者向婚姻登记机关书面声明不愿意恢复的除外。"这里说的问题是：第一，自然人被宣告死亡之后，发生死亡的后果，其婚姻关系消灭，其配偶可以另行结婚。第二，如果被宣告死亡的自然人的配偶没有再婚，死亡宣告撤销后，原来的婚姻关系可以自行恢复，仍与原配偶为夫

妻关系，不必进行结婚登记；但是，如果其配偶向婚姻登记机关声明不愿意
与被宣告死亡的配偶恢复婚姻关系的，则不能自行恢复婚姻关系。第三，如
果被宣告死亡的自然人的配偶已经再婚，即使再婚后又离婚或再婚后新配偶
死亡，也不得因为撤销死亡宣告而自动恢复婚姻关系。

2. 亲子关系的效果

《民法典》总则编第 52 条规定："被宣告死亡的人在被宣告死亡期间，
其子女被他人依法收养的，在死亡宣告被撤销后，不得以未经本人同意为由
主张收养行为无效。"被撤销死亡宣告的自然人有子女的，即使其被宣告死
亡，父母子女的亲子关系也并不会因此而消灭。但是，如果在被宣告死亡期
间，宣告死亡人的子女被他人依法收养的，则亲子关系不得自行恢复。被宣
告死亡人的死亡宣告被撤销后，被撤销死亡宣告之人不得主张该收养关系未
经其同意而无效，收养关系应当继续保持。如果主张解除收养关系，须按照
法定程序，经原收养人、送养人协议解除原收养关系，如果子女已年满 8 周
岁的，还应当征求被收养人的意见。

3. 财产关系的效果

《民法典》总则编第 53 条规定："被撤销死亡宣告的人有权请求依照本
法第六编取得其财产的民事主体返还财产；无法返还的，应当给予适当补偿。
利害关系人隐瞒真实情况，致使他人被宣告死亡取得其财产的，除应当返还
财产外，还应当对由此造成的损失承担赔偿责任。"这是规定宣告死亡被撤
销后的财产关系效果。

不管利害关系人是因继承、受遗赠，还是因其他原因取得财产，都应当
向被撤销死亡宣告的人返还财产，被撤销死亡宣告的人享有返还请求权。即
使是依照继承法规定取得被宣告死亡的人的财产的，也应当返还原物。"返
还"以返还原物为原则，如果原物不存在，则应当予以补偿。在确定返还义
务人应补偿的数额时，主要考虑返还义务人所取得的财产的价值、返还能力
等因素。如果利害关系人隐瞒真实情况，致使他人被宣告死亡而取得其财产，
其实际上是利用宣告死亡的方法，而非法取得被宣告死亡人的财产，因此，
当宣告死亡被撤销后，该利害关系人除了应当返还原物外，还应当对由此造
成的损失承担赔偿责任，赔偿的原则是全部赔偿。

七、参考结论

本案中，天津市河西区人民法院于 1994 年 11 月 28 日作出民事判决，宣告谷某死亡，而谷某的原配偶王某于 1995 年 2 月 14 日登记再婚。虽然之后谷某重新出现，法院也于 2015 年 4 月 22 日作出民事判决，撤销对谷某的死亡宣告，但《民法典》总则编第 51 条规定，被宣告死亡的人的婚姻关系，自死亡宣告之日起消灭。死亡宣告被撤销的，婚姻关系自撤销死亡宣告之日起自行恢复，但是其配偶再婚或者向婚姻登记机关书面声明不愿意恢复的除外。本案中王某已于原告谷某被宣告死亡后再婚，故谷某和王某的婚姻关系无法自行恢复，而没有婚姻关系自然没有离婚可言，故谷某与王某的离婚诉请法院应当不予支持。

第五节　个体工商户和农村承包经营户

案例8 黄某诉刘某债权人撤销权纠纷案

【案情】

被告刘某系个体工商户，为广汉市某胶合板加工厂业主。原告黄某在该胶合板加工厂上班，2009 年 7 月 17 日 15 时 10 分，原告在工作时受伤，到广汉市骨科医院和广汉市人民医院救治，广汉市某胶合板加工厂垫付了医药费。2009 年 8 月 3 日，广汉市某胶合板加工厂向德阳市劳动和社会保障局申请对原告所受伤害进行工伤认定。2009 年 8 月 4 日，原告出院。同日，原告与广汉市某胶合板加工厂就工伤事故赔偿达成协议，协议书未加盖被告公章，由广汉市某胶合板加工厂生产厂长刘某明代表厂方签字。协议签订当日，原告收到了厂方支付的一次性伤残补助金、一次性伤残就业补助金和医疗补助金、一次性护理费 4000 元，并出具收条一份。2009 年 8 月 21 日，德阳市劳动和社会保障局受理了被告的工伤认定申请，于同年 10 月 10 日作出了工伤认定，2010 年 2 月 9 日，经德阳市劳动能力鉴定委员会鉴定，黄某为十级伤残。2010 年 5 月 11 日，黄某申请广汉市劳动争议仲裁委员会仲裁赔偿协议无效，

2010 年 5 月 11 日，广汉市劳动争议仲裁委员会作出不予受理的决定，并向黄某送达不予受理通知书。其后，黄某向人民法院提起诉讼，要求撤销赔偿协议。

【问题】

个体工商户是否具有民事主体地位？应由谁作为诉讼当事人？

【法理分析与参考结论】

一、个体工商户的概念和特征

（一）个体工商户的概念

个体工商户是指在法律允许的范围内，依法经核准登记，从事工商经营活动的自然人或者家庭。① 在制定《民法典》总则编时，很多人提出不再对个体工商户作出规定，但是更多的人认为，在工商局登记的个体工商户数量非常大，特别是在网络交易中，经营网络店铺的人，大多数是个体工商户，因此《民法典》总则编规定个体工商户还是有必要的。《民法典》总则编第 54 条规定："自然人从事工商业经营，经依法登记，为个体工商户。个体工商户可以起字号。"

（二）个体工商户的特征

个体工商户是从事个体工商经营的单个自然人，或者是自然人家庭。如果是单个自然人申请个体经营，应当是 16 周岁以上享有劳动能力的自然人。如果是家庭申请个体经营，作为户主的个人应该具有经营能力，其他家庭成员不一定都有经营能力。

个体工商户应当依法进行核准登记。目前，无论是自然人个体或者是家庭，凡是要进行个体经营都须依法向工商行政管理部门提出申请，并且经过工商管理部门的核准登记颁发个人经营的营业执照，取得个体工商户的经营资格。

---

① 屈茂辉主编：《中国民法》，法律出版社 2009 年版，第 114 页。

个体工商户应当在法律允许的范围内从事工商业经营活动，包括手工业、加工业、零售行业以及修理业、服务业等。对此，应当在工商部门核准的经营范围内进行经营活动。如果个体工商户经营刻字、废品回收、印刷、旅馆等特种经营活动的，应当按照特种行业管理的规定，不仅须进行工商登记，而且还须经过当地市级公安机关同意；如果是经营饮食食品业的，还须取得食品卫生监督机构的卫生许可证，以及从业人员健康检查合格证；对于经营技术性较强的行业的个体工商户，还必须取得有关技术考核的合格证明。

个体工商户可以起字号，对于其字号享有名称权，其他任何人不得侵犯。在经营活动中，没有起字号的个体工商户，应当以工商行政管理部门登记的经营者的姓名作为经营者的名义，这种经营者使用的姓名实际上已经与自然人本身的姓名有所区别了，具有字号的含义。

个体工商户可以聘请帮手或者学徒，原则上不得雇工，其实雇工也是属于个人劳务范畴，即便如此个体工商户的业主也必须自己亲自经营。

二、个体工商户的债务承担

《民法典》总则编第 56 条第 1 款规定："个体工商户的债务，个人经营的，以个人财产承担；家庭经营的，以家庭财产承担；无法区分的，以家庭财产承担。"

个体工商户在经营中所负债务的清偿原则如下。

第一，个体工商户是以个人进行经营的，其所负债务就是个人债务，应当以个人财产承担。这种个体工商户通常就是个人进行的经营，并不是以家庭进行经营，因此应当以个人的财产对债务承担无限责任，与夫妻共同财产和家庭共同财产没有关系。

第二，如果是以家庭为单位进行经营的，无论是其收益还是负债，都是家庭共有财产的内容，对家庭在个体经营中负担的债务，当然是以家庭财产承担，应以家庭的全部财产承担无限责任。

第三，如果个体工商户在经营中无法区分是个人经营还是家庭经营的，则应当按照有利于债务人的原则确认，认定是家庭经营，其收益和所负债务都是家庭共同财产的范围，以家庭财产承担无限清偿责任。

三、参考结论

个体工商户雇工属于个人劳务的范畴，发生工伤损害的由个体工商户按照《民法典》侵权编、劳动法等有关法律法规的规定承担相应的责任。起字号的个体工商户，在民事诉讼中，应以营业执照登记的户主（业主）为诉讼当事人，在诉讼文书中注明系某字号的户主。

案例9　李某祥诉李某梅继承权纠纷案

【案情】

被告李某梅与原告李某祥系姐弟关系。农村土地实行第一轮家庭承包经营时，原、被告及其父李某云、母周某香共同生活。当时，李某云家庭取得了6.68亩土地的承包经营权。此后李某梅、李某祥相继结婚并各自组建家庭。至1995年农村土地实行第二轮家庭承包经营时，当地农村集体经济组织对李某云家庭原有6.68亩土地的承包经营权进行了重新划分，李某祥家庭取得了1.8亩土地的承包经营权，李某梅家庭取得了3.34亩土地的承包经营权，李某云家庭取得了1.54亩土地的承包经营权，三个家庭均取得了相应的承包经营权证书。1998年2月，李某云将其承包的1.54亩土地流转给本村村民芮某宁经营，流转协议由李某梅代签。2004年11月3日和2005年4月4日，李某云、周某香夫妇相继去世。此后，李某云家庭原承包的1.54亩土地的流转收益被李某梅占有。原告请求判令其对该3.08亩土地中的1.54亩土地享有继承权，判令被告向原告交付该部分土地。

【问题】

家庭承包方式的农村土地承包经营权其权属性质为何，是否可以继承？

【法理分析与参考结论】

一、农村承包经营户的概念和特征

（一）农村承包经营户的概念

农村承包经营户，是指在法律允许的范围内，按照农村土地承包经营合

同的约定，利用农村集体土地从事种植业以及副业生产经营的农村集体经济组织的成员或者家庭。《民法典》总则编第 55 条规定："农村集体经济组织的成员，依法取得农村土地承包经营权，从事家庭承包经营的，为农村承包经营户。"

（二）农村承包经营户的特征

农村承包经营户是农村集体经济组织的成员，该成员依照法律规定，与集体经济组织签订农村土地承包经营合同，利用农村集体土地进行农副业生产，才能够成为农村承包经营户。在我国农村，承包农村土地基本上是以户的形式，只有单身的农民才能以个人名义承包土地。因此，农村承包经营户基本上应当是承包集体土地的家庭，但也不排斥是个人承包。一般认为，农村承包经营户的家庭经营并不是个体经营，而是集体经济的一种经营方式。①这种看法比较保守，在当前市场经济中，应当适应市场经济发展规律，给农村承包经营户以更广泛的经营空间，使他们能更好地利用承包的农村集体经济组织的生产资料，进行更广泛的经营活动，让农村集体经济更加迅速地发展。

农村承包经营户产生的依据，是农户以农村集体经济组织的成员身份，与农村集体经济组织签订的土地承包经营合同。土地承包经营合同应当约定承包的生产项目，交付使用的生产资料的数量和承包日期，交纳集体的公积金、公益金、管理费，承包户有使用水利等公共设施的权利。此外，还应当约定双方各自的权利和义务，以及应当承担的违约责任。在该合同的基础上，农村承包经营户取得承包农村集体土地进行经营的权利，成为农村承包经营户。

农村承包经营户的经营范围应当是利用集体土地，从事土地承包合同约定的农业或者副业生产。农村承包经营户与个体工商户不同，他们的经营范围是利用农村土地进行经营，而不是像个体工商户那样进行工商经营活动，是商品经营者。不过，随着我国农村经济的发展，农村承包经营户也开始利用农村集体土地进行商业化开发，进行商业活动，进一步开发土地的利用价

---

① 中国政法大学民法教研室编：《中华人民共和国民法通则》，中国人民大学出版社 1986 年版，第 61 页。

值。在这些方面，农村承包经营户的经营范围还应当适应市场经济的需要，把承包的农村集体土地作为生产资料，进一步扩大经营范围，在农村经营中取得更好的成果。

二、农村承包经营户的债务承担

《民法典》总则编第 56 条第 2 款规定："农村承包经营户的债务，以从事农村土地承包经营的农户财产承担；事实上由农户部分成员经营的，以该部分成员财产承担。"

农村承包经营户通常以家庭为单位进行经营。农村承包经营户以家庭经营的方式经营农村土地和其他生产资料，其取得的经营收入和所负的债务当然是家庭共同财产。因此处理农村承包经营户的债务负担责任的方式如下。

首先，应当确定，农村承包经营户的债务，以从事农村土地承包经营的农户财产承担，并且承担无限清偿责任。

其次，如果出现特例，农村承包经营户的经营活动并不是以户的方式承包，而是由农户的部分成员经营，且有证据证明确实属实的，其实际取得的经营收益和所负的债务就应当以该部分成员的财产承担无限清偿责任，该家庭的其他成员对此不负责。

三、参考结论

根据原《民法通则》第 27 条、《中华人民共和国农村土地承包法》第 15 条的规定，农村土地家庭承包的，承包方是本集体经济组织的农户，其本质特征是以本集体经济组织内部的农户家庭为单位实行农村土地承包经营。家庭承包方式的农村土地承包经营权属于农户家庭，而不属于某一个家庭成员。根据《民法典》（继承编）的规定，遗产是公民死亡时遗留的个人合法财产。农村土地承包经营权不属于个人财产，故不发生继承问题。除林地外的家庭承包，当承包农地的农户家庭中的一人或几人死亡，承包经营仍然是以户为单位，承包地仍由该农户的其他家庭成员继续承包经营；当承包经营农户家庭的成员全部死亡，由于承包经营权的取得是以集体成员权为基础，该土地承包经营权归于消灭，不能由该农户家庭成员的继承人继续承包经营，更不能作为该农户家庭成员的遗产处理。

第五章 法 人

本章知识点概要

　　法人是具有民事权利能力和民事行为能力，依法独立享有民事权利和承担民事义务的组织，是现代社会经济活动中重要的一类民事主体。法人存在多种多样的形态，既可以是人的结合团体，也可以是依特殊目的组织的财产团体，不同形态的法人具有不同的目的和治理结构。法人作为法律上拟制的人，也具有民事权利能力和民事行为能力，从法人成立时产生，到法人终止时消灭，通过法人机关和法定代表人行使民事权利、履行民事义务，以独立的名义对外经营活动，以独立财产承担民事责任。在社会经济活动中，法人不断发生发展变化，在法人的设立、变更、终止阶段都必须遵循法律规定的登记、清算等基本制度，以维护市场秩序，促进经济的健康稳定发展。

　　随着社会主义市场经济的深入发展，法人制度也随之不断发展变化，尤其表现在各种不同的法人形态纷纷涌现，呈现出更为复杂多样的变化。为此，《民法典》总则编对于原有《民法通则》的法人分类作出重大调整，以法人成立目的不同为标准，将法人分为营利法人、非营利法人和特别法人。以取得利润并分配给股东等出资人为目的成立的法人，为营利法人，包括有限责任公司、股份有限公司和其他企业法人等。以公益目的或者其他非营利目的成立，不向出资人、设立人或者会员分配所取得利润的法人，为非营利法人，包括事业单位、社会团体、基金会、社会服务机构等。机关法人、农村集体经济组织法人、城镇农村的合作经济组织法人、基层群众性自治组织法人，为特别法人。尽管理论界对此仍有争议，但是该分类较为全面、合理地涵盖了市场活动中现有的重要法人形态，依然不失为《民法典》总则编法人制度的一大亮点。

本章将着重介绍法人的基本制度，重点问题包括法人的概念和特征、法人的分类、法人的民事能力、法人的机关、法人的变更、法人的终止。

第一节 法人制度概述

案例1 确认劳动关系纠纷案

【案情】

本案涉及的当事人，上诉人：王某容，被上诉人：宜章县梅田镇人民政府。

宜章县梅田镇敬老院系宜章县梅田镇人民政府举办，并于 2011 年 12 月 6 日经国家事业单位登记管理局核准登记成立的事业单位法人，有效期限为 2011 年 12 月 6 日至 2013 年 12 月 31 日。期满后，该单位未注销。业务范围包括为农村五保户对象和城市"三无"人员提供集中养老服务，负责供应对象的衣、食、住、医、葬等。经费来源于财政补助。薛某艺生前与王某容系夫妻关系。薛某艺于 2005 年 10 月被宜章县梅田镇人民政府安排在宜章县梅田镇敬老院工作并担任副院长的职务，工资由宜章县梅田镇民政办公室造册在民政经费中单独列支并代为发放。工作期间，薛某艺与宜章县梅田镇人民政府未签订劳动合同。2014 年 8 月 22 日凌晨 4 时 30 分，薛某艺因心脏病突发在宜章县梅田镇敬老院的值班办公室死亡。薛某艺的妻子王某容遂诉至法院，请求确认薛某艺与宜章县梅田镇人民政府自 2004 年 11 月起至 2014 年 8 月 22 日之间存在劳动关系。

【问题】

薛某艺与宜章县梅田镇人民政府之间是否存在劳动关系？

【法理分析与参考结论】

一、法理分析

（一）法人的概念和特征

法人，是指法律规定具有民事权利能力和民事行为能力，能够独立享有民事权利和承担民事义务的人合组织和财合组织。原《民法通则》第 36 条对法人作出了一般性规定，没有强调法人是人合组织和财合组织的特点。《民法典》总则编第 58 条继续沿用这一做法。

法人的特征如下。

第一，法人是具有独立名义的社会组织体。法人与自然人的最大不同，就在于法人是一种社会组织体，即一定数量的自然人集合而成的团体。[①] 法人不是多个自然人的简单相加，而是一个统一的组织体，具有独立的名义。独立的名义是指民事主体能够以自己的名义参加民事活动，并能够在法院起诉、应诉。法人具有独立的名义，因而具有独立的民事主体地位，具有独立的民事权利能力和民事行为能力，可以独立地参加民事活动，实施民事行为，独立地享受权利，承担义务，并能在法院起诉、应诉，通过诉讼活动保护自己。

第二，法人具有独立的财产。法人所拥有的财产独立于其成员的财产之外，法人对其财产享有所有权，能自主支配其所有的财产，享有完整的占有、使用、收益和处分的权能。《民法典》物权编第 269 条规定："营利法人对其不动产和动产依照法律、行政法规以及章程享有占有、使用、收益和处分的权利。营利法人以外的法人，对其不动产和动产的权利，适用有关法律、行政法规以及章程的规定。"具有独立的财产，是法人能够享受民事权利、承担民事义务的财产基础，也是法人独立承担民事责任的财产保障。

第三，法人具有独立的意思。尽管法人与自然人不同，不具有自然人的思维和意志，但法人作为一个民事主体，也具有独立的意思，并且能够按照

[①]　刘凯湘：《民法总论》，北京大学出版社 2006 年版，第 169 页。

自己的独立意志参加民事活动，设定民事权利与民事义务。所不同的是，法人的意思是由法人的意思机关实现的。法人的意思机关依据法人种类的不同而有不同，社团法人的意思机关是社员大会，股份有限公司或者有限责任公司的意思机关则是股东大会。

第四，法人承担独立的责任。法人以其全部财产独立承担民事责任，表现为其民事责任能力，其能够用全部财产，独立清偿对其他民事主体的债务，对自己的不法行为承担民事责任。在一般情况下，法人以其注册的全部财产承担民事责任，法人的创立人和成员对法人的债务不负责任；而在法律另有规定的情形，例如，《民法典》总则编第 83 条第 2 款规定的法人人格否认（即撕破公司面纱）的情况下，才承担出资财产之外的无限责任。

（二）法人的本质

法人的本质，就是法人何以能够与自然人同样具有民事权利能力，成为可以享有权利、负担义务的民事主体。[①] 关于"法人"本质的探讨，是 19 世纪德国法学最具有争议的问题。当时许多著名的法学家多就这个题目，阐发各自的见解，形成了不同的学说。直至今天，也还有人在继续研究和争论。主要的学说有以下几种：一是法人拟制说；二是法人否认说；三是法人实在说。上述学说的不同，说明了"法人现象一经产生，其本质问题始终是一个至今悬而不绝的法哲学争议，人们始终不能令人信服地回答法人是像自然人一样的坚固主体，还是只是技术性的主体或者说并没有真正独立结构的实体"[②] 的意见纷争。不过在今天，人们认为对法人性质的争论是没有太大的意义的，现在人们更愿意采取中性的表述，即法人就其宗旨而言被视为归属载体。[③] 我国民法学通说采用法人实在说，在立法上也是采取法人实在说作为理论基础。

《民法典》总则编以法人成立目的的不同为标准，将法人分为营利法人、非营利法人和特别法人。在理论上，与营利法人和非营利法人的类型相对应

---

① 梁慧星：《民法总论》，法律出版社 2001 年版，第 125 页。
② ［德］拉德布鲁赫：《法学导论》，米健等译，中国大百科全书出版社 1997 年版，第 63 页。
③ ［德］迪特尔·梅迪库斯：《德国民法总论》，邵建东译，法律出版社 2000 年版，第 823 页。

的，还应当包括中间法人，特别法人与中间法人相近，但是并不完全相同。

营利法人，也叫作私益法人，① 是指以分配其经营获得的经济利益给社员为目的的法人。营利法人的宗旨就是获取利润并将利润分配给成员，因此一切以法人名义进行的商业活动，其最终的受益人都是股东。企业法人是明显的营利社团法人。

非营利法人，是指不以社员获得经济利益为目的，而以公共利益为目的而设立的法人。公益法人的宗旨是发展公益、慈善、宗教事业，它们即使从事商业活动，赚取利润，也是为了实现与营利无关的目的，其成员不能分享法人通过商业活动所获得的利益。

特别法人，是指既非以营利为目的也非以公益为目的的其他法人。非以公益为目的，表明此类法人团体的设立宗旨不在于谋求属于多数人的公共利益；不以营利为目的，表明此类法人团体的设立宗旨不在于追求设立人和成员的经济利益，不发生利益分配问题。这类法人类似于中间法人，但又不同，是将机关法人、集体经济组织法人、基层群众性自治组织法人归并在一起，作为特别法人，而不是那种处于一种利益界限较为模糊的状态，通常是基于设立人和其成员在某个方面的共同志趣或者爱好，或者基于感情联络的需要，或基于某些特定范围的共同利益，而由多数人设立的中间法人。②

二、参考结论

劳动者与用人单位之间的权利和义务应当由分立后的最终用人单位继承，劳动关系是劳动者与用人单位之间形成的人身和管理的权利义务关系，也应当由最终的用人单位继承。本案中，宜章县梅田镇敬老院在 2011 年 12 月 6 日登记成立事业单位法人后，已具备了独立承担民事责任的法人资格，其业务范围也与登记注册前的一致，未曾发生变更。虽然宜章县梅田镇敬老院的法人证书到期后未经年检，但根据《事业单位登记管理暂行条例实施细则》（中央编办发〔2014〕4 号）第 59 条"事业单位的法人证书废止但未经注销登记的，其法人的责任和义务存续"的规定，宜章县梅田镇敬老院仍然具备

---

① 刘凯湘：《民法总论》，北京大学出版社 2006 年版，第 179 页。
② 刘凯湘：《民法总论》，北京大学出版社 2006 年版，第 179 页。

独立承担民事责任的资格。

第二节　法人的分类

案例 2 **剩余财产争议纠纷上诉案**

【案情】

本案涉及的当事人：原告，莫某博；被告，朱某英等 4 人，系周某华的法定继承人；被告：张某清、刘某达、廖某宏。第三人：湖北省武汉贤达贸易有限公司（以下简称贤达公司）。

1995 年 4 月，刘某达、莫某博、周某华、廖某宏、张某清、卢某昭、能某珍 7 人共同集资创立武汉国际商务学校。1998 年 10 月，武汉国际商务学校在试办 3 年以后，被正式批准设立民办武汉国际商务学校。2001 年 4 月 26 日，武汉国际商务学校的民办非企业单位登记申请表中"开办资金来源"栏填写为"开办时有刘某达、廖某宏办学所收取的学费人民币 20 万元和由刘某达等 7 人集资 10 万元共计 30 万元开始起步"，"举办者情况"栏填写为"刘某达、周某华、廖某宏、张某清、莫某博、卢某昭"。该校于 1995 年 10 月 28 日向莫某博出具一张收据，载明收莫某博集资款 15 000 元。2001 年 10 月 30 日，莫某博收回集资款 15 000 元。2002 年 4 月，张某清等 10 人组建了贤达公司，莫某博未参与组建。2005 年 5 月，贤达公司股东变更为廖某宏、刘某达、张某清、周某华 4 人。

2003 年，刘某达、周某华、张某清、廖某宏 4 人开始着手创办中南财经政法大学武汉学院。2003 年 4 月 20 日，武汉国际商务学校董事会召开会议并形成会议纪要。周某华、张某清、刘某达、廖某宏 4 人参加了会议，会议决定撤销武汉国际商务学校，经中南财经政法大学、贤达公司联合申办中南财经政法大学武汉学院；贤达公司决定以其下属武汉国际商务学校现有土地、校舍、设备等校产参与申报；与会 4 名董事一致表决，同意向湖北省教育厅、省计委申请撤销武汉国际商务学校，并向省民政厅申请办理注销手续；武汉国际商务学校债权债务以及在分校中的一切权利、义务均由贤达公司全权承担。2003 年 5 月 20 日，周某华代表武汉国际商务学校、刘某达代表贤达公司双方签订协议书，约定：由贤达公司接管武汉国际商务学校现有全部财产，武汉国际商务学校的债权债务全部转让给贤达公司；贤达公司与中南财经政法大学联合创办"中南财经政法大学武汉学院"，贤达公司独立对外承担责任。2003 年 7 月 1 日，湖北省教育厅、省计委批复同意撤销武汉国际商务学校，明确学校的债权债务由贤达公司承担。2004 年 2 月 16 日，贤达公司向湖北省民政厅申请注销武汉国际商务学校。2004 年 2 月 29 日，湖北永和有限责任会计师事务所作出审计报告，资产负债表显示：武汉国际商务学校净资产（经营结余）25 749 745.29 元。

　　莫某博诉称：周某华、张某清、刘某达、廖某宏 4 人（以下简称周某华等 4 人）注销学校时侵犯其合法权益，对武汉国际商务学校的经营结余应按照当初投资比例即七分之一进行分配，请求法院判令被告共同支付其相应款项人民币 3 678 535 元。

【问题】

　　莫某博的学校举办者身份问题如何界定？周某华等四人行为是否构成侵权？

【法理分析与参考结论】

一、法理分析

（一）非营利法人概念的内涵

在传统民法中，并没有非营利法人的概念，与之最为接近的名词，应该是德国民法中的非营利性社团的概念。但非营利法人的内涵显然比非营利性社团要宽泛得多，因为非营利法人将作为与人直接合体的社团合作，为物质集合体的财团一并囊括，根据两大法系普遍接受的法理，非营利性并非意味着禁止赚取利润，而是意味着对所赚取利润的分配限制。① 因此，非营利法人并不等于非营利性团体。

与其他国家民法典不同的是，《民法典》总则编对法人的基本分类，并不是区分社团法人和财团法人两种不同类型，而是分为营利法人、非营利法人和特别法人三种。因此，在其他国家民法典不常出现，而在民法理论中经常出现的非营利法人的概念，就在《民法典》总则编中具有突出的地位。在这种情况下，《民法典》总则编第87条对非营利法人概念作了界定，是我国法律对非营利法人概念的准确定义。

可以进一步说，非营利法人是指为公益目的或者其他非营利目的成立，不取得利润或者不向其出资人、设立人或者会员分配所取得利润的具有民事权利能力和民事行为能力的法人。

（二）非营利法人概念的外延

《民法典》总则编第87条第2款关于"非营利法人包括事业单位、社会团体、基金会、社会服务机构等"的规定，确定的是非营利法人概念的外延。

按照《民法典》总则编对非营利法人一节的规定，非营利法人包括：一是事业单位法人；二是社会团体法人；三是捐助法人，包括基金会、社会服务机构以及宗教捐助法人等。

（三）非营利法人的法律特征

第一，非营利法人具有法人资格，而不同于非法人组织。《民法典》总则编把民事主体分为三类，即自然人、法人和非法人组织。非营利法人作为法人的一种，具有法人的民事权利能力和民事行为能力，具有民事主体资格。因此，非营利法人与非法人组织具有严格的区别。尽管非法人组织也是民事主体之一，也具有民事主体资格，但是却与法人具有本质性的区别。其中最为重要的区别，就是法人承担的责任是有限责任，而非法人组织承担的责任是无限责任。尽管非营利法人与营利法人具有明显区别，但是在承担有限责任这一点上，是完全一样的，而与非法人组织具有严格区别。

第二，非营利法人的设立目的具有非营利性。非营利法人与营利法人的

---

① 税兵："非营利法人解释"，载《法学研究》2007年第5期。

最大区别，就在于非营利法人的设立目的是为公益目的或者其他非营利目的，而不是像营利法人那样，进行所有的经营活动都是为了赚取利润，完全出于经济的目的。非营利法人在设立目的上包括两种形式：一种就是完全以公益为目的；另一种虽非为公益目的，但是法人的设立也是非营利目的，即不为获得利润。非营利性法人和营利性法人设立的基础，具有这样鲜明的区别。无论是完全以公益为目的，还是虽非为公益目的但是设立也是非营利性目的的非营利法人，设立的目的都需排除营利性。凡是具有营利目的的法人，都不是非营利法人。

第三，非营利法人财产权结构具有独特性。按照法律规定，非营利法人进行活动，不取得利润或者不向其出资人、设立人或者会员分配所取得利润，因而构成了非营利法人财产权的独特结构。因此，非营利法人的基本特征，在于其独特的财产权构造，这是非营利法人与营利法人的重大区别。任何一个营利法人都对外享有独立的法人财产权，但是其作为人的集合体，其财产来自股东的出资行为，出资人通过转让出资财产权而换得股权，因而营利法人的财产权结构具有双向性：在外部，法人享有完全的独立财产权；在内部，股东享有股权，并基于其股权而享有权益。而非营利法人的财产权构造，只有一个对外的法人财产权，其财产来源于捐赠、拨款，或者也有出资人出资，但是无论是捐赠、拨款或者出资，都不享有非营利法人的股权，进而也就没有股权以及基于股权而享有的权益。因此，尽管非营利法人在其活动中也可能会获得利润，非营利法人与营利法人的区别在于，非营利法人不能向控制其机构的任何成员，包括管理人员、董事、理事或者托管人等分配利润。

第四，非营利法人兼具公与私的双重属性。一方面，非营利法人设立目的的公益性或者非营利性，使其与营利法人形成基本的区别，因为营利法人都是私益法人，设立的目的就是完全为了设立人、出资人的利益，尽管营利法人也必须负有社会责任，但是设立的根本目的是为私益而非公益。而非营利法人在这方面不具有私的利益，对非营利法人的捐赠、拨款或者出资都不是为了自己获得利益，而是为了社会公共利益或者是非营利目的。另一方面，尽管非营利法人的活动目的不具有私益性，但是其却作为民法上的法人，具有私法上的人格，具有私法上的民事权利能力和民事行为能力，非营利法人从事的任何民事活动，都在私法领域中进行，遵守私法的规则，并且按照私法的规范承担民事责任。因此，非营利法人的公与私的双重属性十分鲜明，不仅与营利法人构成鲜明的界限，而且也与特别法人具有明显的区别。

二、参考结论

第一，关于莫某博的学校举办者身份问题。莫某博作为举办者，其身份在学校章程以及申办资料中已有明确，而这些资料在教育行政主管部门及民政部门已经备案，具有对外公示的效力，因此莫某博举办者身份应当得到确认。被上诉人认为莫某博非学校举办者的抗辩理由不能成立。第二，关于周某华等四人是否构成侵权。武汉国际商务学校剩余财产被全部转让给贤达公司，再由贤达公司投资与中南财经政法大学联合举办武汉学院，教育行政部门未处置上述资产。周某华等四人作为贤达公司股东，通过公司支配和控制了上述财产。上述行为本质上是对财产进行了分配，根据以上事实判断，武汉国际商务学校应属于营利性质。周某华等四人未经莫某博同意，擅自将学校注销，并且注销时未依法对资产进行清算，其行为违反了章程及法律规定，构成侵权。

第三节　法人的成立

案例 3 **装饰装修合同纠纷上诉案**

【案情】

本案涉及的当事人：上诉人（原审被告）南通市崇川区琴墨书院传统文化培训中心。法定代表人孟某兵，为该中心校长。被上诉人（原审原告）徐某军。

2013 年 7 月 2 日，徐某军与胡某签订了琴墨书院紫琅路店装饰装修工程合同书，合同签订后，徐某军组织人员在紫琅路 59 号博森大厦一楼的琴墨书院紫琅路店进行了施工并交付使用。琴墨书院培训中心于 2014 年 1 月 28 日经南通市崇川区民政局核准登记为民办非企业法人单位。琴墨书院培训中心董事会成员有孟某兵等六人，孟某兵为法定代表人。孟某兵同时还是南通博

森企业管理有限公司的法定代表人。徐某军同时还为琴墨书院桃坞路店进行
了施工。2013 年 7 月 5 日至 2014 年 1 月 15 日，孟某兵通过其个人账户向徐
某军个人账户转账支付 12 笔共 646 693 元。经胡某确认，其中 2013 年 7 月 5
日的 17 500 元、2013 年 8 月 1 日的 5 万元、2013 年 8 月 8 日的 37 500 元、
2013 年 9 月 3 日的 105 000 元，共计 21 万元为琴墨书院紫琅路店工程的付
款。2013 年 9 月 3 日的 25 000 元、2013 年 9 月 30 日的 125 000 元、2013 年
10 月 23 日的 15 万元，共计 30 万元为琴墨书院桃坞路店工程的付款。2013
年 7 月 14 日的 2 万元、2013 年 8 月 19 日的 20 790 元、2013 年 9 月 27 日的
42 611 元、2013 年 12 月 11 日的 27 402 元，共计 110 803 元为合同外增项部
分付款。对于 2014 年 1 月 15 日的 25 890 元，徐某军在（2014）崇民初字第
0889 号案件的庭审中同意作为琴墨书院桃坞路店工程合同内的付款。

【问题】

琴墨书院培训中心的主体资格问题如何界定？

【法理分析与参考结论】

一、法理分析

（一）设立中的法人

设立中的法人不同于筹备前的法人。筹备前的法人，是指发起人开始筹
备设立某个法人组织，但还没有成立筹备机构从事实际的设立行为，此时的
组织体称为筹备前的法人。而设立中的法人必须成立了筹备机构，实际地从
事设立法人的行为。

由于设立中的法人在从事设立行为过程中也要从事一些民事行为，如借
款、购买建筑材料等，从而发生一定的债权债务关系。对此，必须在法律上
明确应当由谁承担责任。从性质上看，设立中的法人不同于合伙组织，因为
设立人之间并没有订立合伙协议，而且设立中的法人在设立期间所享受的权
利和所承担的义务都要转移给设立后的法人，其自身也不独立享有和承担该
债权、债务，因此与合伙不同。

设立中的法人是一个具有相对的民事权利能力的特殊团体，其民事权利能力受到限制，具有准人格。① 其受到限制主要表现在两个方面：一是其民事权利能力的范围仅限于从事必要的设立行为，凡是超出设立行为的民事行为都不得实施。必要的设立行为应当根据法律的规定、设立法人的协议以及根据行为的性质等来加以认定。二是应当以将来法人成立为条件而享有民事权利能力。尽管设立中的法人具有特殊的民事权利能力，但因为是为了将来法人的成立而存在的，所以将来的法人不能够有效成立，其民事权利能力就要溯及既往的消灭，而应当由筹建人和设立人承担法律后果。②

传统的法人理论建立在一种人格化的独立组织体构造的基础上，认为法人作为一种完全独立的法律主体，具有完全独立于其成员的组织结构，在意志、财产和责任方面都与成员完全分隔，只有这样才能实现完全独立的人格化。这种独立组织体的构造最终通过登记获得实现，为了保护债权人的利益，减少交易风险，法人必须通过登记获得公示，债权人通过查询登记能够获得法人的详细信息。由于法人满足了这些要求，因而能够具有完全民事权利能力。

设立中法人的人格构造，一方面是其具有独立的行为机构、独立的财产和相对独立的责任能力，已不同于个别的成员，成为了一种超越于其成员的组织体，因而能够具有一定的民事权利能力；另一方面因其并未通过登记获得公示，为保护债权人起见，设立中法人的责任不能完全独立，虽然它能够以其财产对债务承担责任，但其成员对此也承担相应的责任。由此可见，设立中法人的这种与其成员相联系的责任状态，并不符合自我负责的完全独立的人格，因而设立中法人并不能具有法人那样完全独立的法律人格，不能获得完全民事权利能力。但是，设立中法人已经具备了行为机构、独立的财产、相对独立的责任能力以及名称这些人格构成要素，在整体上成为了一种超越于个别设立人的存在体，以此为基础，可以整体的名义在外部关系中参与法律关系，拥有部分民事权利能力。

---

① 刘召成：《准人格研究》，法律出版社 2012 年版，第 263 页。
② 魏振瀛主编：《民法》，高等教育出版社、北京大学出版社 2000 年版，第 116 页。

（二）设立人为设立法人从事民事活动的法律后果

设立中的法人在对外关系中具有的部分权利能力的内容，应当按照《民法典》总则编第 75 条第 1 款规定确定，包括如下三个方面。

第一，设立人为设立法人从事的民事活动，其法律后果在法人成立后由法人承受。法人设立完成，具有了完全民事权利能力，当然在设立中从事的民事活动后果，均由该法人承受。

第二，设立中法人的设立行为没有成功，法人未成立的，其在设立法人过程中从事的民事活动的法律后果，应当由设立人承受。设立人如果为二人以上，所有的设立人应当承担连带责任。

第三，上述规定存在一个明显的缺陷，就是有一定组织形式的设立中法人，如有确定的设立中法人的筹备组，并且具有相对独立的财产，能够承担民事责任的，就具有自己承担民事责任的能力，完全可以用设立中法人的名义，承担民事活动的法律后果。这是因为，设立中法人如果有自己独立的财产，该财产已经不归属于设立人，是设立人通过将出资财产的权利转移给设立中法人而丧失了对这些财产的所有权，获得的是在设立中法人这个团体中的成员权。设立中法人的财产归属于超越个人的设立中法人，须按照组织体的意志只能在法人设立的目的范围内被使用。因而，设立中法人具有对外作为债权债务承担者的能力，能够以自己的名义在外部关系中与成员之外的第三人签订合同，并以自己的财产作为责任财产去履行义务，承担责任。只不过这种责任是一种相对独立的责任，这种相对独立责任表现在，虽然设立中法人以其财产对其债务承担责任，但与此同时其成员对这一债务也承担责任，因而是一种无限责任，成员的责任既不能依其意愿也不能依事务处理人代理权范围而受到限制。在德国法中，设立中的法人的成员对于设立中的法人的债务承担无限责任，已是学界和司法实践广为接受的通说。①

（三）设立人为设立法人以自己的名义从事民事活动产生的民事责任

在法人设立中，设立人为设立法人而以自己的名义从事民事活动，而不是以设立中的法人的名义从事民事活动，因而产生的民事责任，《民法典》

---

① Vgl. Beuthien, GmbHR 1996, 309, 310; BGHZ 134, 333.

总则编第 75 条第 2 款规定了对第三人的效力。所谓第三人，是针对设立人和法人之外的当事人，实际上就是设立人为设立法人而从事民事活动的对方当事人。该条款规定的是，给第三人以选择权，既可以请求法人承担该民事活动的后果，也可以请求法人的设立人承担该民事活动的后果，该第三人可以根据自己的利益，选择哪一个请求权行使。如果选择法人的设立人承担该民事活动的后果，比较简单，尽管设立人是为设立法人而从事的民事活动，但却是以自己的名义进行的，因而这种选择名副其实，没有任何障碍。相对人如果选择法人承担从事民事活动的后果，一是必须该法人已经成立，二是须证明其与设立人从事的民事活动，确系设立人是为设立法人而以自己的名义从事民事活动，只有具备这样两个条件，第三人选择请求法人承担民事活动的民事责任，才能够得到法律的支持。

二、参考结论

发起人以设立中的法人名义对外签订合同，法人成立后，合同相对人请求法人承担合同责任的，人民法院应予支持。虽然胡某与徐某军签订的装修合同时间在琴墨书院培训中心成立之前，但从合同履行来看，胡某作为董事以设立中的琴墨书院名义对外签订的装修合同，孟某兵作为琴墨书院培训中心的法定代表人支付装修款，均系为琴墨书院培训中心设立而进行的必要准备和支出。对于设立过程中发生的费用和债务，理应由成立后的琴墨书院培训中心承担。

第四节　法人的民事能力

案例4　借款担保合同纠纷案

【案情】

本案涉及的当事人：上诉人（原审原告），中国进出口银行；被上诉人（原审被告），光彩事业投资集团有限公司；原审被告，四通集团公司。

原审法院审理查明：2001 年 12 月 25 日，中国进出口银行与四通集团签订（2001）进出银京（信合）字第11005号《出口卖方信贷借款合同》，合同约定：进出口银行向四通集团提供出口卖方信贷额度1.8亿元，期限为13个月；由光彩集团提供还款保证，如四通集团不能按期偿还到期贷款本息，则由光彩集团偿还。四通集团董事长段永基代表四通集团在该借款合同上签字。同日，进出口银行与光彩集团签订（2001）进出银京（信保）字第11005号《保证合同》，约定：光彩集团为四通集团在上述借款合同项下的一切债务提供连带责任保证；保证期间为贷款本息全部到期后二年。如贷款展期，保证期间随之变更。光彩集团向进出口银行提交了光彩集团董事会于2001年10月23日作出的为四通集团提供担保的董事会决议，有六人在决议上签字，其中五名董事，一名股东单位代表。四通集团董事长段永基作为光彩集团的董事在该决议上签字。

　　2003年12月26日，进出口银行与四通集团、光彩集团签订《贷款重组协议》，作为对上述（2001）进出银京（信合）字第11005号《出口卖方信贷借款合同》的补充，光彩集团对四通集团在重组协议项下的全部债务提供连带责任保证，保证期间为重组协议项下全部债务到期之日起二年；若四通集团未按约定偿还债务并支付利息，或未能在2004年6月30日前办理房地产抵押手续，则进出口银行有权宣布全部债务到期并要求四通集团立即清偿全部债务，或要求光彩集团清偿债务。四通集团董事长段永基代表四通集团在该《贷款重组协议》上签字。光彩集团向进出口银行提交了光彩集团董事会于2003年11月3日作出的为四通集团提供担保的董事会决议，内容是，同意为四通集团原在（2001）进出银京（信合）字第11005号借款合同项下贷款本金余额1.6亿元继续提供还本付息连带责任保证。有2名董事在决议上签字。

　　2003年12月29日，进出口银行依据上述《贷款重组协议》重新为四通集团办理了1.6亿元的贷款手续。四通电信有限公司未为进出口银行办理房地产抵押手续。截至2005年9月1日（进出口银行向原审法院提起诉讼时），四通集团依《贷款重组协议》偿还了到期贷款的利息和2400万元贷款本金，其余本金未按约定的期限偿还。进出口银行遂依《贷款重组协议》的规定，宣布全部债务到期，并向原审法院提起诉讼，请求四通集团和光彩集团清偿全部债务本金1.36亿元及利息。在进出口银行起诉后，四通集团于2005年9月21日偿还利息1 747 416.01元。

另查明，光彩集团由11家法人股东出资设立，公司注册资本5亿元。其中山东泛海集团公司出资3.56亿元，出资比例为71.2%；四通集团出资100万元，出资比例为0.2%。光彩集团董事会由11名董事组成，董事由各股东单位委派，大股东山东泛海集团公司董事长卢某为光彩集团董事长。光彩集团公司章程规定：每次召开董事会会议，应当于会议召开10日以前通知全体董事，并通告会议议程、地点和时间；董事会会议须有2/3以上董事参加方能召开；董事会按出资比例行使表决权；董事因故不能参加，可以书面形式委托其他董事参加会议并行使表决权；董事会决议须经持有2/3以上股权的董事表决通过方能生效。董事会每次会议决议和纪要，由到会董事签名确认。

光彩集团董事会于2001年10月23日作出的为四通集团提供担保的董事会决议上，签字的5名董事（包括董事长卢某）和一名股东单位代表所代表的股东单位共持有光彩集团93.6%股权；2003年11月3日作出的为四通集团提供担保的董事会决议上，签字的2名董事（包括董事长卢某）所代表的股东单位共持有光彩集团91.2%股权。

【问题】

光彩集团为四通集团的债务进行担保的行为是否有效？

【法理分析与参考结论】

一、法理分析

关联交易，是指营利法人的控股出资人、实际控制人、董事、监事、高级管理人员利用与其直接或者间接控制的企业之间的关系，以及可能导致法人利益发生转移的其他关系，而进行的交易。关联交易是一种特殊的自我交易，实际上也是一种利益冲突交易，在市场经济中本来是不可避免的。因此，关联交易既有有利的方面，也有不利的方面；关联交易的双方因为存在关联关系，可以节省大量商业谈判等方面的交易成本，并可运用行政的力量保障商业合同的优先执行，因而提高交易效率。但是从另一方面看，由于关联交易方可以运用行政力量撮合交易的进行，因而有可能使交易的价格、方式等在非竞争的条件下出现不公平情况，形成对股东或部分股东权益的侵害，也可能导致债权人利益受到损害。

所谓关联关系，是在营利法人之间，一方控制另一方，或与第三方共同控制另一方，或者能够对另一方施加重大影响，以及两方或两方以上同受一方控制、共同控制或被施加重大影响的，构成关联方。在关联方相互之间进行的交易就是关联交易。

正当的关联交易，法律并不禁止。但是，营利法人的控股出资人、实际控制人、董事、监事、高级管理人员，利用这种关联关系，进行关联交易，损害法人的利益，造成法人的损害，就构成利用关联交易的违法行为。因此《民法典》总则编第84条规定，营利法人的控股出资人、实际控制人、董事、监事、高级管理人不得利用关联关系损害法人的利益。利用关联关系给法人造成损失的，应当承担赔偿责任。

构成利用关联关系损害法人利益的责任，应当具备以下要件：第一，行为的主体是营利法人的控股出资人、实际控制人、董事、监事、高级管理人员，只有这种身份的营利法人工作人员，才有可能实施关联交易行为；第二，上述行为人与自己有关联关系的营利法人进行交易行为，即利用双方之间的关联关系，进行关联交易；第三，上述行为人实施关联交易的后果，是损害了法人的利益，造成了法人的财产损失，二者之间具有因果关系。

构成利用关联关系损害法人利益的责任，应当承担赔偿责任。损害赔偿请求权人是因关联交易受到损害的法人，法人可以向实施关联交易的法人的控股出资人、实际控制人、董事、监事、高级管理人员请求承担损害赔偿责任。赔偿责任的主体分为两种情况：第一，与法人实施关联交易的行为人进行交易的对方当事人，如果不知道或者不应当知道这种情形的，责任主体是关联交易的控股出资人、实际控制人等；第二，如果关联交易的对方当事人知道关联交易行为人的目的，则构成连带责任，双方对法人的损失应当承担连带责任。

二、参考结论

本案光彩集团为四通集团的债务进行担保的行为发生在公司法修订前，故本案适用修订原公司法、担保法及《最高人民法院关于适用〈中华人民共和国担保法〉若干问题的解释》。修订前《中华人民共和国公司法》第 60 条第 3 款规定"董事、经理不得以公司资产为本公司的股东或者其他个人债务提供担保"。该条规定是对公司董事、高管人员未经公司批准，擅自为公司股东及其他个人债务提供担保的禁止性规定。但该规定并非一概禁止公司为股东提供担保，对有限责任公司而言，符合公司章程，经过公司股东会、董事会批准，以公司名义进行关联担保，修订前《中华人民共和国公司法》并未明确加以禁止。上述条款的立法目的是限制大股东、控股股东操纵公司与自己进行关联交易，损害中小股东的利益，以维护资本确定原则和保护中小股东权益。对经公司股东会、董事会同意以公司资产为小股东进行担保当不属禁止和限制之列。从价值取向的角度考量，在衡平公司债权人与公司股东利益冲突时，应优先保护公司债权人的利益。

第五节　法人的机关

案例 5　商标权转让合同纠纷上诉案

【案情】

本案涉及的当事人：上诉人（原审被告），福州三松线缆有限公司；被上诉人（原审原告），福建福硕线缆有限公司，其法定代表人为林某玲。

原告福硕公司成立于 2005 年 4 月 26 日。2010 年 10 月 8 日，该公司的法定代表人由陈某铃变更为林某玲，陈某铃与林某玲系夫妻关系。2005 年 5 月 11 日至 2006 年 8 月 14 日，陈某铃是该公司的法定代表人。2006 年 8 月 14 日，该公司的法定代表人变更为陈某国，陈某铃同时不再作为该公司的股东，其所持有的公司股份转让给陈某国。2010 年 5 月 7 日，三松公司召开股东会决议，同意由陈某国将其持有的公司股份转让给林传某、陈香某；林某珠将其持有的公司股份转让给陈香某和陈惠某。2010 年 6 月 4 日，陈某国与林传某、陈香某，林某珠与陈香某、陈惠某签订了股权转让协议。2010 年 6 月 8 日，经工商登记变更，该公司的股东由陈某国、林某珠变更为林传某、陈香某、陈惠某，法定代表人亦由陈某国变更为林传某。

2007 年 3 月 30 日，陈某铃为福硕公司经营的目的，在取得三松公司法定代表人陈某国同意，但未取得三松公司另一股东林某珠同意的情况下，借用了三松公司的名义并委托福州市鼓楼区君诚商标事务代理有限公司申请"福硕 + Lucklaige"文字商标，注册类别分别为第 1 类、第 9 类、第 17 类。2009 年 12 月 28 日，商标局核准了三类注册商标，且注册人均为三松公司。2010 年 3 月 10 日，三松公司的法定代表人陈某国以三松公司的名义与原告福硕公司签订了三份《商标转让协议书》，约定：三松公司同意自愿将已向商标局申请核准注册的上述 3 个注册商标转让给福硕公司。同日，陈某国以三松公司的名义与福硕公司签订《商标转让补充协议书》，就三份《商标转让协议书》补充如下条款：鉴于转让的 3 个商标其实际申请人、商标设计人、申请费用出资人、商标的实际使用人为福硕公司（经办人为福硕公司的法定代表人陈某铃），系福硕公司挂靠在三松公司名下申请的，出于公平、公正、诚实信用原则，双方同意就上述三个商标的转让，三松公司不再向福硕公司收取任何费用。三松公司的法定代表人陈某国与福硕公司签订转让协议未取得另一股东林某珠的同意。

2010 年 10 月 14 日，商标局向福硕公司发出《转让申请补正通知书》，就该三项商标转让事宜告知："现有转让人来函向我局反映，称转让申请并非转让人的真实意愿，请提供转让人的经年检有效的营业执照副本（复印件）和转让人同意转让的公证声明或经公证的转让协议，并说明有关情况。"福硕公司受让讼争商标未果，遂以三松公司为被告向法院提起诉讼。被告否定讼争商标转让协议的效力的主要理由是陈某国在签订转让协议时未经股东会决议，也没有取得另一股东林某珠的同意，所签订的协议不是被告的真实意思表示。

【问题】

时任三松公司法人代表的陈某国代表三松公司与福硕公司签订的《商标转让协议书》及《转让申请/注册商标申请书》是否合法有效？

【法理分析与参考结论】

一、法理分析

（一）法人机关的概念和意义

法人机关，是指存在于法人组织体内部的担当法人行为和责任的机构。自然人作为民事主体是通过自己的大脑形成意思，然后通过喉舌加以表达，最后通过行动加以实现。法人作为与自然人并列的一类独立的民事主体，也必须能够形成自己的意思，表达自己的意思并实现该意思。法人形成意思、表达意思并实现意思的机构就是法人机关。《民法典》总则编第 61 条、第 62 条关于法人的代表人的规定，第 80 条至第 82 条关于营利法人的权力机构、执行机构和监督机构的规定，第 91 条、第 93 条关于理事会的规定等，规定的都是法人的机关。

（二）法人机关的分类

法人机关可以分为三类：一是意思形成机关即权力机关；二是意思表示机关即执行机关；三是法人的监督机关。

法人的类型不同，是否都具有这三类机关，并不相同。就财团法人而言，由于其以财产为基础，没有社员，因此也无从产生意思形成机关，一般仅具有执行机关（如理事会）。而对于有限责任公司，我国公司法并不要求必须设立董事会与监事会，可以只设立执行董事与一名监事。

法人的活动有赖于法人机关，法人机关的活动也就是法人的活动。应当看到的是，法人机关必须通过自然人进行活动，因此，法人机关或者直接由自然人构成，或者间接由自然人构成，但无论如何，最终皆由自然人构成。因此，需要区别法人的机关与法人的机关成员。

（三）法定代表人

1. 法定代表人的概念和特征

法人的法定代表人是指依照法律或法人的组织章程的规定，代表法人行使职权的负责人。

法人的法定代表人的特征是：第一，法定代表人是由法人的章程所确定的自然人。第二，法人的法定代表人有权代表法人从事民事活动。法定代表人依法代表法人行为时，法定代表人的行为就是法人的行为，因此，法定代表人执行职务的行为所产生一切法律后果都应由法人承担。第三，法人的法定代表人是法人的主要负责人。在民事诉讼中，应由法定代表人代表法人在法院起诉和应诉。

2. 法定代表人代表法人从事民事活动的后果

法定代表人以法人名义从事的民事活动，其法律后果由法人承受。既然法定代表人是法人的代表，那么凡是法定代表人以法人的名义从事的民事活动，就都是法人的民事活动；并且法人通常都是通过法定代表人来表达自己的意思，从事民事活动的。因而，法定代表人以法人名义从事的民事活动，就是法人的民事活动，其后果都由法人承受。

3. 对法定代表人权限范围的限制的后果

法人的章程或者权力机构对法定代表人的代表权范围的限制，对于法定代表人是有完全的效力的，含义是，法定代表人超出其法人章程或者权力机构对其的限制，其代表法人实施的行为就无效。但是，这不能成为不变的规则，例外的就是，这样的规则不能对抗善意相对人。

法定代表人的权限，是通过法人的章程或者权力机构作出规定，避免法定代表人在行使职权时，超过法人授予其的代表权范围的限制，对法人利益造成损害。因此，尽管法定代表人是法人的代表，他所从事的民事活动是法人的民事活动，但是他的代表权限必须受到限制，只能在法人的章程或者权力机构授予法定代表人的代表权限的范围内，代表法人从事民事活动。法定代表人超出法人的章程或者权力机构对法定代表人代表权限的范围限制从事民事活动，从原则上说是无效的，并不是代表法人在从事民事活动，因此，法定代表人超过法人的章程或者权力机构对其代表权范围的限制从事的民事活动，法人并不承担其后果。但是例外的是，与该法人从事民事活动的相对人如果对该法定代表人所代表的法人的章程或者权力机构对其的代表权限的限制并不知情，并且这种不知情属于无过失，即该相对人是善意的，则法人的章程或者权力机构对法定代表人的代表权限范围的限制，不能对抗该善意第三人，法人不得以法定代表人从事的民事活动超出了法人章程或者权力机构授予其的代表权范围的权限为由而主张无效。因而，法定代表人所实施的民事活动超出了法人的章程和权力机构对其代表权限的限制，其与善意相对人实施的民事法律行为仍然有效，而不至于损害善意相对人的权益。只有在法人与相对人从事的民事活动中，相对人知道或者应当知道法人的章程或者权力机构对该法定代表人代表权限的限制的，法人才可以主张该民事活动无效。

二、参考结论

本案涉及的《商标转让协议书》及《转让申请/注册商标申请书》是由时任三松公司的法人代表陈某国代表三松公司与福硕公司签订的，协议书与申请书上均加盖了三松公司的印章。按照法律规定，陈某国作为三松公司的法人代表，其以公司的名义对外签订协议的行为应视为公司意思的体现。协议书及申请书体现了协议双方的真实意思表示，内容也不违反法律、法规的强制性规定，应确认该协议书及申请书具有法律效力，由此产生的相关法律责任应由三松公司承担。即使陈某国对外签署转让协议的行为未经过股东会决议或者超出公司章程授予的权力范围，也不能因此否定法定代表人以公司名义对外签署协议的法律效力。另外，陈某国当时持有三松公司55%的股权，即使就商标转让一事召开股东会进行表决，陈某国的意见也会因为代表股东会的多数意见而得到执行。如果三松公司或其他股东认为陈某国的行为侵犯了公司或者其他股东的利益，也属于另外的法律关系，可以另行提起诉讼进行主张。综合以上事实，应确认三松公司与福硕公司签订的《商标转让协议书》及《转让申请/注册商标申请书》合法有效。

第六节 法人变更

案例6 金融借款合同纠纷案

【案情】

本案涉及的当事人：上诉人（原审原告），中国长城资产管理公司沈阳办事处；被上诉人（原审被告），锦州南山粮食储备库；被上诉人（原审被告），辽宁锦州国家粮食储备库；原审被告，锦州桃园粮库。

1998 年 11 月，在中国人民银行锦州市中心支行主持下对桃园粮库所欠中国农业发展银行锦州市分行营业部（以下简称农发行锦州分行营业部）贷款 30 119 万元及交通银行贷款 370 万元进行了分割。由从桃园粮库分立出来的国粮储备库承担 19 699 万元贷款，桃园粮库承担 15 笔共计 10 790 万元贷款，并明确中国工商银行锦州古塔支行（以下简称工商银行古塔支行）为桃园粮库 10 790 万元贷款的债权人，该支行没有异议。2005 年 7 月 15 日中国工商银行辽宁省分行与长城公司沈阳办事处签订了债权转让协议，将桃园粮库欠其 10 790 万元贷款本金及相应利息转让给长城公司沈阳办事处。

南山粮库是锦州市粮食局于 2000 年 3 月投资 200 万元成立的企业，桃园粮库与南山粮库法定代表人均为金山。2005 年 12 月 20 日根据辽宁省政府（2005）15 号、锦州市政府（2005）57 号和锦州市粮食局（2005）49 号文件精神，锦州市太和区政府将桃园粮库无偿取得的位于凌西街宣仁里 97 号 18 457.8 平方米的国有土地使用权又无偿划拨给了南山粮库，并办理了国有土地使用证。

长城公司沈阳办事处因多次向桃园粮库催收债务，其仍不偿还，遂诉至法院，请求：①桃园粮库偿还借款本金 10 790 万元、利息 13 325.97 万元（截至 2009 年 7 月 20 日），债权总额 24 115.97 万元；国粮储备库对上述借款本息承担连带责任；南山粮库对上述借款本息在接收桃园粮库的财产范围内承担连带责任。②被告承担全部诉讼费用。

【问题】

国粮储备库是否应对本案所涉债务承担连带责任？

【法理分析与参考结论】

一、法理分析

广义的法人变更，既包括涉及法人主体资格的变化，如法人的合并、法人的分立，也包括不涉及主体资格的登记事项的变化，如法人在其存续期间发生的注册资本、法定代表人、股东、责任形式、经营范围等事项发生的变化。狭义的法人的变更，就是指法人的合并和法人的分立，是法人的主体资格发生变化。

（一）法人合并

法人合并，是指两个以上的法人合而为一，归并成为一个法人的行为。事实上，法人合并就是两个以上的法人合并成为一个法人。

法人合并分为两种类型，不同的法人合并，合并后的法人资格发生不同的变化。

1. 新设合并

新设合并也叫作创设合并，是指两个以上的法人合并成一个新的法人，被合并的原法人全部归于消灭的法人合并形式。新设合并一般是拟合并的两个或两个以上的法人，在平等协商的基础上达成合并协议，按照协议合并后，所有参与合并的原法人均归于消灭，形成一个新的法人，原来被合并的法人所有的权利和义务都由新的法人承受。

2. 吸收合并

吸收合并也叫作存续合并，是指一个或多个法人归入到一个现存的法人之中，被合并的法人主体资格消灭，存续的法人主体资格仍然存在。典型的吸收合并就是兼并，即由存续的法人兼并主体资格归于消灭的法人。在吸收合并中，必须形成法人产权的转让，即由兼并法人受让被兼并企法人的财产所有权，同时要坚持自愿兼并的原则，防止出现不适当的行政干预，特别是要防止地方政府将效益极差，将无可利用价值的保护企业强加给效益好的法人兼并，同时兼并也要坚持有偿原则、服务和促进兼并、鼓励产权交易的要求。

由于法人类型不同，合并的程序也不相同。例如，国家机关法人、事业单位法人等，其法人合并主要由国家依据立法或者行政命令的方法进行。而营利法人的合并，涉及合并法人的财产所有权、债权债务的处理，因而十分复杂，必须按照法定程序进行。例如，公司合并，必须依照《中华人民共和国公司法》第174条规定，结合相关公司法的原理，要经过签订合并协议、股东会作出决议、持异议的股东行使股权回购请求权、编制资产负债表和财产清单、通知债权人、办理合并登记手续等程序。

（二）法人分立

法人分立，是指一个法人分成两个或两个以上的新法人的行为。法人分立也分为两种类型。

1. 新设分立

新设分立也叫作创设分立，是指将原来一个法人分割成两个或者两个以上的新的法人，原法人资格消灭，分立后的新法人成立。

2. 派生分立

派生分立也叫作存续分立，是指将原来法人分出一部分，成立一个新的法人，原法人资格仍然存在，分立的法人成为新法人。

新设分立，要将原来法人的财产所有权和债权债务，分割成两个部分或者多个部分，就分割后的财产成立数个新的法人。派生分立，仅仅是在仍然存续的法人中，将财产所有权和债权债务分出一部分，归分立后的新法人所有。

（三）法人分立和合并的债权和债务

法人合并后，产生对法人资格的影响。吸收合并，吸收方的法人资格继续存在，包括法人名称，可以继续使用，被吸收方的法人资格终止，并且办理注销登记。新设法人，合并各方的法人资格均终止，同时产生新的法人。

法人合并后，对法人的所有权和债权债务发生影响，新设合并，合并各方的所有权和债权债务由新的法人概括承受，原债权人有权请求新设公司承担债务清偿义务；吸收合并，被吸收方的所有权和债权债务由吸收方承受，被吸收方的原债权人有权请求吸收方承担债务清偿义务。

法人分立的后果，一是法人资格的变化，即由原来的一个法人变为多个法人，新设分立，由于原法人的资格已经消灭，因而分立后的各个法人不能再使用原法人的名称，必须使用新的名称；派生分立，存续的法人仍然使用原来的名称，法人资格不变，分立后的新法人，不能使用存续法人的名称，需另外设置名称，取得新的法人资格。二是债权债务关系发生变化：新设分立，要根据分立的协议，将原法人的债权债务分成各个部分，由新设立的法人承受；派生分立，也要根据分立的协议，将存续法人的债权债务分出一部分，由新设法人承受。按照《民法典》总则编第 67 条第 2 款规定，无论是新设分立还是派生分立，法人分立后的权利和义务，"由分立后的法人享有连带债权，承担连带债务"。只有一种情况除外，就是"债权人和债务人另有约定的除外"，但是也不得对抗善意第三人。

二、参考结论

国粮储备库系从桃园粮库分立的企业。原《民法通则》第 44 条规定："企业法人分立、合并，它的权利和义务由变更后的法人享有和承担。"原《合同法》第 90 条规定："当事人订立合同后分立的，除债权人和债务人另有约定的以外，由分立的法人或者其他组织对合同的权利和义务享有连带债权，承担连带债务。"由上述规定可见，在企业分立的情形下，如果对分立前企业债务的承担主体债权人与债务人有约定的，应从其约定，无约定的，应由分立后的企业承担连带责任。

第七节　法人终止

案例 7　存亮公司与拓恒公司等买卖合同纠纷案

【案情】

2007 年 6 月 28 日，上海存亮贸易有限公司（以下简称存亮公司）与常州拓恒机械设备有限公司（以下简称拓恒公司）建立钢材买卖合同关系。存亮公司履行了 7 095 006.6 元的供货义务，拓恒公司已付货款 5 699 778 元，尚欠货款 1 395 228.6 元。另，房某、蒋某和王某为拓恒公司的股东，所占股份分别为 40%、30%、30%。拓恒公司因未进行年检，2008 年 12 月 25 日被工商部门吊销营业执照，至今股东未组织清算。现拓恒公司无办公经营地，账册及财产均下落不明。拓恒公司在其他案件中因无财产可供执行被中止执行。原告存亮公司请求判令拓恒公司偿还存亮公司货款 1 395 228.6 元及违约金，房某、蒋某和王某对拓恒公司的债务承担连带清偿责任。被告蒋某、王某辩称：①两人从未参与过拓恒公司的经营管理；②拓恒公司实际由大股东房某控制，两人无法对其进行清算；③拓恒公司由于经营不善，在被吊销营业执照前已背负了大量债务，资不抵债，并非由于蒋某、王某怠于履行清算义务而导致拓恒公司财产灭失；④蒋某、王某也曾委托律师对拓恒公司进行清算，但由于拓恒公司财物多次被债权人哄抢，导致无法清算，因此，蒋某、王某不存在怠于履行清算义务的情况。故请求驳回存亮公司对蒋某、王某的诉讼请求。

【问题】

清算义务人房某、蒋某和王某是否存在怠于履行清算义务的行为？

【法理分析与参考结论】

一、法理分析

（一）清算的概念

清算，是指法人在终止前，应当对其财产进行清理，对债权债务关系进行了结的行为。

法人的清算有两种形式：①依破产程序进行的清算。这是指法人在宣告破产以后，由主管机关或人民法院组织有关人员成立清算组织，依照破产程序进行清算，其程序应适用破产法的相关规定。②非依破产程序进行的清算。法人除因宣告破产而被解散外，应按法律规定的其他程序而不按照破产程序进行清算。

（二）清算法人

清算法人，是指在清算期间的只具有部分民事权利能力的法人，即清算期间，法人存续，但是不得从事与清算无关的活动。

清算法人在清算期间，可以进行清算范围以内的活动，只有在清算完毕并办理了注销登记之后，法人资格才最终归于消灭。在清算期间，法人在清算的必要范围内视为存续，具有部分民事权利能力。这是因为，如果清算法人在清算期间内不具有主体资格，不具有民事权利能力，就难以清理并了结清算法人与他人之间的法律关系。清算法人仅仅在清算范围内享有民事权利能力，超过清算范围，清算法人无民事权利能力。

在清算期间，清算法人可以从事清算范围内的活动，包括清理财产、清偿债务，从事清算活动所必要的资金借贷、变卖法人的财产、追回被他人占有的财产、在法院起诉和应诉等。其间，法人应停止清算范围外的活动，不能实施超出清算范围的活动；已经实施的，应立即停止。清算法人不得擅自处理财产、抽逃资金、隐匿财产、逃避债务，否则，将依法追究法人及其法定代表人的法律责任。

（三）清算人

清算组织也叫作清算人，是指在法人清算中专门从事清算活动的人，如清算委员会、清算小组等。在法人解散时，清算义务人应当及时组成清算组进行清算。

清算义务人，包括法人的董事、理事等执行机构成员。如果法律另有规定的，凡符合法律规定的人，也是清算义务人。

法人在清算期间，其人格并不消灭，清算组织就是法人在清算期间的意思机关和执行机构，故应当由清算组织代表法人行使职权。

清算组织的职权是：对内清理财产，处理法人的有关事务；对外代表法人了结债权债务，在法院起诉和应诉。

（四）清算义务人未及时履行清算义务的后果及救济程序

《民法典》总则编第 70 条第 3 款规定的是，清算义务人在清算中未及时履行清算义务，一方面是要承担法律后果，即应当承担民事责任；另一方面是规定救济程序，即主管机关或者利害关系人可以申请人民法院指定有关人员组成清算组进行清算。

清算义务人未及时履行清算义务，要承担民事责任，应当是损害赔偿的责任，即对未及时履行清算义务给清算法人所造成的损害，应当承担赔偿责任。

清算义务人未及时履行清算义务，其主管机关，就是清算法人的主管机关。其利害关系人，是与清算法人有权利义务关系的民事主体，如清算法人的债权人。主管机关和利害关系人都可以请求人民法院指定有关人员组成清算组，对清算法人的财产进行清算。

二、参考结论

房某、蒋某和王某作为拓恒公司的股东，应在拓恒公司被吊销营业执照后及时组织清算。因房某、蒋某和王某怠于履行清算义务，导致拓恒公司的主要财产、账册等均已灭失，无法进行清算，房某、蒋某和王某怠于履行清算义务的行为，违反了《公司法》及其司法解释的相关规定，应当对拓恒公司的债务承担连带清偿责任。拓恒公司作为有限责任公司，其全体股东在法律上应一体成为公司的清算义务人。《公司法》及其相关司法解释并未规定蒋某、王某所辩称的例外条款，因此无论蒋某、王某在拓恒公司中所占的股份为多少，是否实际参与了公司的经营管理，两人在拓恒公司被吊销营业执照后，都有义务在法定期限内依法对拓恒公司进行清算。

第六章 非法人组织

本章知识点概述

    非法人组织是不具有法人资格，但是依法能够以自己的名义从事民事活动的组织。非法人组织包括个人独资企业、合伙企业、不具有法人资格的专业服务机构等。非法人组织应当依照法律的规定登记。非法人组织的财产不足以清偿债务的，其出资人或者设立人承担无限责任。章程规定的存续期间届满或者章程规定的其他解散事由出现、出资人或者设立人决定解散以及法律规定的其他情形出现时，非法人组织解散。非法人组织解散的，应当依法进行清算。

第一节 非法人组织的概念与特征

案例1 陈某某诉周某等加工合同纠纷案

【案情】

    陈某某与周某建立加工合同关系，为其提供线切割加工服务。某日，周某与陈某某、潘某、叶某某签订一份《合作协议》，约定合伙经营五金锁具制造、销售。此后，B市A五金厂注册成立，企业类型为个人独资企业，名义投资人为周某。周某与陈某某、潘某、叶某某签订一份《公司股权转让协议》，约定将其在B市A五金厂所占的25%份额转让给陈某某、潘某、叶某某，其间B市A五金厂做了投资人的变更。陈某某一直与上述不同主体存在线切割加工业务关系。因为发生债务纠纷，陈某某现起诉，要求周某以及 B 市 A 五金厂向其支付加工费及赔偿利息损失。

【问题】

B 市 A 五金厂是什么性质？本案中 B 市 A 五金厂和周某是否需要承担陈某某的债务？

【法理分析与参考结论】

一、非法人组织概述

（一）非法人组织概念的提出

《民法典》总则编第四章提出了一个新的概念，即"非法人组织"。这个概念在以前的民法单行法中从来没有使用过——原《民法通则》并没有规定其他组织的概念，只是民事诉讼法规定了"其他组织"作为民事诉讼主体。在我国大陆，学者对"其他组织"也称为非法人团体、[①] 无权利能力社团、[②] 其他非法人组织[③]等。《民法典》总则编不仅规定非法人组织这个概念，而且还单设一章，对非法人组织作出专门规定，这说明《民法典》总则编已经改变了原《民法通则》对民事主体两分法的传统做法，采用了三分法立场，即民事主体包括自然人、法人和非法人组织。这是我国民事主体制度的一个重大变化。

（二）非法人组织概念与特征

对于非法人组织的概念尽管在学理上有很多不同的定义，但是《民法典》总则编第 102 条第 1 款对非法人组织的概念做了准确的界定，即

---

① 梁慧星：《民法总论》，法律出版社 2011 年版，第 143 页；王利明：《民法总则研究》，中国人民大学出版社 2012 年版，第 212 页；陈华彬：《民法总论》，中国法制出版社 2011 年版，第 328 页。

② 孙宪忠主编：《民法总论》，社会科学文献出版社 2004 年版，第 148 页；龙卫球：《民法总论》，中国法制出版社 2002 年版，第 408 页；李永军：《民法总论》，中国政法大学出版社 2008 年版，第 145 页。

③ 刘凯湘：《民法总论》，北京大学出版社 2006 年版，第 238 页。

"非法人组织是不具有法人资格，但是能够依法以自己的名义从事民事活动的组织"。

非法人组织的概念具有以下几个鲜明的法律特征。

第一，非法人组织是不同于法人的社会组织。非法人组织不是临时的、松散的机构，而是设有自己的代表人或者管理人，有自己的名称、组织机构和组织规则，具有稳定性的社会组织。非法人组织应当是人合性组织，而非资合性组织。非法人组织须设置代表人或者管理人，由代表人和管理人代表非法人组织实施法律行为。非法人组织尽管也是稳定的社会组织，但在上述方面与对法人的要求是不同的。

第二，非法人组织有自己独立的名义。非法人组织须有自己独立的名义，应当有自己的名称，并且以自己的独立名义进行民事活动。这是非法人组织区别于自然人以及依据合同成立的个人合伙的显著标志。尽管个人合伙也是一种社会组织，但其不能以自己的名义独立地对外进行民事活动，只能以合伙人的名义进行。非法人组织以自己的名义独立地对外进行民事活动，就表明它既区别于自然人，也区别于个人合伙。

第三，非法人组织有自己特定的民事活动目的。非法人组织作为一种稳定的社会组织，与法人一样须有自己的成立目的，如是进行经营活动，还是发展教育、科学、宗教以及慈善事业。在这一点上，非法人组织与法人基本相同。

第四，非法人组织是独立的民事主体。《民法典》总则编规定非法人组织是强调它的独立民事主体地位。凡是符合《民法典》总则编第102条第1款规定的非法人组织的概念要求的，就是独立的民事主体，具有独立的民法地位，能够以自己的名义独立地实施民事法律行为，参与民事活动，实现设立的目的。

二、非法人组织的具体规则

（一）非法人组织的设立

非法人组织是独立的民事主体，所以应对非法人组织的设立有比较严格的形式规定，从而保证非法人组织这种独立的民事主体在经营活动中有相当的公示性，进而使其他与非法人组织进行经济交往的民事主体能够通过相当的渠道，掌握特定的非法人组织的具体信息，使与其在经济交往中能够得到充分的安全保障。因此，《民法典》总则编第 103 条规定："非法人组织应当依照法律的规定登记。设立非法人组织，法律、行政法规规定须经有关机关批准的，依照其规定。"

首先，非法人组织设立应当依照法律的规定进行登记。《民法典》总则编第 103 条第 1 款规定了非法人组织的登记，实际上并不需要再规定一个非法人组织的设立登记程序，其可以按照个人独资企业、合伙企业、不具有法人资格的专业服务机构等的设立登记程序进行登记，取得非法人组织的经营资格，同时也取得了民事主体地位。其次，按照《民法典》总则编第 103 条第 2 款的规定，对于某一类非法人组织的设立，如果法律或者行政法规规定须经过有关机关批准才能设立的，则应当按照该法律或者行政法规的规定，报经有关机关批准。经批准后，其才能取得非法人组织的资格，成为民事主体。律师事务所、会计师事务所这一类不具有法人资格的专业服务机构，按照法律规定应当经过批准，只有经过政府有关机关的批准，才能取得非法人组织的资格，成为民事主体。

（二）非法人组织的责任

非法人组织的责任是无限连带责任，与法人承担有限责任完全不同。这是非法人组织与法人的根本性区别之一。《民法典》总则编第 104 条规定："非法人组织的财产不足以清偿债务的，其出资人或者设立人承担无限责任。法律另有规定的，依照其规定。"

无限责任的特点，就是投资人或者设立人在非法人组织的债务超过了非法人组织拥有的财产的情况下，出资人或者设立人不仅应接受出资损失的事实，须以非法人组织的财产清偿债务，还应当以自己的全部其他财产对非法人组织的债务承担责任。《民法典》总则编第 104 条后段规定了"法律另有规定的，依照其规定"的除外条款。这就是说，如果其他法律对非法人组织的债务承担责任作出与《民法典》总则编这一规定的不同规定的，应当依照其特别规定确定非法人组织承担民事责任的方法。例如，《中华人民共和国合伙企业法》（以下简称《合伙企业法》）第 2 条第 3 款规定："有限合伙企业由普通合伙人和有限合伙人组成，普通合伙人对合伙企业债务承担无限连带责任，有限合伙人以其认缴的出资额为限对合伙企业债务承担责任。"有限合伙人以其认缴的出资额为限对合伙企业债务承担责任，承担的就是有限责任而不是无限责任。这就是法律对非法人组织债务承担责任的"另有规定"。按照这样的规定，有限合伙人对该非法人组织的债务以其认缴的出资额为限承担有限责任。

（三）非法人组织的代表

非法人组织可以设定代表人，代表该非法人组织。《民法典》总则编第105条规定："非法人组织可以确定一人或者数人代表该组织从事民事活动。"

非法人组织的代表人，是由非法人组织的出资人或者设立人推举产生的对外代表非法人组织的利益，对内组织经营管理的出资人或者设立人。非法人组织可以确定代表人，也可以不确定代表人。确定非法人组织的代表人，如果有数个出资人或者设立人，应当由数个出资人或者设立人全体来推举代表人。非法人组织的代表人可以是一人，也可以是数人，遵从非法人组织的设立人和出资人的意愿。如果不推举代表人，则其全体出资人或者设立人为代表人。

非法人组织的代表人与非法人组织事务执行人不同。非法人组织事务执行人，是非法人组织的经营决策作出以后，委派具体执行经营决策事务的执行人。事务执行人可以由全体出资人或者设立人共同执行，也可以经由全体出资人或者设立人经过充分协商，推举其中一人或者数人具体负责执行，而其他出资人或者设立人则有权对执行人的经营活动进行监督和控制。非法人组织的代表人也可能是非法人组织的事务执行人，即使如此，他们的身份也是有区别的，因为非法人组织的代表人对外代表非法人组织，对内组织经营活动；而非法人组织的事务执行人仅对非法人组织的个别经营事务具体负责。

（四）非法人组织解散

非法人组织在符合法律规定的情形下可以解散。非法人组织解散是非法人组织的终止，是根据法律的规定终结设立非法人组织的协议，经过解散和清算等程序，最终注销非法人组织。《民法典》总则编第106条规定了非法人组织解散的条件。第一，章程规定的存续期间届满或者章程规定的其他解散事由出现：这实际上规定了两种非法人组织解散的条件。一是，非法人组织的存续期间，通常是在非法人组织设立的协议中明确约定，该程序期间届满，出资人或者设立人不愿意续期，不愿意继续经营的，就可以解散非法人组织。如果非法人组织在设立协议中没有规定存续期间，出资人或者设立人可以就合伙协议的期限问题进行协商，协商不成的，任何出资人或设立人主张不再继续经营的，也可以解散。二是，在非法人组织设立的协议中如果约定的解散的事由，当约定的解散事由出现后，只要这些约定的解散事由不违反法律或者公序良俗，该非法人组织即应按照约定予以解散。第二，出资人或者设立人决定解散的：在非法人组织存续期间内，只要全体出资人或者设立人决定终止非法人组织，就可以解散非法人组织。第三，法律规定的其他情形：如果法律或者行政法规规定了非法人组织解散的其他事由，当该事由出现后，非法人组织依照这些法律或者行政法规的规定予以解散。

非法人组织解散后应当进行清算，以终结非法人组织现存的各种法律关系，依法清理非法人组织的债权债务。非法人组织解散以后的清算的具体规则，包括成立清算组、清算程序、清算组的职权、清算期间非法人组织的存续，以及清算后的财产和注销登记等。

（五）非法人组织具体规则的法律准用

对于非法人组织的具体规则准用内容，包括：非法人组织的民事权利能力和民事行为能力；非法人组织的成立；非法人组织代表人的职责和责任；非法人组织的住所；非法人组织的登记；非法人组织解散的清算；非法人组织解散的后果；非法人组织在设立和清算期间的民事权利能力和民事行为能力；等等。这些规则，在非法人组织设立、运行以及解散中都应参照适用。

三、参考结论

B市A五金厂系个人独资企业，个人独资企业的性质属于非法人组织，虽然不具有法人资格，但具有独立的经营实体地位，享有相应的权利能力和行为能力，能够以自己的名义进行法律行为。对于涉案债务的责任承担主体问题，应当认为，B市A五金厂虽然发生了投资人的变更，但该投资人变更属于企业经营存续期间的变更，企业并未解散，不属于新企业的产生、原企业的消灭，B 市 A 五金厂在法律上的人格仍然延续，对投资人变更前的债务仍然承担清偿责任。个人独资企业并不具有法人资格，其财产不足以清偿债务的，投资人应当以其个人的其他财产予以清偿。因此，周某作为 B 市 A 五金厂的原投资人，应当对 B 市 A 五金厂投资人变更前产生的债务承担补充清偿责任。

《民法典》总则编专章规定非法人组织，条文虽不多，但内容丰富，是立法对传统民法主体制度的突破，为现实社会之所需。非法人组织与自然人、法人并列为民事主体，其具有相应的民事权利能力与民事行为能力，但其是不具有法人资格的社会组织。诚如本案中 B 市 A 五金厂系个人独资企业，系属于非法人组织之一种，其可以自己的名义享受民事权利和负担民事义务，也可以自己的名义进行必要的民事活动，但非法人组织不具有完全民事责任能力，其成员或设立人对非法人组织的债务承担无限责任。

第二节　非法人组织的范围

案例2　郭某某与张某某合伙协议纠纷案

【案情】

郭某某与张某某两人共同承包他人转包的 A 酒店装修工程并签订《单项施工合同》，两人在施工责任方处共同签字确认。两人互相约定了各自的出资，并且约定一起对该工程负责并共同享受收益。后张某某向郭某某出具欠条一份，内容为：今欠工人垫付款 13 646 元加材料款 18 109 元，共计 31 755 元。张某某于同日向郭某某出具欠条一份，内容为：今欠材料款 3438 元；两人就返还垫付款发生纠纷。

【问题】

郭某某与张某某的关系是怎样的？合伙债务应当如何处理？

【法理分析与参考结论】

一、个人独资企业

（一）概念和特征

个人独资企业，就是个人出资经营、归个人所有和控制、由个人承担经营风险和享有全部经营收益的企业。

个人独资企业的特征如下。

1. 由自然人个人独自出资、独自所有

个人独资企业的投资人只有一个自然人，因而个人出资对个人独资企业的所有资产，都归投资者独自所有。在法律允许的范围内，投资者就是企业主，自己对个人独资企业的生产资料享有占有、使用、收益和处分的权利，无论是自己的投资还是自己的经营所得，都由出资者自己享有。

2. 自主管理，雇工经营

个人独资企业是自然人个人的企业，不需要复杂的企业治理结构，因此经营管理灵活自由，企业主完全可以根据个人的意志确定经营策略，进行管理决策，不受他人的干预。个人独资企业还可以雇工经营，自己不一定直接参加劳动，或者通过雇工，由工人作为生产经营活动的基本力量或者主要力量。

3. 生产经营规模受到一定限制

由于个人独资企业有限的经营所得，企业主有限的个人财产，企业主一人的有限工作精力和管理水平，都会使个人独资企业的经营规模受到一定的限制，因此其与企业法人的生产经营规模有所不同。

4. 以个人财产对企业债务承担无限责任

个人独资企业不是法人，也不是一人公司，因而不能以出资者的出资为限承担有限责任，而是承担无限责任。个人独资企业的所有债务全部由投资人即企业主承担，投资者承担企业债务的责任范围不仅以自己对个人独资企业的出资，还包括投资人个人的其他财产，并且以其他财产作为承担无限责任的保证，同时出资人对个人独资企业的债权人直接负责，对其债权人处于债务人的地位，承担全部债务。

（二）个人独资企业的性质

个人独资企业的性质是非法人组织，具有独立的民事主体地位，有民事权利能力，也有民事行为能力。

《民法典》总则编第 102 条认定非法人组织是不具有法人资格但是依法能够以自己的名义从事民事活动的组织，这就赋予了非法人组织以独立的民事主体地位，具有民事权利能力和民事行为能力，成为并列于自然人、法人之列的第三种民事主体。

（三）个人独资企业的优势和不足

个人独资企业是企业制度序列中最初始和最古典的形态，也是民营企业主要的企业组织形式，其优势在于：第一，独资企业的资产所有权、控制权、经营权、收益权高度统一，有利于企业主个人创业精神的发扬。第二，个人独资企业的企业主自负盈亏，对企业的债务负无限责任，因而会极大地调动企业主经营企业的积极性。第三，个人独资企业的外部法律法规对企业的经营管理、决策、进入和退出、设立与破产，都没有明显的制约，便于企业主实现自己的意志、争取最大的经济效益。个人独资企业的不足是：第一，因为个人名义借贷款难度较大，个人的资金终归有限，因而个人独资企业在经营发展方面存在较大的局限，不利于扩展和大规模经营。第二，投资者风险巨大，企业主向风险较大的部门和领域进行投资活动易受到较大限制。第三，企业的连续性不够强，企业主的生老病死以及其和家庭的知识和能力的限制，都能够引起个人独资企业的不良变动。第四，个人独资企业的内部，即企业主和雇工之间的雇佣劳动关系，劳资双方利益目标存在明显差异，会存在企业内部组织效率的潜在危险。

二、合伙企业

（一）合伙企业的概念和类型

合伙企业是指由两个以上的合伙人订立合伙协议，共同出资，共同经营，共享收益，共担风险，并对企业债务承担无限连带责任的营利性组织。《民法典》总则编第 102 条第 2 款规定合伙企业属于非法人组织，是自然人和法人之外的独立民事主体，具有民事权利能力和民事行为能力。

按照《合伙企业法》的规定，合伙企业分为两种类型，即普通合伙企业和有限合伙企业；普通合伙企业又包括特殊的普通合伙企业。不过，按照《民法典》总则编第 103 条第 2 款的规定，《合伙企业法》规定的特殊普通合伙企业，就是不具有法人资格的专业服务机构。根据《民法典》总则编的这一规定，可以确定普通合伙企业可以不再包含特殊的普通合伙企业，将其归并于不具有法人资格的专业服务机构。

（二）普通合伙企业

1. 普通合伙企业的概念

普通合伙企业与有限合伙企业相对应。普通合伙企业是指由普通合伙人组成，合伙人对合伙企业债务承担无限连带责任的组织。

2. 普通合伙企业的特点

（1）普通合伙企业是企业的形态，而不是合同型合伙关系，合同型的合伙是自然人通过订立合伙合同而进行合伙经营，而普通合伙企业必须遵从企业设立的一般原则，依法进行登记，并且要有合伙企业的名称和生产经营的场所，满足法律或者行政法规规定的其他条件。

（2）普通合伙企业的合伙人对外承担无限连带责任，对于普通合伙企业负担的债务，不仅应当以普通合伙企业拥有的财产承担债务，而且当合伙企业的财产不足以负担债务时，还须以普通合伙人的个人财产承担无限责任。在合伙企业中，这是普通合伙企业与有限合伙企业的根本区别。

（三）有限合伙企业

1. 有限合伙企业的概念

有限合伙企业是指由普通合伙人和有限合伙人组成的合伙企业，其中普通合伙人负责合伙企业的经营管理，并对合伙企业债务承担无限连带责任，有限合伙人通常不负责合伙企业的经营管理，仅以其认缴的出资额为限，对合伙企业债务承担有限责任。[1] 实际上，有限合伙企业就是由有限合伙人参加的合伙企业。

---

① 李飞主编：《中华人民共和国合伙企业法释义》，法律出版社 2006 年版，第 97 页。

2. 有限合伙企业的特点

（1）合伙人责任的特殊性。在有限合伙企业中，除了由普通合伙人承担无限连带责任之外，有限合伙人仅以自己的出资额为限承担有限责任，类似于公司股东的责任，如果有限合伙人认缴出资，但尚未实际履行出资义务，一旦合伙企业财产不足以清偿债务，该有限合伙人应如实履行出资义务，如果有限合伙人在承担责任前已经取回其出资，则在承担责任时仍应以其出资的财产为限，对合伙企业的债务负责。①

（2）合伙人人数的最高限制。依照《合伙企业法》第61条规定，有限合伙企业的人数为2人以上50人以下，在一般情况下不超过50人的上限。

（3）有限合伙企业出资具有特殊性。为了限制风险投资的不确定性，法律规定有限合伙人可以用货币、实物、知识产权、土地使用权或者其他财产权利作价出资，但不得以劳务出资。

（4）有限合伙人所享有的权利及负担的义务具有特殊性。有限合伙人并不享有普通合伙人所具有的事务执行权等权利，不能执行合伙事务，对外也不能代表合伙企业，但仍然享有决定合伙人入伙、退伙、提出建议、查阅财务资料等权利，同时，还享有普通合伙人不能享受的特殊权利。在义务方面，虽然有限合伙人与普通合伙人都对企业负有出资义务，并且应当对企业的债务承担责任，但是有限合伙人所承担的义务与普通合伙企业中的合伙人的义务明显不同。

三、不具有法人资格的专业服务机构

（一）不具有法人资格的专业服务机构的概念

不具有法人资格的专业服务机构，就是《合伙企业法》第55条第1款规定的"以专业知识和专门技能为客户提供有偿服务的专业服务机构，可以设立为特殊的普通合伙企业"。《民法典》总则编第103条第2款规定的不具有法人资格的专业服务机构这一概念的来源，就是《合伙企业法》的这一规定。

在《民法典》总则编没有规定不具有法人资格的专业服务机构概念之

---

① 韩长印主编：《商法教程》，高等教育出版社2011年版，第135页。

前，民法使用特殊的普通合伙企业的概念，并且认为特殊的普通合伙企业，是指以专业知识和专业技能为客户提供有偿服务为目的，并依法承担责任的普通合伙企业。法律规定特殊的普通合伙的立法考量，是为律师事务所、会计师事务所等提供专业服务的企业提供更具灵活性的候选企业组织形式，以满足市场的需求。①

（二）不具有法人资格的特殊服务机构的特点

1. 特殊的设立要求

不具有法人资格的特殊服务机构的属性仍然属于合伙企业，并不是法人，而是非法人组织，但它与一般的合伙企业不同，可以采取特殊的普通合伙形式，不需要到工商行政管理部门办理注册登记，而是须经过相应主管部门进行审批，并按照法定程序成立。

2. 特殊的业务范围

不具有法人资格的特殊服务机构是以专业知识和专门技能为客户提供有偿服务的专业服务机构，而不是进行商业经营活动，通常不需要以大型生产设备为条件，而是通过具备专业知识和专业技能的工作人员为客户提供服务。例如，律师事务所是通过律师为当事人代理案件提供专业服务，会计师事务所是为企业提供审计的专业服务。

四、其他非法人组织

《民法典》总则编第 102 条第 2 款规定的"等"，与合同编和民事诉讼法规定的"其他组织"不同。将《最高人民法院关于适用〈中华人民共和国民事诉讼法〉的解释》第 52 条规定的其他组织进行分类整理，可以确定《民法典》总则编第 102 条第 2 款所规定的"等"的范围。

首先，已经确定为非法人组织的其他组织，应当定性为非法人组织。一是依法登记领取营业执照的个人独资企业；二是依法登记领取营业执照的合伙企业。这两种企业已经明确规定为非法人组织，具有民事主体资格，具有民事权利能力和民事行为能力，是独立的民事主体。

---

① 王利明：《民法总则研究》，中国人民大学出版社 2012 年版，第 374 页。

其次，确定其他组织是否具有非法人组织资格，应当根据《民法典》总则编第 102 条第 1 款以及相关规定要求的条件，这就是不具有法人资格，依法能够以自己的名义从事民事活动，经过登记，有独立的财产，有固定的经营场所，有自己的名称，承担无限责任。凡是符合这些要求的，就具有非法人组织的资格；凡是不符合这些要求的，就不属于非法人组织中的其他组织。

再次，上述规定中的那些分支机构，包括依法成立的社会团体的分支机构、代表机构，依法设立并领取营业执照的法人的分支机构，依法设立并领取营业执照的商业银行、政策性银行和非银行金融机构的分支机构，都不是非法人组织中的其他组织。因为上述这些法人都具有法人资格，承担有限责任，如果认定这些分支机构属于非法人组织的其他组织，将要承担无限责任，就会形成民事主体内部责任关系的混乱，法律也不会允许这些法人内部出现这样的混乱，给市场经济秩序造成妨碍。

最后，在上述这些其他组织中依法登记领取我国营业执照的中外合作经营企业、外资企业，以及经依法登记领取营业执照的乡镇企业、街道企业，符合《民法典》总则编关于非法人组织条件的要求，都应该被《民法典》总则编第 102 条第 2 款规定的"等"所涵盖，即享有民事权利能力，具有民事行为能力，成为民法中的第三类民事主体。

对于符合《民法典》总则编规定的非法人组织条件的其他组织，确认其为非法人组织这种民事主体，享有民事权利能力和民事行为能力，并依照第四章"非法人组织"关于承担责任的规定，确定其责任承担的形式。

五、参考结论

合伙是由二人（包括自然人和法人）以上根据共同协议而组成的营利性非法人组织，合伙人共同出资、共同经营、共享收益、共担风险，并对合伙组织承担连带无限责任。本案中郭某某与张某某两人系合伙关系。合伙的债务，由合伙人按照出资比例或者协议的约定，以各自的财产承担清偿责任。合伙人对合伙的债务承担连带责任，法律另有规定的除外。偿还合伙债务超过自己应当承担数额的合伙人，有权向其他合伙人追偿。

第三编
民事法律关系客体

本编要点

　　本编介绍民事法律关系的客体制度。民事法律关系的客体是民事利益，包括人身利益和财产利益。其中，人身利益包括人格利益和身份利益；而在财产利益中，最重要的是物。随着社会的发展和科技的进步，人们对物的认识不断深化，因而使物的类型不断丰富和发展。民法应对的新手段，就是对物进行类型化研究。

第七章　民事客体的种类

本章知识点概述

　　民事权利客体是指民事主体之间民事权利和民事义务共同指向的对象，民事权利客体应当是民事利益。作为民事权利客体的民事利益，是指民事主体之间为满足自己的生存和发展而产生的，对一定对象需求的人身利害关系和财产利害关系。民事利益可以表现为物、行为、智力成果以及人身利益等。民事利益作为民事权利客体，可以分为最基本的类型，就是人身利益和财产利益。人身利益，是指民事主体在人格关系和身份关系上所体现的与其自身不可分离的利益。人身利益概括的是人格利益和身份利益；财产利益，是指在财产这种具有金钱价值的事务中对民事主体的物质生活和精神生活所具有的价值性和有用性，财产利益概括的是静态财产利益、动态财产利益和无形财产利益。

　　物，是民事权利客体中最重要的形式之一，体现的是民事权利客体主要中的财产利益。物，是民法的基本范畴之一，与人相对应，是民法社会物质构成要素之一。广义的物包括有体物、无体物（权利），也包括智力成果、工商业标记等无形财产；从狭义上说，物则仅指作为物权客体的物，原则上为有体物。根据不同的分类标准，物可以分为不动产与动产、主物与从物、原物与孳息、消费物与非消费物、代替物与不代替物、特定物与非特定物、可分物与不可分物、单一物、结合物与集合物、流通物、限制流通物与禁止流通物。

　　民法物格，是指物作为权利客体的资格、规格或者格式，是相对于法律人格而言的概念，表明物的不同类别在法律上所特有的物理性状或者特征，作为权利客体所具有的资格、规格或者格式。

知识产权的客体即智慧成果，包括作品、发明、实用新型、外观设计、商标、地理标志、商业秘密、集成电路布图设计、植物新品种、法律规定的其他客体。

其他财产权利的客体包括继承权的客体与股权的客体等。继承权的客体是遗产，自然人合法的私有财产，可以依法继承。股权的客体，在股份有限公司是股份，在有限责任公司是出资份额。

第一节　民事权利客体概述

案例1　刘某人身损害赔偿案

【案情】

10岁男孩刘某和姐姐刘某某从南湖公园玩耍归来，经过小区大门口时，刘某手中拿着的一根竹枝碰到了站在一边的一条狗，惹恼了狗的主人言某。言某冲上前，对着刘某就是一顿拳脚，又用手掐其脖子拖行十几米，然后又拉起来，再打两个耳光，把刘某的鼻子打出血。他又让刘某给狗跪下，刘某不跪，他一脚踢在刘某的腿上，强令其跪下，还逼着刘某给狗磕了两个头，给狗赔礼道歉。言某的行为使刘某身心受到严重侵害，事后，刘某经医院诊断为癫痫，司法鉴定所鉴定构成6级伤残。

【问题】

本案中侵害的是何种民事法律关系客体？

【法理分析与参考结论】

一、民事权利客体的概念

关于民事权利客体的概念，有不同的称谓。有的称之为民事法律关系客体，[①]

---

① 王利明：《民法总则研究》，中国人民大学出版社2012年版，第397页。

有的称之为民事权利客体,① 还有的称之为权利的客体、私权客体, 或者称
之为民事法律关系标的。② 这些概念都是指同一事物, 没有实质差别, 因此,
本书使用民事权利客体的概念。

对于民事权利客体概念的界定, 主要有: 认为民事权利客体是指民事权
利义务共同指向的对象;③ 或者认为民事权利客体是指主体之间据以建立民
事法律关系的对象性事物;④ 或者认为民事权利客体是指民事权利或者民事
义务的载体;⑤ 或者认为是指主体之间得以形成法律关系的目标性事物;⑥ 或
者认为权利由特定利益与法律上之力两要素构成, 本质上是受法律保护的特
定利益, 此特定利益之本体, 即是权利的客体。⑦ 在上述定义中, 笔者赞同
用多数人的意见, 仍然界定民事权利客体是对象。故民事权利客体是指民事
主体之间民事权利和民事义务共同指向的对象。

二、民事权利客体的法律特征

民事权利客体具有以下法律特征。

1. 民事权利客体是民事权利和义务所指向的对象

在民事法律关系的要素中, 主体概括的是民事权利和义务的承载者, 也
就是人, 这是民事法律关系中的第一位的物质要素。其客体, 就一定是民事
权利和义务所指向的另一个市民社会的物质要素。民事主体通过权利和义务,
分配民事权利客体, 构成整个市民社会的结构。因此, 民事权利客体一定是
民事权利和义务所指向的对象。

2. 民事权利客体是统一要素

民事权利客体就是一个统一的要素。事实上, 正如学者指出的民事权利
客体"都必须能满足社会成员的利益需要"⑧ 的论述, 就已说明了民事权利

① 梁慧星:《民法总论》, 法律出版社 2007 年版, 第 147 页。
② 陈华彬:《民法总论》, 中国法制出版社 2011 年版, 第 333 页。
③ 王利明:《民法总则研究》, 中国人民大学出版社 2012 年版, 第 397 页。
④ 张俊浩:《民法学原理 (上册)》, 中国政法大学出版社 2000 年版, 第 58 页。
⑤ 李永军:《民法总论》, 中国政法大学出版社 2008 年版, 第 23 页。
⑥ 龙卫球:《民法总论》, 中国法制出版社 2002 年版, 第 113 页。
⑦ 梁慧星:《民法总论》, 法律出版社 2007 年版, 第 147 页。
⑧ 王利明:《民法总则研究》, 中国人民大学出版社 2012 年版, 第 398 页。

客体的基本属性,就是统一的要素即民事利益。

3. 民事权利客体是市民社会的民事利益

民事权利客体既然是市民社会中的物质性要素,就集中地表现为民事权利和义务所指向的民事利益。既然对民事利益的特别保护就是民事权利,那么民事权利客体也就一定是民事利益。在所有的民事权利义务所指向的对象中,除了少数民事利益属于精神性人格利益之外,其他的利益基本上都是物质性的,都与物以及物所表现的财富有关。

三、民事权利客体的确定

(一)对民事权利客体的不同意见

在民法的学说中,对于什么是民事权利客体的问题,历来有意见分歧,没有统一的意见。其中最为主要的观点有如下几种。

(1)物说。德国学者温德夏特认为权利的客体就是与权利相联系的物。在我国学者中,单一主张物是民事权利客体的较少。

(2)行为说。奥斯丁认为,权利的客体就是作为或者不作为的行为,是民事主体应当受到约束的行为。我国有的学者认为,体现一定物质利益的行为,就是民事权利客体,采纳的基本上是行为说。

(3)物、行为和智力成果说。我国多数学者认为,民事权利客体是指民事权利义务所指向的事物,应当区分各种不同的法律关系而定,各种民事权利客体分别为物、行为和智力成果。

(4)物、行为、智力成果、人身利益和有价证券说。我国有的学者认为,民事权利客体概括起来,包括物、行为、智力成果、人身利益和有价证券,或者是物、特定行为、智力成果、人身要素(人格、身份)等。

(5)多样性说。有的学者认为,尽管民法一般只规定物,但物只是民事权利客体之一种,民事权利因其种类不同,可以有不同的客体,因此,对于民事权利客体不可一概而论,应区分不同的关系、不同的民事权利而论其客体。

这些意见都是有道理的,但都不够全面,不够概括。仅仅将物作为民事权利客体,必定过于狭窄,不能概括人身权法律关系的客体,也不能概括知识产权法律关系的客体。仅仅将行为作为民事权利客体，能够将民事权利和民事义务所指向的对象全部概括，是从民事义务角度进行概括，也有一定的局限性，是指债的法律关系。至于将民事权利客体采取列举式的方式进行描述，总是挂一漏万，难以穷尽民事权利客体的全部内容，既不经济，也比较复杂，难以概括穷尽。

（二）能够概括民事权利客体的基本范畴是民事利益

民事权利客体，应当用更为抽象、概括的方法进行界定，而不宜采用具体列举的方式，也不能仅仅包括财产权利的客体而忽略人身权利的客体。因此，民事权利客体应当是民事利益，理由如下。

第一，民事利益概括了市民社会的全部利害关系。市民社会的主体是人，包括全体自然人和法人以及其他组织。民事主体的生存，依赖于市民社会提供的财产，同时自己也享有人格利益，以及相互享有身份利益。这一切，都构成了市民社会的利害关系。民事主体在整个活动中，就是在支配这些利害关系，分配这些利害关系，从而保障自己的生存以及社会的发展。这些利害关系都可以被民事利益的概念所概括，因此，民事利益是能够概括市民社会全部利害关系的概念，具备了作为民事权利客体的基本要素。

第二，民事利益所概括的利害关系是民事权利和民事义务所指向的对象。民事权利客体所概括的，就是民事权利和民事义务所指向的对象，而民事利益所概括的利害关系，恰好都是民事权利和民事义务所指向的对象。例如，无论是物还是行为以及智力成果等，都不是所有的民事权利和民事义务所指向的对象。因此，用民事利益作为民事权利客体，完全符合民事权利客体的要求。

第三，民事利益能够概括所列举的各种客体，并且具有补充的余地。民事利益既包括人身利益也包括财产利益，能够概括一切民事权利客体。即使民事权利客体具有多样性，且随着现代社会中财产及具有财产价值的物品范围日益扩张，民事权利客体的多样性日益复杂，民事利益也能够涵盖全部的民事权利客体。因此，民事利益作为民事权利客体，可以避免挂一漏万的列举式表述的弊病，是能够胜任概括全部民事权利客体的要求的。

四、作为民事权利客体的民事利益

（一）民事利益的概念

作为民事权利客体的民事利益，是指民事主体之间为满足自己的生存和发展而产生的，对一定对象需求的人身利害关系和财产利害关系。民事利益可以表现为物、行为、智力成果以及人身利益等，但是，将这些具体的对象概括起来，就是民事利益。

民事利益实际上分为以下三部分。

1. 民事权利保护的民事利益

这一部分民事利益是民事权利客体。人格权法律关系的客体是人格利益；身份权法律关系的客体是身份利益，而不是特定身份关系之对方当事人；物权法律关系的客体是物；债权法律关系的客体是给付；知识产权法律关系的客体是智力成果；继承权的法律关系客体是遗产；后四种法律关系的客体即物、给付行为、智力成果和遗产都是财产利益。

2. 法益保护的民事利益

有一些民事利益并不设立民事权利保护，而是按照法益进行保护，即法律保护的民事利益。这一部分民事利益，民事权利并不予以保护，因而无法形成民事法律关系，但是法律采取其他方法予以保护。例如，除了具体人格权保护的人格利益之外，还有其他具体人格权无法保护的人格利益，其中死者人格利益、胎儿人格利益以及法律保护的其他人格利益，都是法益保护的其他人格利益；物权、债权、知识产权不能予以保护其他财产利益，如商品条码等，也是财产利益，也受法律保护，也是法益保护的财产利益。[1]

3. 不受权利和法益保护的民事利益

在民事权利和法益保护的民事利益以外，还有其他民事利益，法律并不予以保护。例如，所谓的亲吻利益，由于嘴的伤害而丧失亲吻感受的利益，法律并不予以保护，不能称之为亲吻权。自然债务则是不受权利和法益保护的财产利益。

---

[1]　杨立新："如何判断《侵权责任法》保护的民事利益范围"，见《判解研究》2011 年第 4 辑，人民法院出版社 2012 年版，第 104 页。

（二）民事利益的特征

1. 民事利益能够满足民事主体的生存和发展的需求

民事利益的基本作用，就在于满足民事主体的生存和发展需求。民事主体存在于市民社会，不仅要有物质条件的保障，还必须有精神利益的保障，只有这样，民事主体才能够生存和发展。民事利益对民事主体的生存和发展提供保障，能够满足民事主体的生存和发展，也是民事主体生存和发展的必要条件。

2. 民事利益表现的是民事主体之间的利害关系

在市民社会中，民事利益是一个整体，要分配给每一个民事主体具体的民事利益，民事主体才能够保证自己的生存和发展。而民事利益并不是无限的，而是有限的，是特定的，因此，具体的民事主体和具体的民事利益的结合，就具有利害关系。民事利益表现的正是这种民事主体之间需求的利害关系。

3. 民事利益包括民事主体之间的人身利害关系和财产利害关系

民事利益不仅仅包括物，因为物仅仅表现的是物质的利害关系，并不能包括全部的财产利害关系，因为还有债的关系的客体即行为、知识产权的客体即智力成果；更为重要的是民事利益要包括人身利益，即人格利益和身份利益。民事利益的完整构成，是人身的利害关系和财产的利害关系。

（三）民事利益的类型

民事利益作为民事权利客体，可以分为最基本的类型，就是人身利益和财产利益。人身利益概括的是人格利益和身份利益。财产利益概括的是静态财产利益、动态财产利益和无形财产利益，静态财产利益集中体现为物，动态财产利益主要表现为交易中的行为，而无形财产利益表现为智力成果。

五、参考结论

本案中言某殴打刘某，对于刘某的身体和健康造成侵害，侵害的客体是人身利益。后来言某又强迫刘某给狗下跪，侵害了刘某的人格尊严，侵害的客体也是人格利益。因此，刘某可以向言某主张人身损害赔偿，主要是医疗费、护理费、营养费、残疾赔偿金等，还可以主张精神损害赔偿。

第二节　人身利益

案例2 拔牙造成脸部损伤侵害身体权案

【案情】

汪某到一家医院拔牙，拔掉 3 颗槽牙。3 个月后，汪某感觉自己的右脸小了点，怀疑是拔牙造成的。后来汪某的右脸越来越凹陷下去，变得丑陋。经过医院鉴定，汪某右口轮匝肌肌电图所示为神经性损害，经医院检验，认为可以考虑起始原因为局部麻醉、拔牙所造成的后遗症。

【问题】

本案中，拔牙医院侵害了汪某的何种权益？

【法理分析与参考结论】

一、人身利益概述

（一）人身的概念和内容

民法的意义上的人身，是指民事主体在物质上和精神上的人格和亲属之间的身份。人身包括人格和身份，前者是以物质性的人体和精神性的人格为其表现形式，后者是以亲属之间的身份、地位为其表现形式。

作为民事利益的人格，是指作为构成民事主体资格的各个要素，包括人格独立、人格自由、人格尊严、人身安全，以及生命、健康、身体、姓名、名称、肖像、名誉、信用、荣誉、人身自由、隐私和性等人格要素。

作为民事利益的身份，是指民事主体在亲属相互之间，以及其他非亲属的社会关系中所处的稳定地位。身份包括两种：一是亲属相互之间的稳定地位；二是非亲属的社会关系中，如作者与自己的作品、发明人与自己的发明专利、商标权人与自己的注册商标之中，民事主体所处的稳定地位。这些都表明一种社会地位，表示民事主体在某种特定的法律关系中的地位。在通常对身份概念的使用中，是指前者。

（二）人身利益的概念和特征

人身利益，是指民事主体在人格关系和身份关系上所体现的与其自身不可分离的利益。

作为民事权利客体即民事利益的人身利益，具有以下法律特征。

1. 人身利益是与民事主体的自身不可分离的利益

人身利益基本上是民事主体的固有利益，尽管人身利益中的身份利益是基于法律事实取得的，但其也不能与民事主体的人身相分离。人身利益与民事主体的不可分离性，与财产利益具有严格的区别。一个民事主体没有财产可以生存，如果没有人身利益则丧失民事主体资格，就无法生存。

2. 人身利益包括精神利益和财产利益

人身利益主要是精神利益，其中也包括相当的财产性利益。应当看到的是，人身利益并不是通常所说的非财产利益。这是因为，人身利益的非财产性并不是它的本质属性，同时，这种说法容易与苏联民法的人身非财产权的概念相混淆，以至于曲解我国的法律。①

3. 人身利益包括人格利益和身份利益

人身利益包括两大体系，就是人格利益和身份利益，这两种利益构成完整的人身利益。仅仅强调人身是人格利益，则有失全面。

4. 人身利益的享有者包括自然人、法人和其他组织

人身利益的主要享有者为自然人，特别是亲属身份利益更是如此，只能由自然人所享有。但是，法人也必须具有人格，也享有人格利益，并且基于其创作等，也可以享有著作人身权等身份利益。即使没有赋予主体资格的其他组织，也享有一定的人格利益和身份利益。

二、人身利益的内容

（一）人格利益

人格利益，是指民事主体对于自己的作为构成民事主体资格的各个要素

---

① 梁慧星：《中国民法经济法诸问题》，法律出版社 1991 年版，第 49 页。

上所享有的利益。人格利益分为物质型人格利益和精神型人格利益。

1. 物质型人格利益

物质型人格利益，是指自然人对于自己构成民事主体资格的物质性要素所享有的利益，主要表现为生命利益、健康利益和身体利益。这种人格利益是人之所以为人的物质条件，能维持生命、维持人体组织完整和人体器官正常机能，是享有民事权利、承担民事义务的物质基础。侵害自然人身体、健康、生命，所造成的损害为有形损害，表现为自然人的身体缺损、健康损伤和生命丧失。

物质型人格利益，是自然人才有的，基于自然人的物质表现形式即人体以及人体所负载的生命、健康和身体的人格利益。法人没有身体，因此，也没有物质型人格利益。自然人的健康，是指维持人体生命活动的生理机能的正常运作和功能的完善发挥。健康有两个要素：一是生理机能的正常运作；二是生理功能的完善发挥。通过这两个要素的协调一致发挥作用，达到维持人体生命活动的最终目的。健康作为健康权的客体，最重要的意义在于，维持人的民事行为能力，使人能够通过自己的行为，实施民事行为，行使民事权利，负担民事义务。自然人的身体，是指自然人的生理组织的整体，即躯体。身体包括两部分，一是主体部分，二是附属部分。主体部分是人的头颅、躯干、肢体的总体构成，包括肢体、器官和其他组织，是身体的基本内容。附属部分，如毛发、指（趾）甲等附着于身体的其他人体组织。身体虽然由头颅、肢体、器官、其他组织以及附属部分所构成，但它是一个完整的整体。身体具有完整性和完全性的基本特征。身体权保护自然人身体组成部分的完整性，破坏了身体的完整性和完全性，就破坏了身体的有机构成，损害了自然人的物质人格。

2. 精神型人格利益

精神型人格利益，是指民事主体对于自己的构成民事主体资格的精神性要素所享有的利益。精神型人格利益可以分为以下四种类型。

（1）一般人格利益。一般人格利益是一般人格权的客体，概括的内容是人格平等、人格自由和人格尊严。

人格平等的实质内容，是民事主体独立地享有人格，并且在人格上一律平等，在法律面前，任何民事主体都享有平等的主体资格，享有独立人格，不受他人的支配、干涉和控制。人格平等表明人人都有平等的权利，人人都有保护个人人格的权利，人人都有捍卫个人人格独立性的权利。人格平等表现为民事主体的人格不受他人支配，民事主体的人格不受他人的干涉，民事主体的人格不受他人控制。

人格自由，是私法上的抽象自由，既是指人格的自由地位，也是指人格的自由权利，是权利主体自主参加社会活动、享有权利、行使权利的基本前提和基础。权利主体丧失人格自由，就无法行使任何权利，不能从事任何社会活动。

人格尊严是指民事主体作为一个"人"所应有的社会地位，并且应受到社会和他人的尊重。人格尊严是人的主观认识和客观评价的结合，人格尊严既包括自我认识的主观因素，也包括社会和他人评价的客观评价和尊重。

（2）标表型人格利益。标表型人格利益，是指民事主体在标表自己人格特征的人格利益，概括的主要是姓名利益、名称利益和肖像利益。

姓名是用以确定和代表个体自然人并与其他自然人相区别的文字符号和标记。姓名包括姓和名两部分，姓是自然人一定血缘遗传关系的记号，名则是自然人区别于其他自然人的称谓。姓名利益的意义在于，姓名在法律上使某一自然人与其他自然人区别开来，独立地参加民事活动，行使法律赋予的各种权利和承担相应义务。

名称是指法人及其他组织在民事活动中，用以确定和代表自身，并区别于他人的文字符号和标记，是名称权的客体。名称的基本作用，在于使上述主体在社会活动中，确定自身的称呼，以其代表自身，并区别于其他自然人、法人和其他组织。

自然人的肖像，是指通过绘画、照相、雕塑、录像、电影艺术等形式使自然人外貌在物质载体上再现的视觉形象，是自然人的人格利益，是肖像权的客体。肖像利益既包括精神利益，也包括财产利益。

（3）评价型人格利益。评价型人格利益是指民事主体在具有评价性的人格要素方面所享有的人格利益，概括的是名誉利益、信用利益和荣誉利益。

名誉是指人们对自然人或法人的品德、才能及其他素质的社会综合评价。

名誉包括外部名誉和内部名誉，外部名誉是客观名誉，是他人的客观评价；内部名誉则是主观名誉，是对自我的价值评价。

信用具有多重含义，民法保护的信用是指自然人或者法人切实信守对他人所作的允诺，也指他人对民事主体诚实守信等方面的良好行为产生的信赖，以及履行其允诺的行为的能力的评价，既是主观的表现，也是社会的评价。①

荣誉是社会对民事主体的褒奖，是积极的、正式的、公开的评价。将具体的荣誉，诸如精神奖励、物质奖励、光荣称号、奖金、奖牌、勋章、奖杯等抽象起来，就是社会对于特定民事主体的积极评价，是特定民事主体在社会生产、社会活动中有突出表现或突出贡献，有关组织所给予的积极的正式评价。

（4）自由型人格利益。自由型人格利益是指民事主体对于自身具有一定的自由支配的人格要素所体现的人格利益，主要有人身自由、隐私利益和性利益。

人身自由是自然人的人格利益，包括身体自由权和精神自由权。身体自由也称作运动的自由，是指自然人按照自己的意志和利益，在法律规定的范围内支配自己外在身体运动的自由。精神自由也称作决定意思的自由，是自然人按照自己的意志和利益从事正当的思维活动，观察社会现象的自由，是进行正确的民事活动的前提。

自然人的隐私，是自然人与公共利益、群体利益无关的，不愿他人知道或他人不便知道的信息，不愿他人干涉或他人不便干涉的个人私事，以及不愿他人侵入或他人不便侵入的个人领域。隐私有三种形态：一是个人信息，为无形的隐私；二是个人私事，为动态的隐私；三是个人领域，为有形的隐私。②

（二）身份利益

身份利益，是指自然人就其在亲属相互之间，以及自然人或者法人在其他非亲属的社会关系中，所处的稳定地位中所享有的利益。如配偶对其相互之间的配偶利益的支配，著作权人对自己的著作所体现的利益具有的支配关系等，都是身份利益。身份利益与民事主体的人身不可分离，身份利益必须

---

① 王利明主编：《人格权法新论》，吉林人民出版社1994年版，第190、191页。
② 王利明主编：《人格权法新论》，吉林人民出版社1994年版，第480~482页。

处于特定的社会关系之中，离开特定的社会关系不存在身份利益。身份利益受配偶权、亲权、亲属权以及著作权的保护。

身份利益分为基本身份利益和支分身份利益。

1. 基本身份利益

基本身份利益，是民事主体对于特定身份关系的支配性利益，是为配偶、为父母、为亲属、为作者的利益。

配偶是夫妻相互之间的身份和法律地位。现代民法强调自然人的平等权利，故以配偶确定夫与妻的相互平等的法律地位成为现实。配偶利益是配偶之间在相互平等的身份关系中，地位平等、相互尊重、相互辅助、共同同居生活的相互关系所体现的身份利益。

亲子利益是指父母与未成年子女之间的身份、地位所体现的身份利益。亲子利益更重要的是未成年子女的利益，以及父母对未成年子女所负有的人身照护和财产照护的义务，同时也是确认父母与未成年子女之间体现的亲情和关爱。

亲属利益概括的是与配偶权保护的配偶身份利益和亲权保护的亲子身份利益相并列的，在其他近亲属之间的身份地位关系所体现的身份利益，包括父母与成年子女、祖父母外祖父母与孙子女外孙子女、兄弟姐妹之间身份关系体现的身份利益。

作者利益是指民事主体对于自己的著作所享有的表明作者身份地位和享有获得财产报酬的利益。作者身份地位的利益，体现的是作者之所以为作者的资格，而不是人之所以为人的资格，因而区别于人格利益。作为作者，另一项利益就是通过著作的使用而获得财产价值的利益，即作者利益中的财产利益。

2. 支分身份利益

支分身份利益，是指由基本身份利益派生的具体身份利益。支分身份利益具有多样性、复杂性的特点。配偶的支分身份利益诸如配偶之间共同生活、相互依靠、相互体贴的依赖关系，互相扶助、扶养关系等。亲子的支分身份利益是父母对未成年子女的管理、教育、抚育以及相互尊重、爱戴关系。其他近亲属的支分身份利益是相互扶养、抚养、赡养关系。著作人身权的支分身份利益表现为署名、修改、发表、维护作品完整等利益。

三、参考结论

本案中，拔牙医院由于医疗过程中存在过失，导致汪某右脸神经损害，面部凹陷，留下后遗症，属于医疗侵权行为。这种侵权行为所侵害的是无法以财产价值予以衡量的汪某的人身权益，具体的是身体和健康利益。由于医院侵害汪某的人身权益，且有过失，符合原《中华人民共和国侵权责任法》（以下简称原《侵权责任法》）的规定，因此，医院应当为汪某的损害承担赔偿责任。赔偿的范围包括汪某的医疗费、护理费、误工费等，除此之外还有精神损害赔偿。

第三节　财产利益与物及类型化

案例3　故意违背善良风俗妨害经营案

【案情】

某工程队承揽某地下工程施工项目。在施工过程中，将埋藏在该区域地下的供电局的电缆挖断，造成大面积停电，致使该区域 11 家工厂停工 8 小时，造成损失若干。供电局和该 11 家厂家分别向法院起诉，请求工程队赔偿财产损害。

【问题】

本案中工程队侵害了何种民事利益？供电局和 11 家工厂的利益有何不同？

【法理分析与参考结论】

一、财产利益概述

（一）财产和财产利益

1. 财产的概念

财产，是指由具有金钱价值的权利所构成的集合体。[1] 因此，这个财产

---

[1]　王泽鉴：《民法总则》，中国政法大学出版社 2001 年版，第 233 页。

就是一个范围广阔的概念，包含市民社会中所有的那些具有金钱价值的事物，其中最主要的财产就是物，但又不仅仅是物。之所以我国调整物的归属和利用关系的规则物权编而不是叫作财产法，理由就是物权编并不是调整所有的财产关系的法律。

2. 财产利益

财产利益，是指在财产这种具有金钱价值的事务中对民事主体的物质生活和精神生活所具有的价值性和有用性。

由于财产利益包含在财产之中，因此，财产与财产利益具有统一性和一致性。民法在讲财产的时候，实际上就是在讲财产利益。

财产包括物权中的静态财产即物、债权中的动态财产和知识产权中的无形财产。所以，财产利益也包括静态财产利益、动态财产利益和无形财产利益，财产利益包含的就是这三种不同的财产利益。继承法律关系中的遗产，应当包括在静态财产利益当中。

（二）财产利益的范围

1. 静态财产利益

静态财产，是指民事主体所拥有的具有现实价值的财富。静态财产的最典型表现是物，包括动产和不动产，其次为其他静态的财产，如作为担保物权的客体的那些权利和遗产。在这些静态的财产上所体现的价值性和有用性，就是静态财产利益。这些静态财产利益是物权的客体。

静态财产的范围如下。

（1）一般财产。一般财产是指依人的一般生活目的而结合的财产。如自然人、法人通常拥有的财产。

（2）特别财产。特别财产是指从一般财产中分离的财产。具体表现是一人除主财产之外，尚有一个或者数个特别财产，如未成年人的特有财产、夫妻各自的个人财产等。

（3）联合财产。联合财产是分别属于两个主体，依一定的目的而结合的财产。例如，因结婚而形成的，将个人所享有的婚前个人财产，经双方同意，而结合为夫妻共同财产，其并非指夫妻婚后所得形成的共同财产。

（4）独立财产。独立财产是指依独立的目的而结合，自一般财产中而独立出来管理的财产。例如，破产财产，就是为了清算的目的，自破产法人的财产中独立出来进行管理的财产。

（5）集合财产。集合财产是指为了特殊目的，属于多数主体的财产的一部分，经集合而形成一个独立的财产。例如，因合伙经营而形成的合伙财产，因共同继承而形成的共同继承财产。

（6）纯粹财产利益。纯粹财产利益，是指没有物的财产外形而具有财产价值的民事利益。例如，甲工程队挖掘地下道而挖断乙电业公司的地下电缆，造成停电，致使丙公司不能营业，乙的电缆损失是物的损失，而丙的停业损失，就是纯粹财产利益损失。

2. 动态财产

动态财产，是指不是民事主体所拥有的现实财富，但是通过交易等形式可以期待的、将来可以实现的财产价值。

动态财产的最基本形态是债权。在绝大部分债权关系中的财产，都是在流转过程中的财产。这种财产并非被静态的归属于哪方所有，也不表现为静态的为谁所利用，而是在一方民事主体向另一方民事主体的流转中，变成为一种财产的期待权。债权的实现结果，是将动态的财产转化为静态的财产。其转化的方式，即是给付行为。

3. 无形财产

无形财产，是指智力成果。它是民事主体脑力劳动的产物或者结果，智力成果有的有其物质表现形式，如著作、商标，有的没有物质表现形式，如专利。但是，它们都表现了民事主体所拥有的财富。智力成果是典型的无形财产，是现代社会最重要的无形财产，是知识产权的客体。[①]

二、物及其类型化

（一）物的概念及传统类型

1. 物的概念及特征

物，是民事权利客体中最重要的形式之一，体现的是民事权利客体中主

---

① 王利明：《民法总则研究》，中国人民大学出版社 2012 年版，第 400 页。

要的财产利益。物，是民法的基本范畴之一，与人相对应，是民法社会物质构成要素之一。

广义的物包括有体物、无体物（权利），也包括智力成果、工商业标记等无形财产；从狭义上说，物则仅指作为物权客体的物，原则上为有体物。在罗马法初期，就有有体物与无体物的区分，德国法系各国立法一般规定民法上的物为有体物。随着社会的发展，也承认无体物，认为有体物者，谓能与人官骸相触者，若不能与人官骸相触，虽可视可听可嗅，不得谓有体物；因官体所不能触者，遂别为无体物。①

物具有下列法律特征。

（1）物能够为人力所控制。有体物必须能够为人力所控制。对于目前人力所不能控制的物，如日月星辰等，由于其无法为人们所支配，因此，不能作为物权的客体，也不是民法上的物。随着人对自然力的控制能力的不断与时俱进，人们对物的控制力不断增加，物的范围也在不断扩大。现代民法关于物的概念已经从罗马法上的有形物扩展到一切固体、液体、气体、热、光、电磁波、能量等自然力以及能够为人力控制并具有价值的特定空间。

（2）物能够满足人类的某种需要。权利的客体是民事利益，同样，权利的背后就是一定的民事利益。因此，作为物权客体的物应当能够为权利人带来一定的经济利益，或者能够满足其某种需要。物权法的功能之一，就在于确定特定财产的归属关系。对人类没有意义、不能满足人类需要的物，没有必要纳入民法的调整范围并为其确定归属和利用的秩序。

（3）物须存在于人身之外。物必须存在于人身之外，与人相对应，构成民法社会的两大基本物质构成要素。现代民法不再允许对人身进行支配，因此，人的身体或者身体的一部分不能认为是物。以人工连接在身体上的物，如假肢、假牙等，如果不能自由拆卸，且在生活习惯上认为已经构成身体一部分的，也不能认为是物，而是身体的组成部分。但人体组成部分一旦与人体分离，就可以成为民法上的物。自然人的器官、血液、骨髓、组织、精子、卵子、毛发等已经与身体分离的，以不违背公共秩序与善良风俗为限，可以

---

① 严献章：《民法总则（下册）》，湖北法证编辑社 1905 年版，第 4 页。

作为物。尸体在民法上是一种特殊的物，所有权人对其并不享有经济利益，而只承担安葬、祭祀的义务并享有相应的精神利益，在他人侵害死者遗体、遗骨的情况下，有权提出精神损害赔偿。

（4）物须为独立一体。物必须在物理上、观念上、法律上能够与其他的物相区别而独立存在，不依附于人或者其他物，因此，物必须为独立一体。只有如此，物才能够被人所支配，并能够满足人的某种需要。否则就不能称之为物，而只是物的部分。总之，物必须在物理上、观念上能够与其他的物区别开而独立存在。

在民事法律关系中，物作为最重要的民事权利客体的财产利益，代表的是物质财富，体现的是市民社会的基本的财产形态。物不仅作为物权关系的客体，也可以成为继承权的客体。即使在债权关系中，物也是给付行为的主要标的，如买卖、租赁合同中交付的标的物，借用、保管合同中借用、保管的标的物。因此，物通常被视为权利客体的代表而规定在《民法典》总则编中。

2. 物的分类

（1）不动产与动产。根据物是否具有可移动性为标准，物可以分为不动产和动产。

其一，不动产，是指依自然性或者法律的规定在空间上占有固定位置，移动后会影响其经济价值的物，包括土地、土地定着物、与土地尚未脱离的土地生成物、因自然或者人力添附于土地并且不能分离的其他物。土地定着物，是指房屋等建筑物、工作物，其附着于土地、固定而不易移动，因此为不动产。与土地未脱离的土地生成物，是指林木和农作物。因自然力或者人力添附于土地并不能分离的其他物，如人工渠道等。

其二，动产，是指不动产以外的其他能在空间上移动而不会损害其经济价值的物。因此，不动产以外的其他的物都是动产。在法律上各种可以支配的自然力，也属于动产。货币和有价证券，为特别动产。

区分不动产和动产的意义在于：第一，物权类型不同，用益物权限于以不动产为客体，而动产质权、留置权的客体则以动产为限；第二，以法律行为作为物权变动的法定要件不同，动产物权变动一般以交付为要件，而不动产物权变动则以登记为要件；第三，公示方式不同，不动产物权以登记为公示方式，而动产物权以占有为公示方式，通常不要求进行登记。具有特殊性的是，汽车等交通运输工具虽然可以移动且不损害其价值或用途，但一般法律规定其适用不动产的物权变动规则，因此也将其称为准不动产。

（2）主物与从物。按照物是否在交易观念上具有附属性为标准，可以将物分为主物与从物。

主物，是指从物以外的物，即能够独立发挥效用的物。从物，是指从属于主物的物。它不是主物的组成部分，但根据交易观念从属于主物，并常对主物发挥辅助效用，因此叫作从物。

区分主物和从物的意义在于：如果没有法律的特别规定或当事人的特别约定，就主物进行的处分，效力及于从物；因标的物的主物不符合约定解除合同的，解除效力及于从物，但因标的物的从物不符合约定被解除的，解除的效力不及于主物。

（3）原物与孳息。按照物的产生关系不同为标准，可以将物分为原物与孳息。孳息，是指因物而产生的收益。① 产生孳息的物，就是原物。

孳息包括天然孳息和法定孳息。天然孳息，是指按照物的自然生长规律而产生的果实与动物等出产物。法定孳息，是指因法律关系而得到的利息、租金及其他收益，这种法律关系既可因法律行为而产生，如根据租赁合同而产生的租金，也可因法律规定而产生，如迟延履行的情况下，根据违约责任产生的对迟延利息的请求权。

区分原物和孳息的意义在于确定孳息的归属。对于孳息的收取，如无法律特别规定或当事人特别约定，天然孳息的收取权归原物的所有人。法定孳息的收取人通常为债权人，按照其权利存续期间的日数取得孳息。

（4）消费物与非消费物。按照是否可以进行重复使用作为标准，物可以分为消费物和非消费物。

消费物，是指不可重复使用，一经使用即改变其原有形态、性质的物。

---

① 在早期，孳息也叫作果实，仅指原物产生的新物，后来叫作孳息。参见朱采真：《民法总则新论》，世界书局 1930 年版，第 155 页。

换言之，按照对该物通常的使用方法只可使用一次即不能再行同一使用的物，就是消费物。柴、米、油、盐、墨、纸等均为消费物，一经使用即不复存在。金钱也为消费物，使用后即发生所有权的转移，不能再进行使用。

非消费物，是指经反复使用不改变其形态、性质的物，即消费物之外的物即为非消费物。笔、砚、衣服、房屋等，均为非消费物。

区分消费物和非消费物的意义在于：非消费物可以作为租赁或者使用借贷的标的物；而消费物让与其使用权即须移转其所有权，因此，只能成立消费借贷，不可用于使用借贷或者租赁。

（5）代替物与不代替物。按照物是否可以代替作为标准，物可以分为代替物和不代替物。

代替物，是指具有共同的特征，能以品种、规格、质量、数量等相互代替的动产。因此，代替物可以依据相同品种、规格、数量的物加以替换。

不代替物，是指不能以品种、规格、质量、数量等加以相互代替的动产。

区分代替物和不代替物的依据在于该动产的个性是否为社会所注重。其个性不为社会所注重的，为代替物，如金钱、米面等。反之，则为不代替物，如牛马、书画等。这种区分的意义在于仅代替物方可为消费借贷的标的物。

（6）特定物与非特定物。按照是否依据当事人主观意思具体指定为标准，物可以分为特定物和非特定物。

特定物，是指根据当事人的意思能够具体指定的物。

非特定物，是指不能根据当事人的意思具体指定的物，仅以品种、规格、质量、数量抽象指定的物。

特定物与非特定物的区分是交易方法的区分，因此，这种分类的意义主要体现在债法中债的履行、风险负担、违约责任形态等问题上。

（7）可分物与不可分物。根据物能否分割以及分割是否损害其用途及价值为标准，物可以分为可分物与不可分物。

可分物，是指经分割不改变其性质或者不影响其用途的物，如一吨大米。不可分物，是指经分割会改变其性质或者影响其用途的物，如一头牛。

法律区分可分物与不可分物的意义在于：在共有财产分割时，可分物可以采取实物分割的方式，不可分物只能采取变价分割的方法进行分割；在多数人之债中，标的物为可分物或不可分物决定了该债是可分之债还是不可分之债。

（8）单一物、结合物与集合物。按照物的表现形态的不同为标准，可以分为单一物、结合物和集合物。

单一物，是指在形态上能够独立成为个体的物，如一头牛。

结合物，是指由数个物结合而成，在社会观念上视为一个独立个体的物，如汽车、房屋。在结合物中，各个组成部分虽然没有丧失其个性，但形体上已经成为一个单一的个体，因此，法律将各个组成部分仅视为物的成分，而将结合物的全部视为权利的客体。因此，学者认为狭义的单一物与结合物共同构成广义的单一物。

集合物，是指由多个单一物或结合物集合而成的物。这种集合可能是因当事人的意思或经济上的目的等事实而发生的，如一个图书馆的全部书籍、一个商店内的全部商品、一个企业的全部机器设备；也可能是因法律而发生的，又称为权利义务的集合，指多数物和权利在法律上视为一体，如遗产、夫妻共有财产。

区分单一物、结合物与集合物的意义在于：对于单一物或者结合物，原则上权利应当存在于物的全部，其组成部分不能独立成为权利客体；而对于集合物，原则上应就组成集合的各个物分别成立，一般不宜将其整体作为权利的客体。但在例外情况下，如财团抵押，集合物可以作为一个抵押权的客体。

（9）流通物、限制流通物与禁止流通物。按照物在流转过程中所受限制的程度为标准，可以将物分为流通物、限制流通物和禁止流通物。在计划经济体制下，物的流转受到计划的严格限制。随着我国市场经济的不断发展，对物的流转限制也逐渐宽松。这种物的种类划分是动态的。

流通物，是指国家法律法规未作任何限制，可以作为交易标的物任意流通的物。

限制流通物，是指国家法律法规进行适当限制流通的物。限制流通物作为交易的标的时，可能受到交易主体、须经审批程序等方面的限制，如要求文物的买受人为国家指定的收购单位，否则交易无效。

禁止流通物，是指国家法律法规予以禁止，不得作为交易标的物，如淫秽书画、毒品等。禁止流通物作为合同的标的物，合同因标的违法而无效。但对可流通性的限制并不意味着其不得成为物权的客体。

区分流通物、限制流通物和禁止流通物的意义，主要体现在法律行为的效力方面。但应当注意，对物的可流通性的限制限于法律与行政法规的强制性规定。行政规章、地方性法规等规范性文件对物的可流通性进行的禁止性规定，并不妨碍合同的效力。

（10）人格物和非人格物。人格物是指与人格利益紧密相连，体现人的深厚情感与意志，其毁损、灭失所造成的痛苦无法通过替代物补救的特定物。① 例如，有特定纪念意义的相片或礼品、家传宝物、友人书信等。这些物都具有人格利益因素，造成物的损害，都会引起权利人的精神痛苦，需要通过精神损害赔偿的方法进行救济。

非人格物是指不具有人格利益的一般物，如土地、建筑物、商店里的商品、流通中的报纸、杂志等。

（二）民法物格的概念和特征

1. 民法物格的概念

物格，即物之"格"，即物的资格、规格或者标准。民法物格，是指物作为权利客体的资格、规格或者格式，是相对于法律人格而言的概念，表明物的不同类别在法律上所特有的物理性状或者特征，作为权利客体所具有的资格、规格或者格式。

2. 民法物格的特征

尽管物格制度在一定意义上是比照和对应人格制度建立起来的，其本质仍然是民事主体资格与客体资格的差别。与法律人格相比，民法物格具有以下法律特征。

（1）物格是物的资格。物格是权利客体的资格、规格，而不是权利主体的资格、规格。人具有法律人格，才能够成其为权利主体，享有权利、负担

---

① 冷传莉："论人格物的界定与动态发展"，载《法学论坛》2010 年第 2 期。

义务，成为市民社会的支配者。物具有物格，就使其成为权利客体，既不能享有权利，也不可能负担义务，因此，也只能被人所支配，既不能支配权利主体，也不能成为权利主体。

（2）物格是物的不平等的资格。民法物格不是平等的资格，而法律人格则是一律平等的资格。在市民社会，人与人是一律平等的，人在作为权利主体的资格上没有任何差别。但是，物的民法物格不是平等的。这主要是因为物的物理属性和基本特征的不同。一般的物与动物相比，动物具有生命，而一般的物不具有生命。即使在动物之间也存在物格的不同，野生动物、宠物等动物，与人之间的关系最为密切，具有最高的物格，而饲养起来就是为了给人类提供食品的动物，其物格显然要比野生动物和宠物的物格要低。在其他物中，植物的物格应当比一般的物的物格要高，因为植物也是具有生命的物。在其他的物中，如货币和证券，具有不同的法律特征，应当与一般的物的物格有所区别。所以，民法物格不是一个平等的资格、平等的能力，而是不平等的资格和能力。民法物格的这一特征，与法律人格完全不同。

（3）物格表现的是不同的物在法律上的不同地位。不同的物所具有的不同物格，表明不同的物在法律上的不同地位，其保护的程度和方法亦不相同。对于民法物格最高的野生动物和宠物，具有最高的法律地位，尽管它不能具有法律人格，不能成为权利主体，但是它受到民法的除了人之外的最高的法律保护，任何人都要尊重它的生存、尊重它的健康和生命，不得任意剥夺。而处于最低民法物格的一般的物，则法律地位最低，权利主体可以任意对其进行支配。因此，民法物格和法律人格所表明的内容完全不同：人格平等表明人人的法律地位相同，没有任何差别，进行同等的法律保护。而民法物格所表明的，正是物的不同法律地位，并且基于其法律地位的不同，而进行不同的法律保护。

（三）民法物格制度的基本内容

民法物格制度将民法上的物分为三个物格：第一格是伦理物格，是具有生命伦理价值的物的民法物格；第二格是特殊物格，是具有特殊法律属性并应建立特殊法律制度的物，但不包括伦理物格的物；第三格是一般物格，用来涵盖上述两个物格之外的其他物，也就是一般物。

1. 伦理物格

伦理物格，是民法物格中的最高格，是地位最高、民事主体对其支配力受到的限制最多，民法对其保护最强的，具有生命或者人格利益的物的资格。在这个物格中所概括的，是那些与人的身体有关的，具有生命活性，或者具有人格利益因素的人体变异物，具有生命的动植物，包括动物、植物和微生物，尤其是宠物、野生动物和珍稀植物。

伦理物格是物权客体中的最高格，是具有最高法律地位的物的资格。其所概括的物的范围主要是两部分：第一，与人体有关的具有人的生命或者人格利益因素的物。具体内容主要是人体变异物。第二，其他具有生命的物。具体内容是：动物尤其是野生动物和宠物；植物尤其是珍稀植物。

2. 特殊物格

特殊物格是民法物格制度的第二格，是特殊物的类型，主要用于涵盖在法律属性和相关法律规则上具有特殊性，且不归属于伦理物格的特殊物。

特殊物格的物主要包括以下两大类：第一类，传统民法上的无体物。无体物主要指固体、液体、气体这三种有体物之外的物。第二类，适用特殊规则的有体物。传统民法的不动产，以土地平面利用为常态，对于空间研究较少；动产以各种生活资料和生产资料为常态，对于货币、证券等金融财产法律规则研究较少。特殊物格制度，就是希望将这两类不太符合传统物权法理论思维常规的特殊物，纳入较为统一的研究框架，逐个进行研究，并保持开放的研究心态，应对社会和科技发展带来的新问题，确保物权法律制度的时效性。

3. 一般物格

一般物格是民法上的物的最基本资格，具有这种物格的物，是最一般、最普通的物，是成为民法权利客体的物必须具备的最低资格。可以说，一般物格就是传统民法上的一般物的总称，其范围包括固体、液体、气体三种，但纳入伦理物格和特殊物格的物除外。

（四）物格的具体内容

1. 伦理物格

（1）人体变异物。人体变异物是指从人的人体衍变、异化而来的具有物的形态，包含人格利益因素的特殊物。人体变异物的范围主要包括：一是脱离人体的器官、组织，是指从人体分离后，在植入新的人体之前的人体器官或组织，用途上可以包括用于捐赠的和用于储存的人体的器官或组织这两种。二是人体医疗废物，是指由于医疗活动而脱离人体的无生命价值或者生理活性的器官、组织以及人体孳生物，包括由于医疗活动而脱离人体的无生命价值或者生理活性的器官，如胎盘等；由于医疗活动而脱离人体的无生命价值或者生理活性的组织，如体液、血液等；由于医疗活动而脱离人体的无生命价值或者生理活性的孳生物，如肿块、肉瘤、结石、葡萄胎等。三是尸体以及遗骨、骨灰，当身体物化为尸体、骨灰等无生命的物质状态，便进入物的范畴。

（2）动物。动物，是以有机物为食料，有神经、有感觉、能运动的生物，是一种特殊的物。由于动物具有上述特点，是有生命的物，因此，尽管动物是物权的客体，人在支配动物，尤其是在处分动物的物权时，应当符合对动物保护的特别规定。

（3）植物。植物，是能进行光合作用，将无机物转化为有机物，独立生活的一类自养型生物。毫无疑问，植物在法律中也只能处于权利客体地位。但是植物是人类生态系统中的重要一员，能够通过光合作用吸收二氧化碳，释放氧气，对人类的生存和发展具有极为关键的意义，必须予以法律上的保护。

2. 特殊物格

（1）网络虚拟财产。网络虚拟财产，也称为虚拟物，是指虚拟的网络本身以及存在于网络上的具有财产性的电磁记录，是一种能够用现有的度量标准度量其价值的数字化的新型财产。网络虚拟财产的特征是：第一，网络虚拟财产是虚拟的网络本身以及存在于网络上的具有财产性的电磁记录。第二，网络虚拟财产是现实世界中人类劳动和财富的异化。第三，网络虚拟财产是在价值上能够用现有的度量标准衡量的财产。

网络虚拟财产作为一种新兴的财产，具有不同于现有的财产类型的不同特点，因此，把网络虚拟财产作为物格中特殊物格中的物，以此解决网络虚拟财产的权利客体定位。这样，顺应了民法的发展趋势，把网络虚拟财产名正言顺地纳入物的范畴，解决了网络虚拟财产的民法保护这个症结。同时，特殊物格也准确反映出了网络虚拟财产的特性，是对网络虚拟财产的一个巧妙界定和精确描述。

（2）空间。空间，是指依不动产登记确定的在地表之上或者地表之下，能够独立使用并设立物权的特定范围。其特点有：一是空间须处于地表之上和之下；二是空间须能够确定特定范围；三是空间须可以独立使用；四是空间须能够依不动产登记进行公示。

空间依附于地表，但不包括地表，处于地表之上或者地表之下。空间作为物，具有抽象的性质，因此归属于特殊物格之中，需要制定特别规则，确定其权属。

在我国，由于土地属于国家和集体所有，不存在私有，因此，空间属于国家所有和集体所有。国家所有的土地，其空间属于国家所有；集体所有的土地，其空间属于集体所有。在国家或者集体所有的土地之上，可以设立分层地上权；在分层地上权之间，可以设定空间地役权。

（3）货币和有价证券。货币，是指以票面标明的金额表现其价值、在民事法律关系中具有特殊作用的种类物。货币作为民事法律关系的客体，具有抽象性，因此与一般物格的物有所区别。

有价证券，是指设立并证明持券人有权取得一定财产权利的书面凭证。在民法上，有价证券具有双重属性：首先，有价证券是物，具有物的一切属性，是物格中的特殊物；其次，有价证券是债权文书，记载的是债权法律关系的债权，债权人依据有价证券，就能够主张有价证券记载的财产权利。因此，有价证券是一种特殊物，具有特别的属性。

3. 普通物格

除了生命物格以及特殊物格之外，其他的所有的物，均属于普通物格中的物。对于一般的物，适用民法关于物的一般规则，权利人可以按照物的一般规则对其进行支配，行使全部的所有权权利。

三、参考结论

本案中，工程队施工过程中挖断了供电局的电缆，电缆属于一种物权中的积极财产。这种财产利益的特点是：它是一种法律所明确规定的权利所体现的利益，这种利益具有物的外形，因为电缆是一种有形体的物。而 11 家工厂因为电缆被挖断所受到的损失是一种纯粹财产利益，这种利益并不体现在有形体的物之上，而且并不存在一个明确的权利对其进行保护。因此，这两种财产利益受到法律保护的程度有所区别，对于物权中的积极财产的保护程度要远高于纯粹的财产利益。本案中，供电局电缆损害可以要求施工队予以损害赔偿，而 11 家工厂的纯粹财产利益损害不能要求损害赔偿，除非施工队是故意造成其损失的。

第四节　知识产权与其他财产权利的客体

案例 4　陈某某诉黄某某继承纠纷案

【案情】

陈某某系陈某与其前妻粟某某的婚生独女，后陈某与黄某某结婚，婚后共同居住于重棉三厂福利分配给职工陈某的公有住房，该公有住房产权归属于重棉三厂，系重棉三厂分配给职工的福利住房。陈某因病去世，重棉三厂将该公有住房承租人变更为黄某某，后黄某某一直独自在诉争房屋内居住生活并负担相关的租赁费用。陈某某认为陈某去世，该公有住房承租权具有经济价值，可占有、使用、收益，应与其他财产一样进行继承，因此自己对该公有房屋承租权及其转化得到的经济利益享有继承和分割的权利。

【问题】

陈某某就诉争房屋的拆迁补偿款是否享有遗产继承权？

【法理分析与参考结论】

一、知识产权的客体

《民法典》总则编第 123 条第 2 款规定："知识产权是权利人依法就下

列客体享有的专有的权利：（一）作品；（二）发明、实用新型、外观设计；（三）商标；（四）地理标志；（五）商业秘密；（六）集成电路布图设计；（七）植物新品种；（八）法律规定的其他客体。"这是《民法典》总则编对知识产权的客体即智慧成果的规定。

知识产权的客体包括以下内容。

（1）作品。按照著作权法的规定，作品包括下列形式创作的文学、艺术和自然科学、社会科学、工程技术等作品。

（2）发明、实用新型、外观设计。发明创造包括发明实用新型和外观设计。实用新型是指对产品的形状、构造或者其结合所提出的适于实用的新的技术方法。外观设计是指对产品的形状、图案或者其结合以及色彩与形状、图案的结合所作出的富有美感并适于工业应用的新设计。

（3）商标。商标权所保护的商标是注册商标，经商标局核准注册的商标，包括商品商标、服务商标和集体商标、证明商标。集体商标是指以团体协会或者其他组织名义注册，供该组织成员在商事活动中使用，以表明使用者在该组织中的成员资格的标志。证明商标是指由对某种商品或者服务具有监督能力的组织所控制，而由该组织以外的单位或者个人使用其商品或者服务，用以证明该商品或者服务的原产地、原料、制造方法、质量或者其他特定品质的标志。

（4）地理标志。地理标志也称为原产地标志，是鉴别原产于一国领土或该领土的一个地区或一个地点的产品的标志，标志产品的质量、声誉和其他确定的特性，应当主要取决于其原产地。因此地理标志主要用于鉴别某一产品的产地，这就是该产品的产地标志。地理标志是特定产品来源的标志，可以是国家名称，以及不会引起误认的行政区划名称和地区地域的名称。地理标志具有地域性、集团性、独特性的特点。

（5）商业秘密。商业秘密是不为公众所知悉、能为权利人带来经济利益，具有实用性，并经权利人采取保密措施的技术信息和经营信息。商业秘密包括两部分：一是技术信息，如生产配方、工艺流程、技术诀窍、设计图纸等；二是经营信息，如管理方法、产销策略、客户名单、货源情报等。商业秘密是商业秘密权的客体。

（6）集成电路布图设计。集成电路是 20 世纪人类最重要的科技发明，这一发明标志着人类进入了信息时代。集成电路设计涉及对电子元件、器件间互连线模型的建立，所有的器件和互连线都需安置在一块半导体衬底材料之上，从而形成电路。

（7）植物新品种。植物新品种是指经过人工培育的，或者对发现的野生植物加以开发，具有新颖性、特异性、一致性和稳定性并有适当命名的植物品种。

（8）法律规定的其他客体。《民法典》总则编没有规定的其他知识产权客体，只要有其他法律规定的，也是知识产权的客体。如衍生数据，就是数据专有权的客体。

二、其他财产权利的客体

（一）继承权的客体

遗产是继承权的客体，没有遗产就不存在继承法关系，遗产就是自然人死亡时遗留下来的个人合法财产。《民法典》总则编第 124 条第 2 款规定："自然人合法的私有财产，可以依法继承。"这里规定的就是继承权的客体。

遗产包含三方面的含义：第一，遗产是自然人死亡时遗留下的财产，不是自然人死亡时留下的遗产不为遗产；第二，遗产是自然人的个人财产，不属于个人的财产不能为遗产；第三，遗产是自然人的合法财产，不是自然人合法取得的和合法享有的财产，也不能为遗产。

（二）股权的客体

股权的客体，在股份有限公司是股份，在有限责任公司是出资份额。

股份代表的是对公司的部分拥有权，包含三层含义：一是股份是股份有限公司资本的构成成分；二是股份代表了股份有限公司股东的权利义务；三是股份可以通过股票价格的形式表现其价值。股份的特点是：第一，股份具有金额性，股份有限公司的资本划分为股份，每一股的金额相等，是一定价值的体现。第二，股份具有平等性，即同种类的每一个股份应当具有同等权利。第三，股份具有不可分性，是公司资本最基本的构成单位，每个股份不可再分。第四，股份具有可转让性，股东可以将持有的股份依法转让他人。

三、参考结论

公民死亡时遗留的个人合法财产应当予以继承，遗产的范围应当包括物和权利，本案争议的焦点为公有住房承租权是否可作为遗产继承。公有住房承租权产生于计划经济时期，目的在于使在社会主义公有制下每个人都居有其所，具有公益保障性质。但随着市场经济的快速发展和房产制度的改革，传统意义上的公有住房性质发生了巨大的变化。公有住房的差价交换和公有住房的转租并无明确的法律和政策限制，公有住房承租权人能以公有住房租赁权获得财产利益，使得公有住房租赁权成为了具有财产性质的权利，故应当可以被继承。法条规定，公民死亡时遗留的个人合法财产应当予以继承，遗产的范围应当包括物和权利，故本案中陈某死亡后，该公有住房承租权应当以遗产方式进行分割，故在原告未明示放弃继承的情况下，其继承利益依然凝聚在该公有住房承租权上，其可以依法继承该房屋。

第四编
民事法律关系内容

本编要点

　　本编介绍了民事法律关系的内容，以权利、义务和责任为线索，包括民事权利与义务和民事责任两个部分。具体而言，民事权利与义务是一个硬币的两面，该部分包括民事权利概述、民事权利的类型以及民事权利的取得、行使与保护三个方面，从静态和动态两个角度介绍民事权利与义务。民事责任部分则主要包括民事责任概述、归责原则和构成、承担方式和免责事由四个部分，需着重学习民事权利救济方式的实际运用。

第八章　民事权利与义务

本章知识点概述

  本章是民事权利与义务部分，民法是权利法，本章以权利为线索，主要内容包括民事权利概述、民事权利的类型和民事权利的取得、行使与保护。

  民事权利和民事义务是民事法律关系的内容，其中民事权利是民事法律关系内容的核心。民事权利是由特定民事利益和法律上之力相结合，共同构成的民事主体自由行使意志、实施法律行为的范围。关于民事权利的本质有意思说、利益说和法力说三种主要学说。《民法典》总则编第五章专门规定了民事权利体系。

  按照权利的客体是否具有财产价值为标准，可以将民事权利分为人身权、财产权和综合性权利。以权利的义务主体是否特定为标准，民事权利可以分为绝对权和相对权。按照民事权利之间是否存在主从关系为标准，民事权利可以分为主权利和从权利。按照民事权利是否可以与其主体相分离为标准，可以分为专属权和非专属权。以权利是否实际取得为标准，可以将民事权利分为既得权和期待权。按照民事权利的功用为标准，可以将民事权利分为支配权、请求权、抗辩权和形成权四种基本类型。支配权，是指权利人直接支配权利客体并排除他人干涉的权利，是得就权利之客体为直接的支配权利。请求权，是指根据权利的内容，得请求他人为一定行为或者不为一定行为的权利。抗辩权，是专指对抗他人请求权行使的权利，也就是拒绝相对人请求给付的拒绝给付权。形成权是指当事人一方可以以自己的单方意思表示，而不需要他方相应地作出某种行为，即可使法律关系发生变动的民事权利。

  民事权利的取得，是指民事主体依据法律赋予，或者依据合法的方式或根据，获得并享有民事权利。《民法典》总则编第 130 条规定："民事主体按照自己的意愿依法行使民事权利，不受干涉。"这一条文规定的就是民事权利行使的基本规则。民事权利行使尽管是实现自己的权益，但是，也事关义务人的利益，甚至事关国家、社会的利益。因此，民事主体行使民事权利，法律在依法保护的同时，也对民事权利行使进行一定的限制，不能超越边界。民事权利的保护，多数学者认为是指主体在其权利受到他人侵害时，有权请求国家机关给予保护，从而使民事权利的实现获得了可靠的保障。

第一节　民事权利概述

案例1　航班延误侵权案

【案情】

本案的当事人为原告林某某与被告上海吉祥航空股份有限公司、天津滨海国际机场。原告购买了被告吉祥航空 2013 年 8 月 6 日 HO1251 航班机票，始发地为上海虹桥机场，目的地为北京首都机场，机票显示登机时间为 20 时 45 分，起飞时间为 21 时 15 分，到达目的地时间为 22 时 55 分。该航班实际于 8 月 6 日晚 22 时 20 分左右起飞，7 日凌晨飞机到达北京上空后，该航班广播通知因北京天气原因不能降落，将返回上海虹桥机场。不久，又广播通知北京天气好转将按原计划飞往北京，并通知乘客飞机将在 1 时左右降落北京机场。8 月 7 日凌晨 1 时左右，该航班降落在被告天津滨海国际机场。于是乘客对该航班机组提出异议，机组方广播通知乘客，北京机场由于雷电原因不能降落，现在降落到天津滨海国际机场。原告再次向航班机组询问起飞时间，机组回复"等通知"。后乘客均在飞机上等待。至凌晨 4 时左右，被告天津滨海国际机场摆渡车过来接乘客下机，此时已近凌晨 5 时，期间，被告吉祥航空未提供食物给乘客。后包括原告在内的大部分乘客自行解决交通工具问题离开天津滨海国际机场去北京，剩余 27 名乘客于 8 月 7 日 7 时入住了由被告吉祥航空提供的宾馆，吉祥航空提供了早餐，并于 10 时 30 分安排剩余 27

名乘客于 11 时乘坐另一航班飞往北京。

原告林某某诉称，被告吉祥航空作为承运人未能始终全面、及时地将航班备降、延误或者取消以及新的飞行计划等信息向原告等乘客告知和解释，已侵犯了原告知情权；在航班长时间延误后，被告吉祥航空未能提供良好的服务，导致乘客长时间不能出舱、不能正常进食、不能正常休息，侵犯了原告的人身自由权和健康权；原告等乘客未能自主选择行使食宿、后续行程安排、退票等权利，侵犯了原告的选择权。而被告天津滨海国际机场在航班备降后明显存在管理调配不当、服务不到位等过错，也侵犯原告的上述权利。综上，两被告的行为已构成共同侵权，理应承担共同侵权责任，故请求法院判令两被告共同向原告赔礼道歉；由被告吉祥航空赔偿原告餐饮费等损失 100 元（人民币）；由两被告赔偿原告精神损失费 1 元。

【问题】

被告是否构成侵权？

【法理分析与参考结论】

一、民事权利概述

（一）民事权利的概念

1. 民事权利概念的定义

民事权利和民事义务是民事法律关系的内容，其中民事权利是民事法律关系内容的核心。因此，权利是私法的核心概念，同时也是对法律生活多样性的最后抽象。① 可以说，民法就是以民事权利构建起来的完整体系。

对于民事权利的概念，传统上界定为"民事权利是公民、法人在民事法律关系中，依照法律的规定或者合同的约定，根据自己的意愿实现自己某种利益的可能性"；② 或者认为"民事权利，是民法规范赋予当事人为实现其利

---

① 德国学者冯·图尔所说，参见［德］迪特尔·梅迪库斯：《德国民法总论》，邵建东译，法律出版社 1997 年版，第 62 页。

② 马原主编：《中国民法教程》，人民法院出版社 1989 年版，第 93 页。

益所可实施的行为范围"。① 近年来,对民事权利概念的界定日渐多样化。例如,认为民事权利是权利的下阶位的概念,是指权利主体以实现其正当利益为目的而自由行使意志的范围。② 或者认为,民事权利本质上是指法律为了保障民事主体的特定利益而提供法律之力的保护,是法律之力和特定利益的结合,是类型化的利益,或者说是利益和力量的结合。③

界定民事权利概念,既不能太复杂,也不能太简单,应当用简明的文字说明法律之力和民事利益之间的关系。因此,可以下这样的定义:民事权利是由特定民事利益和法律上之力相结合,共同构成的民事主体自由行使意志、实施法律行为的范围。

2. 与民事权利相关的概念

（1）法益。法益,是指受到法律保护的特定民事利益。民事权利所保护的是民事利益,但并非一切民事利益都受到权利的保护。法律所保护的权利,均正式授予其"权"的称谓,没有这种权利称谓的,都不能称为权利。但是,法律也保护某些民事利益,并不对其授予权利的称谓,而仅仅将其作为利益保护,这样的民事利益就是法益。例如,死者的人格利益受到法律保护,但其既然已经死亡,就不再作为民事主体存在,无法享有权利,这种利益就只能按照法益进行保护。再如,法律保护的人格权,均称之为名誉权、隐私权等称谓,除了具体人格权之外,还有其他的一些人格利益法律也提供保护,这些人格利益就叫作一般人格利益或者其他人格利益,这也是法益。故言之,民事利益分为三部分:一是权利保护的民事利益;二是法益保护的民事利益;三是民法不保护的民事利益。④

法益与权利的基本区别在于,权利对应的是义务,而法益没有相对应的义务和义务人。

（2）权能。权能,是指民事权利的具体功能,民事权利的实现方式。例如,所有权具有占有、使用、收益、处分的权能,人格权具有控制、利用、

---

① 张俊浩主编:《民法学原理》,中国政法大学出版社 1991 年版,第 80 页。
② 李永军:《民法总论》,法律出版社 2006 年版,第 114 页。
③ 王利明主编:《民法学》,法律出版社 2005 年版,第 43 页。
④ 见本书第十章第一节第四题的内容。

有限转让、适当处分的权能。① 这些权能，都是所有权和人格权所具有的具体功能。

在人格权中，有一种权能性权利，即公开权和自我决定权。这些权利并不是具体的民事权利，但又称作权利，实际上是根据人格权的权能抽象出来的具有权能性质的权利，笔者把它称作抽象人格权。②

（3）权限。权限，是指就本身具有某种职责在内的权利，法律规定或者当事人约定的适当界限。因此，权限就是权利行使的范围和程度。例如监护权，是法律规定的权利，其权限就是其权利行使的界限；代理权是当事人授予的权利，其权限就是当事人所约定的代理被代理人行使代理权的界限。这些权利的目的往往是为他人享有某种利益，与行为人自身享有的利益无关。③

（二）民事权利的本质和本位

1. 民事权利的本质

对于民事权利的本质，理论上众说纷纭。在历史上主要有以下三种不同观点。

（1）意思说。意思说又叫作意志说，是德国学者温德夏特首倡，以德国学者萨维尼的主张为代表。这种观点认为，权利的本质就是意思（意志），是个人意志所能自由活动或自由支配的范围。意思或者意志是权利的基础，无意思则无权利。萨维尼就说过："权利为意志的自由，该自由即为人，并只有人是意志天赋的。"④ 反对者认为，这种学说解释了权利的本质是个人的意志，权利作为法律赋予权利人享有的意志自由，体现了权利人的自由意志，但是，没有解释意志产生的根源，其一方面要求享有权利者必须是有意思能力的，而另一方面又要说明无意思能力的未成年人和精神病人为什么能够具有权利能力。此外，这种主张也无法解释很多法律关系是因客观事实的发生而发生、变更或者消灭的客观现象。

① 杨立新：《人格权法专论》，高等教育出版社 2005 年版，第 33～35 页。
② 杨立新：《人格权法》，法律出版社 2011 年版，第 308、324 页。
③ 龙卫球：《民法总论》，中国法制出版社 2002 年版，第 121 页。
④ ［意］罗尔夫·科尼佩尔：《法律与历史——论德国民法典的形成与变迁》，朱岩译，法律出版社 2003 年版，第 64 页。

（2）利益说。利益说的代表人物为德国学者耶林。他主张，权利是受法律保护的利益,[①] 凡依法律规定归属个人生活的利益即为权利。需要法律定纷止争，无非是纠纷因人们对利益的争执而引起，如果没有利益的存在，也就没有纠纷，因此也就没有必要进行法律的调整。但是反对者认为，一方面，法律所保护的利益未必都表现为权利，如为了保护未成年人的利益而通过设立行为能力制度而对其加以限制；另一方面，权利也未必都蕴含一定的利益，如代理人虽享有代理权，但其并未因此而享有物质的或者精神的利益。因此，学者批评利益说的时候指出，权利的实质不是存在于利益之中，而是存在于为保护这种利益由法律命令所作的决定之中。[②]

（3）法力说。法力说也叫作法律力量说，以德国学者梅克尔为代表。该学说认为，权利的本质表现为法律上之力，权利是由特定的利益和法律上之力两因素构成的。特定利益为权利的内容，法律上之力为权利的外形。法律为保护或充实个人的特定利益，才给人以特定的法律上的力，使其借以享受特定的利益。[③] 根据法力说，权利乃是一种法律上之力，其为法律所赋予，这种力量受到法律的支持和保护，依照这种力量，权利人可以支配特定的物，可以请求义务人为一定行为或者不为一定行为，因此，将法律上之力作为所有权利的共同特征是深具意义的。

法力说克服了意思说和利益说的不足，得到我国主要学者的支持，为我国民法解释权利本质的通说。

2. 权利本位

权利本位，与义务本位相对应，是指权利是民事法律关系中的核心，民法的终极目的在于实现、保障民事主体依法享有的各项民事权利，权利的实现是民法的基本作用和基本任务。

义务本位反对权利本位思想，甚至否认权利概念的存在，认为人们只有依据法律从事社会互助的社会义务，绝无权利可言。因此，人们在法律上只

---

① ［德］耶林：《拿破仑法典以来私法的普通变迁》，徐砥平译，会文堂新记书局1915年版，第18页。

② ［法］狄骥：《宪法论》，钱克星译，商务印书馆1962年版，第200页。

③ 申卫星："溯本求源道'权利'"，载《法制与社会发展》2006年第5期。

有连带关系，无所谓权利。①

确立权利本位观念，对于我国民法建设和现代法治建设具有极为重要的意义。其原因在于，我国历来忽视权利，极力强调公民对国家、对社会、对他人应尽的义务。因此，公民的权利屡屡被侵害甚至践踏，即使在日常生活中，公民的权利也每每无法主张，这些都是司空见惯的事实。为了确保人的权利的实现，我们必须确立权利本位观念，这不仅使每一个民事主体都能够普遍建立权利观念，尊重他人的权利，还能够使整个社会都确立尊重权利、保护权利的意识。因此，我国民法确立权利本位观念，在原《民法通则》中专门规定了"民事权利"一章，以彰显民事权利的重要性及其在法治建设中的重要地位。

（三）民事权利的特征

1. 民事权利是由特定民事利益构成

民事权利的背后都是特定的民事利益，这表现在，民事权利的设定体现了民事主体的特定民事利益，民事主体为追求一定的民事利益，因而从事一定的民事活动，从而获得权利。当然，民事主体享有、行使某种权利，都是为了满足某种利益的需要，但是这种民事利益有时候并不都是个人利益的内容，因为国家协调个人利益和社会利益之间的冲突，会对一定的民事利益进行限制，因此，民事利益中有时候会包含公共利益的内容。同时，特定民事利益是民事权利的构成要素，但不是说所有的民事利益都表现为权利，法律根据不同的利益，区分为权利保护的民事利益、法益保护的民事利益，以及法律不予保护的利益。从这个意义上说，民事权利就是特定的民事利益，民事权利是法律之力和特定利益的结合，是类型化了的民事利益。②

2. 民事权利是对特定民事利益赋予的法律之力

民事权利并不是天赋的，也不是自然的，而是法律赋予的，从而权利人可以凭借法律赋予的这种法律之力，要求他人为一定行为或者不为一定行为，可以直接支配权利客体，排斥他人的非法干涉，有权利用标的物获得利益，

---

① 龙卫球：《民法总论》，中国法制出版社 2001 年版，第 125 页。
② 王利明：《民法总则研究》，中国人民大学出版社 2012 年版，第 415 页。

在受到侵害时获得法律的保护，以保证实现自己的特定民事利益。因此，仅仅有特定民事利益并不能构成民事权利，必须有法律之力，才能够保障特定民事利益的实现。从这个意义上说，民事权利就是法律之力。

3. 民事权利是民事主体自由行使意志实施法律行为的范围

正因为民事权利是对特定民事利益赋予的法律之力，民事权利的存在就为民事主体的意志和行为提供了自由和空间，在这个空间之中，民事主体可以按照自己的自由意志，实施法律行为，实现民事利益。因此，民事权利也就表现为民事主体一定范围内的行为自由。法律保障民事主体在权利设定的空间中，自由支配，自由行为。这种自由表现为：一是是否行使权利的自由，可以自由选择行使或者不行使权利；二是可以自由处分自己的非专属性的权利，如丢弃或者毁损自己所有的财产；三是可以自由选择行使权利的方式，只要该方式不妨害公共利益或者他人利益；四是可以自由选择权利救济方式，如在财产受到损害的时候，选择物权请求权进行救济，或者选择侵权请求权进行救济。因此，民事权利是民事主体自由行使意志实施法律行为的范围。

二、民法是权利法

民法是权利法，其基本内容由以下三部分构成。

（一）规定民事权利

民法以权利为本位。民法的基本内容之一，是规定民事权利，因而民法是一部民事权利法。民法规定的民事权利是与民法的调整范围相关的，即调整人身关系的那一部分规定的是人身权利，调整财产关系的那一部分规定的是财产权利。人身权利和财产权利这两种权利就是民法的两大支柱，民法就是由这两大类民事权利构成的。知识产权既有人身权的性质，又有财产权的性质，是两种权利结合在一起的另一种民事权利，一般划在财产权范围内，为无形财产权。继承权是财产权，但具有身份的基础。

（二）规定民事权利行使规则

民事主体享有了权利，还要依照自己的意愿行使自己的权利，而行使权利必须按照法定的规则行使。在所有的成文法中，民法典的篇幅最为庞大，其原因就是民事权利的行使规则最为复杂。

在民事权利行使规则中，有一个对比鲜明的现象，就是财产权利的行使规则最为复杂，人身权利的行使规则较为简洁。在民法典中，规定物权和债权的内容占了大部分的篇幅，而人格权的规定在《民法典》总则编中只有三个条文，至于将来在民法分则中会有多少有关人格权的规定，由于不设置单独的人格权法编，因而很难预测，或许仅仅就是对人格权作出一般性规定而已。这是因为，财产权利都涉及财产的归属、利用和流转，权利人行使权利必然要涉及他人的利益；至于身份权则需要规定具体的规则，因而其篇幅超过人格权法。财产权的行使必须遵守严格的规则，才能够保证财产归属、利用和流转秩序不发生混乱。而人身权尤其是人格权的行使，只要权利人不滥用权利，义务人不侵害权利人的权利，就不会发生问题，因而不需要规定特别详细的规则。

（三）对民事权利的保护

民法的第三部分内容，是与民法的第二种调整方法相适应的，就是对民事权利的保护，即采用民事责任的方式，对违反民事义务、侵害民事权利的民事违法行为进行制裁，民法的强制力就体现在这一部分内容上。这正是《民法典》总则编第 1 条关于"保护民事主体的合法权益"规定的含义。

正当行使民事权利是适法行为，是正当的行为，受到法律的保护。权利受到侵害，民法就要进行救济，对侵权行为人进行制裁，对受害人进行保护，使其受到侵害的权利得到恢复。

民法对民事权利的保护，采用请求权的方式。对于民事权利受到侵害或者妨害的民事主体，法律赋予其请求权，有权请求侵害或者妨害其权利行使的人承担法律规定的责任，恢复其权利。保护权利的请求权体系分为两个体系，一是原权请求权，二是侵权请求权，分别担负保护权利的职责。前者是各种民事权利所固有的权利，后者是根据侵权责任法的规定，在权利受到侵害之后新发生的用以保护民事权利的请求权。至于这两种请求权的关系，本书还要在后文进行说明。

三、《民法典》总则编规定民事权利的体系和主要内容

（一）《民法典》总则编"民事权利"一章的体系结构

研究《民法典》总则编"民事权利"一章的体系结构，应当从以下两个方面分析。

第一，"民事权利"一章从内容上分析，应当主要包括三部分：一是民事权利的体系，包括人身权和财产权以及其他民事权利；二是民事权利客体体系，但是这部分规定得并不完善，主要规定的是物权的客体、知识产权的客体，其他民事权利客体的规定并不完善；三是民事权利其他问题。

第二，民事权利及其客体以及民事权利的其他问题的体系。这一部分的体系结构比较清晰，规定人格权、身份权、物权、债权、知识产权、继承权、股权以及其他民事权利。再加上民事权利的其他问题，构成民事权利上的基本体系结构。

（二）《民法典》总则编"民事权利"一章的主要内容

下面按照《民法典》总则编"民事权利"一章第二种结构方式讨论这一章的主要内容。

（1）民事权利及其客体的主要内容。"民事权利"一章，第一，规定的是人身权，包括人格权和身份权，人格权规定了四个条文，规定了自然人和法人分别享有的人格权，着重强调的是个人信息权；之后规定了身份权，即自然人因婚姻、家庭关系等产生的人身权利，包括配偶权、亲权、亲属权。第二，规定了物权，规定了物权的概念和物的种类，以及物权法定原则，同时对于为了公共利益需要，征收征用不动产或者动产的，应当给予公平合理的补偿的原则。第三，规定了债权，分别规定了合同之债、侵权之债、无因管理之债和不当得利之债。第四，规定了知识产权，对知识产权概念作了界定，同时规定了知识产权的客体。第五，规定了继承权及继承权的客体。第六，规定了股权等其他投资性权利，以及其他民事权利，特别是规定了作为权利客体的网络虚拟财产和数据。在上述规定中，对于人格权、身份权、债权、股权等都没有规定其客体。

（2）规定的民事权利的其他问题，包括未成年人保护法、老年人权益保障法、残疾人保护法、妇女权益保障法、消费者权益保护法的民法特别法属性；规定了民事权利取得方式，规定了民事主体行使权利的意思自治，特别是规定了禁止权利滥用原则。

四、参考结论

民事主体享有法律规定的民事权利和利益。民事权利和民事利益包含于民事权益中：权利是指为保护民事主体的某种利益而赋予的法律上的力，它是利益和法律之力的结合；民事利益是指那些虽然受到法律保护但未被确定为权利的利益，包括人身法益和财产法益等。本案中，原告泛化了权利概念，以侵权之诉要求被告承担侵权责任，于法无据，也是因对民事权利和民事利益的不正确理解所致。

第二节　民事权利的类型

案例 2 **材料款纠纷案**

【案情】

2013 年 8 月 5 日，被告李某甲、李某乙、许某某、郭某某签订承德市丰宁抽水蓄能电站 1、2 号路建桥工程合作协议，项目范围：中国葛洲坝集团建抽水蓄能电站 1、2 号路，第一项目建四座桥梁工程。协议约定，李某甲负责与甲方签订合同，人员分配。郭某某负责账目管理、施工现场、材料管理。许某某负责施工现场管理、人员分配、后勤管理、材料管理。李某乙负责资金管理、后勤管理、施工现场管理。李某甲为该项目负责人。该项目施工期间，原告张某某为其加工了模板。2014 年 11 月 5 日，李某甲以四人名义为原告出具欠条，欠条载明：今欠磨板加工费壹拾万元（已付贰万元），材料费伍万捌仟元（已付贰万元）。合计欠人民币壹拾壹万捌仟元整。欠款人：李某甲、李某乙、许某某、郭某某。

原告张某某诉称欠款至今未给付，为此诉至法院请求判令四被告给付材料款及加工费人民币 118 000.00 元，诉讼费由被告承担。被告李某甲、李某乙辩称："原告所述属实，我们同意偿还欠款。"被告许某某辩称："我们四人承包牛圈子葛洲坝工程属实，我在原告处也拉过模板，我个人和原告无任何关系，债务也和我无关。"被告郭某某辩称："我没有和原告洽谈过，我也没有为原告出过欠条，谁出的欠条，谁偿还。"

【问题】

该案欠款该如何偿还？

【法理分析与参考结论】

一、民事权利类型的一般划分

（一）人身权、财产权与综合性权利

按照权利的客体是否具有财产价值为标准，可以将民事权利分为人身权、财产权和综合性权利。

人身权，是指以人格利益或身份利益为内容、与权利人的人身不可分离的民事权利。人身权包括人格权和身份权。人格权，是指权利人直接支配其生命、健康、名誉等人格利益并排除他人干涉的民事权利。人格权包括生命权、健康权、身体权、姓名权、名称权、肖像权、形象权、声音权、名誉权、信用权、荣誉权、隐私权、人身自由权、性自主权以及知情权等。身份权，是指权利人基于特定的亲属身份而产生的支配身份利益的民事权利。在现代社会，身份权以义务为中心，包括配偶权、亲权和亲属权。人身权一般都具有专属性，原则上不得转让、抛弃和继承。但随着市场经济的发展，一些人格利益也具有财产价值，人格权中的一些权能，如肖像权的使用权、隐私权的利用权、名称权等，可以依法转让他人。

财产权，是指与权利人的人格、身份相分离，直接体现某种财产价值的权利。财产权包括物权和债权。财产权原则上不具有专属性，可以转让、抛弃、继承。财产权的主体限于现实地享有或可以取得财产的人，而不像人格权那样为一切人普遍地享有。[1]

综合性权利，是指那些兼具财产性和人身性，专属性并不强烈的民事权利，其内容既包括人身利益又包括财产利益。综合性权利包括知识产权和继

---

[1] 谢怀栻：《谢怀栻法学文选》，中国法制出版社 2002 年版，第 354 页。

承权：知识产权主要包括著作权、商标权、专利权。在这些权利中，智力成果的创造人（作者、发明人、设计人）依法享有的表明自己身份的权利具有人身性质；而其他对智力成果、工商业标记等加以利用并收益的权利则具有财产性质。继承权是自然人基于一定的亲属关系而享有的依法继承被继承人遗产的权利。此种权利以继承人的特定身份为基础，又以财产利益为内容，因此属于一种综合性权利。综合性权利并不具有强烈的人身专属性，因此，权利人对知识产权可以转让、放弃，还可以依法继承；继承权也可以放弃。

（二）绝对权和相对权

以权利的义务主体是否特定为标准，民事权利可以分为绝对权和相对权。

绝对权，也称为对世权，是指以权利人以外的任何第三人为义务人的民事权利。因此，绝对权的权利人是特定的，其义务人是权利人之外的任何人。绝对权并非意味着权利人的权利不受任何限制，而是指权利的行使无须得到他人的同意或他人积极行为的辅助。除权利人以外，其他任何人都对权利负有不可侵害和妨害的义务。义务人的义务是不作为，只要不妨碍权利人行使权利就是履行了义务。因此，其义务主体是不特定的，义务人承担的只是不侵害或不妨害权利的消极义务。权利人的权利可以对抗一切不特定的义务人。人格权、身份权、物权、知识产权等各种支配权都是绝对权。支配权和绝对权是对同一种权利从不同方面的表述。既然权利人之外的任何人都是义务人，因此，绝对权通常都具有公开性，须以特定方式予以公示。

绝对权可以分为两种类型：一是普通的绝对权，是指权利主体为一人，没有其他人作为权利主体的绝对权。这种绝对权由于只有一个权利主体享有权利，因此，行使权利的规则比较简单，权利人行使权利不受他人意思的制约，是最为典型的绝对权。二是具有相对性的绝对权，是指权利主体为二人以上，在两个以上的权利主体之间形成相对性权利义务关系的绝对权。在共有权（包括物权的共有权和知识产权的共有权）中，以及身份权中，权利主体都是二人以上，特别是建筑物区分所有权的共有权，权利主体达数十人、数百人、数千人甚至数万人。在多数的权利人共同行使一个权利的时候，就存在较多的制约因素，因此，在多数民事权利主体之间形成了相对性的权利义务关系。因而，在具有相对性的绝对权中，权利义务关系就形成了外部关系和内部关系这两种权利义务关系。外部关系，是作为绝对权的权利人与义务人之间发生的权利义务关系，这是绝对权的法律关系。内部关系，是多数权利主体之间享有权利、负担义务而形成的相对性的权利义务关系，借以协调多数权利人之间的利益关系。这种既具有外部关系又具有内部关系的绝对权，情况非常复杂，必须内外兼顾，妥善处理内部和外部的权利义务，协调好各种利益关系。

相对权，也称为对人权，是指权利人只能够请求特定的义务人为一定行为或者不为一定行为的民事权利。相对权的义务人是特定的，权利人只能对抗特定的义务人，而不能对抗义务人之外的其他第三人。权利人只能向特定的义务人主张自己的权利。相对权的义务人所承担的义务主要是积极行为的义务，只有通过义务人的行为，权利人才能实现自己的权利。在特殊情况下相对权的义务人承担的也可能是不作为的义务。相对权仅在特定的当事人之间存在，所以，相对权通常无须具有公开性。债权是典型的相对权。

（三）主权利和从权利

按照民事权利之间是否存在主从关系为标准，民事权利可以分为主权利和从权利。

主权利，是指数个有主从关系的权利中，不依赖于其他民事权利就可以独立存在的权利。民事权利通常都是主权利。

从权利，是指其存在必须以其他民事权利的存在为前提才能存在的民事权利。从权利一般包括地役权、抵押权、质权、留置权以及保证债权等。基于合同自由原则，当事人可以自由约定多项权利之间的从属性。

从权利对主权利的从属性，称为"从随主"原则，通常表现为以下方面：第一，从权利的发生以主权利已经发生为前提。在具有主从关系的民事权利之间，如果主权利并未发生，则从权利也不能发生。例如，担保物权所担保的主债权因合同无效而不能发生，创设从权利的法律行为也应当无效，从而使担保物权不能设立。例外的是，在最高额抵押权和最高额保证债权中，其成立不以主债权的成立为前提。第二，权利人对主权利的处分原则上及于从权利。处分主权利，其效力及于从权利。例如，债权人转让其债权，为担保该债权所设立的抵押权等从权利也一并转移。如果该从权利系专属于主权利人的除外。① 地役权人转让需役地使用权，受让人一并取得地役权。第三，主权利消灭其从权利随之消灭。在主权利消灭的时候，其从权利一并随之消灭。例如，主债权因清偿、提存、抵销、混同、免除等原因消灭，担保物权、保证债权等从权利一并消灭。

（四）专属权与非专属权

按照民事权利是否可以与其主体相分离为标准，可以分为专属权和非专属权。

专属权，是指专属于特定的民事主体的民事权利。专属权与主体不能分离，不得转让、继承。人格权、身份权都具有人身性，为专属权。专属权分为享有上的专属权和行使上的专属权。享有上的专属权是专属于特定人享有，不可与权利人相分离，不得转让的权利。行使上的专属权，是指行使与否，只能由权利人决定，他人不得代理或者代位行使的专属权。此外，在义务上也可能有专属性，如委任合同和承揽合同所生的义务，就是专属性义务。

非专属权，是指非专属于权利人本人，可以转让、继承的民事权利。物权、债权、知识产权等财产权原则上属于非专属权，但基于扶养关系、抚养关系、赡养关系、继承关系产生的给付请求权和劳动报酬、退休金、养老金、抚恤金、安置费、人寿保险、人身伤害赔偿的请求权等权利，虽为债权，但具有专属性，为专属权。②

（五）既得权与期待权

以权利是否实际取得为标准，可以将民事权利分为既得权和期待权。

既得权是指权利人已经实际取得并且可以现实地享有其利益的实体民事权利。在民事权利中，大部分都是既得权，如人格权、身份权、物权、债权、知识产权等。

---

① 《合同法》第81条规定："债权人转让权利的，受让人取得与债权有关的从权利，但该从权利专属于债权人自身的除外。"

② 《最高人民法院关于适用〈中华人民共和国合同法〉若干问题的解释（一）》第12条规定："《合同法》第73条第1款规定的专属于债务人自身的债权，是指基于扶养关系、抚养关系、赡养关系、继承关系产生的给付请求权和劳动报酬、退休金、养老金、抚恤金、安置费、人寿保险、人身伤害赔偿请求权等权利。"

期待权是指权利人享有的，但尚未现实地取得而于将来可能取得的实体权利。期待权包括两种类型：一是约定的期待权；二是法定的期待权。约定的期待权是由当事人通过约定形成的期待权，如保险合同受益人的期待权、附所有权保留的买卖合同中买受人的期待权，都是通过约定产生的期待权。法定的期待权，主要是继承关系中，被继承人健在时继承人享有的期待权，须在被继承人死亡时，该期待权变为既得权，继承人开始继承被继承人的遗产，实现继承权。期待权的客体为期待利益，但并非所有的期待利益都能成为"权"，期待利益是宽泛的概念，包括期待权所保护的期待利益，以及不能被期待权所保护的期待利益，即不能权利化的期待利益。在缔约过失中，缔约人享有期待利益，但由于合同没有成立，缔约人还不是合同当事人，并不享有债权，因此，该期待利益就是没有被权利化的利益，不构成期待权。[①]
期待权的特点是：第一，期待权是一种未来的具有或然性的权利。期待权的关键在于权利在期待中，而不是现实地享有。故期待权是尚未由权利人现实取得的权利，权利人尚不能实际地享有权利带来的利益，因而只是一种未来的权利。即使是权利人未来的权利，该权利是否能够在未来确定地实现并变为既得权，也不能完全确定，因为期待权转变为既得权，还要取决于法定的或者约定的权利成就的条件，因此处于一种或然状态，而不是应然状态。例如，订立保险合同，保险受益人就享有了保险合同的保险利益，但保险事故没有发生，保险利益就永远不能实现，保险受益人的权利就不能转变为既得权，不能现实地享有、实现这个权利。第二，期待权实际上是一种法律保护的利益。在民事权利中，期待权是一种权利的特殊形式，其特殊性在于：一方面，权利人享有这个权利，可以期待着这个权利的利益的实现；另一方面，这个权利还不能现实地实现，必须等待一定的条件成就，才能够转化为既得权。因此，期待权的实质，是民法保护权利人的一种利益，尽管这个利益还不是权利人的，但在适当的条件下，这个利益就会成为权利人的实际权利，期待的利益成为现实享有的利益。

民法区分既得权和期待权的意义是：第一，区分权利人是否实际取得某

---

① 刘凯湘：《民法总论》，北京大学出版社 2006 年版，第 89 页。

种权利，并且可以主张实现该权利。既得权是权利人现实地享有的权利，其可以立即行使该权利，取得该利益。期待权的权利人由于其权利尚未成为既得权，对于权利所包含的利益只是在期待中，还不能现实地实现。第二，权利实现的条件要求不同。既得权无须某种法律事实的实际发生，就已经现实地存在了，不必具备某种条件。而期待权的实现必须经过向既得权的转化即具备期待权变为既得权的法律事实，才能够成为现实能够享有的权利。第三，权利的可侵害性以及救济的方法上的区别。既得权具有可侵害性，被侵害后有具体的救济方法。期待权是否具有可侵害性，理论上意见分歧，即使承认期待权能够受到侵害，但由于权利人享受的是一种未来的利益，具有不确定性，因而在确定救济方法时，与既得权存在区别。[①]

二、民事权利的基本类型

按照民事权利的功用为标准，可以将民事权利分为支配权、请求权、抗辩权和形成权四种基本类型。这种民事权利的分类特别重要，因此专门进行说明。

（一）支配权

1. 支配权的概念和特征

支配权，是指权利人直接支配权利客体并排除他人干涉的权利，是得就权利之客体为直接的支配权利。[②] 具有绝对权性质的民事权利都是支配权。物权作为权利人依法直接支配特定物的排他性权利，是典型的支配权；知识产权、人格权、身份权作为权利人直接支配的智力成果和工商业标记、人格利益、身份利益的权利，也属于支配权。支配权有如下特征。

（1）支配权的内容是权利人对其客体的直接支配。支配是指权利人在其权利范围内可以按照自己的意志依法对权利客体管领和处理，这种管领和处理不仅可以通过法律行为进行，如物权人可以在自己的物上为他人设定用益物权或担保物权，由他人占有、使用而使自己取得收益等；也可以通过权利人自己依法直接占有、使用、处分标的物等事实上的使用、处分等行为进行支配。

---

① 王利明：《民法总则研究》，中国人民大学出版社 2012 年版，第 449 页。
② 梁念曾：《中国民法总论》，建设印刷所 1948 年版，第 22 页。

（2）支配权的义务主体是不特定的任何人。任何民事权利的权利人都是特定的，其义务人是否特定，则是区别支配权和请求权的基本标准。支配权的义务人是权利人之外的不特定的任何第三人。

（3）支配权的客体具有特定性。

（4）支配权具有排他性。权利人既然可以依据自己的自由意志对客体加以支配，那么，在同一权利客体上就不能同时存在两个内容不相容的支配权。

（5）支配权具有社会公开性。支配权应当具有社会公开性，以使权利人之外的第三人知悉权利的现状，避免动辄得咎。因此，支配权通常要通过一定的方式加以公示。

2. 支配权的类型

（1）支配人身利益的支配权。对于人身利益进行支配的民事权利，是人格权和身份权。人格权的权利人支配的是人格利益，包括物质型人格利益和精神型人格利益。身份权的权利人支配的是特定亲属关系之间的身份利益，而不是对方亲属的人身。

（2）支配财产利益的支配权。对于财产利益进行支配的民事权利，是物权、知识产权以及继承权。物权所支配的对象是物，物权人可以对物依照自己的意志独立进行支配，并不需要他人意思和行为的介入。

（二）请求权

1. 请求权的概念和体系

请求权，是指根据权利的内容，得请求他人为一定行为或者不为一定行为的权利。[1] 故谓之请求权者，约求他人行为（作为或不作为）之权利也。请求权既是民事权利的一种类型，也是民法的方法，此处指代的是作为民事权利类型的请求权。[2]

民法的请求权体系，包括三种不同的请求权：一是本权请求权，二是原权请求权，三是次生请求权。在这三种请求权中，第一种请求权即本权请求权是民事权利类型，而后两种请求权类型则是民法方法性质的民事权利，即救济权、

---

[1] 王家福主编：《中国民法学·民法债权》，法律出版社1991年版，第7页。

[2] 梁念曾：《中国民法总论》，建设印刷所1948年版，第21页。

保护权，是民事权利受到侵害后进行救济的民事权利，是方法性的民事权利。

2. 作为民事权利类型的本权请求权

本权请求权是基本的权利类型，如债权。在绝对权中也包含一些属于本权请求权的请求权。在绝对权中，有的绝对权并不存在本权请求权，因此，可以叫作无本权请求权的绝对权，如人格权、一般的物权、知识产权。有的绝对权包含本权请求权。本权请求权基本类型如下。

（1）债权，是当然的请求权性质的权利，其基本内容就是请求权。其权利的内容，就是债权人请求债务人实施一定的行为，以实现自己的债权。

（2）相对性的绝对权内容中的请求权。在某些绝对权中，其某些内容具有请求权的性质，主要是：第一，身份权的本权请求权。在配偶权、亲权以及亲属权中，都存在某些请求权。第二，共有权中共有人之间的本权请求权。在共有权中，由于共有权的享有是由二个以上的共有人构成权利主体，在权利主体上形成了多数，因此，在共有人之间存在请求权。第三，继承权的本权请求权。继承权是继承人继承被继承人遗产的权利，其基本性质也是支配权，而不是请求权。但是，由于继承权会存在多数人继承的情况，在共同继承遗产中，会出现共同继承人之间的请求权。第四，知识产权中的本权请求权。一般的知识产权不存在请求权，但在共有的知识产权中，存在权利主体之间的请求权。

3. 请求权的特点

（1）请求权的义务人具有特定性。请求权的权利人具有特定性自不待言，其义务人也须特定。权利人只能向特定的义务人提出作为或不作为的请求，而不能向义务人之外的其他第三人提出请求。因此，请求权法律关系具有相对性，是发生在特定的权利人和义务人之间的法律关系。

（2）请求权的客体是义务人的行为。义务人的行为包括作为（积极的行为）和不作为（消极的不为一定行为）。在现代民法中，权利人不能直接对他人人身进行支配，所以，请求权人不能依赖自己单方的意思直接支配标的物从而实现权利，必须通过义务人的行为来进行。在义务人不履行义务时，权利人可以通过诉讼请求法院强制义务人履行义务。

（3）请求权通常无须公开。请求权的义务人是特定的人，第三人无须知悉权利的存在，与支配权完全不同，因此，法律不要求请求权必须通过一定方式进行公示。在通常情况下，由于第三人的原因导致义务人不能履行义务时，权利人不能向第三人提出请求；但如果该第三人明知债权的存在，故意通过一定的行为使债务人不能履行义务的，权利人对该第三人产生侵权请求权，可以向该第三人提出请求。这就是第三人侵害债权制度。

4. 本权请求权的基本作用

本权请求权的基本作用，在于确定相对的当事人之间存在的权利义务关系，并且在相对的权利义务关系中，是以请求一方要求他方作为或者不作为的权利和他方必须按照权利人的请求作为或者不作为，据此满足债权人的权利、实现自己的权利目的。作为本权请求权的债权，就是这样的权利，其基本作用正是如此。即使是在绝对权中存在的请求权，其基本作用也是如此。例如，身份权中的赡养、扶养、抚养请求权，其基本作用就是权利人一方向义务人一方请求履行赡养、扶养、抚养的义务，实现自己的身份权内容。

（三）抗辩权

1. 抗辩权的概念和特征

抗辩权，是专指对抗他人请求权行使的权利，也就是拒绝相对人请求给付的拒绝给付权。故谓之抗辩权者，与他人请求给付时得为拒绝权利也。[①]抗辩权有广义和狭义之分。广义的抗辩权是妨碍他人行使其权利的对抗权。至于他人行使的权利是否为请求权，在所不问。狭义的抗辩权乃专指对抗他人请求权行使的权利，也就是拒绝相对人请求给付的拒绝给付权。抗辩权相对应的是请求权和形成权。与请求权和形成权相比较，抗辩权具有如下几个基本特征。

（1）抗辩权具有永久性。关于抗辩权是否有一定的期限限制问题，有学者认为，抗辩权大都应有期限限制。我们这里所说的"永久性"，是指抗辩权不单纯因时间之经过而消灭。故不但永久抗辩权具有永久性，而且延缓的抗辩权亦具有永久性。[②] 例如，同时履行抗辩权为延缓的抗辩权，虽然应在

---

① 梁念曾：《中国民法总论》，建设印刷所 1948 年版，第 22 页。

② 郑玉波："论抗辩权"，见《民商法问题研究（四）》，三民书局 1991 年版，第 45 页。

履行期限内提出，然而如果对方永久不为对待给付而向此方请求，则此方即可以永久行使抗辩权，不能单纯因时间的经过而使抗辩权消灭。

（2）抗辩权具有无被侵害的可能性。凡是权利，无论是绝对权还是相对权，虽然其权利内容不一，但均有不被侵害的效力，任何人都负有不得侵害的消极义务，这已成为权利的共同属性。但是抗辩权却例外，它没有被侵害的可能，不能成为侵权行为的对象。因为抗辩权在行使前，对原法律关系不产生任何影响，但一经行使，具体的权利义务关系随即发生一定的变化，他人没有干预的机会。抗辩权在行使的过程中也没有被侵害的可能，因为抗辩权的行使行为是一种单方法律行为，权利人只要将其意思通知送达于对方就可以立即产生法律后果，无须他人行为的介入，因而也就没有被侵害的可能。

（3）抗辩权具有不可单独让与性。抗辩权是否可以单独转让，目前为止学界仍有疑义，但学者对于抗辩权可否单独转让也没有进行比较深入的讨论，通常认为须附随其所附的基本权利义务一起方可让与。抗辩权为附属一定法律关系上的权能，其实质是权利的作用，抗辩权与所依附的基本权利义务的关系至为密切，而权利的作用须依附在基本权利义务的法律关系下才能够发挥其效能，因此，抗辩权的行使具有专属性。抗辩权一旦与基本法律关系分离，则作用本身无法单独存在，也将无行使的可能，故具有不可单独转让的特征。

（4）抗辩权具有无相对义务观念性。所谓无相对义务观念性，是指"无须相对人介入"①。因抗辩权不需相对人的协力，因而抗辩权无相对义务观念而存在。在抗辩权法律关系中，只要权利人将抗辩的意思表达给对方，即可产生法律规定的效果，既不需要相对人的作为或者不作为，也不需要相对人对该意思通知表示同意或不同意，也就是说相对人不负任何义务。

2. 抗辩权的类型及行使后果

抗辩权以区别标准之不同可作如下分类。

（1）独立抗辩权与从属抗辩权。抗辩权以其是否从属于主债权为区别标

---

① 林诚二："论形成权"，见杨与龄主编：《民法总则争议问题研究》，五南图书出版公司 1999 年版，第 77 页。

准，可分为独立抗辩权与从属抗辩权。

独立抗辩权的权利人，自己不必有主债权存在，仅对于他方债权的行使，可以进行抗辩。此时对方的债权称为附有抗辩权的债权，其效力是不完整的。如时效完成抗辩权、先诉抗辩权均为独立的抗辩权。

从属抗辩权的权利人，自己须有请求对待给付的债权，其抗辩权即从属于该债权而存在，仅提供担保作用。因而，该债权一旦消减，则其抗辩权亦随之消减。例如，同时履行抗辩权就是从属抗辩权。应注意的是，所谓的从属抗辩权的从属性，是对于有抗辩权一方的债权而言的，对其相对人的债权而言，则并非具有从属性，而只能说相对人债权是附有抗辩权的债权，其效力不完整而已，两者不可混为一谈。

（2）永久性抗辩权、延缓性抗辩权和限制性抗辩权。抗辩权以其效力强弱的不同为区别标准，可分为永久性抗辩权、延缓性抗辩权和限制性抗辩权。

永久性抗辩权是指该抗辩权的行使可使请求权行使的效力被永久排除，其在诉讼上的效果，可使原告的诉讼请求得到驳回的裁判，如时效完成的抗辩权。

延缓性抗辩权是指仅能使对方请求权于一定期间内不能行使或暂时地排除其请求权的效力，故其也称为一时的抗辩权。[1] 延缓性抗辩权主要有同时履行抗辩权、后履行抗辩权、不安抗辩权、先诉抗辩权和穷困抗辩权。

限制性抗辩权的效力表现在：义务人承认存在请求权，主张此种限制性抗辩权既不能够永久性地，也不能够暂时性地阻止权利人请求权的效力，只能够令权利人有限地行使其请求权。《民法典》继承编第 1116 条规定，继承人以所得遗产实际价值为限清偿被继承人依法应当缴纳的税款和债务。这条规定的就是限制性抗辩权。

（四）形成权

1. 形成权的概念和特征

形成权是一种重要的权利类型，在民法中应用范围极广。但在原《民法通则》和有关法律中，对形成权却都没有明文规定。《民法典》总则编应当对形

---

[1] 郑玉波：《民商法问题研究（四）》，三民书局 1991 年版，第 43 页。

成权作出一般性的规定，同时对其行使规则作出具体规定，使对形成权的认识和司法实践操作形成统一，避免发生认识和适用中的分歧。

（1）形成权的概念。形成权是指当事人一方可以以自己的单方意思表示，而不需要他方相应地作出某种行为，即可使法律关系发生变动的民事权利。故谓之形成权者，因一方之行为使某种权利发生变更或消灭之权利也。①

享有形成权，意味着法律赋予主体一种单方面的法律之力，即在特定情形下，法律允许权利主体对某项法律关系采取单方面的行动，不需要另外一个人的参与。形成权人的权利对应着相对人"受约束"或"受制约"的法律状态，其必须接受他人作出的决定。②

形成权包括约定形成权和法定形成权，前者系当事人意思自治的结果，是一个开放的子系统；后者是基于法律的特别规定，有严格的行使条件，如追认权、撤销权、解除权、抵销权等。

（2）形成权的特征。一是单方行为形成性。形成权的单方形成性表现在以下三个方面：其一，"单方"的法律之力是形成权区别于其他权利类型的核心特征。形成权人可依单方行为引发法律关系得丧变更的法律效果，而形成权相对人得忍受自己的法律地位经由他人权利的行使而生变化，足见形成权法力之强大。其二，这种单方之力的行使主要是意思表示，但不限于意思表示，事实行为也可以成为形成权的行使方式。其三，"形成"是就该权利的作用而言的，形成权的客体是法律关系，其作用力在于"形成力"，即权利人能够单方面设定、变更或者消灭特定法律关系的力量。埃米尔·泽克尔将其概括为"形成一定法律关系"。③

二是权利拘束对应性。形成权的拘束对应性表现在：其一，形成权是一种"权利"而非"权能"。形成权符合权利的本质。其二，形成权对应相对人受"拘束"的法律状态。这种所谓"法律上的拘束"与法律义务明显不

---

① 梁念曾：《中国民法总论》，建设印刷所 1948 年版，第 21 页。

② ［德］迪特尔·梅迪库斯：《德国民法总论》，邵建东译，法律出版社 2001 年版，第 74 ~ 75 页。

③ Emil Seckel, Die Gestaltungsrecht des Bürgerlichen Rechts, Wissenschaftliche Buchgemeinschaft Darmstadt, 1903, S. 8 - 9, 载 "中国民商法律网", http://old. civillaw. com. cn/article/default. asp? id = 25598, 访问日期：2017 年 6 月 23 日。

同。法律对形成权相对人的"拘束"体现在，当对方当事人基于形成权将对法律关系的变化强加给他时，他所能做的只是必须接受这种法律后果，[①] 尽管他本人对此可能并不愿意。

三是不可单独让与性。形成权的不可单独让与性的表现是：其一，形成权具有依附性。形成权与和它有关的法律关系中的人和法律地位结合在一起，要么不能转让，要么只能和权利人的地位一起在有关的法律关系中转让。[②] 其二，形成权具有专属性。其专属于它所依附的法律关系的权利人。这种专属性是流动的，依附性是第一性，专属性为第二性，形成权随着其所依附的法律关系的转让而移转于权利的受让人。实际上，形成权的"依附"是对于法律关系的依附，或者说对于法律关系中权利人地位的依附，而并非对于法律关系中某一权利的依附，尽管这一特定法律关系中存在着其他权利。这与权能对于权利的构成性依附截然不同，不能混淆。

四是无被侵害可能性。形成权的无被侵害可能性的表现是：其一，形成权在行使前，为特定法律关系的权利人所享有，仅是一项抽象的存在，权利人以外的任何人无法触及，更谈不上侵害。其二，形成权在行使时，系形成权人的单方行为，相对人处于受"拘束"的法律状态，且其一经行使即生效，权利在行使的瞬间实现了自身价值，这种瞬时性权利，不存在被他人侵害的可能性。其三，形成权在行使后，由于该权利的特征在于行使，即"权利行使＝权利内容的实现＝权利消灭"，已消灭的权利不可能成为侵权行为的客体。"若谓有侵害存在，则所侵害者为含有形成权之原来的法律关系，甚或权利人身份权、财产权而言"。[③]

2. 形成权的行使与限制

（1）形成权的行使方式。形成权的行使是单方形成行为，即具备使法律关系得丧变更之力的单方行为，主要是以意思表示为核心的单方法律行为，

---

① 申卫星："形成权基本理论研究"，载中国民商法律网，http://old.civillaw.com.cn/article/default.asp? id=25598，访问日期：2017年6月23日。

② ［德］卡尔·拉伦茨：《德国民法通论（上）》，王晓晔等译，法律出版社2003年版，第292、281页。

③ 林诚二："论形成权"，见杨与龄主编：《民法总则争议问题研究》，清华大学出版社2004年版，第65页。

即"一般都是通过对该形成权的对方所作的意思表示来完成的"。①

一般而言，形成权的行使系形成权人单方行为即可实现其法律效果；在特定情形下，基于相对方法律关系介入的难度或公共利益的考虑，法律要求形成权人通过诉讼的方式行使该权利，相应地，法律效果在裁判确定后才发生。前者称为"单纯形成权"，后者称为"形成诉权"。形成诉权之所以是形成权的子类，理由在于：第一，最终通过法院完成的形成行为，有赖于权利人提起诉讼并作相关主张的意思行为；第二，形成权相对人要接受法院作出的形成后果，与形成权人径行行使权利时受到的"拘束"状态效果一样。②

（2）形成权行使的限制。形成权从一定意义上说，是"意味着对债法上的合同原则的偏离"，③ 其虽具形式和实质合理性，但行使上仍需受到限制，以纠偏相对人的"不利地位"，实现利益的相对衡平，表现在以下两个方面。

首先是内部限制。约定形成权的行使条件可由当事人具体确定；法定形成权，法律规定了特定的事实作为其前提条件，该特定事实在学理上称为"形成原因"。④ 法定形成权在制度设计的过程中，正是通过严格的构成上的限制性规定，为其自身提供合理性根据。

其次是外部限制，是指一般法律原则对形成权行使的规制。"除了由于权利的特别内容而产生的对权利的限制外，还有一些共同的限制，适用于所有的权利"，主要包括：诚实信用原则、禁止权利滥用和权利失效规则等。⑤

三、参考结论

《民法典》总则编规定民事主体依法享有债权，并且列举了债权的发生根据，同时指出债权即是权利人请求特定义务人为或者不为一定行为的权利。

---

① ［德］卡尔·拉伦茨：《德国民法通论（上）》，王晓晔等译，法律出版社2003年版，第291页。

② ［德］卡尔·拉伦茨：《德国民法通论（上）》，王晓晔等译，法律出版社2003年版，第291～292页。

③ ［德］迪特尔·梅迪库斯：《德国民法总论》，邵建东译，法律出版社2001年版，第75页。

④ ［德］卡尔·拉伦茨：《德国民法通论（上）》，王晓晔等译，法律出版社2003年版，第291～292页。

⑤ 关于"权利的界限"，可参见［德］卡尔·拉伦茨：《德国民法通论（上）》，王晓晔等译，法律出版社2003年版，第304～312页。林诚二："论形成权"，见杨与龄主编：《民法总则争议问题研究》，清华大学出版社2004年版，第71～73页。

本条源自于原《民法通则》第84条"债是按照合同的约定或者依照法律的规定,在当事人之间产生的特定权利和义务关系。享有权利的人是债权人,负有义务的人是债务人",即债是债权人与债务人之间的"法锁"。债权人有权要求债务人按照合同的约定或者依照法律的规定履行义务。本案中,被告负有给付欠款与原告的义务,应当按照判定履行该项义务。

第三节　民事权利的取得、行使与保护

案例3 村民资格认定案

【案情】

原告李某某诉称,其母亲谢某某系被告桥头村三组村民,谢某某与南靖县村民李某于2009年9月2日生育原告李某某。2010年11月24日,二人办理结婚登记,原告户籍于2010年11月29日登记在母亲谢某某所在村组,取得村民资格,依法享有与其他村民相同的权利,被告在2014年清明节后发放给村小组集体土地发包分红款每人300元、责任田补偿款2880元(2014年至2018年责任田重新调整时人均0.6亩,原告未分得0.6亩责任田,按规定未分得土地的村民可向小组领取每亩每年1200元的补偿款,四年应发2880元)以及2014年东大路拓宽改造征用土地补偿款1000元,以上共计4180元,被告均拒绝发放上述款项。为维护原告的合法权益,现原告起诉至法院,请求法院判令被告桥头村三组支付给原告:①2014年清明节后发放给村小组集体土地发包分红款300元;②2014年至2018年村小组责任田重新调整原告未分得责任田0.6亩,村小组应发给补偿款2880元;③2014年东大路拓宽征用土地补偿款1000元,合计4180元。

【问题】

原告是否取得了该村村民资格?

【法理分析与参考结论】

一、民事权利的取得

民事权利的取得、变更与消灭，与民事法律关系的取得、变更和消灭是一致的，民事法律关系的产生、变更与消灭，就是民事权利的取得、变更和消灭。《民法典》总则编在"民事权利"一章第 129 条规定了民事权利的取得，没有规定民事权利的变更和消灭，但是这一规定完全可以适用于民事权利的变更和消灭。

民事权利的取得，是指民事主体依据法律赋予，或者依据合法的方式或根据，获得并享有民事权利。通说认为，民事权利的取得方式为两种，一是原始取得，二是继受取得。[①] 不过，这种学说显然没有将人格权的取得概括进来。理由是，根据康德的伦理和法律思想，人对自己人格的支配不需要法律承认，便可受到法律的保护。尽管德国法仍然将包括人格权在内的各种原权视为一种法定权利而不是所谓的自然权利，但在权利取得上承认其原始性，因此无须讨论人格权的取得问题。[②] 尽管如此，自然人和法人享有人格权，既不是原始取得，也不是继受取得，而是基于出生而由法律赋予的固有权利。

（一）《民法典》总则编规定的民事权利取得方式

《民法典》总则编第 129 条规定："民事权利可以依据民事法律行为、事实行为、法律规定的事件或者法律规定的其他方式取得。"按照这一规定，民事权利取得的具体方式如下。

1. 民事法律行为

民事法律行为是取得、变更和消灭民事法律关系的行为，当然也是取得、变更和消灭民事权利的具体方式。正如《民法典》总则编第 133 条规定的那样：民事法律行为是指民事主体通过意思表示设立、变更、终止民事法律关系的行为。这样的民事法律行为当然是民事权利取得的方式。例如，缔约当事人通过订立合同的行为取得债权。

---

① 苏号朋：《民法总论》，法律出版社 2006 年版，第 82 页。
② 龙卫球：《民法总论》，中国法制出版社 2002 年版，第 268 页。

2. 事实行为

事实行为是法律事实的一种，是指行为人实施的不具有设立、变更和消灭民事法律关系的意图，但是依照法律的规定能引起民事法律后果的行为。事实行为不以意思表示为要素，属于无关乎心理状态的行为，因此又叫作非表示行为。① 事实行为的行为人在实施一定的行为时，在其主观上并没有产生、变更或者消灭某一民事法律关系的意思，但是由于法律的规定，也会引起一定的民事法律后果。事实行为的特征是：第一，行为作为法律事实是一种由事实构成的行为，不包括当事人的意思要素；第二，因事实行为而引起的法律后果非出于当事人的意思表示，而是民法的一种强行性规范；第三，事实行为是一种垫底性的行为，民事法律行为具有行为人的意思表示，因而是穿着民事法律行为外衣的事实行为，然而事实行为没有当事人的意思表示，法律并不赋予其强制的法律后果，只有在其符合法律要求时才产生法律后果。因此，事实行为有合法的也有不合法的，但是当法律规定其发生法律后果时，同样可以取得权利。《民法典》物权编第 231 条规定："因合法建造、拆除房屋等事实行为，设立或者消灭物权的，自事实行为成就时发生效力。"这就是规定了事实行为取得民事权利和权益变动的效力。例如，从事智力创造活动，拾得遗失物、漂流物等属于合法的事实行为；侵害他人的人身财产则是不合法的事实行为，但是这些事实行为法律规定都产生法律后果，能够取得民事权利。

3. 事件

事件也是法律事实的一种，又称为自然事实，是指与人的意志无关，能够引起民事法律后果的客观现象。② 事件与行为相对应，行为是行为人意志可以控制的，在民事法律行为中，行为人以意思表示为核心要素，即使是事实行为，也是行为人并无意思表示，但仍是行为人意志可以控制的法律事实。但是事件不同，它与民事主体的意志无关，独立于人的意志之外，是不受人的意志控制的客观事实，它的发生、发展，都依照客观规律发生。但是事件一经发生，在法律规定的范围内可以引起法律后果，取得民事权利。学界曾

---

① 汪渊智："论民法上的事实行为"，载《山西大学学报（哲学社会科学版）》2003 年第 3 期。
② 王利明：《民法总则研究》，中国人民大学出版社 2012 年版，第 182 页。

经讨论过行政行为或司法行为究竟是事件还是行为的问题，通说认为法院的判决或者裁定以及行政机关的行政行为，都能够引起一定的法律后果，都不是人的意志所能控制的，因而属于事件而不是行为。正如《民法典》物权编第229条规定的那样："因人民法院、仲裁委员会的法律文书或者人民政府的征收决定等，导致物权设立、变更、转让或者消灭的，自法律文书或者人民政府的征收决定等生效时发生效力。"这一规定，就确认了司法行为、仲裁行为和行政行为的法律属性，在民法上属于事件。事件会发生民事权利变动的后果，如基于自然人出生的事件，父母和出生的子女之间发生亲权；基于自然人死亡的事件，死者丧失民事权利能力，但是其继承人的继承期待权变为继承既得权，死者的遗产由继承人取得所有权。

4. 法律规定的其他方式

法律规定的民事权利的其他取得方式，主要是法律直接赋予。法律直接赋予的民事权利只有人格权，因此，人格权是固有权利，而不是基于某种事实而取得的权利。人格权的固有性是人格权与其他民事权利的基本区别之一。债权等权利是相对权，物权等权利是绝对权，都有原始取得和继受取得的问题，但都不是民事主体的固有权，不具有固有性，均须依一定的法律事实才能获得。人格权也是绝对权，但人格权的获得不是依一定的法律事实而是依人的出生，一旦自然人出生、法人成立，就依法享有人格权，并且与民事主体的存在共始终，公民、法人只要具有法律上的人格，只要还在社会上存在，就享有人格权，既不能因某种事实而丧失，也不能基于某种原因而被剥夺。同样，尽管人格权与身份权都是人身权利，但人格权具有固有性，身份权不具有固有性，而是基于责任人出生的事实而取得。因而身份权与人格权具有不同的属性。

（二）民事权利取得的基本类型

1. 原始取得

民事权利的原始取得，也称民事权利的最初取得，是指不以他人已有的所有权和意志为根据，直接依照法律的规定，通过某种方式或行为取得所有权。

身份权的取得都是原始取得，分别基于两种法律事实而取得：一是基于自然人出生的事实而取得身份权，亲权和亲属权基本上是基于出生的事实而取得。二是基于法律行为而取得，配偶权是基于结婚的事实而取得，收养是基于收养的法律行为而取得亲权或者亲属权。

继承权依据身份关系而取得，实际上是依据出生或者法律行为而原始取得继承权的期待权。

物权的原始取得，主要是劳动生产、天然孳息和法定孳息、添附、没收、先占等方式，都是基于法律事实和行为而取得。

知识产权的原始取得，是基于创造性的智力劳动，依据智力成果的法律事实，原始取得著作权、商标权、专利权以及其他智力成果权。

债权的原始取得，主要是依据法律行为取得，是通过双方当事人的法律行为订立合同，原始取得合同债权。在其他债权的取得，主要依据法律事实，如无因管理、不当得利、单方允诺以及侵权行为，都原始取得债权。

2. 继受取得

民事权利的继受取得，也称为民事权利的传来取得，是指权利人通过某种法律事实，从原权利人处取得民事权利。换言之，民事权利的继受取得是指当事人取得权利依赖于他人对该权利的享有，① 通过权利转移而获得权利。继受取得与原始取得不同，它是依原权利人的权利和权利人转让权利的意志为根据，而发生的权利取得方式。

物权、债权、知识产权都存在权利的继受取得，可以通过法律行为的方式，转让物权、债权和知识产权。买卖、赠与、互易等，都是物权的继受取得。知识产权转让的后果，也发生知识产权的继受取得。债的转移，包括债权转让和债权债务概括转移，实际上的后果都是发生债权的继受取得，受让人继受取得债权。

人格权、身份权以及继承权原则上不得继受取得，因为这些权利具有强烈的人身性。但其中有特例。例如，人格权中的有些权利内容可以转让，他人通过转让继受取得这些权利内容，如肖像权、隐私权等的部分使用权通过转让而继受取得；最为特殊的是名称权，尽管它是人格权，但它可以转让，使受让人继受取得名称权。

----

① 苏号朋：《民法总论》，法律出版社 2006 年版，第 83 页。

二、参考结论

事件与民事主体的意志无关，独立于人的意志之外，是不受人的意志控制的客观事实，它的发生、发展，都依照客观规律发生。事件一经发生，在法律规定的范围内可以引起法律后果，取得民事权利，而出生就是典型的事件，出生会引起民事权利的变动。本案中，原告即是通过出生这一事件依法取得民事权利，享有与桥头村三组其他集体组织成员所应享有的同样的权利。

案例 4 健康权纠纷案

【案情】

原告张某玉、尹某红与被告尹某丁为邻居，2010 年 7 月 13 日，原告张某玉、尹某红夫妇与被告尹某丁夫妇签订相邻协议，该协议第三条约定，被告尹某丁在建房屋靠原告张某玉、尹某红房屋一侧第三间只能建一层。被告尹某丁在将第三间房屋建了一层后，违约在该房屋上扎好二米以上的钢龙柱，并在第三间房屋的一层上建造了几层砖墙，原告张某玉前去阻拦，被正在组织施工的被告尹某丁的父亲尹某移致伤，该伤被邵阳市景林司法鉴定所鉴定为头面部及肢体多处软组织挫伤。另查明，被告尹某丁所开设的排水沟，明显高于路面，使原告与被告房屋后山的排水同排水沟盖板上的滴水往原告张某玉房屋墙底冲刷，对原告张某玉房屋的墙基有影响。原告张某玉、尹某红诉请法院判准：①责令被告履行原告与被告于 2010 年 7 月 13 日签订的协议；②责令被告拆除排水沟；③由被告赔偿原告张某玉医药费等损失 3200 元；④由被告承担本案诉讼费用。被告尹某丁、尹某移辩称：①原被告签订的协议违法，不应遵守；②被告开设排水沟是合法行为；③张某玉的伤与尹某丁无关，该伤是紧急避险造成的，被告不应承担责任；请求驳回原告诉请。

【问题】

被告是否应承担侵权责任？

【法理分析与参考结论】

一、民事权利行使

（一）民事权利行使的概念

《民法典》总则编第 130 条规定："民事主体按照自己的意愿依法行使民事权利，不受干涉。"这一条文规定的就是民事权利行使的基本规则。

民事权利主张、民事权利行使和民事权利实现，是三个紧密相关的概念。

民事权利主张，是在民事权利的存在或权利的行使受到妨碍的时候，权利人对特定人提出的承认权利的存在，或者排除妨碍保障权利行使的要求。[①] 它不是权利行使的本身，而是民事权利行使的准备，尚未启动权利实现的过程。

民事权利行使，是指民事权利主体具体实施构成民事权利内容的行为，实现其受法律保护的合法民事利益。[②] 换言之，权利之行使者，实现权利内容之行为也。[③] 民事权利的本质，是权利人为实现自身合法权益而得为一定行为或者请求他人为一定行为的可能性。民事权利行使就是把这种可能性变为现实性的过程。把民事权利的这种可能性变为现实性的具体行为，就是民事权利行使，将民事权利的内容予以实现。

在市民社会，人们所追求的并不是纸面上的权利，而是实际得到的权利。[④] 民事权利实现，是民事权利行使的最终目的，是把民事权利的可能性变为最终的现实性，是行使权利的最终结果。

因此，有的学者主张，"权利主张、权利行使和权利实现三者的关系是：权利主张仅是一定条件下权利实现的准备，其尚未启动权利实现的过程，而权利实现则渗透在权利行使之中，后者是前者的过程"[⑤] 这个结论是正确的。不过，这仅仅是就民事权利特别是债权的一般情况而言。在绝对权的一般情况，权利人行使权利并非必须主张，不作为也是在行使权利，如人格权和身

① 苏号朋：《民法总论》，法律出版社 2006 年版，第 85 页。
② 江平主编：《民法学》，中国政法大学出版社 2000 年版，第 84 页。
③ 曹杰、张正学：《民法总则注释》，商务印书馆 1947 年版，第 331 页。
④ 李永军：《民法总论》，法律出版社 2006 年版，第 133 页。
⑤ 苏号朋：《民法总论》，法律出版社 2006 年版，第 86 页。

份权，不主张也是在行使权利，只有当权利受到妨碍或者侵害的时候，才存在权利主张、权利行使和权利实现的问题。

（二）民事权利行使的限制

民事权利行使尽管是实现自己的权益，但是，也事关义务人的利益，甚至事关国家、社会的利益。因此，民事主体行使民事权利，法律在依法保护的同时，也对民事权利行使进行一定的限制，不能超越边界。

1. 宪法限制

宪法对民事权利行使的限制，就是《宪法》第51条的规定："中华人民共和国公民在行使自由和权利的时候，不得损害国家的、社会的、集体的利益和其他公民的合法的自由和权利。"这是对任何人行使任何权利的限制，当然包括民事权利在内。

2. 民法限制

民法对民事权利行使的限制体现在三个原则上：第一，诚实信用原则的限制。民事主体行使权利，都必须遵守诚实信用原则，不得恶意行使权利，以损害社会的、他人的利益。第二，公序良俗的限制。民事主体行使民事权利，必须遵守公共秩序和善良风俗，有违公共秩序和善良风俗的，为恶意行使权利。第三，禁止权利滥用原则的限制。关于诚实信用原则和公序良俗原则，《民法典》总则编在第7条和第8条都作了规定，仅仅把禁止权利滥用原则规定在"民事权利"一章的最后一条，这种立法方法使得禁止权利滥用原则的地位有所降低。不过，即使如此，《民法典》总则编这一条的规定仍然是有重要价值的。

对于禁止权利滥用原则，《民法典》总则编第132条作了专门规定，即"民事主体不得滥用民事权利损害国家利益、社会公共利益或者他人合法权益"。权利人行使权利是自己的自由，但超出必要限度行使权利，就是滥用权利。我国法律一方面鼓励权利人行使民事权利，获得民事利益，但另一方面禁止权利滥用，为权利的行使划清具体的边界，防止因行使权利而损害社会公共利益或者他人的民事权益。

权利滥用是指民事权利主体在外表上虽属于行使权利，但在实际上是背离权利本质或超越权利界限的违法行为，其特征是，权利滥用具有行使权利的表征或与行使权利有关，这是权利滥用的形式特征；权利滥用是违背权利本旨或超越权利正当界限的行为，这是权利滥用的实质特征；权利滥用是一种违法行为，这是权利滥用的法律特征。法律对权利滥用行为予以否认或者限制其效力的原则，就是禁止权利滥用原则。[①]

民事权利行使尽管是实现自己的权益，但是，也事关义务人的利益，甚至事关国家、社会的利益。因此，民事主体行使民事权利，法律在依法保护的同时，也对民事权利行使进行一定的限制，不能超越边界。

禁止权利滥用原则宗旨在于规范民事权利主体行使权利的时候，不得损害于他人，因此，这一原则的核心是一个道德问题，要求权利主体行使自己的权利应当为他人着想，为社会着想，是以社会伦理观念为基础，把这一道德化的准则法律化，成为民法的基本原则。因此，禁止权利滥用原则是法律化的道德准则，具有法律调整与道德调整的双重功能。但是这个原则不确定，外延有十分广泛的行为准则，具有很高的抽象性，这是立法者对于权利滥用的表现形式，没有信心将其全部列举出来，事实上也不可能全部列举出来，因而禁止权利滥用原则是交给法官的一个判断准则，在具体审理案件中为法官职业方向，凭法官的良知和良心作出判断，因而禁止权利滥用原则是授权给法官的自由裁量权。

禁止权利滥用原则具有的功能是：第一，指导民事主体行使民事权利的功能，要求民事主体在行使民事权利的时候不能越界，也不能违法，不能为了自己行使权利而损害他人的权利。第二，提供评价民事法律行为标准的功能，法官在审查因民事法律行为发生争议的时候，根据禁止权利滥用原则评判和解释民事主体行使权利的行为。第三，给法官提供解释和补充法律规定民事权利不足时的尺度，一旦法律对民事权利规定得过于简略、欠缺或者不完备，需要经过补充或者解释才能确定精准的界限和内容，法官可以依据禁止权利滥用原则予以解释，作出判决。

认定权利滥用的标准，是凡行使民事权利违背其本质或超越其正当界限。这是因为行使权利违背其本质或者超越其正当界限，就是与权利的功能不相

---

① 汪渊智："论禁止权利滥用原则"，载《法学研究》1995 年第 5 期。

容的行为，因而属于权利滥用。

在具体适用禁止权利滥用原则时，应当严格区分权利、滥用权利和正当行使权利的界限，依据公平、正义的价值判断标准，准确把握权利的本质和权利的正当界限，根据当事人关于行使权利和滥用权利的实际情况作出判断。

（三）民事权利义务相一致原则

民事权利与民事义务相一致原则，是指民事权利和民事义务相辅相成，民事权利与民事义务永远相对应，民事主体在行使民事权利时，必须履行民事义务的民法基本准则。

民事权利与民事义务相一致，主要表现在以下几个方面。

第一，就特定的民事权利而言，必然与特定的民事义务相对应。当一个民事主体享有民事权利的时候，必有其他民事主体对该民事权利负有民事义务。在民法领域中，不会存在只有民事权利而没有民事义务相对应的情况，这是因为民事权利的实现，必须要有民事义务的履行，如果没有民事义务的履行，民事权利就是没有意义的。

第二，就特定的民事主体而言，当权利人享有民事权利的时候，必定也负有相应的民事义务。在一个法律关系当中，该民事主体享有民事权利，但在另外一个民事法律关系当中，该民事主体就是义务人，必定负有民事义务。例如，在自己享有的名誉权的法律关系中，自己是名誉权人，自己享有的名誉不受其他任何人侵害；但是在他人的名誉权法律关系中，自己就是民事义务人，对他人享有的名誉权负有不可侵义务。这也体现了民事权利与民事义务的一致性。

第三，就特定的行使民事权利行为而言，当一个特定的权利人行使自己的民事权利时，这个权利人的义务人必须履行自己相应的民事义务，以保障民事权利主体享有的民事权利的实现。在绝对权法律关系中，权利人享有的民事权利的实现，就是他的所有的义务人都负有不可侵义务的履行，只要他们不作为，不侵害权利人的权利，他们就履行了义务，权利人的权利就得到了实现。在相对权法律关系中，权利人和义务人相对应，民事权利和民事义务相对应，民事权利的实现，依靠的就是民事义务的履行，如果相对权的义务人不履行自己的义务，相对权的权利人就无法实现自己的民事权利。

正因为民事权利与民事义务相一致是民法的基本原则，因此，就要求民事主体在行使自己权利的时候，也必须履行法律规定的和当事人约定的义务。首先，这里提出的民事主体行使自己的权利，既包括绝对权，也包括相对权，无论是行使自己的绝对权还是相对权，都有合法的根据，都是依照法律在行使自己的权利。其次，民事主体在行使自己权利的时候，也应当履行民事义务，当然也包括绝对权法律关系的民事义务和相对权法律关系的民事义务。在绝对权的法律关系中，义务人所负有的民事义务，通常都是法律规定的，必须按照法律的规定履行自己的民事义务。在相对权的法律关系中，权利和义务基本上是双方约定的，当然也有法律所规定的，不论是法定的义务，还是约定的义务，义务人都必须履行，只有这样，才能够保障权利人的民事权利实现。

（四）民事权利失效

民事权利失效，是指权利人长期不行使自己的权利，导致相对人合理地认为权利人不再行使其权利，则权利人行使权利的行为不受法律保护，权利本身也不再存在。民事权利失效制度的目的在于保护相对人的信赖利益，若权利人的积极行为或者消极行为导致相对人产生对权利人的信赖，相信权利人不会行使权利，则相对人的这种信赖应当得到法律的保护。①

民事权利失效有以下两种情形。

1. 依据权利人的行为导致民事权利失效

依据权利人的行为导致民事权利失效有两种情形：一是权利人通过自己的意思表示或者积极行为，导致相对人认为权利人不再行使权利，而权利人又行使权利。对此，由于债权人在一定的时间内不行使权利，债务人在客观考虑情况后，可以认为债权人将不再行使其权利，并且已经采取了相应的措施，因此，债权人延误行使权利违反了诚实信用原则，于此情形，权利丧失。② 例如，合同权利人得知合同解除的事由发生之后，曾经明确表示放弃解除合同的权

---

① 苏号朋：《民法总论》，法律出版社2006年版，第87页。
② ［德］迪特尔·梅迪库斯：《德国民法总论》，邵建东译，法律出版社2001年版，第116～117页。

利，但事后又要解除合同，就属于这种情况。二是权利人的不作为在特定情况下，即还有其他附加因素时，可以构成民事权利失效。例如，对于无权代理行为，相对人可以催告被代理人在一个月内予以追认，被代理人未作表示的，视为拒绝追认，即被代理人通过纯粹的不作为而使其追认权失效。

2. 依照法律规定导致民事权利失效

依照法律规定导致民事权利失效，是由于法律规定的时效制度而使权利人的权利失效。其中包括绝对失效和相对失效。

民事权利因法律规定导致绝对失效，是法律规定的除斥期间的完成，导致民事权利彻底消灭，不得再主张行使。民事权利因法律规定导致相对失效，是法律规定的诉讼时效期间完成，权利人的权利并未完全消灭，不过对方当事人即义务人产生抗辩权，义务人主张诉讼时效期间完成产生的抗辩权时，即可对抗权利人的权利行使的请求，义务人不必履行义务；但如果义务人自愿履行义务，权利人相对失效的权利仍可以实现。

二、民事权利保护

（一）民事权利保护方法

对于民事权利的保护，多数学者认为是指主体在其权利受到他人侵害时，有权请求国家机关给予保护，从而使民事权利的实现获得了可靠的保障，因此，着重研究的是民事权利的自我保护即自力救济和国家保护即公力救济。①这样的研究并非错误，但它并不是民法实体法保护民事权利的方法，而是保护民事权利的具体途径。依笔者所见，总则编研究民事权利保护，应当是解决保护民事权利的具体方法，主要包括两个部分：一是民事权利保护请求权体系；二是民事责任制度。

在研究请求权体系的时候，应当了解原权请求权和侵权请求权是保护民事权利的基本制度，在这个意义上看，请求权是民法的方法，而不是基本权利类型，因而与本权请求权相区别。当所有的基本类型的民事权利受到侵害的时候，权利保护请求权都提供救济方法，使权利人的损害得到救济，受到

---

① 王利明：《民法总则研究》，中国人民大学出版社2012年版，第460页以下。

侵害的权利得到恢复。

民事责任相对于民事权利保护请求权。在原权请求权，其请求权人有权向对方当事人即请求权人的相对人请求承担民事责任。在侵权请求权，其请求权人也有权向对方当事人即侵权人请求承担侵权责任。因此，民法整个权利保护请求权与民事责任制度是相对应的，是相互衔接、相互配合的一个问题的两个方面。一个问题，就是民事权利保护，两个方面，就是权利人享有的权利保护请求权和相对人负有的民事责任。

对此，本书将设专章专门研究这两个问题，具体展开民事权利保护这个问题的论述。在这里不赘述。

（二）民事权利保护途径

民事权利保护途径，分为自力救济和公力救济。

1. 自力救济

自力救济也叫作私力救济，是指权利人自己采取合法手段来保护自己的权利，救济自己的损害。这种民事权利保护途径由于是由权利人自己实施，而不是通过公共途径进行，因而属于私力救济或者自我救济。自力救济的主要方法是正当防卫、紧急避险、自助行为等。

2. 公力救济

公力救济，是指民事权利受到他人侵害后，权利人通过国家机关给予的救济，对民事权利予以保护。权利人寻求民事权利的公力救济，可以向人民法院或者仲裁机构起诉或者申请。具体方法如下。

一是确认之诉。确认之诉是请求人民法院确认某种权利是否存在的民事权利保护的公力救济方法。凡是对权属发生争议的，都可以提起确认之诉。例如，《民法典》物权编第234条规定："因物权的归属、内容发生争议的，利害关系人可以请求确认权利。"这就是规定了物权的确认之诉。对于合同的效力、某种身份关系存在与否等，都可以提出确认之诉予以确认或者否认。在司法实践中，有的侵权人也提出确认之诉，请求确认侵权责任不存在或者不构成。这种诉讼是否构成确认之诉，有不同意见。笔者认为，尽管侵权责任的诉讼基本上都是被侵权人提出的给付之诉，保护自己的权利，"侵权人"如果认为自己的行为不构成侵权，为避免"被侵权人"的纠缠而提出确认自己不侵权的确认之诉，也并非没有道理。目前，也有一些法院受理这种确认之诉案件。

二是给付之诉。给付之诉是请求人民法院或者仲裁机构责令对方履行某种行为，以实现自己的权利的民事权利保护的公力救济方法。请求返还价款、请求交付财产、请求偿付违约金、请求给付损害赔偿金等，都是给付之诉。例如，《民法典》合同编第 577 条规定："当事人一方不履行合同义务或者履行合同义务不符合约定的，应当承担继续履行、采取补救措施或者赔偿损失等违约责任。"这里规定的就是明确的给付之诉。《民法典》侵权责任编规定的损害赔偿责任，也是给付之诉。给付之诉以权利人享有请求权为限。如果不存在合法有效的请求，就不能提起给付之诉。

三是形成之诉。形成之诉是请求人民法院通过判决变更现有的某种民事权利义务关系，形成新的民事权利义务关系的民事权利保护的公力救济方法。典型的形成之诉包括离婚之诉、解除收养之诉、分割共有财产之诉、解除合同关系之诉等。形成之诉须以权利人享有形成权为限。提起形成之诉，权利人必须享有形成权。权利人提起形成之诉，就是行使形成权，该形成权的实现，就能够导致法律关系发生改变，形成新的法律关系。

三、参考结论

民事主体行使权利是自己的自由，但不能超出必要限度行使权利，否则就是滥用权利。《民法典》总则编规定保护权利人行使民事权利、获得民事利益的自由，但亦禁止权利滥用，为权利的行使划清具体的边界，防止因行使权利而损害国家利益、社会公共利益或者他人的民事权益。本案中，开设排水沟是被告尹某丁的合法权利，但权利不能滥用，不得对相邻方造成侵害，但尹某丁所开设的排水沟，明显高于路面，使原告与被告房屋后山的排水同排水沟盖板上的滴水往原告张某玉房屋墙底冲刷，对原告张某玉房屋的墙基有影响，这明显是对原告权利的侵害，故法院裁判被告尹某丁应当对滥用民事权利的行为采取补救措施。

第九章　民事责任

民事责任与民事义务具有密切的关系，因此，民事责任是指民事主体违反民事义务所应当承担的不利法律后果。民事责任具有补偿损害、制裁违法以及一般预防的功能。

按照不同的标准划分，可以将民事责任分为不同的类型。依据行为人违反的民事义务性质的不同，可以将民事责任划分为违约责任和侵权责任；依据承担民事责任的范围划分标准，可以将民事责任分为有限责任和无限责任；依据责任人之间承担责任的关系为标准，可以将民事责任分为连带责任、不真正连带责任、按份责任和补充责任。

归责原则，是指确定民事责任归属的一般准则。换言之，它是在行为人不履行法定义务或者约定义务，为确定行为人对自己违反法定义务或者约定义务的行为所造成的后果是否需要承担民事责任的基本规则。我国民事责任归责原则体系，是由过错责任原则、过错推定责任原则和无过错责任构成的一个完整的系统。它们统一调整我国民事责任的归属问题。

民事责任构成，是指行为人的行为具备哪些必备条件才能构成其所承担的民事责任。通常的民事责任构成要件是违法或者违约行为、损害或者其他违约事实、因果关系和主观上的过错。民事责任方式，是指行为人将承担与其所实施的违反法定义务或者约定义务行为和救济对方当事人所相适应的民事责任的具体方法和形式。《民法典》总则编第179条规定了承担民事责任的11种方式：①停止侵害；②排除妨碍；③消除危险；④返还财产；⑤恢复原状；⑥修理、重作、更换；⑦继续履行；⑧赔偿损失；⑨支付违约金；⑩消除影响、恢复名誉；⑪赔礼道歉。

民事责任的免责事由是指被告针对原告的诉讼请求而提出的证明原告的诉讼请求不成立或不完全成立的事实。《民法典》总则编"民事责任"一章规定的免责事由主要包括不可抗力、正当防卫、紧急避险、见义勇为和紧急救助。

第一节　民事责任概述

案例1 **游泳馆游泳受损纠纷案**

【案情】

原告谢某星、赖某某之子谢某超交费进入被告某公司开办的游泳池游泳，谢某超游泳时不慎溺水，后因得不到及时救助而死亡。被告某公司虽然为自己经营的游泳池配备了足额的救生员，但没有按《龙岩市游泳池管理暂行规定》的要求配备医务人员，建立抢救溺水事故的应急制度，配备安全防护器材和急救药品；事故发生当晚，游泳池的灯光较暗，不能从较远处见到池底，照明不符合规定的要求。事故发生时，救生员不在高台上观察游泳池动态，以致没有救生员看到死者谢某超的溺水过程。原告认为，谢某超与被告某公司之间已形成服务合同关系，被告有义务保障谢某超的人身安全。谢某超是因被告提供的服务有瑕疵而死亡的。被告不履行保障人身安全的义务，应当承担违约责任。故依法提起诉讼。

【问题】

本案中，谢某星、赖某某可以通过何种方法要求赔偿？

【法理分析与参考结论】

一、民事责任的概念和特征

《民法典》总则编第176条规定："民事主体依照法律规定和当事人约定，履行民事义务，承担民事责任。"这是对民事责任概念的规定。由于

《民法典》总则编在"民事权利"一章没有规定民事义务，而民事责任是对民事义务的违反，因而本条先规定民事义务，之后才对民事责任的概念作出界定，即民事主体不履行或者不完全履行民事义务则应当"承担民事责任"的不利后果。

（一）民事责任的概念

1. 责任和法律责任

责任，是执法活动中广泛使用的基本法律范畴之一，但责任这一术语本身是一词多义，并且用于各种不同情况，[①]在法律上有多种意义，如职责、义务、法律责任等。[②]这是广义上的责任概念。法律责任，则是广义责任概念中的一种，是指违反法律规定所应当承担的法律后果。

在上古时期，法律规范与其他社会规范混杂在一起，无法区分法律责任与其他的宗教责任、道德责任之间的界限。至社会文明进步一定的程度后，法律责任终于与道德责任、宗教责任等责任有了截然的区别。

现代法律责任是一个完整的体系，是由民事责任、刑事责任和行政责任统一构成的。一些责任方式，具有不同的法律责任性质。例如，早期的损害赔偿，既可以是刑事责任，也可以是民事责任；刑罚既可以是对违反刑法规范的犯罪行为的制裁，也可以是对民事违法行为的制裁。三种民事责任在较早的时期并没有截然的区别，由于法律的不断发达，法律责任之间的界限也不断明确，最终形成了今天的法律责任体系。

2. 民事责任的概念及性质

民事责任，是指民事主体不履行或者不完全履行民事义务所应当依法承担的不利后果。不履行或者不完全履行民事义务，就是违反民事义务。违反民事义务的这种"不利法律后果"，既包括原应履行的义务的继续履行，也包括追加一个新的法律义务。例如，买卖合同一方当事人违约，其应承担的不利法律后果是，除应继续履行合同之外，还包括对受害人因其违约行为所

---

① ［俄］E. A. 苏哈诺夫主编：《俄罗斯民法（第1册）》，黄道秀译，中国政法大学出版社2011年版，第403页。

② 梁慧星：《民法总论》，法律出版社1996年版，第74~75页。

遭受的损失进行赔偿。

关于民事责任的性质，有不同的意见。

一是制裁说。认为当法律规则要求人们作出一定的行为或抑制一定的行为时，违法者因其行为应受到惩罚，或者强迫对受害人进行赔偿，在很多情况下，他既受到惩罚，又被迫赔偿，在这种意义上，某人在法律上应对某事负责，等于某人因其行为或伤害在法律上应受到惩罚或被迫赔偿。而法律责任是与法律义务相关联的概念，一个人在法律上要对一定行为负责，或者他为此承担法律责任，意思就是他做相反行为时，他应受到制裁。[①] 俄罗斯民法仍然认为法律责任是对违反法律规范的人的一种国家强制措施，就是对他适用法律规定的制裁——对违法者造成额外不利后果的责任措施。[②]

二是义务说。认为法律责任是由于故意违反或者属于履行法定的第一性义务而派生出来的第二性义务，是对否定义务的行为的否定，即所谓责任者，不履行义务在法律上所处之状态。[③]

三是后果说。认为法律责任专指对自己实施的违法行为所承担的责任，[④] 民事责任是指民事主体违反合同义务或者法定民事义务而应当承担的法律后果。[⑤]

笔者认为，民事责任既是违反民事义务所承担的法律后果，又是救济民事权利损害的必要措施，同时也是实现民事权利保护请求权的直接手段。从这个立场上确定民事责任的性质，更能够确认民事责任的重要地位和基本职能。

3. 民事责任与民事义务的关系

（1）民事责任与民事义务关系的历史演变。在罗马法，民事义务和民事责任并未作明确区分，而是将民事责任与民事义务合为一体，责任是义务不履行的必然后果，为义务关系所包含，没有加以区分的必要。在德国普通法时期，也没有对民事责任与民事义务进行区分，而是将债务分为债务的自然

---

① 王利明：《民法总则研究》，中国人民大学出版社 2012 年版，第 479 页。

② ［俄］E. A. 苏哈诺夫主编：《俄罗斯民法（第 1 册）》，黄道秀译，中国政法大学出版社 2011 年版，第 404 页。

③ 张文显：《法学基本范畴研究》，中国政法大学出版社 1993 年版，第 188 页。

④ 孙国华：《法理学教程》，中国人民大学出版社 1994 年版，第 509 页。

⑤ 魏振瀛：《民法》，中国政法大学出版社 2010 年版，第 41 页。

进行状态与债务的不自然进行状态。债务的自然进行状态，就是义务的自觉履行；而债务人不自愿履行，由债权人强制其履行的债务就是不自然履行债务。这后一种债务，实际上就是现代民法的民事责任。

在日耳曼法中，民事义务与民事责任有明显的区别，债务属于债的"当为"，不含有法律的强制在内；而责任是"必为"，则为债务人当为给付而未给付时，应服从债权人的强制取得关系，由此而取得的责任关系，附加于债务关系之上，债务关系才具有拘束力。①

在现代，大陆法系民法严格区分民事义务与民事责任，这是受日耳曼法的影响。无论是《法国民法典》还是《日本民法典》以及我国民国民法，都明确规定民事义务与民事责任的不同。即使《德国民法典》也没有采取德国普通法时期的传统，而是确认民事义务与民事责任为不同的法律概念，并且进行严格的区别。

在英美法系民法，采取的立场与罗马法相同，不区分民事义务与民事责任的不同，强调权利与责任的关联性，既没有无责任的权利，也没有无权利的义务，责任其实是不履行义务的当然后果。

我国民法继受大陆法系以及苏联的民法思想，严格区分民事义务与民事责任概念的不同，特别是在改革开放之后制定的原《民法通则》，在规定了民事权利之后，专门设置第六章规定民事责任，确定民事责任是违反义务的法律后果。《民法典》总则编继续采纳这一体例，在第八章规定民事责任。即使在今天的俄罗斯民法，也仍然区分民事义务与民事责任的界限，认为民事责任是民事权利保护的措施，而民事义务的履行是实现民事权利。②

（2）民事责任与民事义务有严格的区别，主要表现在：第一，民事责任产生在民事义务的不履行之后。当一个人负有民事法律义务而又不履行的时候，就产生了民事责任。当一个民事主体享有相应权利时，其他任何人就负有不得侵害该主体的权利的义务，如果其他任何人实施了违反此种义务的行为，就应当承担相应的民事责任。

---

① 梁慧星：《民法总论》，法律出版社1996年版，第76页。

② ［俄］E. A. 苏哈诺夫主编：《俄罗斯民法（第1册）》，黄道秀译，中国政法大学出版社2011年版，第403页。

第二，民事责任与民事义务分别与国家公权力与民事权利概念相关联。与民事义务概念相关联的是民事权利概念，与民事责任概念相关联的是国家公权力概念。民事责任使民事权利具有法律上之力，它是联结民事权利与国家公权力的中介。[①] 在民事权利与民事义务的关系中，通常是双向的、对等的，而在国家公权力与民事责任的关系中，民事责任是国家公权力所强加的，是单向的。

第三，二者的性质不同。民事义务属于"当为"，而民事责任不仅是"当为"，更是"必为"。民事义务是应当的，其履行通常是当事人自愿的而非强制的，"是基于主体自我良心判断，或自我和社会对利益的共同（或趋同）判断"，[②] 可因民事权利人对权利的自由处分而不必加以履行。而民事责任则是必须的，既是应当的又是必然的，特别明显的是，民事责任的承担在最后往往需要借助国家的公权力，因此，民事责任具有强制性，不因权力行使的专门国家机关弃权而免除，而且这种弃权行为本身构成失职。[③]

（3）民事责任与民事义务的相互联系。民事责任与民事义务既有严格的区别，又有密切的联系。《民法典》总则编第176条将民事义务和民事责任规定在同一条文中，反映的就是这样的关系。违反民事义务的行为是产生民事责任的原因和依据，而民事责任是违反民事义务的行为所引起的不利法律后果。

无论是违约产生的民事责任还是侵权产生的民事责任，都以民事法律义务作为前提，在这里，义务为因，责任为果。因此，民事责任的本质就在于它是法律规定的违反民事义务，侵害民事权利的当事人承担的不利法律后果。民事责任是民事义务履行的担保，与民事责任能够制裁违法行为人一样，都属于民事责任的功能，而非民事责任的本质。

（二）民事责任的特征

民事责任既具有法律责任的一般特征，又具有自身的特征。其具体表现

---

① 梁慧星：《民法学说判例与立法研究》，中国政法大学出版社1993年版，第253~254页。
② 张恒山、黄金华："法律权利与法律义务的异同"，载《法学》1995年第7期。
③ 刘作翔、龚向和："法律责任的概念分析"，载《法学》1997年第10期。

如下。

1. 民事责任是以民事义务的存在为前提产生的法律责任

民事责任是违反民法所规定的民事义务的结果，因此，民事责任的发生必须以民事义务的存在为前提。

按照民法调整方式的不同，民事义务区分为两种：一是强行性法律规范所产生的强制性民事义务；二是任意性法律规范所产生的任意性民事义务。无论是由强行性规范确定的民事义务还是由任意性法律规范确定的民事义务，都同样具有拘束力，当事人都不得随意违反。违反上述任何一种民事义务，都会产生民事法律责任。

2. 民事责任是具有强制性的法律责任

作为法律责任的一种类型，民事责任具有强制性。民事责任与行政法律责任、刑事法律责任的一个重要区别，就是它的强制性通常表现为一种"强制的可能性"。强制的可能性，是指民事责任可以在没有相应的国家机关的干预下，由违反义务者自己加以实现。只有在违反民事义务者不自行承担民事责任的情形下，才由国家机关借助公权力强制其承担。

3. 民事责任是具有制裁性的法律责任

任何一种法律责任总是要对违法行为人适用一定的法律制裁。法律制裁是国家保护和恢复法律秩序的强制性措施，它包括恢复权利性措施和对构成违法、犯罪者实施的惩罚性措施。恢复权利性制裁的功能在于使违法者承担补偿性的责任，即追加已有义务的履行。惩罚性制裁的功能则在于使违法者承担惩罚性的责任，即追加一个承受不利后果的新的负担。① 违反民事义务要承担民事责任，就是给民事违法者的民事制裁。民事制裁中既有惩罚性的制裁，如惩罚性损害赔偿金等；也有恢复权利性制裁，如赔偿损失、停止侵害、排除妨害、消除危险等；也有混合型的制裁，如支付违约金、支付定金等。

4. 民事责任是具有财产性的法律责任

民事责任的财产性主要表现在责任体系中的财产责任占据主导地位。当

---

① 孙国华主编：《法理学教程》，中国人民大学出版社 1994 年版，第 511 页。

然其中也存在非财产性的民事责任方式。民事法律关系中的财产关系，行为人违反民事义务给权利人造成财产上的损害，对财产权遭受侵害的当事人而言，最好、最有效的救济方式就是使违反义务者就此种财产上的损害承担民事赔偿责任。对于民事法律关系中的人身关系，行为人违反民事义务不仅会给权利人造成非财产上的损害，也会给权利人造成财产上的损害。对于财产上的损害，当然以财产的方式进行救济是最好的方法；即使是对非财产上的损害，也可以通过转换成损害赔偿责任来实现法律的救济目的。因此，民事责任中的主要方式是财产责任，通过责令加害人承担财产责任，能够有效地救济遭受侵害的权利人，同时，民事责任以财产责任为主，也使法院执行被告应承担的财产责任较之于执行被告应承担的人身责任更为便利和简捷。

当然，我国民法规定的民事责任大量的是财产责任，赔偿损失是重要民事责任方式；同时，还包括恢复原状、返还财产、停止侵害、排除妨碍、消除危险、赔礼道歉等民事责任方式，"既反映了中国民法的特色，又具有时代气息"。①

5. 民事责任是具有补偿性的法律责任

民事责任的补偿性，是指民事责任的范围与违反民事义务造成的对民事权利的损害范围相适应，给违反义务者施加民事责任既不能使受害人因此获得不应有的利益，也不能使受害人遭受不应有的损害。民事责任的这个特点，是由民法的调整对象和调整方法所决定的。当某一民事主体违反民事义务或侵害他人民事权利造成对该方合法权益的损害时，只有责令加害人对受害人遭受的损害给予与损害等同的补偿，民法才能恢复被破坏的当事人之间的平等地位，实现救济受害人，实现民法公平正义的精神。

民事责任的补偿性突出地体现在民事赔偿责任上。民事赔偿责任的宗旨是恢复被侵害的权利，而并非惩罚不法行为人。同时，民事责任的补偿性也体现在返还财产、恢复原状、重作、修理、更换等其他民事财产责任方式以及消除影响、恢复名誉、赔礼道歉等人身责任之上。②

现代民事责任在某些情形下也具有惩罚性，产生了惩罚性损害赔偿责任，

---

① 顾昂然等：《中华人民共和国民法通则讲座》，中国法制出版社 2000 年版，第 213 页。
② 顾昂然等：《中华人民共和国民法通则讲座》，中国法制出版社 2000 年版，第 216 页。

例如,《中华人民共和国消费者权益保护法》第55条规定的商品欺诈和服务欺诈的惩罚性损害赔偿责任,《中华人民共和国食品安全法》第148条第2款规定的恶意食品侵权的惩罚性赔偿责任,都不是单纯的补偿责任,而是惩罚性赔偿责任。

二、民事责任的功能

(一) 实现权利保护请求权

民事责任的最基本功能,是实现权利保护请求权,救济损害,填补损失。权利人的权利受到侵害或者妨碍,其享有原权请求权或者侵权请求权等权利保护请求权,这种请求权的实现方法,就是相对人承担民事责任,通过民事责任的承担而实现请求权,使受到损害的权利得到救济。我国原《民法通则》及其他民事法律规定的民事主体承担民事责任的方式,并不是制裁违反民事义务行为人的人身,而是责令违反义务者以自己的财产或其他行为来消除因违反民事义务而产生的后果,对受害人的人身权益与财产权益给予补救。最能体现填补损害功能的民事责任是损害赔偿,通过损害赔偿这一民事责任形式,可以使受害人遭受损害的权益获得恢复,以求其结果如同损害事故没有发生时一样。[①]"填补损害"的功能是民事责任所独具,刑事责任、行政责任都不具备这样的功能,这也是在刑法和行政法中都专门规定附带的民事损害赔偿责任方式的缘故。

(二) 惩罚违法

民事责任也具有惩罚违法的功能。民事责任的惩罚性表现在以下两个方面。

第一,对于违法行为人责令承担损害赔偿等责任方式补偿受害人损害的同时,对违法行为人也具有惩罚作用。损害赔偿责任方式的特点,是绝大多数违法行为人并没有因为自己的违法行为而获得利益,但是却要支出财产承担责任,因此,这种责任方式具有财产的惩罚性。

第二,在民事责任方式中,由于惩罚性损害赔偿制度的出现,使违法行

[①] 曾世雄:《损害赔偿法原理》,中国政法大学出版社2001年版,第7页。

为人要承担超出违法行为所造成的损失之外的损害赔偿，因此，具有更明显的惩罚性。惩罚性赔偿的适用范围，是针对那些具有不法性和道德上的应受谴责的违法行为。这种惩罚与补偿性的损害赔偿不同。尽管补偿性的赔偿作为一种法律责任因给加害人强加了一定的经济负担因而具有一定的惩罚作用，但这种惩罚作用毕竟是有限的，其主要功能还是在于补偿。通过惩罚性赔偿才能使违法行为人受到教育和遏制，从而达到更好的制裁效果，对加害人以及社会和一般人能够产生更好的遏制作用。

（三）一般预防

民事责任也具有一般的预防违法的功能。按照民事责任制度的要求，每一个民事主体所实施的作为和不作为，在不符合法律要求的时候，都要由自己承担相应的法律责任，每一个人都必须对自己作为或不作为的后果负责。因此，通过民事责任制度，可以使民事活动中的主体明确自己的民事义务，尊重他人的民事权利，对自己的行为负责。同时，民事责任也强调预防损害发生的义务，通过保障各种民事义务的履行而充分调动民事主体的积极性，努力避免损害的发生或者扩大。

三、民事责任的类型

（一）按份责任、连带责任和不真正连带责任

依据责任人之间承担责任的关系为标准，可以将民事责任分为按份责任、连带责任、不真正连带责任。

1. 按份责任

《民法典》总则编第 177 条规定："二人以上依法承担按份责任，能够确定责任大小的，各自承担相应的责任；难以确定责任大小的，平均承担责任。"因此，按份责任是指数个责任人按照约定或者法律规定，按照不同的份额对一个责任按份承担的民事责任。

按份责任分为两种形式：一是约定的按份债务不履行发生的按份责任；二是依照法律规定发生的按份责任，如无过错联系的共同加害行为即分别侵权行为发生的按份责任。

按份责任与连带责任的基本区别在于，连带责任的责任人之间虽然也分

有份额，但是这种份额具有相对性，对外每一个责任人都负有全部承担责任的义务。而按份责任的各个责任人的责任份额不具有连带性，只对自己的份额负责，不对整体责任负责。

按份责任的规则是：二人以上承担按份责任的，如果能够确定责任大小，应当按照行为人各自的过错程度和行为原因力的大小比例，承担相应的责任；如果难以确定责任大小的，则平均承担责任。发生按份责任，每个行为人只对自己的行为后果承担侵权责任，不存在连带责任的问题。

2. 连带责任

《民法典》总则编第 178 条规定："二人以上依法承担连带责任的，权利人有权请求部分或者全部连带责任人承担责任。连带责任人的责任份额根据各自责任大小确定；难以确定责任大小的，平均承担责任。实际承担责任超过自己责任份额的连带责任人，有权向其他连带责任人追偿。"这一条文规定的是连带责任的一般情形，即典型的连带责任。不过，在连带责任中，分为典型的连带责任和单向连带责任。连带责任与按份责任相比，责任更重，更有利于保护对方当事人的权益，因而只能在法律或合同有明文规定的情况下适用。①

（1）典型的连带责任。连带责任，是指因违反连带债务或者依照法律的直接规定，二个以上的赔偿义务人向赔偿权利人连带承担全部赔偿责任，赔偿权利人有权要求连带责任人中的一人或数人承担全部责任，而一人或数人在承担全部赔偿责任后，将免除其他责任人的赔偿责任的民事责任形态。连带责任分为两种：一是违反连带债务发生的连带责任，如违反连带债务的违约责任；二是依照法律的直接规定发生的连带责任，如共同侵权行为的侵权连带责任。

（2）单向连带责任。侵权责任编规定了两个特殊的连带责任规则，即第1169 条第 2 款和第 1209 条。这种责任实际上也是连带责任，其特殊性是在连带责任中，有的责任人承担连带责任，有的责任人承担按份责任，因此形成了连带责任的一个特殊类型即单向连带责任。在第 1169 条第 2 款规定的教

---

① ［俄］E. A. 苏哈诺夫主编：《俄罗斯民法（第 1 册）》，黄道秀译，中国政法大学出版社 2011年版，第 408 页。

唆、帮助无民事行为能力人或者限制民事行为能力人实施侵权行为的侵权案件中，教唆人和帮助人承担的是"侵权责任"，有过错的监护人承担的是"相应的责任"，这就是在连带责任中，有的责任人承担连带责任，有的责任人承担按份责任，构成单向连带责任。侵权责任编第1209条规定的租车、借车的损害责任，租车人或者借车人承担的侵权责任是连带责任，机动车所有人如果有过错，承担的"相应的责任"就是按份责任，构成单向连带责任。

单向连带责任形态，在大陆法系侵权法中没有提及。美国侵权法连带责任中的单独责任就是单向连带责任。美国《侵权法重述·第三次》"责任分担编"第11节（单独责任的效力）规定："当依据适用法律，某人对一受害人的不可分伤害承担单独责任时，该受害人仅可以获得该负单独责任者在该受害人应得赔偿中所占的比重责任份额。"这种责任形态称为混合责任。① 这就是在数人侵权的连带责任中，有的责任人承担连带责任，有的责任人承担单独责任（按份责任），即单独责任人只承担受害人应得赔偿中的自己的份额，此为单向连带责任。②

3. 不真正连带责任

《民法典》总则编没有规定不真正连带责任，使多数人民事责任的体系中，缺少了这种责任形态。

不真正连带责任，是指基于同一个损害事实产生数个损害赔偿责任的请求权，而数个请求权在客观上具有同一目的，权利人只能选择其中一个请求权行使，选择一个请求权行使之后，其他的请求权归于消灭的民事责任。典型的违约责任的不真正连带责任是连带保证责任；而典型的侵权责任的不真正连带责任，是产品侵权责任，权利人对产品制造者和产品销售者享有的两个请求权，为不真正连带责任。

不真正连带责任与连带责任的区别是：①连带责任的共同责任人之间有份额的区别，尽管其对外也是一个完整的责任。而不真正连带责任的各个责

---

① 肯尼斯·S. 亚伯拉罕、阿尔伯特·C. 泰特选编：《侵权法重述——纲要》，许传玺、石宏等译，许传玺审校，法律出版社2006年版，第346、355页。

② 杨立新：《侵权责任法》，法律出版社2012年版，第121页。

任人之间没有责任份额的区别，每个人都必须对整个责任负责。②连带责任的最终结果必须落实到每个共同责任人身上，即最终应当按照各自的份额承担责任。而不真正连带责任最终只能归属于应当承担最终责任的责任人身上，而不能分割为每一个责任人按份额分担。③在连带责任中，由于各个责任人内部最终是按比例或份额分担责任的，因而存在就他人承担的份额的追偿问题。在不真正连带责任中，由于存在一个最终的责任承担人，因此，只有在不是最终责任人承担了责任的时候，才存在向最终责任人追偿的问题，如果是最终责任人直接承担了责任，则不存在追偿的问题。

不真正连带责任分为以下三种类型。

（1）典型的不真正连带责任。在典型的不真正连带责任中，在两个不同的不真正连带责任人之间，受害人可以选择其中一个提出损害赔偿请求，任何一个不真正连带责任人都有义务承担全部赔偿责任，不真正连带责任人中的一人承担中间责任后，有权向最终责任人追偿，实现最终责任。

（2）补充责任。补充责任，是指两个以上的行为人违反约定义务或者法定义务，债权人或者受害人对各个行为人产生同一内容的请求权，该数个请求权有顺序的区别，应当首先行使顺序在先的请求权，不能实现或者不能完全实现时，再行使其他请求权的民事责任。补充则是对主要侵权人向受害人所承担责任的一种补充，使命是补充他的责任。① 俄罗斯学者的这一说法，很形象地说明了补充责任的性质。

补充责任与不真正连带责任的区别在于，补充责任的权利人行使数个请求权存在顺序的区别，权利人必须首先行使顺序在先的请求权，在顺序在先的请求权行使中，第一顺序的责任人不能赔偿、赔偿不足或者下落不明，请求权不能满足时，再行使其余的请求权，以保障自己的赔偿权利能够完满实现。而不真正连带责任的权利人行使数个请求权，不存在顺序的关系，而是进行选择，只能选择其中一个请求权行使，在行使了一个请求权之后，其他请求权归于消灭。

---

① ［俄］E. A. 苏哈诺夫主编：《俄罗斯民法（第1册）》，黄道秀译，中国政法大学出版社2011年版，第410页。

（3）先付责任。先付责任是不真正连带责任的一种特殊类型，目前主要适用于侵权责任编规定的"必要条件＋政策考量"的竞合侵权行为。在这种竞合侵权行为中，有一个是主要的侵权行为，另一个是为主要的侵权行为的实施或者损害后果的发生提供必要条件，构成必要条件的竞合侵权行为，但立法者为了更好地保护受害人，使受害人的损害能够得到更为及时的救济，因而规定受害人直接向提供必要条件的侵权人请求损害赔偿，而不是直接向主要的侵权行为一方请求赔偿，因此形成了先付责任这种特殊的不真正连带责任的类型，其承担的规则也与典型的不真正连带责任不同。① 例如，侵权责任编第 1204 条规定了产品责任中的第三人责任，第 1052 条和第 1053 条规定了建筑物、构筑物及其他设施脱落、坠落、倒塌损害责任，被侵权人可以直接向应当承担中间责任的生产者、销售者或者所有人、管理人、使用人以及第三人或者建设单位、施工单位请求赔偿；中间责任人在承担了赔偿责任之后，再向应当承担最终责任的其他责任人追偿。

（二）违约责任与侵权责任

依据行为人违反的民事义务性质的不同，可以将民事责任划分为违约责任与侵权责任。《民法典》总则编第 176 条规定中强调了"民事主体依照法律规定和当事人约定，履行民事义务，承担民事责任"的用语，就是包含了民事责任主要包括违约责任和侵权责任。

1. 违约责任与侵权责任的概念

违约责任，是指合同一方当事人违反合同的约定义务而对对方当事人所应当承担的民事责任。在合同法编中规定的违约责任，包括预期违约责任、加害给付责任、实际违约责任以及违反后契约责任。如果从广义的合同责任概念出发，缔约过失责任和合同无效责任也属于合同责任，但不是违约责任。如果从更加广义的概念上研究，与侵权责任相对应的其实是原权请求权所对应的民事责任，即物权请求权、人格权请求权、知识产权请求权以及债的二次请求权，都属于这种民事责任。因此，本节研究的违约责任的规则，适用于原权请求权对应的民事责任。

---

① 杨立新：《侵权责任法》，法律出版社 2011 年版，第 129 页。

侵权责任，是指行为人实施违法行为，侵害他人的民事权利，造成人身损害、财产损害或者精神损害，所应当承担的民事责任。

2. 违约责任与侵权责任的主要区别

（1）违反的义务不同。违约责任和侵权责任所违反的义务不同的主要表现有以下几个方面：

一是法定义务与约定义务不同。侵权责任所违反的是法律预先设定的义务，即法定义务；而违约责任违反的则主要是当事人自己约定的义务，当然也包括违反法律规定的合同义务。法定义务是由强行性法律规范直接确定的，而约定义务是由当事人通过自己的意志确定的，因此，侵权责任广泛地存在于没有任何契约关系或者其他类似关系的民事主体之间。侵权责任基本上是以没有相对的法律关系存在的民事主体之间的绝对权法律关系为基础，而违约责任的发生必须以赔偿权利人与义务人之间具有合同关系或者其他与此类似的关系为基础。

二是绝对义务与相对义务不同。侵权责任的行为人所违反的义务是绝对义务，即使是在侵害债权的情况下，行为人所违反的也不是债权的相对义务，而是对债权的不可侵的绝对义务。而违约责任违反的是相对义务，即债务人只对债权关系中的债权人负有的义务。

三是作为义务与不作为义务不同。侵权责任的行为人违反的义务主要是不作为义务，当然也包括少数作为义务，如不作为的侵权行为。而违约责任违反的主要是作为义务，因为合同义务基本上都是作为义务，极少有消极的不作为义务的约定。

（2）保护范围不同。在我国，侵权责任保护的范围广泛，包括人格权、身份权、物权、债权、知识产权和继承权，以及相关的人格利益、身份利益和财产利益。而违约责任保护的范围由于受到合同相对性的限制，只保护当事人的债权，以及一方当事人违反合同义务而给对方当事人的预期利益所造成的损害。如果违约行为涉及债权人固有利益的损害，则构成违约责任与侵权责任的竞合，按照《民法典》总则编第186条规定，由当事人选择侵权责任还是违约责任起诉，寻求侵权法或者合同法的保护。

（3）责任方式不同。侵权责任的责任方式，按照原《民法通则》的规定，主要为损害赔偿，也包括停止侵害、恢复原状、返还财产、赔礼道歉、恢复名誉、消除影响等。违约责任的责任方式，当然也包括损害赔偿，但是采取补救措施、继续履行、承担违约金等方式是违约责任的固有方式。

（4）诉讼时效期间不同。侵权责任的普通诉讼时效期间为3年，特殊诉讼时效期间为1年。而违约责任的诉讼时效期间一律为3年。

（三）无限责任与有限责任

《民法典》总则编在"民事责任"一章没有规定无限责任和有限责任，但是在其他内容中规定了这种民事责任的划分。依据承担民事责任的范围有无限制为划分标准，可以将民事责任分为无限责任与有限责任。

1. 无限责任

无限责任，是指责任人以其全部财产对其应承担的责任负责的民事责任。换言之，只有在责任人的民事责任全部承担完毕时为止，否则责任人不能免除民事责任，除非其能够承担民事责任的财产穷尽。民法将无限责任规定为一般原则。自然人个人和个体工商户、农村承包经营户的债务，合伙人对合伙的债务，无限公司股东对公司所负担的债务等，都属于无限责任。例如，《民法典》总则编第104条关于"非法人组织的财产不足以清偿债务的，其出资人或者设立人承担无限责任"的规定，就是无限责任。

2. 有限责任

有限责任，是指责任人以其部分财产对其责任负责的民事责任。有限责任属于例外情形。有限责任分为物的有限与量的有限。物的有限，是指债务人仅仅以其财产中的特定物和特定财产负担责任。例如，第三人为债务人提供抵押权担保，当债务人不履行债务时，抵押人仅以抵押物这一特定物承担责任。量的有限，是指债务人仅以一定量的财产承担责任。例如，在遗产继承中，继承人仅在继承遗产的价值额内为被继承人的债务承担责任。例如，《民法典》总则编第60条关于"法人以其全部财产独立承担民事责任"的规定，就是有限责任。

四、参考结论

在本案中，原告谢某星、赖某某之子谢某超在被告某公司游泳时死亡，原告与被告事实上形成了两个法律关系。第一是在接受服务过程中发生的人身伤害，受害人有权依照上述法律规定要求经营者承担侵权损害的赔偿责任。谢某超到某公司的游泳池游泳，双方同时还形成以消费和服务为内容的合同关系，该关系受合同法的调整。第二是在接受服务过程中发生的人身伤害，受害人有权依照侵权法律关系规定要求经营者承担侵权损害的赔偿责任。《民法典》总则编第 186 条规定，因当事人一方的违约行为，损害对方人身权益、财产权益的，受损害方有权选择请求其承担违约责任或者侵权责任。本案中原告谢某星、赖某某现已明确选择依合同法律关系起诉，请求被告某公司承担违约责任，法院应当适用违约责任的相关规定，审理本案。

第二节　民事责任的归责原则和构成

案例 2　机动车致害损害赔偿案

【案情】

2008 年 8 月 14 日 12 时 12 分，华某某驾驶的小客车失控后侧翻，并撞击为其货车加盖防雨布的谢某某及随车人员荆某某，造成两车受损及谢某某、华某某和案外人荆某某、戴某某受伤。经交警部门确认，本起交通事故属交通意外，谢某某、华某某和案外人荆某某、戴某某均不承担事故责任。后谢某某与华某某就赔偿事宜协商未果，遂起诉至一审法院。

谢某某认为交通事故发生后，公安机关虽然确认本次交通事故属交通意外，双方均不承担事故责任，但谢某某受伤之后果系华某某驾驶的小客车右后轮破裂引起小客车侧翻撞击所致，故华某某对谢某某受伤后所造成的相关经济损失应承担相应的赔偿责任。华某某认为，本次交通事故属交通意外，华某某对事故的发生并无过错，故要求对超出交强险赔付范围之外部分承担不超过 10% 的赔偿责任。

【问题】

本案中，华某某应当承担责任吗？

【法理分析与参考结论】

一、民事责任的归责原则

民事责任的归责原则，是指确定民事责任归属的一般准则。换言之，它是在行为人不履行法定义务或者约定义务，为确定行为人对自己的行为造成的结果是否需要承担民事责任的基本规则。

（一）对我国民事责任归责原则体系的不同看法

在确认我国民事责任归责原则体系究竟由几个归责原则构成的问题上，有不同的主张。主要的意见如下。

一是一元论观点。认为我国的民事责任归责原则体系只有一个归责原则。例如，认为侵权责任法的归责原则为过错责任原则；合同法的归责原则为严格责任原则或者过错推定原则。

二是二元论观点。认为我国民法的民事责任归责原则有两个：在侵权责任法中，两个归责原则是过错责任原则和无过错责任原则；在合同法中，两个归责原则是过错推定原则和无过错责任原则。

三是三元论 A 观点。认为我国民事法律制度中同时存在三个归责原则，即过错责任原则、无过错责任原则和公平责任原则。特别是在侵权责任法中，很多人坚持这种观点。[①]

四是三元论 B 观点。认为民事责任的归责原则为过错责任原则、过错推定原则和公平责任原则，无过错责任不是一种独立的归责原则。[②] 这种观点主要是在侵权责任法研究中提出的。

五是三元论 C 观点。认为我国民事责任的归责原则体系是由过错责任原则、过错推定责任原则和无过错责任原则三个归责原则构成的。不仅侵权责

[①]　刘淑珍："试论侵权损害的归责原则"，载《法学研究》1984 年第 4 期。

[②]　王利明：《侵权责任法归责原则研究》，中国政法大学出版社 1991 年版，第 30 页。

任法是由这三个归责原则构成侵权责任的归责原则体系,[①] 而且在合同法中,也是由这三个归责原则构成合同责任的归责原则体系。[②] 因此,民事责任归责原则体系,就是由这三个归责原则构成的。

(二) 我国民事责任归责原则体系的构成

我国民事责任归责原则体系,是由过错责任原则、过错推定原则和无过错责任原则构成的一个完整系统。它们统一调整我国民事责任的归属问题。

侵权责任法的归责原则适用这个归责原则体系。侵权责任的归属,根据法律的规定,对不同的侵权行为适用不同的归责原则,一般侵权行为适用过错责任原则;对于部分特殊侵权行为,如国家赔偿责任、用人者责任、监护人责任以及物件损害责任等,适用过错推定原则;对于部分特殊侵权行为,如产品责任、高度危险责任、环境污染责任、饲养动物损害责任和工伤事故责任,适用无过错责任原则。

合同法关于合同责任的归责原则,也适用这个归责原则体系。在确定合同责任的归属问题上,根据合同编的规定,对于缔约过失责任、合同无效的损害赔偿责任、预期违约责任等,适用过错责任原则;对于违约损害赔偿,如加害给付责任的损害赔偿、实际违约责任的损害赔偿、违反后契约义务的损害赔偿,都是用过错推定原则;对于合同无效的返还财产、实际违约的支付违约金、继续履行、采取补救措施等责任,适用无过错责任原则。

在其他民事责任中,应当根据法律的不同规定,适用不同的归责原则。例如,对于违反相邻义务造成损害、对于违反其他债的关系义务的民事责任等,都有相关规定,适用有关的归责原则。

(三) 三个归责原则的基本内容

过错责任原则是以过错作为价值判断标准,判断行为人对其违反法定义务或者约定义务的行为应否承担民事责任的归责原则。例如,一般侵权行为引起的损害赔偿案件,行为人承担侵权责任的必备要件是要有过错,应当由

---

① 杨立新:《侵权责任法专论》,高等教育出版社 2005 年版,第 72 页。
② 杨立新:《合同法专论》,高等教育出版社 2006 年版,第 302 页。

主观上有过错的行为人承担赔偿责任，如果双方当事人对于损害的发生均有过错，则应当根据各自的过错程度轻重和行为的原因力大小，确定各自应当承担的民事责任。在合同责任中，构成缔约过失责任和合同无效的损害赔偿责任，行为人也必须存在过错，如果损害的发生是由双方当事人的过错造成的，也须分担损失。

过错推定原则是指在法律有特别规定的场合，从其他民事责任的构成要件中推定行为人有过错，并据此确定行为人民事责任的归责原则。所谓推定，是指法律或法官从已知的事实推论未知事实而得出的结果，实际上就是根据已知的事实对未知的事实进行推断和认定。[①] 过错推定，也叫过失推定，其规则是，在权利人能够举证证明民事责任构成的其他要件的情况下，法官根据这些要件直接推定行为人有过错，行为人如果主张自己没有过错，应当举证证明自己不存在过错的事实，如果不能证明自己没有过错，推定过错成立，行为人的民事责任即构成，应当承担赔偿责任。适用过错推定原则的意义，在于使受害人处于有利的诉讼地位，切实保护受害人的合法权益，加重行为人的责任，有效地制裁民事违法行为，促进社会的安定和和谐。

无过错责任原则，也叫作无过失责任原则或者严格责任、危险责任，是指在法律有特别规定的情况下，行为人违反法定义务或者约定义务，没有过错也应当承担民事责任的归责原则。我国民法确立无过错责任原则的根本目的，在于切实保护权利人的权利，促使负有特定义务的人，如从事高度危险活动和高度危险物的经营者、缺陷产品的制造者和销售者、环境污染的污染者或者动物的饲养人、管理人，以及合同债务人，对自己的工作和履约行为予以高度负责，谨慎小心从事，不断改进技术安全措施，提高工作质量，保障权利人的权利的实现；一旦造成损害，能迅速、及时地查清事实，尽快赔偿人们的人身损害和财产损失或者承担对违约后果的补救措施。适用无过错责任原则的意义，在于加重行为人的责任，使受害人的损害赔偿请求权更容易实现，受到损害的权利及时得到救济。

---

① 参见《法国民法典》第 1349 条："推定为法律或审判员依已知的事实推论未知的事实所得的结果。"

二、民事责任构成要件

（一）民事责任构成

民事责任构成，是指行为人的行为具备哪些必备条件才能构成其所承担的民事责任，换言之，民事责任构成是依据法律进行理性分析，确定行为人所应承担的民事责任，在一般的情况下，由哪些要素才能构成，并且依据这种构成，作为判断行为人所实施的行为是否成立民事责任的标准，并且在实践中予以适用。因此，民事责任构成既是理论上的问题，又是实践上的问题，而且对于实践的指导意义更为重大。

（二）民事责任的构成要件

民事责任构成要件是与民事责任构成概念最为密切相关的概念。它是构成民事责任的行为人应承担民事责任必备的条件，是民事责任有机构成的基本要素。

通常的民事责任构成要件是违法或者违约行为，损害或者其他违约事实，因果关系，主观上的过错。这些具体的责任构成要件是每一个民法部门法研究的对象，民法总则不作具体研究。

（三）民事责任构成与民事责任构成要件的关系

民事责任构成与民事责任构成要件是一个事物的两个方面，前者是指这种责任须具备哪些要素或条件才能构成，后者是构成这种责任的基本要素或具体条件是什么。因此，这两个概念是紧密相连的，是一个有机的整体。但是，从理论上和实践上来看，这两个概念的意义和作用并不相同。前者具有宏观的意义，研究的是民事责任构成的基本要求，是民事责任构成的结构；后者具有微观的意义，研究的是民事责任构成的具体内容，即构成民事责任的每一个要素的具体要求和具体内容。这两个概念相辅相成，在理论上构筑成民事责任构成的完整体系，在实践中成为判断某一行为人是否应当承担民事责任的尺度。

三、参考结论

《中华人民共和国道路交通安全法》规定，机动车与非机动车、行人之间发生的交通事故，机动车一方承担无过错责任。本案中，虽然交警部门认定本次交通事故是意外发生的，双方均无过错，但谢某某的受伤事实却和华某某的车辆撞击行为之间存在因果关系，本案也无证据证明谢某某有过错，根据相关法律规定，应该由华某某承担事故的全部责任。

第三节　民事责任的承担方式

案例3 江西某公司与某药业公司商标权纠纷案

【案情】

原告某公司诉称：某中药乳膏系原告法定代表人卢某某始创和使用的名称，原告在 2010 年 5 月 19 日获得国家知识产权局的授权。2013 年，原告取得某注册商标专用权，核定使用的商品类别为第 5 类。原告发现被告某公司未经许可，擅自在其生产的同类产品显著位置标注有某商标字样，并在全国多个地区大量批发销售，侵犯了原告的商标权，为此诉至法院，请求判令被告立即停止侵权行为、召回并销毁侵权包装物和标识、赔礼道歉，并共同赔偿原告经济损失 80 万元。被告某公司辩称其认可侵权事实，也同意召回和销毁侵权产品，但认为赔偿数额过高。

【问题】

被告某公司应当以何种方式承担责任？

【法理分析与参考结论】

一、民事责任的承担方式概述

（一）民事责任方式的概念

民事责任方式是指行为人将承担与其所实施的违反法定义务或者约定义务行为和救济对方当事人所相适应的民事责任的具体方法和形式。换言之，民事责任方式，就是民法规定的违反法定义务或者约定义务的行为人所应当承担的法律后果及满足请求权人权利要求的具体形式。

（二）民事责任方式的种类

《民法典》总则编第 179 条规定："承担民事责任的方式主要有：（一）停止侵害；（二）排除妨碍；（三）消除危险；（四）返还财产；（五）恢复原状；（六）修理、重作、更换；（七）继续履行；（八）赔偿损失；（九）支付违约金；（十）消除影响、恢复名誉；（十一）赔礼道歉。法律规定惩罚性赔偿的，依照其规定。本条规定的承担民事责任的方式，可以单独适用，也可以合并适用。"

上述这 11 种民事责任方式，可以分为三种不同的种类：①财产型的民事责任方式；②精神型的民事责任方式；③综合型的民事责任方式。这些责任方式都是由民法调整的财产关系和人身关系的特殊性所决定的，应当按照救济权利损害和制裁违法、违约行为人的具体要求，适用具体的民事责任方式。

（三）适用民事责任方式的一般规则

对违法或者违约行为适用民事责任方式的基本规则如下。

1. 救济权利损害需要

确定民事责任方式最重要的原则，就是根据救济权利人受到侵害的权利的需要。在恢复权利人受到侵害的权利的目标下，需要适用什么民事责任方式，就适用什么民事责任方式。对于违约的行为人，适用财产性的民事责任方式。对于侵权中单纯的财产权利损害，可以单独适用损害赔偿方式救济损害；对于生命健康权的损害，可以赔偿财产损失，也可以赔偿精神损害；对于精神性人格权的损害，可以单独适用精神型的民事责任方式，也可以根据需要适用财产型的民事责任方式。

2. 民事责任方式可以并用

在民事责任方式中，各种方式各具特点，对于造成权利损害的救济，可以单独适用一种民事责任方式，也可以适用多种民事责任方式。

民事责任方式并用的标准是，根据各种责任方式保护权利人的利益不同，如果适用一种责任方式不足以保护权利人的权利时，就应当同时适用其他的责任方式。

3. 权利人可以适当处分

民事责任方式从权利人的角度看，就是权利人自己享有的请求权。按照民法的基本原则，权利人可以处分自己的权利。

4. 必要的先予执行

在侵权民事责任方式中，对于确有必要的，在案件受理时可以先予执行，《最高人民法院关于贯彻执行〈中华人民共和国民法通则〉若干问题的意见（试行）》第 162 条规定："在诉讼中遇有需要停止侵害、排除妨碍、消除危险的情况时，人民法院可以根据当事人的申请或者依职权先行作出裁定。"对于合同责任，如果合同履行期未届至之前，债务人公然违约的，也可以适用预期违约责任的规定，在合同履行期未届至或者未届满之前，提起诉讼，请求保护。

二、财产型民事责任方式的适用

（一）返还财产

返还财产，是普遍适用的民事责任方式。作为民事责任方式的返还财产，是指返还原物。不法侵占他人财产，或者原来依据合同占有他人财产但合同无效或者被撤销的，行为人应当返还原物。原《民法通则》第 117 条规定，侵占国家的、集体的财产或者他人财产的，应当返还财产。因返还原物提起的诉讼称为返还之诉。

返还财产责任方式的适用条件，是侵占财产，并且其原物依然存在。如果原物已经灭失，返还原物在客观上已经不可能，所有人只能要求实物赔偿或者折价赔偿，而不能要求返还财产。如果原物虽然存在，但已经遭受毁损，可以在请求返还财产的基础上，再提出赔偿损失。返还财产在性质上是物的占有的转移，而不是所有权的转移，因此，必须要占有人将所有物转移至所有人的控制之下，才能视为原物已经返还。

返还原物应当返还原物所生的孳息。构成侵权行为的侵占财产均为恶意。在恶意占有的情况下，占有人应负责返还其在全部恶意占有期间所获得的一切孳息，并且无权请求所有人补偿其支付的费用。

（二）恢复原状

恢复原状，是指恢复权利被侵犯前的原有的状态。

恢复原状一般是指将损害的财产修复，即所有人的财产在被他人非法侵害遭到损坏时，如果能够修理，则所有人有权要求加害人通过修理，恢复财产原有的状态。

广义的恢复原状则更为广泛，如通过返还财产而使财产关系恢复到原有的状态，通过恢复名誉而使受侵害的名誉权得到恢复。但是，这些方法在侵权民事责任方式的体系中都有专门的方式，不能包含在恢复原状的责任方式之中。同样地，在侵权责任法中，虽然恢复原状与修理、重作、更换的责任形式联系十分密切，修理、重作、更换也不过是恢复原状的手段，目的在于恢复权利人被侵害的权利，[①] 但修理、重作、更换并不是侵权责任法的民事责任方式，而是违约责任的具体方式，因而，不能认为是恢复原状的具体形式。

适用恢复原状的民事责任方式应当具备的条件是：一是须有修复的可能；二是须有修复的必要。

（三）修理、重作、更换（采取补救措施）

修理、更换、重作，是指在以交付标的物作为履行方式的合同关系中，交付的标的物不符合合同要求的质量标准，债务人对于该标的物所应承担的修理、更换或者重作的民事责任方式。

《民法典》总则编第179条规定的修理、重作和更换，实际上是采取补救措施，这是一个概括性的民事责任方式，具体内容包括很多。这种民事责任方式适用于违约责任，是对于合同没有履行而采取的民事责任方式。上述这些责任方式，在违约责任包括实际违约、预期违约和加害给付中，都是可以适用的。在实践中，可以根据实际的违约情况选择适用。例如，在买卖合同、加工承揽合同等合同关系中，当卖方交付的产品不符合合同约定的质量要求时，卖方应当负责修理或者更换为合格的产品，加工承揽合同中承揽人交付的工作成果不符合质量要求时，应当负责修理或者重作。

（四）支付违约金

违约金，是指当事人通过协商预先确定的，在违约后作出的独立于履行行为之外的给付。

---

① 王利明、杨立新:《侵权责任法》，法律出版社1996年版，第104页。

违约金的性质是当事人双方约定的救济违约的一种责任方式，但在实际上，这种民事责任方式具有担保的作用。在制定原《民法通则》时，没有规定它的担保性质，《民法典》总则编同样采纳这样的传统。

适用违约金责任方式，当事人在合同中应当事先约定，按照约定，在一方当事人违约的时候，对方按照约定给付违约金。违约金的适用范围，在实际违约、预期违约和加害给付中都可以根据约定适用。约定违约金的高低，法律没有特别限制，但是应当受到实际损失的限制。①

应当注意的是，合同编规定的违约金分为不履行的违约金和迟延履行的违约金，应当将这两种违约金加以区别。第一，对于没有约定迟延履行违约金，或者约定不明确的，应当视为不履行违约金；第二，明确约定迟延履行违约金的，违约方在支付了违约金后，还应当履行债务。

（五）赔偿损失

赔偿损失是最主要最基本的民事责任方式，几乎在任何民事责任中，只要造成了权利人的损害，都可以适用损害赔偿的责任方式进行补救。

《民法典》规定的损害赔偿责任方式有两种：一是一般的损害赔偿，即补偿性的损害赔偿；二是惩罚性损害赔偿。在一般的合同责任中，适用的是补偿性的损害赔偿，不得适用惩罚性赔偿。惩罚性赔偿只有在商品欺诈和服务欺诈中才可以适用，② 以及在最高人民法院司法解释中规定的商品房买卖中的欺诈行为可以适用，在其他领域中不可以适用。补偿性赔偿金中，确定"损失赔偿额应当相当于因违约所造成的损失，包括合同履行后可以获得的利益"。③

侵权责任法上的赔偿损失，包括财产损害赔偿、人身损害赔偿和精神损害赔偿三种，应当根据侵权行为所侵害的财产权、物质性人格权和精神性人格权的不同，确定不同的损害赔偿方式。损害赔偿是侵权责任法救济损害的

---

① 这里"应当受到实际损失的限制"即为违约金低于实际损失的，可以要求增加，过分高于实际损失的，可以请求适当减少。下文对此还要详细说明。

② 关于惩罚性赔偿金的适用，请参见杨立新：《民法判解研究与适用（第四辑）·论消费者权益保护中的惩罚性赔偿金》，人民法院出版社 1999 年版，第 107 页以下。

③ 参见《合同法》第 113 条规定。

最基本形式。

三、精神型民事责任方式的适用

（一）停止侵害

停止侵害，是指行为人实施的违法行为仍在继续中，应当承担的立即停止侵害行为的民事责任方式。对于任何正在实施违法行为的不法行为人都可以适用这种民事责任方式，立即停止其侵害行为。

停止侵害这种民事责任方式的主要作用是：能够及时防止扩大侵害后果。这种民事责任方式以侵权行为或者其他违法行为正在进行或仍在延续中为适用条件，对尚未发生的或业已终止的侵权行为则不得适用。责令停止侵害，实际上是要求侵害人不实施某种侵害行为，即不作为。

适用停止侵害责任方式应当注意：第一，可以先予执行；第二，权利人在请求对方当事人承担停止侵害的民事责任方式时应当提供适当担保。

（二）消除影响、恢复名誉

消除影响、恢复名誉，是指行为人实施侵权行为侵害了民事主体的人格权，对于其所造成的影响，应当在其影响所及的范围内消除不良后果，恢复受害人的名誉评价到未受侵害时的状态的民事责任方式。

消除影响、恢复名誉是侵害自然人、法人的精神性人格权所承担的责任方式，在适用中，消除影响适用的范围较宽，可以适用于多种场合。恢复名誉则只适用于侵害名誉权的场合，是侵害名誉权加害人应承担的责任。

消除影响、恢复名誉的具体适用，要根据侵害行为及造成影响所及和名誉毁损的后果来决定。

（三）赔礼道歉

赔礼道歉，是指侵权行为人向受害人承认错误，表示歉意，以求得受害人原谅的民事责任方式。

赔礼道歉有两种方式：一是口头道歉的方式；二是书面道歉的方式。口头道歉由加害人直接向受害人表示。书面的道歉以文字形式为之，可以登载在报刊上，张贴于有关场所，或者以信件的方式转交受害人。侵权人拒不执行赔礼道歉民事责任方式的，法院可以按照判决确定的方式进行，费用由侵权人承担。

四、综合型民事责任方式和适用

（一）继续履行

继续履行是指债务人应当将没有履行的义务继续履行完毕，以实现债权人的债权。其适用范围是违反债的行为，主要是违反合同之债的责任。

（二）排除妨碍

排除妨碍，是指行为人实施的行为使权利人无法行使或不能正常行使自己的财产权利、人身权利，应当将妨碍权利实施的障碍予以排除的民事责任方式。例如，在他人窗前或者通道上堆放物品，妨碍他人通风采光或者通行的，应将物品搬走。如果行为人自己不排除妨碍，受害人可请求人民法院责令其排除妨碍。

（三）消除危险

消除危险，是指行为人的行为和其管领下的物件对他人的人身和财产安全造成威胁，或存在侵害他人人身或财产的可能，应当采取有效措施，将具有危险因素的行为或者物件予以消除的民事责任方式。例如，房屋的所有人或管理人不修缮房屋，致使房屋处于随时倒塌的危险，危及他人人身和财产安全，或者化工厂排放污染物还没有造成实际的损害，这些行为人都应承担消除危险的民事责任。《最高人民法院关于贯彻执行〈中华人民共和国民法通则〉若干问题的意见（试行）》第154条规定："从事高度危险作业，没有按有关规定采取必要的安全防护措施，严重威胁他人人身、财产安全的，人民法院应当根据他人的要求，责令作业人消除危险。"这是对消除危险责任方式的实际运用。

适用消除危险的责任方式，必须是危险存在，确有可能造成损害的后果，对他人造成威胁，但是损害尚未实际发生，没有妨碍他人民事权利的行使。适用此种责任方式，能有效地防止损害的发生，充分保护民事主体的民事权利。

五、参考结论

在本案中，被告构成侵权，原告请求被告立即停止侵权行为、召回并销毁侵权包装物和标识、赔礼道歉，并共同赔偿经济损失、赔礼道歉主要涉及人身权受到侵犯后的法律救济，而原告的商标在本案中受到侵害的主要是财产权属性，并未涉及人身权，故法院判决被告承担停止侵害和赔偿损失的责任，而没有判决赔礼道歉的责任，是非常正确的。

第四节　民事责任的免责事由

案例4　追赶抢夺者致损案

【案情】

2009 年 10 月 18 日 17 时许，唐某某、唐某贵来到重庆市高新区枫林秀水重客隆超市附近，见被告王某从该超市购物出来，进入停靠在路边的奔驰轿车内放置东西准备启动离去，唐某某趁王某不备，拉开该轿车副驾驶座位车门，抢走放在副驾驶座位上的黑色手提包一个，随即乘坐唐某贵驾驶的摩托车逃离现场。王某见状当即驾车掉头追赶，在重庆市高新区劲力五星城附近将摩托车撞倒，追回了被抢的手提包，并当即报警。唐某某被依法处以刑事处罚后，认为其实施抢夺后，被驾车追赶从而受伤，故诉至法院要求王某赔偿住院伙食补助费、医疗费、营养费、被抚养人生活费、交通费、精神抚慰金、医药费、误工费、护理费等。

【问题】

王某是否应当承担责任？

【法理分析与参考结论】

一、免责事由的概念和构成

（一）免责事由的概念

免责事由是指被告针对原告的诉讼请求而提出的证明原告的诉讼请求不成立或不完全成立的事实。在侵权责任编中，免责事由是针对承担民事责任的请求而提出来的，所以又称为免责或减轻责任的事由，也叫作抗辩事由。[①]

与抗辩事由最相似的概念是阻却违法行为。这两个概念都是被告对抗原告的请求权，以破坏行为人的请求权构成，进而免除或者减轻行为人责任的具体事由。在这一点上，这两个概念性质是一致的。它们有以下三点区别。

第一，法律体系的使用习惯不同。在大陆法系，一般将这一概念称作阻却违法行为，或者免责事由；在英美法系，则称为抗辩事由；近年来，我国民法受英美法系的影响增强，更多的学者将阻却违法行为称作抗辩事由。

第二，具体功能不同。阻却违法行为的功能是作用于请求权构成的行为违法性要件，行为人的行为由于存在阻却违法的事由，而使其不具有违法性，进而破坏了请求权的构成，使原告的请求权不能成立，最终使行为人免除民事责任。抗辩事由则是着眼于请求权构成的整体，破坏其中任何一个具体要件，都可以破坏整个请求权的构成，使行为人免除或者减轻责任。

第三，范围不同。抗辩事由的范围比阻却违法行为的范围要宽，这也是学者多采取抗辩事由概念的原因。例如，第三人过错不是阻却违法事由，而是抗辩事由。因此，抗辩事由的概念更为准确。

（二）免责事由的构成

侵权责任免责事由是由侵权行为的归责原则和侵权责任构成要件派生出来的。适用不同的归责原则，就有不同的责任构成要件，因而也就总是有要求与归责原则和责任构成要件相适应的特定的免责事由。侵权责任法的归责

---

① 王利明、杨立新：《侵权行为法》，法律出版社1996年版，第76页。

原则多样化，与此相适应，不同的侵权责任类型其免责事由也有所不同。免责事由有效成立须具备以下两个构成条件。

一是对抗性要件。对抗性要件是指能够对抗侵权责任构成的具体要件，也即破坏整个侵权责任构成的内在结构，使原告诉请的侵权责任归于不能成立的事实要件。免责事由虽然是对抗对方当事人的诉讼请求的事由，但它具体对抗的是侵权责任构成，破坏对方当事人请求权的成立，导致对方的诉讼请求在法律上不成立。这就是侵权免责事由的对抗性要求。侵权纠纷的被告提出的主张如果不具有对抗性，而仅仅能证明自己具有可以谅解性，但不足以对抗对方当事人请求的，不能成为免责事由。①

二是客观性要件。免责事由必须是客观事实，具有客观性的属性。它要求免责事由必须是客观存在的、已经发生的事实，不能是主观臆断或尚未发生的情况。仅仅表明某种损害未发生，或单纯否认对方请求权不存在，不能成为免责事由。

二、《民法典》总则编规定的免责事由

（一）不可抗力

不可抗力是指人力所不可抗拒的力量，包括自然原因（如地震、台风、洪水、海啸等）和社会原因（如战争等）。不可抗力是独立于人的行为之外，并且不受当事人的意志所支配的现象，是各国立法通行的免责事由。《民法典》总则编第180条规定："因不可抗力不能履行民事义务的，不承担民事责任。法律另有规定的，依照其规定。不可抗力是指不能预见、不能避免且不能克服的客观情况。"

不可抗力作为免责事由的根据是，让人们承担与其行为无关而又无法控制的事故的后果，不仅对责任的承担者来说是不公平的，也不能起到教育和约束人们行为的积极后果。依据这样的价值观念，将不可抗力作为免责事由必须是构成损害结果发生的全部原因。只有在损害完全是由不可抗力引起的情况下，才表明被告的行为与损害结果之间毫无因果关系，同时表明被告没有过错，因此，应被免除责任。

---

① 佟柔主编：《中国民法》，法律出版社1995年版，第571页。

确定不可抗力有三种不同的学说：一是客观说。主张应以事件的性质和外部特征为标准，凡属于一般人无法防御的重大的外来力量，均为不可抗力。二是主观说。主张以当事人的预见力和预防能力为标准，凡属于当事人虽尽最大努力仍不能防止其发生者，为不可抗力。三是折中说。认为应采主客观相结合的标准，凡属基于外来因素而发生的，当事人以最大谨慎和最大努力仍不能防止的事件为不可抗力。①

我国立法采纳第三种学说。依据《民法典》总则编第 180 条确定不可抗力应当符合以下要求。

第一，不可预见。这是从人的主观认识能力上来考虑不可抗力的因素，它是指根据现有的技术水平，一般人对某种事件的发生无法预料。不可预见的标准，不能依某个人的标准，因为每一个人的预见能力都是不同的，预见性因人而异，对于某种现象，某人可以预见，而他人却不能够预见。因此，必须以一般人的预见能力而不是当事人的预见能力为标准，来判断对某种现象是否可以预见。不过，不可预见作为不可抗力的要件并非绝对。例如，尽管有可能已经预见地震，但仍然无法避免，仍成立不可抗力。

第二，不可避免并不能克服。这是指当事人已经尽到最大努力和采取一切可以采取的措施，仍然不能避免某种事件的发生并克服事件造成的损害后果。不可避免和不能克服，表明事件的发生和事件造成损害具有必然性。某种事件是否不能避免并不能克服也要根据具体情况决定。

第三，属于客观情况。这是指事件外在于人的行为的自然性。不可抗力作为独立于人的行为之外的事件，不包括单个人的行为。如第三人的行为对被告来说是不可预见并不能避免的，但它并不具有外在于人的行为的客观性，第三人的行为不能被作为不可抗力对待。

（二）正当防卫

正当防卫是一般免责事由，是指当公共利益、他人或本人的人身或者其他利益遭受不法侵害时，行为人所采取的防卫措施。正当防卫是保护性措施，是一种合法行为。对于因此造成的损害，防卫人不负赔偿责任。《民法典》

---

①　王利明、杨立新：《侵权行为法》，法律出版社 1996 年版，第 93 页。

总则编第 181 条规定："因正当防卫造成损害的，不承担民事责任。正当防卫超过必要的限度，造成不应有的损害的，正当防卫人应当承担适当的民事责任。"

构成正当防卫须具备以下要件。

第一，必须有侵害事实。侵害的事实在先，防卫行为在后；侵害是防卫的前提，防卫是侵害导致的结果。没有侵害事实，就不得进行防卫。对侵害事实的要求是须为现实的侵害，特点是已经着手、正在进行、尚未结束。对想象中的侵害、未发生的侵害、实施终了的侵害，都不能实施防卫行为。

第二，侵害须为不法。正当防卫的对象必须是不法侵害，对执行职务的"有权损害"不能进行防卫，如逃犯就不得以正当防卫为借口而拒捕。

第三，须以合法防卫为目的。防卫人在防卫时，不仅应当意识到不法侵害为现实存在，而且须意识到其防卫行为的目的，就是说必须是把防卫公共的、他人的或本人的权益免受侵害作为防卫的目的。以防卫为借口而施以报复的行为或防卫挑拨的行为都是违法行为，构成侵权行为。

第四，防卫须对加害人本人实行。对加害人的防卫反击，根据制止不法侵害的需要，可以是对人身的，也可以是对财产的。但是，任何防卫行为都不能对第三人实施。

第五，防卫不能超过必要限度。造成的损害没有超过必要限度，防卫人不负赔偿责任。必要限度是为了制止不法侵害所必须具有的，足以达到因见义勇为受害的特别请求权的强度，只要是为了制止侵害所必需的，就不能认为是超越了正当防卫的必要限度。

（三）紧急避险

紧急避险，是指为了社会公共利益、自身或者他人的合法利益免受更大的损害，在不得已的情况下而采取的造成他人少量损失的紧急措施。紧急避险是一种合法行为，是在两种合法利益不可能同时都得到保护的情况下，不得已而采用的牺牲其中较轻利益、保全较重大利益的行为。《民法典》总则编第 182 条规定："因紧急避险造成损害的，由引起险情发生的人承担民事责任。危险由自然原因引起的，紧急避险人不承担民事责任，可以给予适当补偿。紧急避险采取措施不当或者超过必要的限度，造成不应有的损害的，紧急避险人应当承担适当的民事责任。"

构成紧急避险须具备以下要件。

第一，危险正在发生并威胁公共利益、本人或者他人的利益。对于尚未发生的危险、想象的危险，都不得实施避险行为；虽有危险发生但危险已经消除，或者危险已经发生但不会造成合法利益的损害，也不得采取紧急避险。

第二，采取避险措施须为不得已。所谓不得已，是指不采取紧急避险措施就不能保全更大的法益，是指避险确有必要，而不是指避险人只能采取某一种而不能采取另一种措施避险。强调不得已，不是说避险人选择的手段只能是唯一的，而是指可以采取多样的措施进行避险。只要避险人的避险行为造成的损害小于可能发生的损害，避险措施就是适当的。

第三，避险行为不得超过必要的限度。紧急避险的必要限度，是指在面临紧急危险时，避险人应采取适当的措施，以尽可能小的损害保全较大的法益。民法要求紧急避险行为所引起的损害应轻于所避免的损害，两者的利益衡量中，前者明显轻于后者。如果避险行为不仅没有减少损害，反而使造成的损害大于或等于可能发生的损害，避险行为就超过了必要的限度，也就失去了意义。

（四）见义勇为

《民法典》总则编第183条规定："因保护他人民事权益使自己受到损害的，由侵权人承担民事责任，受益人可以给予适当补偿。没有侵权人、侵权人逃逸或者无力承担民事责任，受害人请求补偿的，受益人应当给予适当补偿。"这一规定可以称为因见义勇为受害的特别请求权。

因见义勇为受害的特别请求权，是指行为人为了保护他人的民事权益，在为保护他人民事权益的见义勇为行为中自身受到损害，所享有的赔偿和补偿自己损失的请求权。保护他人民事权益的见义勇为行为，是有利于国家、集体和他人的行为，是法律鼓励的行为，见义勇为的行为人因此受到损害，理应获得相应的赔偿和补偿。

产生因见义勇为受害的特别请求权的关键，是制止侵害行为构成见义勇为行为。有人认为，见义勇为行为的构成要件，一是行为主体限于自然人，二是行为人须不负担法定或者约定的危难救助义务，三是行为人须为国家利益、社会公共利益或他人的利益而实施危难救助行为，四是须以发生紧急情况为前提并体现一定的危险性。符合前述四个构成要件的，构成见义勇为行为。① 根据笔者的研究，见义勇为行为的构成要件如下。

第一，须为保护他人民事权益而实施的行为。见义勇为是一种行为，其中所包含的行为人的意志是为了保护他人的民事权益，这就是见义勇为的主观要件，也是见义勇为中的"义"和"勇"的含义。

第二，须行为人实施保护他人合法权益的行为无法定或约定义务。如果见义勇为的行为人在实施保护他人的民事权益行为时，负有法定的或者约定的义务，如警察制止持凶器砍人的犯罪分子，消防队员抢救火灾中被困的居民等，都属于履行法定义务，是职务行为；救生员抢救游泳馆的溺水者，履行的是约定义务，这些都不属于见义勇为行为。

第三，须针对侵害他人合法权益的侵害行为或者他人处于危难的危险事实。见义勇为行为只能对侵害他人的财产、人身的行为进行制止，或者对处于危难中的人进行救助。如果不存在侵害他人财产、人身的行为或者极度危难的情况，就没有见义勇为行为存在的基础。对他人财产、人身的侵害行为和危难事实必须是正在进行，如果尚未发生，或者已经结束，均无实施见义勇为行为的必要。

第四，须在客观上使受益人少受或免受损害的行为。见义勇为制止侵权人的侵害行为以及危难救助的结果，是保护了受益人的民事权益，防止或减少受益人的财产、人身的损害，即应具有受益人少受或者免受损害的结果。如果行为在客观上没有产生防止或减少受益人受到损害的结果，则没有实现见义勇为的目的，因而也就失去了见义勇为的价值。受益人少受损害或者免受损害均可构成见义勇为，而不能强求须受益人免受损害。如果救助人实施救助行为未使受益人的损害减少，甚至反而增加了损害，则这种行为不构成见义勇为，不产生因见义勇为受害的特别请求权。

---

① 王雷："见义勇为行为中的民法学问题研究"，载《法学家》2012 年第 5 期。

（五）紧急救助

《民法典》总则编第 184 条规定："因自愿实施紧急救助行为造成受助人损害的，救助人不承担民事责任。"这是借鉴好撒玛利亚人法的立法经验，在我国立法中第一次确立好撒玛利亚人法的基本原则，以应对社会诚信建设的迫切要求。好撒玛利亚人法的核心价值，在于确认好撒玛利亚人实施的救助行为是高尚行为，当好撒玛利亚人在救助他人时，对其造成被救助人的损害不承担民事责任。但是，如果好撒玛利亚人在实施救助行为时存在故意而造成被救助人的损害，那他就不是好撒玛利亚人，而是在实施侵权行为。这种行为不在好撒玛利亚人法的范围之内。

构成自愿实施紧急救助的善意施救者享有豁免权须具备以下要件。

第一，行为人为善意施救者。我国立法目前不承认一般救助义务。与此相应，构成好撒玛利亚人的行为人，必须是那些对他人不承担一般救助义务，但对身处危难境地的他人主动实施救助行为的人，即善意施救者。换言之，承担特殊救助义务的义务人不构成享有豁免权的好撒玛利亚人，这是因为，基于特殊救助义务实施的行为是行为人的"本分"，好撒玛利亚人法的评判标准则要求行为人应是自觉的、非功利性地救助他人。

第二，行为人实施了救助行为。行为人实施了救助行为是其享有豁免权的前提条件。在他人处于危难或困境中时，行为人出于善意采取了紧急救助措施，实施了救助行为，是构成豁免权的要件。实施救助行为，不仅包括行为人自己采取救助措施对处于危难者进行救助，也包括行为人呼叫他人对处于危难者进行救助。[①] 前者主要适用于行为人具有能够实施救助的能力而主动实施救助，后者主要适用于行为人不具有能够实施救助的能力，或者危难情况的程度必须有专业人员的介入才能得以缓解或控制。

第三，行为人不存在故意。一般过失相对于重大过失而言，通常分为抽象过失和具体过失。[②] 好撒玛利亚人的豁免权存在于具体过失、抽象过失以

---

① 这里提到的实施救助行为的两种情况即包括本文提及的"救助的好撒玛利亚人"和"呼救的好撒玛利亚人"。

② 杨立新：《侵权责任法》，法律出版社 2010 年版，第 87 ~ 88 页。

及重大过失的范围内。如果行为人不存在故意，就不存在侵权责任，当然也就无所谓豁免权的问题了。

具备以上三个要件，善意施救者享有豁免权。该豁免权究竟是诉讼豁免权抑或责任豁免权，不无争议。我们认为，将该豁免权界定为责任豁免权更为恰当，原因有二：第一，赋予善意施救者以豁免权为目的在于限缩其可能承担责任的范围，而不是将善意施救者严密地保护在可能发生的诉讼之外，界定为责任豁免权是对善意施救者豁免权本质的准确阐明；第二，善意施救者与被救助者之间可能因救助行为而产生有关施救者责任的争议，最有效的方法应是通过诉讼予以确定，较之于诉讼豁免权，责任豁免权更符合理性。

三、参考结论

本案中，被告王某的行为系针对实施抢夺行为的原告唐某某，其为行为的主观目的是夺回被抢走的财物，完全符合正当防卫的对象条件。本案有疑义的是，被告的行为是否满足正当防卫的时间条件与限度条件的民事判断标准，也即王某的行为是否构成了防卫过当。在本案中被告王某在危急情况下，基于追赶速度必须超过逃跑速度，驾驶自有机动车追击原告唐某某，系属正常的应激反应，该选择并无明显不当，不具有可非难性。另外，从防卫的强度来看，针对原告的抢夺行为，如果被告不对原告实施伤害并使得原告暂时丧失攻击能力，根本不可能挽回损失。同时从防卫的手段来看，根据当时情势及双方的力量对比，抢夺人骑乘摩托车逃逸，被告除驾车追击外，已没有更好的选择。因此，虽然被告王某作出导致原告唐某某受伤的行为，但并不构成防卫过当，而只能认定为是为制止原告的不法侵害行为，在不得已的情况下采取的必要措施，系正当防卫行为，被告王某自然不应就原告所受伤害承担赔偿责任。

第五编

民事法律关系变动

　　本编主要介绍民事法律关系的变动，在民事法律关系的产生、变更和消灭过程中，最重要的法律事实就是民事法律行为，"民事法律行为"一章重点阐述了民事法律行为的概念、分类、意思表示、成立、生效和效力瑕疵等内容。而代理制度在一定程度上是对民事法律行为的延伸，其中，代理权的概念、行使规则、无权代理、表见代理和间接代理制度在本编也具有举足轻重的地位。最后，本编说明了诉讼时效与期间计算的规则。

第十章　民事法律行为

本章知识点概要

　　民事法律行为是指自然人、法人或者其他组织设立、变更、终止民事权利和民事义务的意思表示行为。根据不同标准，可以将民事法律行为区分为不同的类型，如单方、双方和多方民事法律行为，有偿和无偿民事法律行为，诺成和实践民事法律行为，要式和不要式民事法律行为等。民事法律行为的核心是意思表示，意思表示就是民事主体将意欲发生一定的民法上法律效果的意思表达于外的行为。意思表示的构成要件可分为主观要件和客观要件，前者是指内心的意思，后者是指将内心意思表示于外部的行为。意思表示的生效和解释根据有无特定的相对人适用不同的规则。意思表示的撤回是指意思表示发出以后，尚未到达受领人之前，表意人作出取消其意思表示的行为，而意思表示的撤销是指意思表示发出并生效之后，表意人又作出取消其意思表示的表示。民事法律行为的成立就是民事法律行为的形成和产生，其着眼点是行为人从事的某一具体行为究竟是法律行为还是其他的表示行为。在民事法律行为成立之后，民事法律行为的效力是指是否符合有效要件而具有法律拘束力，其着眼点是行为人从事的每一项法律行为是否符合法律的精神和规定，法律是否认可当事人所意欲发生的效力。各国立法和法理根据具有效力瑕疵的民事法律行为所欠缺的有效要件的不同，将其区分为无效的民事法律行为、可撤销的民事法律行为和效力待定的民事法律行为。最终被确认无效、被撤销或者因没有事后追认导致无效的民事法律行为虽然不能产生当事人预期的法律效果，却也能引起一定的法定效果，主要为返还财产、赔偿损失和追缴财产等。另外，为了限制民事法律行为效果的发生或消灭，当事人还可对其附加付款，付款主要分为条件和期限。附条件的民事法律行为是指以将来客观上不确定的事实决定民事法律行为效力的发生和消灭；而附期限的民事法律行为是指当事人用将来确定发生的事实的到来决定民事法律行为效力的发生和消灭。

第一节　民事法律行为概述

案例1　遗赠纠纷案

【案情】

曹某与吴某为战友，曾经共同参加过对越战争，曹某在战斗中负伤，全靠吴某冒死相救才得以生还。曹某复员后开办公司，经营有方，获得可观收入，在当地购置了三套房屋。曹某感念吴某的救命之恩，亲自书写了一份遗嘱，明确写明在其死亡后将其中一套房屋赠与吴某。2000年，曹某去世，吴某依据该遗嘱要求获得该套房屋的所有权。但是曹某的家人不同意，认为曹某的三套房屋是曹某的遗产，应当由曹某的三个子女继承，曹某所立遗嘱不能发生法律效力。

【问题】

曹某的遗嘱具有法律效力吗？

【法理分析与参考结论】

一、民事法律行为的概念

民事法律行为是指自然人、法人或者非法人组织，通过意思表示，设立、变更、终止民事权利和民事义务关系，能够产生当事人预期法律效果的行为。

二、民事法律行为概念的产生和发展

民事法律行为概念的产生和发展，大致有以下四个过程。

（一）萌芽时期

法律行为概念的产生经历了一个发展过程。罗马法并不存在法律行为的概念，但罗马法对买卖、借贷、租赁等都作了明确的规定，虽然没有使用法律行为的概念，但在这些制度中已经有了法律行为概念的萌芽。这是法律行为概念的萌芽时期。日耳曼法在法律行为的产生中也有很大的影响。例如，日耳曼法中誓言的约束力来源于人们对神灵的信仰，虽然这种约束力本来只是一种自我的约束与自我控制，但誓言必须遵守，实际上反映了当事人的意思应当具有一定的约束力。[①]

（二）初创时期

法律行为概念在法国法时期初步创立，但并没有使用这个概念。许多法国学者认为，《法国民法典》使用了"意思表示"这个概念，确认了意思自治原则，并且对法律行为的一般规则作出了规定，如有效成立的表意行为、行为能力原则、标的确定原则、内容合法原则、自愿真实原则等，因而在实际上是创立了法律行为制度，承认了当事人之间所缔结的契约的法律效力，使其具有了推动民事权利流转的作用。法国法只是没有使用法律行为这个概念，有关法律行为的基本规则实际上已经建立起来了。1794 年的《普鲁士普通联邦法》第四编规定了"关于意思表示"，第五编规定了"关于民事法律行为"。该法第 1 条规定："如以行为设定权利，则行为必须自由。"其第 3 条还规定："如果对财产的处理缺乏自由，则不可以从法律上产生约束力。"这部法律虽然没有使用法律行为的概念，但其使用了意思表示的概念。

（三）建立时期

法律行为概念在理论上第一次提出，是由德国注释法学派学者创立的，他们通过对罗马法的分析和整理，提炼出了一套完整的法律行为理论。尽管对于是哪一位学者第一次提出法律行为的概念众说纷纭，莫衷一是，但有一点是可以肯定的，那就是，萨维尼在其名著《当代罗马法体系》一书中对法律行为理论作了深入、细致、详尽的研究，作出了完整、系统的论述，从而完善了法律行为理论。

---

① 王利明：《民法总则研究》，中国人民大学出版社 2012 年版，第 520 页。

（四）完善时期

《瑞士民法典》肯定法律行为制度，同时将意思表示和法律行为相区别，构成了现代民法严密的法律行为的制度和观念体系。这是将民法的立法和理论进行高度抽象化的结果，是立法技术高度发展的结果。

三、法律行为和民事法律行为

我国民法在清末民初改律为法，《大清民律草案》从日本民法中引入了法律行为的概念，1925 年的《民国民律草案》也使用了法律行为的概念，并对法律行为制度作出了较详细的规定。至 1929 年、1930 年制定《民国民法》，正式建立了法律行为制度。

1949 年以后，我国民法虽然废除了民国政府的民法典，但借鉴的《苏俄民法典》也采用法律行为概念。原《民法通则》既采纳苏俄立法的做法，又加进了自己的创造，在第四章规定了"民事法律行为"概念，将本应当称作法律行为的概念，称之为民事法律行为，详细规定了民事法律行为的概念、要件、无效的民事行为、可撤销的民事行为等制度。在使用这个概念时，将合法的法律行为称为民事法律行为，在这个概念之上又设置了民事行为这样一个中性的概念，这个概念才相当于法律行为概念。我国采用的这种民事行为和民事法律行为的概念及其划分，并不是一个科学的概念，在使用它们的时候经常出现混淆的现象。不过，由于法律行为制度具有其自身独特的功能，且因为原《民法通则》颁布后，法律行为制度已经为我国民事司法实践所广泛采纳，因而我国民法总则应当采纳法律行为的概念，[①] 放弃民事法律行为的概念，并应进一步完善。

《民法典》纠正了原《民法通则》的做法，直接规定了民事法律行为的概念，摒弃民事行为、无效的民事行为和可撤销的民事行为的概念。这是一个很大的进步。

四、民事法律行为的特征

第一，民事法律行为是人为的法律事实。能够引起民事法律关系产生、

---

① 王利明：《民法总则研究》，中国人民大学出版社 2012 年版，第 524 页。

变更和消灭的客观现象，就是法律事实。① 法律行为是一种人为的法律事实，具有明确的目的性。法律行为是民事法律关系的发生、变更或消灭的原因之一，属于法律事实中的行为。

第二，民事法律行为是一种表意行为。在产生民事法律关系的行为中，有表意行为和非表意行为之分。表意行为的行为人具有导致一定法律效果发生的意图。非表意行为又称为事实行为，即行为人主观上并无产生法律效果的意图，仅在客观上引起了某种法律效果的发生，如技术发明创造、发现埋藏物、拾得遗失物等行为。法律行为的目的在于引起具体的、明确的私法上的权利义务关系的后果，法律行为的实施，都是当事人意图设立民事权利或者改变民事权利现状的行为，当然是表意行为。

第三，民事法律行为以意思表示为核心要素。既然法律行为为表意行为，因而意思表示是构成法律行为的最基本的要素。甚至在法律行为提出的早期，法律根本不区分意思表示与法律行为的界限。意思表示就是行为人将其期望发生法律行为的意思以一定的方式表现于外部的过程。而法律行为则是依当事人所谓的意思表示而发生一定私法上效果的法律事实，法律行为是意思表示的工具。而意思自治原则是行为人可以按照自己的意志自由地创设权利与义务，而要在现实生活中产生具体的权利义务，行为人就必须将这种意志体现出来，否则，意志存在于内心而不表示于外，则难以产生法律后果。② 所以，意思表示是法律行为的核心要素。

五、民事法律行为与准法律行为

在通常情况下，将行为分为法律行为和事实行为。但在法律行为和事实行为之间还存在一个中间状态的行为，即准法律行为。

准法律行为是指由法律直接规定结果的当事人的表示行为，为用意思的

---

① 佟柔主编：《中国民法学·民法总则》，中国人民公安大学出版社 1990 年版，第 59 页。原本的法律事实概念，就是民事法律概念，是由大陆法系民法学家创立的。但是法律事实被法理学借用、成为法学的一般概念之后，民法上的法律事实就被冠以"民事"法律事实的限定词，民事法律行为、民事法律关系等都是如此。

② 李永军：《民法总论》，法律出版社 2006 年版，第 414 页。

表达告知他人事项。准法律行为和法律行为共同归纳为广义的法律行为。①
准法律行为与法律行为的区别是：第一，准法律行为完全不是法律行为，尽
管准法律行为的当事人也有明确的意思表示，类似于法律行为，但两者并不
相同。不过，准法律行为的"准"，是指准用法律行为的规则。第二，虽然
准法律行为与法律行为都具有明确的意思表示，因而相类似，但二者的法律
后果发生的根据完全不同，法律行为之所以能够产生特定的法律后果，是因
为行为人具有追求这种法律后果的愿望，并将这种愿望表达出来；而准法律
行为虽然有意思表示行为，但这种后果并不包含在意思表示中，表示行为的
后果是由法律直接规定的。②

通常把准法律行为分为以下两种。

一是意思通知。意思通知也叫作催告，是指债权人要求债务人履行到期
债务或者要求法律关系的对方当事人确定某种关系的通知。③ 意思通知虽然
也是一种意思表示的行为，但这个意思系单纯的事实，而不论告知人是否愿
意，均发生典型的法律效果。④

二是观念通知。观念通知也叫作通知（或者告知），是把某种意思表示
正式告诉对方，使对方知道的事实。⑤ 观念通知不包括意思的表达，仅是将
有关事实（过程或者状态）之消息告知，并不过问有何效果发生。⑥ 因此，
通知（告知）中的行为人表示的并不是某项意思，而是一种他知道的事实。
如债权转移时，对债务人的通知。

由于准法律行为与法律行为之间不存在一条清晰的界限，因此，有关法
律行为的规定应该可以类推适用于准法律行为，但由于准法律行为种类的不
同，存在较大的区别，也无法作出一般性的断言。

六、民事法律行为在民事法律关系中的地位和意义

民事法律行为是行为中的一种，是法律事实的内容之一。法律事实包括

---

① 黄立：《民法总则》，元照出版公司2005年版，第191页。
② 李永军：《民法总论》，法律出版社2006年版，第425页。
③ 李永军：《民法总论》，法律出版社2006年版，第26页。
④ 黄立：《民法总则》，元照出版公司2005年版，第192页。
⑤ 李永军：《民法总论》，法律出版社2006年版，第425页。
⑥ 黄立：《民法总则》，元照出版公司2005年版，第192页。

事件和行为。民事法律行为是行为中的一种，是行为中最主要的形式。因此说，民事法律行为就是法律事实的最基本形式。

法律事实是民事流转的动力，由于法律事实的出现，民事法律关系才得以产生、变更或消灭。正是法律关系的产生、变更和消灭，才推动了市民社会的不断发展。因此，法律行为就是实现民事流转、推动市民社会发展的基本动力。法律行为作为推动民事流转的基本的、主要的形式，在民法社会中发挥着极为重要的作用，具有重要意义。研究法律行为，就是要真正认识法律行为在民事法律关系运动中的作用和意义，掌握它的运行规则。法律行为制度作为观念的抽象，不仅统辖着合同法、遗嘱法、婚姻法等具体设权行为的规则，形成了民法不同于法定主义体系的独特法律调整制度，而且又以完备系统的理论形态概括了民法中一系列精致的概念和原理，形成了学说中令人瞩目的独立领域。[①]

七、参考结论

本案中，曹某生前所立的遗嘱是其处分自己财产的意思表示，由于曹某是该房屋的所有权人，他有权行使对该房屋的处分权，符合民事法律行为的要求。另外，该民事法律行为是一种遗嘱人死后生效的法律行为，还需等到曹某死亡后才能发生法律效力。本案中，遗嘱生效的条件已经满足，应该得到执行，吴某有权依据遗嘱获得房屋的所有权。

第二节　意思表示

案例2　默示方法购买法学文集案

【案情】

某出版社向某法学教授邮寄一套民法文集，该教授收到文集后，随即拆封翻阅，非常喜欢文集的内容，于是在该文集上加盖自己的藏书专用章。

---

① 董安生：《法律行为》，中国人民大学出版社1994年版，前言。

【问题】

本案中法学教授在文集上盖章的行为是否属于意思表示？

【法理分析与参考结论】

一、意思表示概述

（一）意思表示的概念

意思表示，是指民事主体向外部表明意欲发生一定的民法上法律效果的意思行为。换言之，意思表示就是行为人进行的法律行为的内心意愿，并以一定的方式表达于外部的行为。其中的"意思"，是指建立、变更、终止法律关系时的内心意图；"表示"，是将内在的意思以适当的方式向适当的对象表示出来的行为。① 故民国时期学者曾言之："意思表示者，法律赋予表示人欲望一定私法上效力之心理表示行为者。"②

（二）意思表示的特征

第一，意思表示具有客观性。意思表示是一种行为，是将内心意图向外进行表达的行为。在这个意义上，意思表示具有客观性，意思表示是否成立，应采客观标准，而不是主观标准。尽管意思表示是一种行为，但与法律行为不同，意思表示仅仅是法律行为的产生要件。仅仅存在于表意人内心而未予表露的主观意图只是一种意识状态，不能产生任何法律上的效果。③

第二，意思表示的表意人具有主观意图。意思表示由表意人作出。表意人作出意思表示，内心存在必然是法律关系发生变动的意图，只要表意人的意图不违反法律的强制性规定和公序良俗，就能够发生表意人所预期的效果。因此，意思表示实际上是实现意思自治的工具，通过意思表示而表达自己的意愿，进而建立法律行为，实现自己的利益。

第三，意思表示是一个由内到外的意思形成和表示的过程。意思表示尽

---

① 王利明：《民法总则研究》，中国人民大学出版社 2012 年版，第 540 页。
② 史尚宽：《民法总则释义》，上海法学编译社 1946 年版，第 295 页。
③ 刘凯湘：《民法总论》，北京大学出版社 2006 年版，第 287 页。

管具有表意人的发生法律关系变动的意图，但是，如果意思表示没有表示在外，不能为人所知晓，就不能发生变动法律关系的后果。单纯停留在内心的主观意思是没有法律意义的，必须将该意思表示出来，让对方当事人知晓。因此，意思表示必须有由内到外的形成和表示的过程，才符合法律的要求。

第四，意思表示符合生效要件将发生法律效力。意思表示是法律行为的核心要素，因此法律对其提出严格的要件。符合意思表示生效要件的意思表示，就能够发生当事人预期的法律效果。如果意思表示不符合法律规定的生效要件，其发生的后果可能与当事人的意思不尽一致。

（三）意思表示的心理过程

意思表示是民事主体内心意愿的对外表达，是一个心理过程。因此，意思表示总是要有不同的阶段，使其意思不断地形成并作出表示。意思表示的心理过程分为以下三个阶段。

1. 动机意思阶段

行为人将某种客观需要反映在心理上，形成实施某种行为以满足这种客观需要的内心需求，也就是形成了某种行为的内心动机。这就是动机意思。例如，天气冷了，需要添置新的御寒服装；看到出租房屋可以赚钱，就想起将自己的房屋出租他人以获取租金的收益。这些都是意思表示的动机阶段。动机意思对于形成效果意思具有重要意义，但对于形成意思表示并无特别意义，因为法律重视的是效果意思，而不是动机意思。例如，买房，取得房屋的所有权是效果意思，是构成意思表示的重要内容，但究竟为什么而买房的动机意思，法律并不重视。

2. 效果意思阶段

效果意思也叫作效力意思、法效意思，是指欲引起私法上的一定效果发生的内心意愿的意思或欲望，是表意人内心的主观意思。行为人的动机促使行为人形成进行一定行为而取得相应后果的内心意愿。效果意思阶段处于动机意思阶段之后、表示行为阶段之前。例如，要添置新的御寒服装，就要进行买卖活动，以及到何种商店购买；出租房屋就要寻求机会，以进行出租活动。这些都是意思表示的效果意思阶段。效果意思是意思表示的基础，由于效果意思促进意思表示的形成，最后实现法律行为的效果。例如，当事人可能由于为上学、购物、旅游、送货等动机而购买汽车，内心的动机意思只是意思表示的间接原因，只有想取得汽车的所有权，才是效果意思。

3. 表示行为阶段

行为人把这种通过行为而取得相应法律后果的内心意愿用一定的法定方式表达于外部，使他人得以了解，就是表示行为。表示行为是意思表示的最后阶段。当想购买衣服的行为人找到了合适的商店，找到了合适的服装，欲出租房屋的行为人找到了合适的承租人，行为人就要将自己购买服装、出租商品房的意愿表达出来。因此，表达购买服装、张贴房屋出租广告的行为，就是表示行为。意思表示到达表示行为阶段，就已经基本完成了意思表示的要求了。

（四）意思表示的构造

从上述意思表示的三个阶段中，可以看出意思表示的实际构成确实是由动机促成的，也就是动机意思是不可缺少的内容。但是，在民法上确定一个意思表示是不是成立，并不关心行为人的动机或者目的，也就是并不关心他的内心意愿。这就是说，除非当事人有特别约定，否则，不论行为人处于什么样的动机或者目的意思，例如，买菜刀的动机是切菜还是砍树，在法律上是没有意义的。因此，在一般情况下，动机或者目的错误，原则上对法律行为的效力不发生影响。但是，动机意思在确定意思表示的内容上还是具有重要意义的。

意思表示的构造即意思表示的构成要素有三个：动机意思、效果意思和表示行为。一个行为具备了这三个要素，就构成意思表示。其中前两个要素是意思表示的主观构成要素，主要说明成立意思表示需要具备哪些意思内容；后一个要素为意思表示的客观构成要素，其意义在于成立意思表示必须具备何种外部行为。

1. 动机意思

动机意思，也叫作目的意思，是指明法律行为具体内容的意思要素，是意思表示成立的基础。

动机意思包含三个方面，这就是要素、常素和偶素。

（1）要素。要素是指构成某种意思表示所必须具备的意思内容。要素有三个方面的意义：第一，要素是特定种类的法律行为典型内容与个别内容要求的统一；第二，要素是必须由行为人以意思表示确定的意思内容；第三，要素完整明确是成立具体的法律行为的基本要件。民事法律关系的类型化，就是要将该类民事法律关系的内容特定化，特定的意思就是将其典型内容特定。要素就是要与该种意思内容相统一。例如，购买衣物，具有买卖民事法律行为的要素，租赁房屋具有租赁民事法律行为的要素。民事主体个人的动机内容与法律行为的典型内容相一致，就是意思表示的要素。

（2）常素。常素是指行为人作出某种意思表示通常应当含有的、内容完全等同的意思要素。它的特点是：第一，常素是指特定种类法律行为通常应当含有的典型内容，并且同样的一种法律行为的常素完全相同。第二，常素的内容同一性特征决定了具体法律行为的常素内容可以直接由法律确定或者推定，由此形成法定主义与意思表示方式共同确定法律行为的内容。因此，当一个意思表示中的常素内容欠缺时，并不妨害意思表示的内容，可以按照法律规定来确定或者推定。因此，常素具有补充性。

（3）偶素。偶素是指并非某种类型的意思表示必须或者当然具有，而是基于当事人的特别意图所确定的意思表示的意思要素。偶素与常素和要素相对应，一方面，偶素不具有类型典型性和性质必要性的特征，法律对其不加类型限制，体现的是意思自治原则的精神。另一方面，偶素不具有内容典型性和内容同一性的特征，完全依行为人的特殊意志而确定。实际上就是当事人的特别约定、特约条款或者附加条款。

2. 效果意思

效果意思又称为效力意思、法效意思或者设立法律关系的意图，是指当事人欲使其目的意思发生法律上效力的意思要素。具备了效果意思，就意味着行为要有意识地追求设立、变更或者终止某一特定民事法律关系的法律效果。法律行为中的意思表示不仅仅是一动机意思的通知，而且还是一效果意思的宣告，它表明，意思表示具有双重性作用，它既是表意人进行意思（内容）自决的手段，又是其实现法效意思的手段。正是通过效果意思的表示，行为人丧失了改变其表意（内容）的可能，使自己受到了约束，因此，意思表示作为某种有法律效力的行为，与一项法律或者有法律效力的判决并没有什么不同。

动机意思与效果意思相结合，构成意思表示的完整的主观内在要素。在实践中，这两个意思要素都有可能与表示行为相结合而构成意思表示，使动机意思和效果意思分离。原则是：第一，不能认可一方当事人先行从事抽象的效果意思，然后再明确具体的动机意思。第二，动机意思可以和效果意思结合在一起，构成一个完整的意思表示行为。可以有条件地承认动机意思与效果意思的分离。

3. 表示行为

表示行为，是指行为人将其内在的目的意思和效果意思以一定方式表现于外部，为行为相对人所了解的行为要素。这个表示行为至少要具有以下两点：第一，表示行为仅为有意志的自主行为，它必须是本于意识的作用，故在无意识或者精神错乱中的动作，不能认其为表示行为。第二，表示行为的外部表现，必须足以为外界客观所识别，须由其行为足以推知内部意思。因此，仅仅是内在意思而没有表达出来，或者无法为外界客观理解的行为，都不属于表示行为。

表示行为的方式，是法律行为的方式，即明示方式和默示方式，也包括沉默方式。

（五）意思与表示不一致

1. 真意保留

真意保留，又称为单独虚伪表示、心中保留、非真意的表示，是指行为人故意隐瞒其真意，而表示其他意思的意思表示。

2. 隐藏行为

隐藏行为，是指行为人将其真意隐藏在虚假的意思表示中。

3. 虚伪表示

虚伪表示，又称为伪装行为，是指行为人与相对人通谋而为虚假的意思表示。虚伪表示是双方行为，是双方进行串通的行为，是双方当事人的意思表示都不真实，而不是一方当事人的意思表示不真实。这种行为的特点是双方当事人进行通谋，通常具有不良动机，因而在主观上是共同故意，在意思表示上是双方的不真实。如果仅有一方非真意表示，而对方并非为非真意的合意，或因而有误解或者发生错误的，不构成虚伪表示。①《民法典》总则编对虚伪表示没有规定。

虚伪表示的效力，在原则上不生效，不具有虚伪表示的行为所应当发生的法律效力。但是，这种不生效不能对抗善意第三人，如果善意第三人接受该虚伪表示行为的后果的，实施虚伪表示的双方当事人应当承受其后果。

4. 错误

错误，是指表意人因误认或者不知而使其表示与意思不一致。或言之，是指表意人不知其表示之内容与内部之意思表示不一致。② 其构成要件是：第一，须表示与意思不一致；第二，须其不一致出于表意人的误认或者不知。错误的后果，一般为行为可以撤销，发生自始无效的后果；但是对方当事人无过错的，对其应当承担损害赔偿责任。其实重大误解也是一种错误，但是错误的概念比重大误解要宽。

错误分为以下几种情形：①动机的错误，即表意人内心的意思与事实不一致，如错误认为物价将会上涨而囤积货物。动机错误原则上不构成意思表示内容的错误，对意思表示的效力不发生影响。②内容错误，是指表意人表示其所欲为的表示，但误认其表示的客观意义，或者弄错表示行为的意思。关于法律行为性质的错误，关于当事人本身的错误，关于标的本身的错误，关于当事人资格或标的物性质的错误，都是内容的错误。③表示行为错误，是指表意人误为表示其所意欲者，如误言、误写、误取等。④传达错误，是因为传达机关的不实表示而发生的错误。⑤不合意，错误系存在于表意人一方，表意人一方内心的意思与外部的表示不一致，就是错误。法律行为双方当事人各自的意思与表示并无错误，但双方当事人间的意思表示却不相符合者，就是不合意。⑥其他错误，包括法律效果错误、计算错误、签名错误等。

5. 误传

误传，是指因传达人或者传达机关的错误导致行为人的意思与表示不一

---

① 施启扬：《民法总则》，中国法制出版社 2010 年版，第 243 页。
② 吴学义：《中国民法总论》，世界书局 1944 年版，第 103 页。

致。意思表示，因传达人或传达机关传达不实者，是谓误传。[①] 误传是因传达人或者传达机关传达错误所致，与表意人自己的错误不同，但传达人和传达机关在法律上相当于表意人的喉舌，因此，误传的效力与错误相同。《民法典》总则编对误传没有规定，司法实践将其作为重大误解处理。

应当注意的是，误传与故意误传是有区别的。故意误传，是指传达人故意违背表意人的指示，擅自变更意思表示的内容。故意误传不能归由表意人负责，对所发生的效力无须撤销，而由传达人类推适用无权代理的法律规定，对善意相对人承担损害赔偿责任。

在意思与表示不一致的上述五种情形中，前三种为故意的不一致，后两种为无意的不一致，是有区别的。

（六）意思表示不自由

1. 欺诈

欺诈，是指一方当事人故意实施某种欺骗他人的行为，并使该他人陷入错误，与欺诈行为人订立法律行为，因此受到损害的行为。我国《民法典》总则编规定了两种欺诈：一种是民事法律行为的当事人一方进行欺诈；另一种是民事法律行为双方当事人之外的第三人进行欺诈。

2. 胁迫

胁迫，是指行为人以将来发生的祸害或者实施不法行为，给另一方当事人以心理上的恐吓或者直接造成损害，迫使对方当事人与其订立法律行为，使其受到损害的行为。《民法典》总则编第150条规定了胁迫。

3. 乘人之危

乘人之危，是指行为人利用他人的危难处境或紧迫需要，强迫对方当事人接受某种明显不公平的条件并作出违背其真意的意思表示。应当特别注意的是，《民法典》总则编第151条把乘人之危和显失公平规定到了一起，都作为显失公平的行为。

这些意思表示，都是行为人的表达意志处于不自由状态作出的，因此，都是意思表示不自由，因此，也都发生内心真实意思与实际表示行为不相一

---

① 吴学义：《中国民法总论》，世界书局1944年版，第105页。

致的问题。在基于这种意思表示不自由所设定的法律行为效力上，法律规定为无效或者相对无效。

二、意思表示的生效

（一）意思表示生效的概念

意思表示发生法律上的效果，可以用意思表示成立，也可以用意思表示生效的概念。通常认为，意思表示之成立，仅需具备表示行为与效果意思两个要素即可，不必加入表示意思的要件。① 因此，意思表示在具备了表示行为和效果意思两个要素以后就成立，意思表示成立就是意思表示生效。

意思表示生效包括两个方面：一方面，表意人在自己作出意思表示并且生效之后，自己要受自己的意思表示的拘束，不得推翻自己的意思表示或者否认自己的意思表示；另一方面，意思表示生效以后，对对方当事人即表意人的相对人也发生效力，表意人的相对人将产生对意思表示作出相关意思表示的权利，他可以对表意人的意思表示作出承诺，也可以对表意人的意思表示作出修改，提出反要约。无论是表意人还是相对人，在意思表示生效之后，都要接受意思表示的法律拘束力，依照法律的规定，对待生效的意思表示。

（二）有相对人的意思表示生效

有相对人的意思表示生效，是最常见的情形，因而也是最复杂的情形。《民法典》总则编第 137 条规定："以对话方式作出的意思表示，相对人知道其内容时生效。以非对话方式作出的意思表示，到达相对人时生效。以非对话方式作出的采用数据电文形式的意思表示，相对人指定特定系统接收数据电文的，该数据电文进入该特定系统时生效；未指定特定系统的，相对人知道或者应当知道该数据电文进入其系统时生效。当事人对采用数据电文形式的意思表示的生效时间另有约定的，按照其约定。"在有相对人的意思表示中，意思表示的生效需要经过作成、发出、到达、相对人知悉四个基本的阶段，分别对应表达主义、发送主义、受领主义和了解主义。

---

① 梁慧星：《民法总论》，法律出版社 2008 年版，第 172 页。

1. 以对话方式作出的意思表示

以对话方式作出的意思表示，在相对人了解该意思表示的内容时生效。这一规定借鉴的是我国台湾地区"民法"第94条规定，即"对话人为意思表示者，其意思表示，以相对人了解时，发生效力"。我国合同法对意思表示的生效规则，主要基于要约和承诺是以非对话的意思表示的形式，并没有对以对话方式作出的意思表示进行规定。《民法典》总则编第138条对此作了新的、补充性的规定。

对话方式，就是表意人通过对话向相对人发布意思表示。所谓对话，可以理解为当面以口头方式表达，也包括"地隔千里，以电话沟通，属于对话式的意思表示"。[①] 除此之外，通过互联网、微信的视频、音频作出的意思表示，也属于对话方式。

对于以对话方式作出的意思表示，对其生效，《民法典》总则编采用知道主义。所谓知道主义，就是表意人作出意思表示以后，不仅是这一意思表示到达了相对人，还必须是知道了这一意思表示，才发生意思表示的效力。这样的规定，是对以对话方式作出的意思表示生效规定了较为严格的要件要求。

以对话方式作出的意思表示，不仅由表意人作出，而且要使相对人已经知道作为生效的方式。采用知道主义的基本理由，是对话时表意人和相对人因方言的差异，或者因听觉的关系，对意思表示可能会存在误解，所以采用知道主义预防这一弊端。同时，这对于以电话、视频、音频等方式作出的意思表示，具有更重要的意义，因为在这样一些对话方式中，对于意思表示的具体内容，有可能由于空间的阻隔，相对人尽管接到了这样的对话，但是还不知道，只有在相对人知道对方对话的意思表示后，该意思表示才能生效。设定了解主义，会存在一个问题，就是相对人故意掩耳不闻，知道也说不知道，以此作为辩解，会被恶意利用。对此，当一个以对话方式作出的意思表示相对人认为自己尚不知道时，应当承担举证责任。[②]

---

① 郑玉波：《民法总则》，中国政法大学出版社2003年版，第335页。
② 史尚宽：《民法总论》，台北三民书局1980年版，第410页。

2. 以非对话方式作出的意思表示

以非对话方式作出的意思表示,其生效采取到达主义,即表意人的意思表示在到达相对人的时候,该意思表示才生效。

以非对话方式作出意思表示,并不是说空间的问题,而是意思表示的方式。正如学者所说:"近在咫尺,以字条传递,属于非对话式的意思表示。"①合同法关于要约和承诺的生效规则,就主要是针对非对话方式的意思表示规定的规则。

到达主义,是说意思表示到达相对人以后发生效力。意思表示的到达,是指意思表示发出后实际到达意思表示的受领人。具体判断的标准,通常是以交易上的通常方式进入受领人的支配范围,如到达受领人的住宅、营业场所、门前的邮箱等。到达实际上就是已经进入了相对人可以了解的范围,至于相对人是否了解,相对人是否必须亲自收到,则不问,只要意思表示已经进入了受领人的控制范围,并在通常情况下,可以期待受领人能够知悉意思表示的内容,就是到达。

表意人的意思表示到达相对人能够控制的范围,该意思表示生效。

3. 以非对话方式作出的采用数据电文形式的意思表示

在以非对话方式作出的意思表示中,《民法典》总则编第137条第2款特别规定了以数据电文方式作出的意思表示的生效规则。对此也采取到达主义,但是具体情形分为两种:第一,如果相对人已经指定了特定系统接收数据电文的,表意人以非对话方式作出的采取数据电文形式的意思表示,该数据电文进入该特定系统时,意思表示生效。第二,如果双方没有约定接收数据电文的特定系统的,表意人以非对话方式作出的采用数据电文形式的意思表示,相对人知道或者应当知道该数据电文进入其系统时,该意思表示生效;这里的相对人的系统,是指相对人的任何一个接收数据电文的系统,例如相对人有数个电子邮箱,其中任何一个电子邮箱接收该项数据电文,都构成到达。

(三) 无相对人的意思表示生效

在民法通则和合同法中,规定意思表示的生效都是针对相对人的意思表

---

① 郑玉波:《民法总则》,中国政法大学出版社2003年版,第335页。

示，没有规定无相对人的意思表示生效规则。《民法典》总则编根据实际情况，规定了无相对人的意思表示生效规则，从体系上，使意思表示的生效规则更加完整和严谨。该法第138条规定："无相对人的意思表示，表示完成时生效。法律另有规定的，依照其规定。"

无相对人的意思表示，就是单方民事法律行为，如悬赏广告、单方允诺、抛弃、遗嘱等。由于无相对人的意思表示没有意思表示的相对人，因而不存在表示到达的问题，因此，法律规定意思表示完成时，就发生法律效力。意思表示完成，就是意思表示具备了表示行为效果意思两个要素，即表意人的效果意思通过自己的外部行为作出了意思表示。

（四）以公告方式作出的意思表示生效

对于有相对人，但是表意人不知道意思表示的相对人，或者不能知道相对人的所在地的，可以依照《民事诉讼法》关于公告送达的规定，以公告的方法作出意思表示。《民法典》总则编第139条规定："以公告方式作出的意思表示，公告发布时生效。"

三、意思表示的形式

（一）意思表示形式的概念

意思表示的形式就是作出意思表示的具体方法。《民法典》总则编第140条规定："行为人可以明示或者默示作出意思表示。沉默只有在有法律规定、当事人约定或者当事人交易习惯时，才可以视为意思表示。"

（二）意思表示的具体形式

1. 明示方式

明示方式是指行为人以语言、文字或者其他直接表意方法表示内在意思的表意形式。明示具有表意直接、明确的特点，不易产生纠纷，具有广泛的适用性。对于特别需要采用明示方式的法律行为，应当明确规定为明示方式方为有效，默示方式无效。

2. 默示方式

默示方式是指行为人以使人推知的方式间接表示其内在意思的表意形式。分为意思实现和特定沉默两种形式。意思实现，是指行为人以某种表明法律意图的行为间接表示其内在意思的默示，又称为行为默示或者推定行为，即作为的默示和不作为的默示。例如，在收费停车场停放车辆，登乘公共汽车等行为，就是意思实现、行为默示或者推定行为。

3. 沉默方式

特定沉默，是指行为人以不作为或者有特定意义的沉默间接表示其内在意思的沉默。只有在法律规定或者当事人有约定的情况下，才能将特定沉默视为默示。不作为的默示只有在法律规定或者当事人双方约定的情况下，才可视为意思表示。例如，承租人至租赁期满后仍占有租赁物，而出租人予以沉默的情况，就认为是默示的租赁民事法律行为续展。

四、意思表示的撤回

意思表示撤回，是指在意思表示人发出意思表示之后，意思表示生效之前，宣告收回发出的意思表示，取消其效力的行为。

意思表示撤回权，各国都规定为缔约当事人的一项重要权利。由于意思表示的撤回发生在意思表示生效之前，受意思表示人还未曾被赋予承诺的资格，一般不会给意思表示人造成损害。法律允许意思表示人根据市场的变化、需求等各种经济情势改变发出的意思表示，以保护意思表示人的利益。《民法典》总则编第141条规定："行为人可以撤回意思表示。撤回意思表示的通知应当在意思表示到达相对人前或者与意思表示同时到达相对人。"

以电子数据形式发出的意思表示，因其本身的性质，也难以撤回。因为采用数据电文形式发出意思表示，意思表示人一旦发出意思表示，该意思表示立即就会进入收件人的计算机系统。发出和收到之间的时间间隔几乎可以忽略不计。意思表示人的意思表示撤回是无法先于或同时与意思表示到达收件人的。

所以，意思表示撤回只能是针对非直接对话式意思表示和非电子计算机数据传递方式的意思表示而言，主要是书面形式的意思表示。为了使后发出的意思表示撤回通知早于意思表示的通知或与意思表示的通知同时到达受意思表示人，意思表示人应当采取比意思表示更迅捷的送达方式。例如，意思表示是用平信方式寄出的，意思表示的撤回通知则可以采取特快专递的方式。意思表示是用特快专递寄出，则意思表示的撤回通知可以采用派人直接送达以及电报、电传等方式。

意思表示的撤回符合规定的，发生意思表示撤回的效力，视为没有发出意思表示，受意思表示人没有取得承诺资格。意思表示撤回的通知迟于意思表示到达受意思表示人的，不发生意思表示撤回的效力，意思表示仍然有效，受意思表示人取得承诺的资格。

五、意思表示的解释

（一）意思表示的解释的概念

意思表示的解释，是指在表示不清楚、不明确而发生争议的情况下，法院或者仲裁机构对意思表示进行的解释。《民法典》总则编第 142 条规定："有相对人的意思表示的解释，应当按照所使用的词句，结合相关条款、行为的性质和目的、习惯以及诚信原则，确定意思表示的含义。无相对人的意思表示的解释，不能完全拘泥于所使用的词句，而应当结合相关条款、行为的性质和目的、习惯以及诚信原则，确定行为人的真实意思。"

意思表示的解释的特征是：第一，意思表示解释的主体是法院和仲裁机构，并不是任何机构都可以对意思表示进行解释；第二，意思表示解释的对象是对当时已经表示出来的意思进行解释，解释的对象只能是表示出来的确定的意思，而非深藏于内心的意思；第三，意思表示的解释的前提，是当事人对意思表示发生争议，影响到法律关系的权利义务的内容，有必要进行解释；第四，意思表示的解释是有权解释机构依据一定的规则进行的解释，而非完全凭借主观进行的解释；第五，意思表示解释的主要功能，是解释法律行为的成立要件是否齐备，以及法律行为的具体法律效果是何种内容。

（二）意思表示的解释方法

关于意思表示的解释方法，有意思主义、表示主义和折中主义的不同观点。

意思主义认为，意思表示的解释重在解释行为人的内在意思，法律行为本身不过是实现行为人意思自治的手段，意思表示解释的目的仅在于发现或探求行为人的真意；在表示与意思不一致的情况下，法律行为应依据对行为人的真意的解释而成立。

表示主义认为，意思表示的解释重在行为人所表示出来的意思，法律行为的本质不是行为人的内在意思，而是行为人表示出来的意思。对于意思表示的解释，原则上采取客观立场，在表示与意思不一致时，以外部的表示为准；对于相对人的意思表示的解释，应以相对人足以客观了解的表示内容为准，以保护相对人的信赖利益。

折中主义认为，当内在意思与表示出来的意思不一致时，或采意思主义，或采表示主义，以求审时度势，兼容并包意思主义和表示主义的合理因素。

我国民法以往的意见认为，对意思表示解释对象采用折中主义，以表示主义为主，以意思主义为辅。在一般情况下采表示主义，在当事人因欺诈、胁迫、乘人之危、重大误解等原因而为意思表示时，采意思主义。①

民法总则确定了对意思表示的新的解释方法，具体分为以下两种情形。

第一，对有相对人的意思表示的解释，应当按照所使用的词句，结合相关条款、行为的性质和目的、习惯以及诚实信用原则，确定意思表示的含义。这是采取的表示主义，因为有相对人的意思表示，是要让相对人接收、理解，并且可能基于该意思表示作出相对应的意思表示，因此应以表示主义为其主要方法，根据表达在外的意思的公开表示，确定意思表示的内容。

第二，对无相对人的意思表示的解释，不能拘泥于所使用的词句，而应当结合相关条款、行为的性质和目的、习惯以及诚实信用原则，确定行为人的真实意思。这是采取的意思主义，这是因为，没有相对人的意思表示，并没有接受意思表示的相对人，自己作出的意思表示成立后就发生效力，因此，不存在用表示主义解释意思表示的客观要求，因此，应当以表意人自己的真实意思作出解释。

（三）意思表示的具体解释方法②

文意解释，是指通过对意思表示所使用的文字词句含义的解释，以探求当事人的真实意思。这就是按照"所用的词句"对意思表示进行的解释。

---

① 杨立新：《民法总则》，法律出版社 2013 年版，第 472～473 页。

② 关于意思表示的解释规则，参见杨立新：《债与合同法》，法律出版社 2012 年版，第 328 页以下关于民事法律行为的解释部分。

体系解释，是指把意思表示的全部条款和构成部分看作一个统一的整体，从各个条款以及构成部分的相互关联、所处的地位的总体联系上，阐释当事人有争议的用语的含义。这就是按照"结合相关条款"对意思表示所作出的解释。

目的解释，是指如果意思表示所使用的文字或某个条款有可能作两种解释时，应采取最适合于意思表示的目的的解释。这就是按照"行为的性质和目的"对意思表示所作的解释。

习惯解释，是指意思表示所使用的文字词句有疑义时，应参照当事人的习惯解释，包括语言习惯、行为习惯、交易习惯等。这就是按照"习惯"对意思表示作出的解释。

诚信解释，是指对意思表示进行解释时，应遵循诚实信用原则进行的解释。这就是按照"诚实信用原则"对意思表示作出解释。

六、参考结论

本案中，法学教授虽然没有书面或口头形式的明确表示，但是，从在文集上加盖私人藏书印章的行为可以推知其购买该文集的意思表示，属于默示的意思表示，构成对出版社发出的要约的承诺，双方成立文集买卖合同。

第三节　民事法律行为的成立和生效

案例3 **定金合同纠纷案**

【案情】

刘某于大学毕业后在北京租房，经过多番寻找，最终决定租赁王某的房子。由于刘某当时没有携带现金，又担心王某将房子租给别人，于是与王某签订一份定金合同，金额为一千元，交付时间为第二天，合同另外约定三日后签订房屋租赁合同，并在签订租赁合同时预交三个月的房租。第二天，刘某与王某联系时，王某表示已经将房屋租赁出去，刘某非常生气，要求王某承担定金责任。

【问题】

刘某与王某签订的定金合同是否成立生效，刘某能否要求王某承担定金责任？

【法理分析与参考结论】

一、民事法律行为的成立

（一）法律行为成立的概念

法律行为在符合其成立要件时成立。因此，法律行为成立，是指法律行为在客观上已经存在。不符合法律行为成立要件的行为，视为法律行为不存在。

在多数情况下，法律行为的成立与有效是一回事，只要是符合法律行为的要件并构成法律行为，该行为就不仅是成立的问题，而且当然是有效的。但是，在一些情况下，法律行为成立并不是必然生效，生效还须具备生效要件。

（二）法律行为的成立要件

1. 法律行为须含有设立、变更或终止民事法律关系的意图

成立法律行为，行为人在其意思表示中必须含有设立、变更或者终止民事法律关系的意图。换言之，法律行为必须包含追求一定法律效果的意思，没有这种效果意思就不能成立法律行为。

2. 法律行为须内容表达完整

成立法律行为，其行为人的意思表示必须完整地表达设立、变更或者终止民事法律关系所必须的内容。意思表示表达不完整的，不能成立法律行为。

3. 法律行为须将内心意思表达于外部

行为人必须以一定的方式将自己的内心意思表现于外部，能够由他人客观地加以识别。仅仅存在于内心的意思而未表达于外部的，不能成立法律行为。

在民事法律行为、要物行为和要式行为中，除具备一般的成立要件外，还

必须具备特别要件。例如，民事法律行为的成立必须由双方当事人的意思表示达成一致；要物行为必须交付实物，而要式行为必须符合法定的形式要求。

二、民事法律行为的生效

《民法典》总则编第 136 条规定："民事法律行为自成立时生效，但是法律另有规定或者当事人另有约定的除外。行为人非依法律规定或者取得对方同意，不得擅自变更或者解除民事法律行为。"这是对民事法律行为的生效及对当事人拘束力的规定。

（一）民事法律行为生效

民事法律行为的生效，是指法律行为因符合法律规定而能够引起民事法律关系的设立、变更或者终止的法律效力。法律行为成立之后，须具备生效的要件，才能使法律行为发生法律上的效力，发生设立、变更或者消灭民事法律关系的法律后果。

民事法律行为成立和生效的时间，既有相一致的情形，也有不一致的情形。法律行为成立和有效，有以下两种不同的形式。

1. 法律行为的成立和有效处于一个时间

在一般情况下，法律行为的成立和有效同时发生。例如，依法成立的民事法律行为，具备法律行为生效要件的，即时生效。

2. 法律行为的成立和生效并非一个时间

在某些情况下，法律行为的成立与生效不是同一时间，而是不同时间。这种情况有以下三种。

第一，法律规定法律行为须登记生效的，该法律行为成立之后，一定要经过登记程序，才能够发生法律效力。例如，法律规定，收养行为须登记生效，所以，收养行为的成立和生效并非在同一时间。

第二，当事人约定法律行为生效条件的，约定的生效条件成就的，才能够发生法律效力。例如，约定法律行为经过公证为生效条件的，法律行为成立之后，经过公证才能够生效，其成立和生效也并非同一时间。

第三，附生效条件、附生效期限的法律行为，其所附条件成就，或者所附期限到来时，该法律行为才能够生效，其成立和生效也并非同一时间。

（二）民事法律行为生效的要件

民事法律行为的生效，是指法律行为应符合法律规定，而能够引起民事法律关系的设立、变更或者终止的法律效力。民事法律行为成立之后，需具备生效的要件，才能使法律行为发生法律上的效力，发生设立、变更或者消灭民事法律关系的法律后果。《民法典》总则编第 143 条规定："具备下列条件的民事法律行为有效：（一）行为人具有相应的民事行为能力；（二）意思表示真实；（三）不违反法律、行政法规的强制性规定，不违背公序良俗。"这就规定了民事法律行为生效的要件。

1. 行为人具有相应的法律行为能力

法律行为以行为人的意思表示为要素，当事人必须具有健全的理智和判断能力，因而必须具有相应的法律行为能力。例如，完全法律行为能力人可以实施法律行为；限制行为能力人必须具有相应的行为能力，不具有相应的行为能力的人实施的法律行为是无效的。法人必须在核准登记的经营范围内从事经营活动。

2. 意思表示真实

意思表示真实，是指当事人的内心意思与外部表示相一致。换言之，当事人必须在意思自由、能够意识到自己行为的法律效果的情况下进行意思表示，不存在胁迫、误解等情况。

3. 不违反法律、行政法规的强制性规定，不违背公序良俗

法律行为必须符合法律、行政法规的强制性规定，并且在不违反公序良俗的情况下，才能具有法律效力。不违反法律、行政法规是不违反效力性强制性的法律和行政法规，违反管理性强制性法律行政法规的规定，要根据具体情况确定，而不是一律无效。《民法典》总则编第 8 条也规定了公序良俗原则，要求民事主体从事民事活动，不得违反法律，不得违反公序良俗，因此，违反公序良俗的法律行为无效。

（三）民事法律行为生效对行为人的拘束力

民事法律行为生效后，对行为人产生法律上的拘束力。《民法典》总则编第 136 条第 2 款规定："行为人非依法律规定或者未经对方同意，不得擅自变更或者解除民事法律行为。"这一规定要求，民事法律行为生效后的法律拘束

力如下。

第一，民事法律行为生效后，行为人必须信守自己的承诺，接受民事法律行为对自己的拘束，按照法律行为的要求，确定双方各自的权利和义务，权利人一方应当依法行使自己的权利，不得滥用权利，义务人一方应当自觉、全面履行义务，不得违背自己的承诺，并且受民事责任的拘束，一旦不履行义务，就要承担民事责任。

第二，在民事法律行为生效后，如果对已经生效的民事法律行为需要作出变更和解除，必须依照法律规定，或者是按照当事人的双方约定，才可以实施，否则就是违约。例如，在民事法律行为中，民事法律行为已经成立并且生效，就必须信守民事法律行为，履行民事法律行为义务。如果需要变更，必须依照法律规定或者是双方约定；如果需要解除，应当按照合同编第 562 条和 563 条的规定，或者是双方原来在民事法律行为中约定有解除权，或者是按照法律规定一方享有解除权，只有在享有解除权的情况下，一方当事人才可以提出解除民事法律行为。

三、参考结论

定金合同属于实践性合同，除了双方当事人的意思表示一致外，还需现实交付定金才能成立。本案中，由于刘某在签订定金合同时没有交付定金，定金合同并未成立，自然也就没有生效，对双方当事人不具有法律效力。后来王某反悔将房屋出租给他人，刘某不能依据定金合同要求其承担定金责任。

第四节　民事法律行为的效力瑕疵分类和事由

案例 4 有奖销售纠纷案

【案情】

某企业为促销设立有奖销售活动，宣称所有购买该企业某品牌酒的顾客均可获得奖券一张，中奖率 100%，一等奖 3 名，奖励为 2888 元奖金，二等奖至五等奖若干。王某购买 50 瓶酒，获得 50 张奖券，其中一等奖 19 张，其余各种奖级都有。王某主张兑奖，该企业声称印刷有误，只同意兑现 3 张一等奖，其余奖项若干。

【问题】

王某有权要求该企业兑现全部一等奖奖券吗？

【法理分析与参考结论】

一、绝对无效的行为

（一）违反法律的行为无效

《民法典》总则编第 153 条规定："违反法律、行政法规的强制性规定的民事法律行为无效，但是，该强制性规定不导致该民事法律行为无效的除外。违背公序良俗的民事法律行为无效。"违反法律、行政法规的法律行为，是指当事人订约的目的、具体内容或者形式上违反法律和行政法规的法律行为。从法律行为方面看，应当包括法律行为的目的、法律行为的内容和法律行为的形式都要违反法律或者行政法规。从违反的法律法规上看，所违反的法律、法规应当包括两种，即国家立法机关通过颁布的法律和中央政府即国务院制定、颁行的行政法规。不包括地方法规、行政规章和司法解释。从违反法律的内容看，法律行为违法是指违反国家法律和行政法规中的强制性规定。在国家的立法中，包括强制性内容、倡导性内容和任意性的内容。对于倡导性的内容和任意性的内容，当事人不存在是否违法的问题，即使法律行为的约定违反倡导性和任意性的法律规定，也不能认为是违反法律的法律行为。只有违反强制性的规定，才能判定为违法。

（二）恶意串通的行为无效

恶意串通，是当事人为实现某种目的，进行串通，共同订立民事法律行为，造成国家、集体或者第三人利益损害的违法行为。《民法典》总则编第 154 条规定："行为人与相对人恶意串通，损害他人合法权益的民事法律行为无效。"这一条规定，与原《民法通则》和原《合同法》规定的恶意串通有比较大的改变：第一，在损害的利益方面，没有说损害国家利益的问题；第二，对于恶意串通行为的后果，只规定民事法律行为无效，没有规定应当收缴双方取得的财产，也没有规定将追缴双方取得的财产，收归国家、集体所有或者返还第三人。这样的规定，显然只是把恶意串通作为一个普通的无效的民事法律行为，而没有在法律规则上给予更多的谴责。

恶意串通的构成要件如下。

1. 当事人在主观上具有恶意

恶意串通行为在主观上的主要特征是主观恶意，当事人相互之间具有共同的非法目的。构成恶意串通，在主体上应当是参加该民事行为的当事人都具有恶意，而不是只有一方当事人具有恶意。恶意的内容，是当事人对于牟取非法利益的恶意，至于对损害国家、集体、第三人的利益的后果，则可以是希望、追求，或者是放任，任其发生。这样的恶意是主观上的故意。恶意串通不能由过失构成。

2. 当事人之间互相串通

串通是指相互串连、勾通，使当事人之间在行为的动机、目的、行为以及行为的结果上达成一致，共同实现非法目的。具体表现，可以是经过串通，双方当事人共同达成一项协议，也可以是一方当事人提出某种实现非法目的的意思表示，另一方当事人明知其恶意而默示予以接受。在实现非法目的的意思表示达成一致后，当事人约定互相配合或者共同实施该种民事法律行为。

3. 双方当事人串通实施的行为损害国家、集体或者第三人的利益

恶意串通的结果，应当是国家、集体或者第三人的利益受到损害。在一般场合，当事人之间达成一项协议，总是各自谋求自己所能够得到的利益。民事法律行为当事人在民事法律行为的订立和履行中获得利益，法律并不予以谴责，而是予以支持。但如果双方当事人在谋求自己的利益的同时而损害国家、集体或第三人的利益时，法律就要进行干预。损害国家、集体或第三人的利益应当是恶意串通的结果。在串通和损害之间具有因果关系。受到损害的国家利益，也应当是公法上的国家利益，但应当作从宽的解释。恶意串通订立的民事法律行为是绝对无效的民事法律行为，发生民事法律行为无效的法律后果。《民法典》总则编第 154 条改变了原《合同法》第 59 条的规

定，不是按照原《合同法》第 59 条规定，将双方当事人因该民事法律行为所取得的财产，收归国有或者返还集体或者个人，而是直接规定属于绝对无效的民事法律行为。

（三）无民事行为能力人实施的民事法律行为的效力

无民事行为能力人实施的行为是绝对无效的法律行为，其行为自始无效。《民法典》总则编第 144 条规定："无民事行为能力人实施的民事法律行为无效。"

二、相对无效的民事法律行为

（一）相对无效的民事法律行为的概念和特征

相对无效的法律行为也叫作可撤销、可变更民事法律行为，是指欠缺法律行为的有效条件但又并不当然无效，而由当事人自主决定是否使其归于无效的法律行为。可撤销、可变更的法律行为只是相对无效的行为，不同于无效法律行为的绝对无效，是否使其无效，取决于当事人的意志。法律对相对无效的法律行为的制度设计，体现了维护公平交易和意思自治的调和。为简便起见，如无特指，将可变更和可撤销的法律行为合称为可撤销的法律行为，受害方请求变更或者消灭的权利通称为撤销权，享有撤销权、变更权的当事人也通称为撤销权人，当事人享有的变更、撤销权通称为撤销权。

相对无效的法律行为的特征如下。

第一，它在被撤销之前其效力是在继续保持的。既然可变更和可撤销的法律行为是可以变更或者撤销的行为，那么其前提是已经产生了法律效力，否则如法律行为自始无效，也就谈不上变更和撤销问题。这是其与无效法律行为的重大区别。因为无效法律行为自成立之时就不具有法律约束力，而即便是可撤销的法律行为，在撤销权人行使撤销权时可以导致其溯及的效力消灭，溯及自成立时起无效本身就说明倒过来使其已经有的效力归于无效。

第二，该行为是否归于无效取决于撤销权人的意思。撤销权人以外的人不得主张撤销。撤销权人可以通过行使撤销权而使该行为归于无效，也可以通过承认的表示或者不行使撤销权而使该行为归入有效。

第三，可撤销的法律行为效力的消灭必须有撤销行为。撤销权人要撤销或者变更法律行为，必须实施撤销或者变更的行为，只有实施了撤销或者变更的行为，才能够消灭可撤销行为的效力。如果只有撤销事由而无撤销行为时，其并不自然归于无效。

第四，撤销相对无效的法律行为效力追溯既往。撤销权一旦行使，其效力即溯及行为成立之时，即自行为成立之时起该行为即丧失法律效力。如《民法典》总则编第155条规定："无效的或者被撤销的民事法律行为自始没有法律约束力。"

（二）虚假行为和隐藏行为的效力

1. 虚假行为

虚假行为，又称为伪装行为，是指行为人与相对人通谋而为虚假的意思表示。虚假表示是双方行为，是双方进行串通的行为，是双方当事人的意思表示都不真实，而不是一方当事人的意思表示不真实。虚假行为的特点是双方当事人进行通谋，通常具有不良动机，因而在主观上是共同故意，因而在意思表示上是双方的不真实。如果仅有一方非真意表示，而对方并无非真意的合意，或因有误解或者发生错误的，不构成虚伪表示。[①] 虚假行为的效力，在原则上不生效，不具有虚伪表示的行为所欲发生的法律效力。

2. 隐藏行为

隐藏行为，是指行为人将其真意隐藏在虚假的意思表示中。《民法典》总则编第146条第2款规定："以虚假的意思表示隐藏的民事法律行为的效力，依照有关法律规定处理。"表意人与相对人之间因碍于情面或者其他原因，所为的意思表示虽非出于真意，却隐藏他项法律行为的真正效果，其实质，就是通谋虚伪的意思表示中，隐藏着他项法律行为。例如，为了逃避税法而将买卖行为表示为赠与行为，赠与行为是虚假意思表示，买卖是真实意思表示。

确定隐藏行为效力的原则是，虚伪行为隐藏其他法律行为者，适用关于该隐藏的法律行为之规定。[②] 具体规则是：虚假的意思表示行为无效，至于

---

① 施启扬：《民法总则》，中国法制出版社2010年版，第243页。
② 参见《德国民法典》第117条第2项规定。

其隐藏的真实意思表示行为是否有效，应当依照该行为的法律规定判断。符合该种法律行为的规定的认定为有效，否则为无效。

3. 真意保留

《民法典》总则编第 146 条没有规定真意保留，笔者在这里作一个补充说明。真意保留，又称为单独虚伪表示、心中保留、非真意的表示，是指行为人故意隐瞒其真意，而表示其他意思的意思表示。换言之，即表意人知其非自己的真意所为之意思表示。[①] 行为人作出真意保留的主观方面，是单方作出的意思表示不真实，是故意而为，是明知表示的意思并不是自己的真实意思，但是他仍然作出这种与真实意思不一致的意思表示。

真意保留的构成要件是：①须有意思表示；②须真意与表意不一致；③须表意人自知其表意与真意不一致。至于真意保留的动机如何，系出于欺骗或谐谑，或者出于幽默感，或者碍于情面，皆有可能，在所不问。[②]

确定这种意思表示不真实的行为的效力，原则是，表意人虽有不受拘束之意，但法律为保护交易的安全，原则上并不以之为无效。具体规则是：真意保留的法律行为原则上有效，其条件是接受意思表示的相对人不知其意思表示行为为真意保留；如果接受意思表示的相对人知道其意思表示为真意保留的，则该法律行为无效。确定这一规则的意义在于保护善意的交易相对人的利益。

（三）重大误解的效力

1. 重大误解的概念和特征

重大误解，是指一方当事人由于自己的过错，对法律行为的内容等发生误解，由此订立了法律行为，该法律行为所涉及的利益对当事人而言为重大。《民法典》总则编第 147 条规定："基于重大误解实施的民事法律行为，行为人有权请求人民法院或者仲裁机构予以撤销。"

重大误解的特点如下。

第一，误解是当事人对民事法律行为的内容等发生认识上的错误。重大

---

① 胡元义：《民法总则》，四川大学 1943 年版，第 224 页。
② 陈华彬：《民法总论》，中国法制出版社 2011 年版，第 389 页。

误解的实质，是当事人对民事法律行为内容等事项的认识发生错误。这种错误的产生，是当事人的内心意思缺陷，不是其他原因。当事人的意思表示与其内心意思是一致的，就是由于缺乏必要的知识、技能或信息等内心意思的缺陷，使其对民事法律行为的内容等发生误解。由于当事人内心意思的缺陷，因而在实质上，当事人所表示的意思与其真实的意思是不一致的。

第二，误解是当事人对民事法律行为内容的认识错误。误解的对象是民事法律行为的内容，是对民事法律行为内容的认识错误，因而使当事人订立了民事法律行为。民事法律行为的内容主要是民事法律行为的主要条款，当事人对民事法律行为的主要条款的认识发生误解，才能够成为重大误解。在订约的动机、民事法律行为用语的使用上发生误解，不能构成重大误解。

第三，误解直接影响当事人的权利和义务。基于当事人对民事法律行为内容的错误认识，因而影响当事人的权利义务关系，给误解的一方当事人造成损失。法律才将重大误解作为民事法律行为相对无效的理由，授予发生误解的当事人以变更权或撤销权。

2. 重大误解的构成要件

（1）须是当事人因为误解作出了意思表示。首先是当事人已经作出了意思表示，其次是当事人的意思表示是由于误解而作出的。意思表示是外在的表现，支配这种意思表示的，是误解。误解可以是一方当事人的误解，但并不排除双方当事人都有误解的情况。双方当事人都对民事法律行为的内容发生误解，同样构成重大误解。

（2）重大误解的对象须是民事法律行为的内容。由于法律规定的重大误解的后果是民事法律行为得以撤销或者变更，因此，对重大误解的要求是"重大"，非重大的一般性误解不能认为是重大误解。重大误解的对象主要是民事法律行为的主要条款，对非主要条款发生误解的，如果关系到当事人的重大利益，也认为是重大误解。例如，对民事法律行为的性质、民事法律行为的当事人、民事法律行为标的物的质量、民事法律行为标的物的品种、民事法律行为的价金和费用等发生的误解，都可以构成重大误解。

（3）误解是由当事人自己的过错造成的。重大误解是一种认识错误。这种错误认识是由于当事人自己的过失造成的，而不是由于对方当事人的过失造成的。这种过失是不注意、不谨慎的主观状态，是一般的过失。如果当事人的误解是由于其故意或者重大过失所致，则不构成重大误解，就不是真实的意思表示，不构成重大误解的要件。误解与误传是不一样的，误传是由于自己的错误理解所致，误解则是由于前手的错误造成自己的误解，是数名当事人的错误。

3. 重大误解的后果

当事人由于重大误解而实施的民事法律行为，其法律后果是相对无效，重大误解的一方即行为人，有权请求人民法院或者仲裁机构予以撤销。其中"有权"二字，表明撤销权是行为人所享有，他可以行使这个权利，也可以不行使这个权利。如果行为人不行使撤销权，不撤销该民事法律行为，该重大误解的民事法律行为继续有效。

（四）当事人一方的欺诈行为效力

《民法典》总则编关于欺诈的规定分为两种情况，一是当事人一方欺诈，二是第三人欺诈，并且用两个不同的条文作出规定。

1. 当事人一方欺诈行为的概念和构成要件

当事人一方的欺诈，是指民事法律关系的当事人一方故意实施某种欺骗他人的行为，并使该他人陷入错误而与欺诈行为人实施的民事法律行为。《民法典》总则编第148条规定："一方以欺诈手段，使对方在违背真实意思的情况下实施的民事法律行为，受欺诈方有权请求人民法院或者仲裁机构予以撤销。"

当事人一方欺诈的构成要件如下。

第一，欺诈的一方须出于故意。欺诈也称为诈欺，当事人在主观上必须是故意所为，过失不构成欺诈。要求欺诈行为人在主观上明知自己与对方当事人订立民事法律行为的意图就是欺骗对方，仍然在追求这样的结果实现。欺诈可以表现为两种：一种是以欺诈为手段，引诱对方当事人与其订立民事法律行为；一种是订立民事法律行为的行为本身就是欺诈。

第二，欺诈行为人在客观上实施了欺诈的行为。欺诈行为可以分为两种：一种是积极欺诈行为，就是行为人故意捏造事实，虚构情况，诱使对方当事人上当受骗，与其订立民事法律行为。例如，贩卖假货故意说成是真货。一种是消极欺诈行为，即行为人故意隐瞒真实情况，不将真实情况告知对方当事人，使对方当事人上当受骗，与其订立民事法律行为。例如，对交付的民事法律行为标的物的瑕疵，应当告知而不告知。确定消极欺诈行为，应当先确定行为人负有告知义务，故意违背义务，有诱使对方当事人上当受骗的意图的，方可认定为消极欺诈行为。

第三，受欺诈一方是在违背真实意思的情况下实施民事法律行为。在受欺诈订立的民事法律行为中，一方当事人是受行为人的欺诈，而使自己陷入错误的认识之中，由此作出错误的意思表示，与行为人订立民事法律行为。这个要件的要求是，行为人欺诈行为与对方当事人的错误意思表示之间有因果关系。不具有这种因果关系的，不构成欺诈。对方当事人受欺诈，不对其是动机上的错误还是目的上的错误加以区分，只要是由于行为人的欺诈行为致使对方当事人陷入错误，作出错误的意思表示的，即为构成。

具备以上前三个要件，就构成欺诈行为，为民事法律行为相对无效的条件。

2. 一方欺诈行为的法律后果

一方欺诈行为的法律后果是，受欺诈方有权请求人民法院或者仲裁机构予以撤销，即是可撤销的民事法律行为。对此，受欺诈的对方享有撤销权，可以行使该撤销权，向人民法院或者仲裁机构请求撤销该民事法律行为。

不过，民事法律行为欺诈往往与诈骗犯罪相联系。一般来说，民事法律行为诈骗都是民事法律行为欺诈，但民事法律行为欺诈并不都是民事法律行为诈骗。在区分民事法律行为欺诈和民事法律行为诈骗中，应当适用最高人民法院、最高人民检察院和公安部关于审理经济纠纷案件中发现刑事犯罪应当及时移送侦查机关侦查的司法解释，不能只审理经济纠纷而放纵了刑事犯罪。

（五）第三人欺诈行为的效力

1. 第三人欺诈行为的概念和构成

第三人欺诈行为，是《民法典》总则编第一次规定的可撤销民事法律行为，在原《民法通则》和原《合同法》中对此都没有规定。《民法典》总则编第149条规定："第三人实施欺诈行为，使一方在违背真实意思的情况下实施的民事法律行为，对方知道或者应当知道该欺诈行为的，受欺诈方有权请求人民法院或者仲裁机构予以撤销。"

第三人欺诈行为，是指民事法律行为当事人以外的第三人，对一方当事人故意实施欺诈行为，致使该方当事人在违背真实意思的情况下，与对方当事人实施的民事法律行为。

第三人欺诈行为的构成要件如下。

第一，实施欺诈行为的欺诈行为人，是民事法律行为双方当事人之外的第三人，而不是民事法律行为的双方当事人之一。

第二，第三人实施欺诈行为是对民事法律行为当事人的一方进行，而不是对民事法律行为当事人的双方进行欺诈。

第三，受欺诈的一方当事人由于受第三人的欺诈，在违背真实意思的情况下，与对方当事人实施了民事法律行为。

第四，尽管第三人不是对受欺诈人的对方当事人实施的欺诈行为，但是对方当事人在与受欺诈一方当事人实施民事法律行为时，可能知道或者应当知道第三人的欺诈行为，但是也可能不知道这种欺诈行为。

符合这样的要求，就构成第三人欺诈行为。

2. 第三人欺诈行为的法律效力

第三人欺诈行为的法律效力，分为两种类型：一是，因第三人欺诈行为而实施的民事法律行为，对方当事人知道或者应当知道该欺诈行为的，该行为属于可撤销的民事法律行为，受欺诈一方当事人享有撤销权，有权请求人民法院或者仲裁机构对该民事法律行为予以撤销。二是，因第三人欺诈行为而实施的民事法律行为，如果对方当事人不知道或者不应当知道欺诈行为的，该民事法律行为有效，受欺诈的一方当事人不享有撤销权，不得请求人民法院或者仲裁机构撤销该民事法律行为。如果受欺诈的一方当事人因第三人的欺诈行为，在实施该民事法律行为中受到损害的，可以依照侵权责任编第1165 条第 1 款的规定，请求第三人承担侵权责任，补偿自己的损失。

（六）胁迫行为的效力

1. 胁迫的概念与构成

胁迫是指行为人以将来发生的祸害或者实施不法行为，给另一方当事人以心理上的恐吓或者直接造成损害，迫使对方当事人与其实施的民事法律行为。《民法典》总则编第150条规定："一方或者第三人以胁迫手段，使对方在违背真实意思的情况下实施的民事法律行为，受胁迫方有权请求人民法院或者仲裁机构予以撤销。"

胁迫分为两种：一种是以恐吓为手段的胁迫；一种是以不法行为为手段的胁迫。前者主要是行为人以将来发生的祸害相威胁，使相对人产生心理上的恐怖，不得不与其订立民事法律行为。后者是以直接实施的不法行为相威胁，给相对人造成人身损害或财产损害，使相对人不得不与其订立民事法律行为。

2. 胁迫行为的构成要件

（1）行为人实施威胁的事实。在以恐吓为手段的胁迫行为中，行为人威胁的事实是将来发生的祸害。将来的祸害，包括涉及生命、身体健康、财产、名誉、自由等方面所要受到的严重损害。祸害的概念起源于罗马法，它们认为祸害应以重大为必要，一般的恐吓不构成胁迫。现代民法对祸害不作这样的区分，以某种威胁的事实只要在相对人的心理上发生恐怖即为胁迫。即使按照现代人的理解，祸害也应当是严重的，应当足以使相对人在心理上感到恐怖。在范围上讲，祸害可以是针对肉体的，也可以是针对精神的；可以是针对自己的，也可以是针对家庭成员、亲戚、朋友的。判断祸害的标准是主观标准，是相对人在自己的心理上感受到恐慌或者恐怖，自己感受到祸害即可。至于其他人的感受则不论。

在以不法行为为手段的胁迫行为中，使相对人感受恐怖的不是将来发生的祸害，而是行为人直接实施的不法行为已经或者正在对相对人产生人身的或者财产的损害。这种已经发生的或者正在发生的损害，使相对人受到严重威胁。这种胁迫，行为人在客观上实施了某种造成或者可能造成相对人人身或者财产损害的行为，损害事实已经发生或者正在发生；将要发生的，并且能够使相对人在心理上受到威胁的，也认为是胁迫。如殴打、拘禁、肉体折磨等，都是对人身伤害的威胁，毁坏财产等是对财产的损害。

（2）行为人实施胁迫行为须出于故意。胁迫行为必须是故意所为，过失不构成胁迫。胁迫的故意，应当是通过威胁使相对人与其订立民事法律行为，因此，其手段行为的实施是故意，其实现目的的主观意图也是故意的。首先是实施恐怖或者不法行为造成相对人的恐慌为故意，实施这样的行为的意图就是要使相对人产生心理恐慌；其次，行为人希望通过自己的胁迫手段，迫使相对人与自己订立民事法律行为。具备这样的故意，就构成胁迫的主观要件。

（3）相对人因受到胁迫而实施订立民事法律行为的行为。相对人由于在心理上或者人身上受到威胁，因而不得不与行为人订立民事法律行为。在行为人实施威胁的行为与相对人与其订立民事法律行为这两者之间具有因果关系，是引起与被引起的关系。威胁是原因，订立民事法律行为是结果，其间的相对人感受到的威胁，就是这两者发生因果关系的链条。没有这种因果关系，不能认为是胁迫行为。

具备上述三个要件，即构成民事法律行为相对无效。

3. 胁迫行为的法律后果

胁迫行为的性质，是可撤销的民事法律行为，受胁迫方对该民事法律行为享有撤销权，有权请求人民法院或者仲裁机构予以撤销。

（七）显失公平的效力

民法总则规定显失公平，具有一个特别重要的特点，就是把乘人之危合并到显失公平行为之中，即一方利用对方处于困境而实施的民事法律行为，这本来是乘人之危，但是《民法典》总则编第151条将其归于显失公平的一种类型。《民法典》总则编第151条规定："一方利用对方处于危困状态、缺乏判断能力等情形，致使民事法律行为成立时显失公平的，受损害方有权请求人民法院或者仲裁机构予以撤销。"

1. 显失公平的概念和特征

显失公平是指一方当事人利用对方处于困境，或者缺乏判断能力等情况下，与对方当事人实施的对自己明显有重大利益而使对方明显不利的民事法律行为。显失公平订立的民事法律行为是相对无效的民事法律行为，当事人有权变更或者撤销。其特征是：民事法律行为的内容对双方当事人明显不公平，一方承担更多的义务却享有更少的权利，而另一方享有更多的权利却承担更少的义务；获得利益的一方当事人所获得的利益超过法律所允许的程度；

受害的一方是因处于困境或者缺乏经验或紧迫的情况下实施的订立民事法律行为的行为。

2. 显失公平的构成要件

（1）利用对方当事人处于困境或者缺乏经验等。构成显失公平的要件之一，就是利用对方当事人处于困境或者缺乏经验等，包括过去所说的乘人之危和显示公平。首先，乘人之危是指行为人利用他人处于困境或紧迫需要，强迫对方当事人接受某种明显不公平的条件并作出违背其真意的意思表示。① 困境包括经济、生命、健康、名誉等方面的窘迫或急需；急迫是情况比较紧急，迫切需要对方提供金钱、物资、服务或劳务。急迫不包括政治上、文化上的急需。乘人之危的当事人在主观上是出于故意，是故意乘对方当事人的危难或急迫之机，与其订立民事法律行为，实现自己牟利的目的。如果当事人不是故意，而是对对方当事人的危难或急迫不知情，即使提出苛刻的条件并为对方所接受，也不构成乘人之危。其次，对方当事人处缺乏经验等，在显失公平的民事法律行为中，承担不利后果的一方当事人自身有轻率、无经验等不利的因素，因而对民事法律行为的内容在认识上有不准确的问题。享有过高利益的一方当事人在订立这种民事法律行为时，利用对方当事人轻率、无经验而与其订立内容显失公平的民事法律行为，诸如利用自己的优势，使对方难以拒绝对其明显不公平的民事法律行为条件；当事人在订约的过程中没有尽到应尽的告知义务，使对方对于对自己不利的问题不知晓；利用对方的经验欠缺和轻率，使对方对不利于自己的情形不知情而与自己订约。

（2）对方当事人因困境或者缺乏经验而与其订立民事法律行为。显失公平的构成要件之一，是对方当事人因困境或者缺乏经验而与其订立民事法律行为。在乘人之危，提出苛刻条件的一方当事人，是在利用对方当事人的危难或急迫。而在对方当事人，明知其提出的条件是利用自己的危难或急迫从中获取不当利益，但由于危难或急迫而与其订立民事法律行为。在当事人借贷高利贷时，明知对方是乘人之危，但没有更好的办法，只能如此，民事法律行为的订立是当事人出于无奈，并不是当事人的真实意思表示。而在缺乏

① 王利明、崔建远：《合同法新论·总则》，中国政法大学出版社1996年版，第287页。

经验，是利用对方当事人的无知、没有交易经验、不熟悉经营活动等，使得对方贸然地与自己实施民事法律行为。

（3）不法行为人所获得的利益超出了法律所准许的限度。无论是利用对方的困境，还是利用对方的没有经验，利用他人困境或者缺乏经验的一方当事人提出的条件十分苛刻，对对方当事人十分不利。基于显失公平的民事法律行为所获得的利益是在正常的情况下所不可能得到的重大利益。这种结果，明显违背公平原则，超出了法律所允许的范围，其结果是显失公平的。显失公平的民事法律行为主要是有偿民事法律行为。有给付或者对待给付义务的有偿民事法律行为，在双方当事人的经济利益的平衡上出现不公平的结果。这种不公平的结果不是一般的不公平，而是显著的不公平。在我国，显失公平没有规定数量的标准，在执行中有一定的困难。一般认为，买卖民事法律行为出卖人交付的标的物的价格少于其实有价值的一半，或者超出其市场价格的一倍的，应当认为是显失公平。①

（4）显失公平的发生时间在订立民事法律行为之时。原《合同法》规定了"在订立民事法律行为时显失公平的"，才为相对无效的民事法律行为。《民法典》总则编接受合同法的经验，也明确规定，只有民事法律行为成立时显失公平的，才构成显失公平。在民事法律行为成立以后，由于情势的变化致使显失公平的，不适用此规定。

具备以上要件就构成显失公平的民事法律行为。

3. 显失公平的法律后果

按照《民法典》总则编第151条规定，构成显失公平，受损害方有权请求人民法院或者仲裁机构予以撤销。受损害方基于显失公平的民事法律行为，向人民法院或者仲裁机构请求行使撤销权，有权撤销显失公平的民事法律行为。

三、效力待定的民事法律行为

1. 效力待定的法律行为的概念

效力待定的法律行为，是指法律行为虽已成立，但是否生效尚不确定，只有经过特定当事人的行为，才能确定生效或者不生效的法律行为。效力待

---

① 王利明、崔建远：《合同法新论·总则》，中国政法大学出版社1996版，第284页。

定的法律行为即存在转变为不生效的法律行为的可能性，也存在转变为生效的法律行为的可能性。因此，才将其称为效力待定的法律行为。

2. 效力待定的法律行为的类型

（1）限制法律行为能力人实施的依法不能独立实施的法律行为。限制法律行为能力人的法律行为能力不完善，依照法律规定，他们对某些法律行为是不能独立实施的。这些法律规定的法律行为，如果限制法律行为能力人独立实施了，其效力待定，需要其法定代理人的追认才可能生效。

（2）无权处分行为。无权处分行为是指对他人的财产或者权利没有处分权而予以处分的行为，其效力待定。如果该当事人事后取得了处分权，或者经过有处分权的人的追认，则该行为为有效。但是无权处分行为在受让人是善意的情况下，构成善意取得，不在此限。

（3）无权代理行为。行为人没有代理权、超越代理权或者在代理权终止之后，以代理人的身份所实施的法律行为，效力待定，只有经过被代理人的追认，该法律行为才能生效。《民法典》总则编第 171 条对无权代理行为及其法律后果都作了明确规定。

四、民事法律行为无效和被撤销的法律后果

《民法典》总则编第 155 条规定："无效的或者被撤销的民事法律行为自始没有法律约束力。"其第 156 条规定："民事法律行为部分无效，不影响其他部分效力的，其他部分仍然有效。"其第 157 条规定："民事法律行为无效、被撤销或者确定不发生效力后，行为人因该行为取得的财产，应当予以返还；不能返还或者没有必要返还的，应当折价补偿。有过错的一方应当赔偿对方由此所受到的损失；各方都有过错的，应当各自承担相应的责任。法律另有规定的，依照其规定。"这三种法律后果：一是自始无效，二是部分无效，三是返还财产。

（一）自始无效

无论是可撤销的民事法律行为，还是绝对无效的法律行为，其被撤销或者被宣告为无效以后，该民事法律行为就是自始、绝对、确定地不按照行为人设立、变更、终止民事法律关系的意思表示发生法律效力的法律行为。对双方当事人没有任何法律拘束力。这就是"无效的或者被撤销的民事法律行为自始没有法律约束力"。

民事法律行为被确认为无效或者被撤销以后，其结果是该民事法律行为自始无效。这就是民事法律行为无效溯及既往的效力，无论是绝对无效民事法律行为还是相对无效民事法律行为，都是如此。

民事法律行为无效，是民事法律行为不发生民事法律行为应有的法律约束力，民事法律行为约定的权利义务不再发生，与原来没有订立民事法律行为的状况是一样的。但这并不是说，民事法律行为无效或者被撤销就不发生任何法律后果。恰恰相反，民事法律行为无效或者被撤销所发生的法律后果是必须由法律作出明确规定的，确定无效民事法律行为的后果应当如何承担。

（二）部分无效

民事法律行为部分无效，是民事法律行为的部分内容违反法律或公序良俗，其他部分并不存在这样的内容。这就是俗称的民事法律行为"部分无效部分有效"。《民法典》总则编第156条规定："民事法律行为部分无效，不影响其他部分效力的，其他部分仍然有效。"如果民事法律行为无效部分的内容影响到其他部分内容的效力，则民事法律行为全部无效。

（三）返还责任

《民法典》总则编第157条规定："民事法律行为无效、被撤销或者确定不发生效力后，行为人因该行为取得的财产，应当予以返还；不能返还或者没有必要返还的，应当折价补偿。有过错的一方应当赔偿对方由此所受到的损失；各方都有过错的，应当各自承担相应的责任。法律另有规定的，依照其规定。"

1. 财产返还

返还是恢复原状的一种处理方式，即无效法律行为和被撤销的法律行为自始没有法律约束力，已经按照约定进行的履行因无法律效力而需要恢复到没有履行前的状况，已接受履行的一方将其所接受的履行返还给对方，是恢复原状的最基本的方式。例如，已实际履行的买卖民事法律行为因欺诈被确认无效或者被撤销后，买方和卖方应当分别返还其物品和价款。返还财产不同于退货。买卖民事法律行为因标的物瑕疵需要退货的，是有效民事法律行为的责任方式。

2. 赔偿损失

无效民事法律行为和民事法律行为被撤销后造成损失的，有过错的一方应当赔偿对方因此所受到的损失，双方都有过错的，应当各自承担相应的责任。承担赔偿责任的标准是过错，如果没有过错，则不承担赔偿责任。

五、参考结论

本案中，酒业公司在有奖销售活动开始前便已表明一等奖共设置 3 个，由于印刷错误导致出现 19 个，构成重大误解，其效力为可撤销，酒业公司可以行使撤销权从而撤销该法律行为，仅需要向王某兑现 3 个一等奖即可。

第五节　附条件和附期限的民事法律行为

案例5　附条件买卖房屋纠纷案

【案情】

张某与李某签订租赁合同约定：如果张某的儿子在 2017 年 1 月 1 日之前回国，租赁合同不生效，否则，租赁合同生效，由李某租赁张某的房屋 3 年。2016 年 11 月，张某的儿子回国了。

【问题】

张某和李某签订的是什么合同？李某可以要求张某将房屋租赁给他吗？

【法理分析与参考结论】

一、附条件的民事法律行为

（一）附条件的民事法律行为的概念

附条件的法律行为是指法律行为效力的开始或者终止，取决于将来不确定事实的发生或不发生的法律行为。《民法典》总则编第 158 条规定："民事法律行为可以附条件，但是根据其性质不得附条件的除外。附生效条件的民事法律行为，自条件成就时生效。附解除条件的民事法律行为，自条件成就时失效。"其第159条规定："附条件的民事法律行为，当事人为自己的利益不正当地阻止条件成就的，视为条件已成就；不正当地促成条件成就的，视为条件不成就。"这是对附条件的民事法律行为的完整规定。

（二）所附条件的种类

1. 生效条件与解除条件

条件是表意人附加于意思表示的一种任意限制，使他的意思表示的效力靠着将来客观不确定事实的成否来决定。① 法律行为所附条件，一是生效条件，二是解除条件。

（1）生效条件。生效条件也叫作延缓条件，是指法律行为效力的发生取决于所附条件的成就。当一个法律行为成立之后，当事人不想使它立即生效，待所附条件成就后再开始生效，就可以在法律行为中约定生效条件（延缓条件），使该条件发生作用，延缓法律行为的生效时间，在法律行为约定的条件成就时，再让法律行为发生效力，如果该条件不成就，该法律行为就永远不会生效。所以，生效条件又叫作停止条件。

（2）解除条件。解除条件是指法律行为中所确定的民事权利和民事义务应当在所附条件成就时失去法律效力的条件，是决定法律行为的法律效力是否终止的条件。当行为人在进行交易时，就在法律行为中附上一种条件，约定当这种条件成就时，该项法律行为的效力就即告终止，原来确定的法律行为权利和义务立即终止。因此，所附的解除条件，就使在法律行为已经发生效力的情况下，当某种情况出现时，法律行为的效力即告终止，不再发生效力。所以，解除条件又叫作失效条件。

2. 积极条件和消极条件

在附条件的法律行为所附的条件中，还有一种对条件的分类方法，就是将所附的条件分为积极条件和消极条件。

（1）积极条件。积极条件又称为肯定条件，就是所附的条件是以某种客观事实的出现为其条件的内容，标准是约定事实的发生为条件成就，以约定

---

① 张季忻：《民法总则概要》，世界书局1929年版，第109页。

的事实的不发生为条件的不成就。这样的条件就是积极条件。

（2）消极条件。消极条件又称为否定条件，就是所附的条件是以某种客观事实的不发生为其条件的内容。标准是，约定的事实不发生，为条件的成就；约定的事实的发生为条件的不成就。这样的条件是否定法律行为效力的条件，所以是消极条件。

（三）法律对所附条件的要求

法律行为所附条件，可以是事件，也可以是行为。法律要求法律行为所附的条件必须符合以下要求。

1. 约定的条件必须是将来发生的事实

约定的条件必须是将来发生的事实。那些过去的、已经发生或者正在发生的事实，都不能作为条件。

2. 约定的条件必须是不确定的客观事实

已经确定的事实，不能作为所附的条件。法律行为所附条件的事实应当是客观的事实，而不是虚构的事实，或者臆测的事实。

3. 约定的条件必须是当事人任意选择的事实

约定条件的条款属于任意性条款，不具有强制性的意义。作为条件的事实必须是当事人双方一致选定的，而不是由法律规定的条件。

4. 约定的条件必须是合法的事实

凡是法律行为附有不法条件的，该法律行为当然无效；法律行为本身虽为合法，但由于附有不法条件，它也不能发生法律行为的效力。

（四）附条件法律行为的法律后果

附条件的法律行为一旦成立，就对当事人具有法律上的约束力。当事人应当遵守法律行为的约定，无论是生效条件还是解除条件，都必须按照事实发生或者不发生的客观规律，任其自然地发生或者不发生，由此来确定法律行为的生效或者解除，不得人为地加以干预。

人为地干预法律行为所附条件的发生或者不发生，违背了法律行为所附条件的意义，使所附条件的成就或者不成就加入了人的意志的因素，而且是一方当事人的意志因素，因而使法律行为的生效或者解除就由一方当事人加以控制，使法律行为的双方当事人的利益平衡发生动摇，违背民法的公平原则和诚实信用原则，因此，必须禁止这种恶意的行为。凡是当事人不正当地阻止所附条件成就的，应当视为条件已经成就，法律行为应当按照原来的约定生效或者解除；凡是当事人不正当地促成所附条件成就的视为条件不成就，应当按照法律行为原来的约定，确认法律行为不生效或者不解除。这样规定，有利于保护非恶意的一方当事人的利益，制裁恶意的一方当事人，维护交易秩序，保护交易安全。

二、附期限的民事法律行为

（一）附期限的民事法律行为的概念和意义

附期限的民事法律行为，是指在法律行为中附有一定的期限，并把该期限的到来作为当事人的民事权利和民事义务发生或者消灭前提的法律行为。《民法典》总则编第160条规定："民事法律行为可以附期限，但是按照其性质不得附期限的除外。附生效期限的民事法律行为，自期限届至时生效。附终止期限的民事法律行为，自期限届满时失效。"例如，在房屋租赁法律行为中约定，在法律行为成立的一个月内，将房屋租赁给承租人，这里的一个月就是所附的生效期限。

附期限的法律行为在法律行为的内容上，与一般的法律行为并没有严格的不同，只是在法律行为中约定一定的期限，并且将这个期限作为法律行为生效或者失效的条件，在这个期限届至时，法律行为生效或者失效。

法律规定附期限的法律行为的意义，在于限制法律行为当事人所确定的民事权利和民事义务发生法律效力或者终止法律效力的时间，使法律行为能够按照当事人的约定有计划地进行，充分满足法律行为当事人的多种需要。

（二）所附期限的种类

法律行为的当事人限定法律行为在什么时候发生效力或失去效力，这种限定的时期就是期限。[①] 所附期限的种类如下。

1. 延缓期限

延缓期限也称为始期，是指在法律行为中规定的期限到来之前，该法律

---

① 张季忻：《民法总则概要》，世界书局1929年版，第117页。

行为所确定的民事权利和民事义务尚不能发生法律效力，要等待期限的到来；期限到来，法律行为所约定的民事权利和民事义务就开始发生法律效力，债权人开始有权请求债务人履行义务，债务人才开始承担履行债务的责任。例如，当事人约定出借人将自己的房屋一间借给借用人使用，但是约定的期限是在一个月以后。这里的一个月，就是所附的延缓生效的期限。

2. 终止期限

解除期限又称为终期，是指在法律行为中约定的期限到来时，该法律行为所约定的民事权利和民事义务的法律效力即行消灭的期限。这就是说，在法律行为所附的期限到来之前法律行为已经发生法律效力，当事人之间的法律行为已经在执行，债权人的权利在行使，债务人的义务在承担。该法律行为所约定的这样的效力一直在延续，直至法律行为所约定的期限的到来为止，法律行为的效力就终止。例如，有期限的房屋租赁法律行为，就是附解除期限的法律行为，在法律行为所约定的期限届至时，该法律行为就解除，不再发生法律行为的效力，当事人的权利义务即终止。

三、参考结论

本案中，双方约定根据张某的儿子是否回国来决定租赁合同的效力，是以约定条件的不实现作为合同生效的条件，属于附生效条件的合同。张某的儿子在 2017 年 1 月 1 日之前回国，租赁合同不生效，对双方没有拘束力，因此，李某无权要求张某将房屋租赁给他。

第十一章 代 理

本章知识点概要

　　代理是指代理人在代理权限内，以被代理人的名义独立与第三人从事民事法律行为，由此产生的法律效果直接归属于被代理人的民法制度。代理主要适用于民事法律行为，但是人身行为、人身属性的债务以及违法行为和法律禁止的行为不得代理。根据代理权来源的不同可以分为意定（委托）代理和法定代理，根据代理意思公开程度的不同可以分为显名代理和隐名代理，根据代理人选任和产生的不同可以分为本代理和复代理。为维护被代理人的利益，避免代理人的道德风险，法律禁止代理权的滥用，主要表现为自己代理和双方代理。狭义的无权代理是指行为人欠缺代理权而从事代理行为，无权代理行为的效力待定，即原则上不发生效力，如本人追认的，可溯及自成立时发生效力。欠缺代理权包括自始没有代理权、超越代理权和代理权已经终止的情形。表见代理是指相对人有理由相信无权代理人有代理权的行为，为维护交易安全，法律规定表见代理行为有效，实际上在一定程度上牺牲了被代理人的私法自治。相对人的善意系指相对人对无权代理人欠缺代理权的事实客观不知且无过失。间接代理是指代理人以自己的名义与相对人从事法律行为，其进行代理活动的法律效果并不当然由被代理人承受，在发生争议时，本人可以行使介入权，相对人可以行使选择权。委托代理权因代理期限届满或者代理事务完成、被代理人撤回授权或者代理人辞去授权、死亡等原因导致消灭；法定代理权因被代理人取得或恢复行为能力、被代理人死亡或代理人死亡等原因消灭。

第一节 代理概述

案例 1 烧鹅买卖纠纷案

【案情】

刘某家里来客，吩咐其 9 岁的儿子小刘到自己常去的小吃店购买 1 斤烧鹅，价格按照惯例结算，下次自己去时结账。小刘因误听为烧螺，便告知店主购买 1 斤烧螺，店主便称了 1 斤烧螺交给小刘带回。刘某与客人均不吃烧螺，要求换成烧鹅，店主不依，双方就该买卖合同的效力与责任的承担发生争议。

【问题】

刘某和小刘之间构成代理关系吗？

【法理分析和参考结论】

一、代理的概念和特征

《民法典》总则编第 161 条第 1 款规定："民事主体可以通过代理人实施民事法律行为。"这一条文对代理作了一般性规定。

（一）代理的概念

代理是指代理人在代理权范围内，以被代理人的名义独立与第三人实施法律行为，由此产生的法律效果直接归属于被代理人的民法制度。在代理制度中，以他人名义实施法律行为的人称为代理人；其名义被他人使用而由他人实施法律行为的人称为被代理人或者本人，即本条所说的"民事主体"；与代理人实施法律行为的相对人称为第三人。

（二）代理权的性质

学理上对于代理权的性质有不同见解，主要有"权利说""资格说"和"权力说"。

1. 权利说

此说认为代理权是一种独立的民事权利，在性质上与其他民事权利没有区别。理由是，代理权的产生基础是当事人意思自治，当事人可以在不违背法律的前提下，根据自己的需要随意创设权利；同时，代理权的行使不仅在本人与代理人之间产生权利义务关系，而且在本人与第三人之间产生了权利义务关系，从而成立了一种具有三方民事主体的民事代理关系。① 至于这种权利的性质，有的认为是形成权，有的认为是一种管理权。

2. 资格说

此说认为代理权是一种资格或者地位，而不是民事权利。代理权源于行为能力与其同意，代理权乃是基于法律规定或者本人之授予而生的一种资格权，虽名为"权"，实际与其他权利不同，其他权利皆以利益为依归，而代理权对于代理人并无利益可言，故代理权仅仅为一种资格或者地位。② 代理权之所以不是一种权利，是因为代理权的赋予并不是为了代理人，而是为了被代理人，而代理人只起着辅助作用，就是行为人可以以他人名义独立为意思表示，并使其法律效果归属于他人的一种法律地位。③ 代理权是由于被代理人的委托行为而使代理人所具有的资格，能够实施代理行为，代理权与权利能力和行为能力相同。故代理权本质上是一种法律地位，即为一种从事代理行为的资格和地位。④

3. 权力说

此说认为代理权是法律授予代理人的权力，是一种法律上之力，透过法律行为将其效果直接归属于本人身上。从内容上看，代理权是代理人的一种合法化事由，从而以他人的名义使有效的法律行为对他人发生效力，代理人由此获得了一项衍生的或者次位的权限。因此，代理权在性质上属于一种因授权行为或者法律规定所产生的，可以直接改变本人与第三人之间法律关系的权力，在法律效力上已经超过民法上的其他"权"。所谓授权行为，就是

---

① 江帆：《代理法律制度与研究》，中国法制出版社2000年版，第73页。
② 郑玉波：《民法总则》，三民书局1997年版，第292页。
③ 佟柔主编：《中国民法》，法律出版社1990年版，第199页。
④ 王利明：《民法总则研究》，中国人民大学出版社2012年版，第642页。

授予代理人这种法律上之力的行为。因此，代理权是权利义务关系，代理人被授予改变被代理人与第三人之间的法律关系的权力，被代理人承担这种被改变关系的相应义务。①

其中，权力说更符合代理权的本质。理由是：第一，代理权是一种法律上的力，这种力，一方面是对本人的约束，本人必须承担代理人在代理权限内所实施的法律行为的后果；另一方面，代理人凭借代理权，可以改变本人与第三人的法律关系。因此，代理权已经超出了民法"权利"所包含的内容。第二，这种权力的来源不是当事人的委托，而是法律的授予，尽管在委托合同产生的代理关系中，代理权好像是由被代理人所授予，但是其实质仍然是由于被代理人与代理人的行为使法律规则发生作用，其结果产生了代理人取得代理权的后果。况且在法定代理中，代理权则完全由法律授予，并没有委托代理关系。第三，代理人行使代理权是为被代理人谋利益，并不是为自己取得利益，因此，代理权的性质也与权力的含义相同。《民法典》总则编第 162 条规定："代理人在代理权限内，以被代理人的名义实施的民事法律行为，对被代理人发生效力。"这里所说的权限，恰好是权力之限，而不是能力之限和权利之限。因此，权力说将代理权看作是由法律授予的权力，能很好地解释法定代理和表见代理的法律现象，是有说服力的。

（三）代理的法律特征

第一，代理人要为被代理人作出意思表示。代理人的职责是代被代理人实施法律行为，包括代他人作出意思表示，或者接受意思表示，如订立合同、履行债务、受领债的给付等，因而必须为被代理人的利益独立作出意思表示。如果只是传达被代理人的意思表示而不代为作出意思表示的，是使者而不是代理人。同样，不为意思表示的行为不得成立代理，如代人保管物品、代人照看儿童等事实行为，虽然也是接受他人的委托，但并不代为进行意思表示，因而不是代理行为。

第二，需要区别对待代理人是否以被代理人的名义进行活动的情形。代理有狭义代理和广义代理之分。狭义的代理仅指直接代理，即代理人以被代

---

① 梁慧星：《民法总论》，法律出版社 2011 年版，第 221 页。

理人的名义所进行的代理；广义的代理不但包括直接代理，而且包括间接代理，即受托人以自己的名义代他人为民事行为。《民法典》总则编规定了直接代理制度。在直接代理中，代理人从事法律行为以被代理人的名义进行，这是法律行为结果归属于本人的基本条件。① 这是因为大陆法系对于直接代理采取"显名主义"，凡是不以被代理人的名义实施的法律行为，其法律效果即由行为人自己承担。②

第三，代理人在代理权限内独立进行法律行为。代理权是代理人代被代理人进行民事行为的基础，代理人必须依据代理权，并在代理权限范围内为意思表示，体现被代理人的意志，为被代理人实现利益。这是因为，代理人从事代理活动的目的是实现被代理人的利益，代理人只有在代理权限范围内活动，才能体现被代理人的意志。③ 因此，代理人在代理权限范围内，应当独立进行民事行为，并不用事事都要征得被代理人的同意，只要是在代理权限范围内进行的民事行为，都认为是被代理人的行为，被代理人都要承担后果责任。代理人超出代理权范围进行的民事行为，是无权代理。

第四，代理行为的法律后果直接归属于被代理人。被代理人通过被代理人实施民事行为的目的，是利用代理人的技能、经验等为自己服务，因此，代理人在代理权限以内以本人的名义向第三人为意思表示或者接受意思表示的行为一旦生效，即在第三人与被代理人之间形成法律关系，由此发生的法律后果直接归属于被代理人，由被代理人承担相应的责任。一个人从事了一项法律行为，却不是行为结果的归属主体，这不是民法的本质使然，而是民法创设的一种特别制度，目的就在于使行为人的结果归属于他人，这就是代理制度的价值之一。④

二、代理的沿革和意义

（一）代理的沿革

代理制度是商品经济高度发展的产物，是一种依他人的独立行为而使本

---

① 李永军：《民法总论》，法律出版社 2006 年版，第 667 页。
② 苏号朋：《民法总论》，法律出版社 2006 年版，第 335~336 页。
③ 苏号朋：《民法总论》，法律出版社 2006 年版，第 336 页。
④ 李永军：《民法总论》，法律出版社 2006 年版，第 667 页。

人直接取得其法律效果的民法制度。代理制度产生和发展大致经历了以下三个阶段。

1. 萌芽时期

在古代法律制度中，法律行为实行严格的形式主义，必须由当事人亲自为之，因而没有代理制度产生的必要。例如，在罗马法早期，只有家父有权利能力，家子及奴隶不过是家父手足的延长，因此，家子和奴隶的行为被视为家父的行为，没有实行代理制度的必要。同时，古代法崇尚简明，因而依据他人的行为而承认自己法律关系的变动不是当事人所愿。至罗马帝政时期，由于商品经济发展到了一个相当的程度，市场日渐扩大，人的活动范围渐广，社会关系日趋复杂，原料的采购、商品的销售都不是经营者事事躬亲所能够做到的，于是开始出现了代理制度，这就是类似于委托代理制度的雏形，但这时还没有形成完善的代理制度。

中世纪时期，也没有形成代理制度，尽管前期注释法学派代表曾经提出，根据公平正义应当允许一个人为他人实施行为，但这一论断因为违反罗马法而未被承认。直到格劳秀斯时代，才开始出现代理的理论，逐渐创立了代理学说，提出代理人的权利直接来源于本人的授权，可以作为已接受某物的人的名义的允诺，在此情形下，所有权立即转归以其名义作出取得所有权交易的人。[①]

2. 成型时期

直到资本主义社会，由于商业交易频繁，规模不断扩大，社会生活日趋广泛和复杂，迫切需要通过他人代为办理各项事务，代理制度的产生成为必要和可能。因此，《法国民法典》将委任契约作为取得财产的各种方法之一，实现了代理制度的初步立法化，代理制度基本成型。尽管《法国民法典》并没有为代理下定义，但采纳了自然法学家提出的关于代理必须显名的主张，其第1984条规定："委任或代理是指，一人委托授权另一人以委托人的名义，为委托人完成某种事务的人。"其第1988条规定："如果涉及的是让与财产或抵押财产事务或者其他有关所有权的行为，委托应明示为之。"这是近现代民法最早明确规定代理须显名的规定。

---

① 王利明：《民法总则研究》，中国人民大学出版社2012年版，第624~625页。

3. 完善时期

法国法并没有严格区分代理与委托的关系，因而引发了影响深远的学术争论。特别是随着资本主义市场经济的进一步发展，促使代理制度进一步发展。德国学者耶林最先指出，必须区分基础合同与代理人行事的授权，但他仍然认为代理权授予与委托是同一事物的两个方面。之后，拉邦德在论文中提出，代理和委托是完全不同的概念，必须将授权的范围和期间等问题与代理人代理被代理人与第三人订立合同区分开来，前者是代理人与被代理人之间的内部关系，后者是一种外部关系。代理权与委托契约的区别不仅在概念上，而且还体现在法律效果方面。拉邦德的观点完全被《德国民法典》所采纳。将代理制度列入法律行为之中，在总则中规定代理和代理权的概念，在债编中规定了委任，完全区别了代理和委托的关系，因而建立了代理制度立法的新模式，在社会的经济文化生活中，发挥了巨大的作用，在后世被许多大陆法系国家所仿效。

（二）代理的意义

第一，弥补民事主体民事行为能力的不足。民事主体在民事权利能力上是一律平等的，但在民事行为能力上有所不同。无民事行为能力人或者限制民事行为能力人不具有民事行为能力或者民事行为能力有欠缺，因此，无法依自己的意志行使权利、履行义务，设置代理制度，就可以通过设定代理人来补足其民事行为能力的不足或者欠缺，使他们能够从事法律行为，行使权利和履行义务。

第二，延伸民事主体的民事行为能力。不仅如此，更重要的是，任何完全民事行为能力人的精力都是有限的，都存在依靠自己的能力不能从事所有民事行为的问题。代理制度就是要延伸民事主体的民事行为能力，对于那些自己力所不足的方面可以委托代理人，由代理人为其进行民事行为，而本人只是承受其行为的后果而已。因此，代理制度能够扩大民事主体从事民事活动的范围，使其更好地行使自己的权利。

第三，扩大交易，降低成本，促进社会发展。确立代理制度，使民事主体可以利用他人的能力和专业知识进行民事活动，一方面使民事主体在进行民事活动时降低成本，扩大交易领域，另一方面也推动了提供专业知识和专业技能服务等代理业的发展。最为有代表性的代理行业就是律师代理制度。正因为如此，代理制度在推动和促进社会不断发展方面，具有重要意义。

三、代理权发生的原因

因代理性质的不同，代理权有不同的产生原因。根据代理产生的原因不同，有三种不同的代理。这就是：委托代理，是基于被代理人的单方授权行为产生的代理；法定代理，是基于法律直接规定产生的代理；指定代理，是基于法院或者有关机关指定产生的代理。另外，还有基于外表授权的表见代理，是发生代理效力的无权代理。

1. 依据本人授权行为而发生的委托代理

委托代理也称为意定代理，是基于被代理人的委托授权所发生的代理。

委托合同和授权委托行为是产生委托代理的根据。其中委托合同又叫作委任合同，是委托人与受托人约定，由受托人处理委托人事务的合同。委托合同是产生委托代理权的基础关系，委托授权行为是被代理人将代理权授予代理人的行为，是委托代理产生的直接根据。

在委托代理关系中，代理权的产生是基于两个行为，一个是委托合同，一个是委托授权行为。在委托代理中，委托合同的成立和生效并不当然就产生代理权，只有在委托人作出授予代理权的单方行为之后，代理权才发生。因此，代理人取得代理权，要以委托合同和委托授权两个行为同时有效存在为前提。

2. 依据法律规定当然发生的法定代理

法定代理是指基于法律规定而直接发生的代理。

在法定代理中，代理权的授予是基于法律的直接规定，而不是根据授权行为。法定代理主要适用于被代理人为无民事行为能力人或者限制民事行为能力人的情况。法律规定法定代理的目的：一是保护处于特定情况下的民事主体的利益；二是为了维护交易安全。

3. 依据法院或者有关机关指定而发生的指定代理

指定代理，是基于法院的指定或者有关机关的指定行为而发生的代理。法院判决有权为无民事行为能力人或者限制民事行为能力人指定代理人。"有关机关"则是对被代理人的合法权益负有保护义务的组织，如未成年人所在地的居民委员会、村民委员会、民政部门等。另外还有：法院为失踪人所指定的代管人、破产清算人，在法律规定的范围内也有指定代理权。

4. 依据外表授权所产生的表见代理

表见代理也是一种被视为有权代理的无权代理，表见代理人也有代理权。表见代理的代理权发生原因是"外表授权"。外表授权，是指具有授权行为的外部表象或假象，而无实际授权。法律为维护交易安全以及保护善意第三人的利益，承认外表授权是发生代理权的法律事实。

四、代理的适用范围

（一）代理适用的一般范围

代理主要适用于法律行为，即"民事主体可以通过代理人实施民事法律行为"。因此，凡是民事主体有关民事权利义务的设立、变更、消灭的法律行为，都可以适用代理制度。具体包括：一是双方的法律行为，如买卖、租赁、借贷、承揽、保险等；二是单方法律行为，如代理他人行使追认权、撤销权等；三是准法律行为，如代理他人进行要约邀请、要约撤回、承诺撤回、债权的主张和承认等。

（二）不适用代理的行为

《民法典》总则编第 161 条第 2 款规定："依照法律规定、当事人约定或者民事法律行为的性质，应当由本人亲自实施的民事法律行为，不得代理。"这是对不适用代理行为的禁止性规定。不适用代理的行为，包括三个方面：一是依照法律规定，法律规定不得适用代理的行为，不得适用代理，如设立遗嘱不得代理，结婚、离婚不得代理；二是当事人约定，如果当事人在合同中约定某些事项不得代理，则不得适用代理；三是根据民事法律行为的性质，该种民事法律行为的性质不得适用代理的，也不能适用代理，如演出合同。

下列行为不适用代理。

1. 人身行为

意思表示具有严格的人身性质，而且必须由本人亲自作出决定和予以表达的行为，属于人身行为，不适用代理制度。如订立遗嘱、婚姻登记、收养子女等行为，都必须由本人作出决定和亲自予以表达，不能由他人代理进行。

2. 人身性质的债务

具有严格人身性质的债务也不得代理。如受约演出不得代为演出。在建筑物区分所有权中，业主大会或者业主委员会与物业管理公司签订物业服务合同，是基于业主大会或者业主委员会的信任，物业公司接受委托，代理业主管理区分所有的建筑物，也必须亲自进行，不得转委托他人，只有个别事务可以委托他人进行，不得整体转让。

3. 违法行为和法律禁止的行为

《民法典》总则编第 167 条规定："代理人知道或者应当知道代理事项违法仍然实施代理行为，或者被代理人知道或者应当知道代理人的代理行为违法未作反对表示的，被代理人和代理人应当承担连带责任。"因此，违法行为和法律禁止的行为不得代理。

五、参考结论

代理是代理人以被代理人的名义独立从事民事法律行为，其法律后果归属于本人的制度，代理人与使者的不同之处在于，代理人是在代理权限范围内根据自己的判断独立从事法律行为，而使者是对本人的意思表示的传达，不存在独立的意思表示。本案中，小刘只需将刘某的意思完整地传达给店主，不存在独立的意思表示，故小刘只是传达人，与刘某不构成代理关系。小刘错误传达刘某意思表示属于意思表示错误，刘某可以主张撤销，但是应当赔偿由此给店主造成的信赖损害。

第二节　代理权的行使

案例 2　代理买卖端砚案

【案情】

在北京某大学任教的徐某是一位书法爱好者，其一直希望拥有一方端砚。某日经人介绍认识祖籍广东肇庆（古称端州）的顾某，随即委托其购买一方上好的端砚，并出具了授权书。顾某接受委托后，多方寻找也未找到合适的，而自己手上恰好有一台上乘的端砚，一直无人使用，于是顾某代理徐某与自己签订买卖合同，将该端砚以高价出卖给徐某。

【问题】

顾某所进行的代理行为正当吗？其效力如何？

【法理分析与参考结论】

一、代理权的行使规则概述

（一）代理权的行使规则的概念

代理权的行使规则是指代理人在履行代理权时应当遵守的规则，也就是代理人所应当承担的义务。通过履行代理义务，代理人就实现了代理的目的。

（二）代理权的行使规则内容

按照《民法典》总则编第163条第2款关于"委托代理人按照被代理人的委托行使代理权。法定代理人依照法律的规定行使代理权"的规定，代理权的行使按照下述规定进行。

1. 代理人必须为被代理人的利益实施代理行为

代理制度是为被代理人的利益而设定的制度，被代理人设定代理的目的是为了利用代理人的知识技能为自己服务。代理人的活动，则是为了实现被代理人的利益。因而，代理人的活动应当从被代理人的目的和利益出发，而不是从代理人自己的利益出发。被代理人应当以与处理自己的事务相同的注意，处理好被代理人的事务，实现被代理人的目的和利益。

2. 代理人必须亲自代理

被代理人委托特定的代理人为自己服务，是基于对代理人的知识、技能、信用的信赖，因而代理人必须亲自实施代理行为，才符合被代理人的愿望。除非被代理人同意或者有特殊事由的发生，不得将代理事务转委托他人处理。

3. 代理人必须在代理权限范围内行使代理权

作为代理人身份标志的代理权，不论是产生于被代理人的授权，还是产生于法律规定或者指定机关的指定，其权限范围都是取决于被代理人的合法利益。

因此，代理人必须在代理权限范围内行使权利，实施代理行为，不得超出代理权的范围实施代理行为。超出代理权限范围的代理行为，为无权代理。

4. 代理人必须谨慎、勤勉、忠实地行使代理权

代理人行使代理权，必须履行谨慎、勤勉义务，忠实地按照代理宗旨维护代理人的利益，处理好被代理人的事务，以增进被代理人的福利。同时，还应当履行报告义务和保密义务。报告义务的内容是，代理人应将处理代理事务的一切重要情况向被代理人报告，以使被代理人知道事务的进展和自己财产或者利益的损益情况。报告必须忠实，不能包括虚伪不实等可能使被代理人陷于错误的资料。在代理事务处理完毕后，代理人还应向被代理人报告执行任务的经过和结果，并提交必要的文件材料。保密义务的内容是，代理人在执行代理事务过程中，知悉被代理人的个人秘密或者商业秘密，不能擅自披露，更不准利用这些秘密与被代理人进行不正当竞争。

二、共同代理

《民法典》总则编第 166 条规定："数人为同一代理事项的代理人的，应当共同行使代理权，但是当事人另有约定的除外。"这一条文规定的是共同代理。

共同代理的本质，是数人为同一委托事项成为代理人。在被代理人授权时把代理权授予数人的，被授予代理权的数人接受授权委托后，应当共同为被代理人行使代理权。

共同代理权的行使要求，是"共同行使代理权"。共同代理经授权后，数个共同代理人都享有代理权，该代理权由数人共同行使。共同行使代理权的要求是：第一，共同代理人的每一个人都享有平等的代理权，在共同代理人之间，都是平等的，没有高低之分。第二，共同代理权为共同代理人所共同享有，共同代理的代理权是一个整体，而不是将这一共同代理权进行分割，由每一个代理人分别行使共同管理权。如果被代理人将代理权分割给每一个代理人行使的，这构成数个代理而不是共同代理。第三，共同代理人共同行使代理权，共同代理权在行使时，应根据共同代理人共同的意思决定，共同代理人中的一人或者数人违背共同代理人的共同意志而实施的代理行为无效。

共同行使代理权，并不一定意味着代理权中的每一个事项都是由共同代理人共同实施，应当是在共同代理人的共同意志下，决定对代理事项如何进行，每一个共同代理人所负责的事项，只要是按照共同代理人的共同意志实施的，就认为是共同行使代理权。

如果共同代理人中的一人单独行使代理权，未经被代理人或者其他共同代理人的承认，构成无权代理，不发生代理的效果。

三、复代理

《民法典》总则编第169条规定："代理人需要转委托第三人代理的，应当取得被代理人的同意或者追认。转委托代理经被代理人同意或者追认的，被代理人可以就代理事务直接指示转委托的第三人，代理人仅就第三人的选任以及对第三人的指示承担责任。转委托代理未经被代理人同意或者追认的，代理人应当对转委托的第三人的行为承担责任，但是在紧急情况下代理人为了维护被代理人的利益需要转委托第三人代理的除外。"这一规定就是复代理，也叫作转委托。

（一）复代理的概念

复代理，又称为再代理，与本代理相对应，是指代理人为实施代理权限内的全部或者部分行为，以自己的名义选定他人担任自己的被代理人的代理人，并由该他人代理被代理人实施法律行为的情形。这个被选定的他人叫作复代理人（或者再代理人），其代理的法律效果直接归属于被代理人。代理人为被代理人另行委任代理人的权限，称为复任权，属于代理权的内容。①

（二）设定复代理的条件

由于被代理人与代理人之间存在着人身信赖关系，代理人因此负有亲自执行代理事务的义务，不得转委托他人处理代理事务。

在以下两种情形，可以设定复代理。

1. 紧急情况

在紧急情况下，代理人不能亲自处理代理事务，如此下去又会损害被代

---

① 苏号朋：《民法总论》，法律出版社2006年版，第340页。

理人的利益时，法律允许进行复代理。所谓的紧急情况，是指代理人身患急病、与被代理人通讯联络中断等特殊情形，代理人不能办理代理事项，又不能与被代理人及时取得联系，如果不及时转托他人代理，就会给被代理人的利益造成损失或者扩大损失的情况。

2. 被代理人事先同意或者事后认可

如果被代理人事先同意或者事后认可复代理，法律也允许复代理。由于复代理人总是先由代理人选择，因此，复代理也是行使代理权的一种方式。被代理人的事先同意，属于复任权的内容，原代理权限内包括复任权时，代理人委托复代理人进行代理自然符合被代理人的意志，为有效。如果代理人没有复任权，但进行了复代理，被代理人予以认可的，也发生复代理的效力。

（三）复代理法律关系

复代理人是被代理人的代理人，不是代理人的代理人，只能以被代理人的名义为法律行为，其行为的法律后果也归属于被代理人，而不经过代理人的中间环节。

在发生复代理后，复代理人并不取代代理人，代理人的地位不变，只是由复代理人分担了其部分职责。代理人的代理权并未让给复代理人，而只是在代理权之下，派生出另一个代理权。选任复代理人后，代理人仍然可以继续行使代理权。

四、代理权滥用的禁止

（一）代理权滥用禁止概念的界定

《民法典》总则编第168条规定："代理人不得以被代理人的名义与自己实施民事法律行为，但是被代理人同意或者追认的除外。代理人不得以被代理人的名义与自己同时代理的其他人实施民事法律行为，但是被代理的双方同意或者追认的除外。"这是为了维护被代理人的利益，对代理人行使代理权进行的必要限制，即代理权滥用的禁止。

代理权滥用的禁止，是法律规定或者委托合同约定的代理人不得实施的代理行为。法律禁止的是代理人对代理的滥用，因为代理人滥用代理权，将会损害被代理人的合法权益，因此，被列入禁止范围。

（二）代理权滥用禁止的类型

1. 自己代理的禁止

自己代理，是指代理人在代理权限内与自己实施法律行为。在这种情况下，代理人同时为代理关系的代理人和第三人，交易双方的意思表示实际上是由一个人作出的，或者说交易行为是由一个人实施的。由于交易是以对方利益为代价追求自身利益的最大化，自己代理具有发生代理人为自己的利益牺牲被代理人利益的极大危险。因此，为防止滥用代理权，除非事前得到被代理人的同意或者事后得到追认，法律不承认自己代理的效力。

自己代理分为两种情况：一是代理人以自己的名义向被代理人发出要约且代理人以被代理人的名义予以承诺；二是代理人以被代理人的名义向自己发出要约且以自己的名义进行承诺。这两种情形都属于自己代理，都是法律所禁止的。

法律之所以禁止自己代理，是因为尽管代理人代理本人行为时，获得了本人的授权，但其应当为本人去寻找相对人进行交易。在自己代理的场合，代理人未寻找相对人，却由自己与本人发生法律关系，违反了代理人应当负有的忠实义务，属于滥用代理权的行为，法律应当予以禁止。同时，自己代理有可能发生利益冲突，损害被代理人的利益。[①]

自己代理也有特例，即对被代理人纯获利益的代理，可以认定为有效。例如，父母与未成年子女订立房屋赠与合同，或者接受对被代理人履行债务的行为，这些情形都不会损害被代理人的利益，反而对被代理人有利，不发生利益冲突，尽管存在自己代理关系，也应当认定为有效。

2. 双方代理的禁止

双方代理，又称为同时代理，是指一个代理人同时代理双方当事人实施法律行为，也就是同时代理双方当事人的本人和相对人实施同一法律行为。由于交易双方当事人的利益总是相互冲突的，通过讨价还价才能使双方的利益达到平衡，而由同一个人同时代表两种利益，难免顾此失彼，最终倾向于一方的利益。而且同一个人代表两种利益，无法实现讨价还价的过程，两种

---

① 王利明：《民法总则研究》，中国人民大学出版社 2012 年版，第 661 页。

利益难以达到平衡。因此，除非事前得到被代理人的同意或者事后得到追认，法律不承认双方代理的效力。

双方代理的特点是：一是代理人获得了本人和相对人的授权，如果仅有一方当事人的授权，不构成双方代理；二是双方授权的内容是相同的，如果双方都对同一个代理人作出了授权，但授权内容、代理事项不同，也不构成双方代理。

不过，对于双方代理是否一律都应当认定为无效，值得斟酌。禁止双方代理和自己代理的目的是一样的，都不是因为公共利益的目的，而纯粹是为了保护被代理人的利益。为了实现这个目的，应当原则上认为双方代理无效，但如果事前得到被代理人的同意，或者事后得到被代理人的追认，或者被代理人通过授权代理人从事某种代理行为，另一方被代理人知道该授权内容而仍然授权该代理人从事该代理行为的，都应当作为例外情形，承认双方代理的效力。

（三）代理权滥用行为的后果与例外

《民法典》总则编第 168 条只是规定了两种代理权滥用的禁止，没有规定代理权滥用的后果。但是这种后果应当是明确的，既然禁止自己代理行为和双方代理行为，那么自己代理行为和双方代理行为肯定都是无效的法律行为，不发生代理的法律效果。

不发生代理法律效果主要表现在两个方面：第一，代理人实施的代理行为对于被代理人没有拘束力，及其代理行为的后果不能归属于被代理人。第二，代理人实施代理行为所有的后果由代理人自己承受，不管自己代理行为和双方代理行为产生何种法律后果，都要由代理人承担责任。第三，对于实施代理行为的相对人，也要承担代理行为无效的后果，只有在被代理人的行为具有表面授权，符合表见代理的时候，代理行为的相对人才不承担这种责任。

《民法典》总则编第 168 条的上、下两款，都规定了自己代理或者双方代理行为的除外规则。在自己代理行为中，法律另有规定或者被代理人同意追认的，自己代理行为发生法律效力，对被代理人产生代理的法律后果。在双方代理行为中，也规定了法律另有规定或者被代理的双方同意、追认的除外条款，如果双方代理行为有法律规定，或者被代理的双方都同意这一双方代理行为，或者对双方代理行为予以追认，都发生双方代理行为有效的法律后果。

五、代理人不当代理的民事责任

《民法典》总则编第 164 条规定："代理人不履行或者不完全履行职责，造成被代理人损害的，应当承担民事责任。代理人和相对人恶意串通，损害被代理人合法权益的，代理人和相对人应当承担连带责任。"这里规定的是代理人的不当代理行为造成被代理人损害的责任，分为两种不同的责任形式。

第一，代理人不履行或者不完全履行代理职责，造成被代理人损害的，应当承担民事责任。无论是委托代理人还是法定代理人，他们的代理权基于法律规定或者委托协议而产生，由于代理人的所有代理行为，最终的法律后果都由被代理人承担，因此，代理人在实施代理行为时，必须按照被代理人的委托或者法律的规定，在代理的权限内，履行谨慎勤勉义务，维护被代理人的利益，处理好被代理人的事务，以增进被代理人的福利。如果代理人不履行或者不完全履行职责，并且这种不履行或者不完全履行职责的行为，造成了被代理人的实际损害，且该行为与损害后果具有因果关系，就构成了代理人不当代理行为损害被代理人的民事责任。这种民事责任的构成，原则上需要代理人有恶意，一般应有过失，但是即使代理人没有故意，也没有过失，而不履行或者不完全履行代理职责，只要造成了被代理人的损害，就构成这种民事责任。

第二，代理人与第三人恶意串通损害被代理人合法权益的连带责任，是指在代理人履行代理职责期间，代理人利用代理权，与第三人恶意串通，实施侵害被代理人合法权益的行为，代理人与第三人应当承担的连带损害赔偿责任。这种违法行为，是代理人在代理活动期间，为了损害被代理人的合法权益，恶意地与第三人串通，共同实施侵害被代理人合法权益的违法行为。这种违法行为，在代理人与第三人之间，具有损害被代理人合法权益的共同故意，在这一共同故意的指导下，利用代理权，实施损害被代理人合法权益的行为，并且造成了被代理人的人身或者财产权益的损害，并且这种行为和损害之间具有因果关系。符合这样的要求就构成代理人与第三人恶意串通损害被代理人合法权益的连带责任。

六、参考结论

本案中，顾某代理徐某与自己签订买卖合同，构成自己代理行为，属于代理权的滥用。因在代理权滥用的情况下，交易双方的意思表示实际上是由一个人作出的，具有发生代理人为自己的利益牺牲被代理人利益的极大危险，法律否定了自己代理行为的效力，除非徐某事前同意或事后追认，否则，该买卖合同无效，对徐某没有拘束力。

第三节　无权代理

案例 3　离职后以公司名义签订合同纠纷案

【案情】

2009 年 11 月，已经从某果业公司离职的黄某以某果业公司的名义与某水泥厂签订了一份水泥购销合同。随后黄某从某水泥厂接受了水泥 16 吨，约定价格 390 元/吨，合计人民币 6240 元。被告黄某向原告出具收条一张，收条载明"今收到水泥 16 吨，此据"，签名处为"某果业公司黄某"。因某果业公司至今未付货款，故水泥厂诉至法院要求判令某果业公司偿还货款 6240 元及逾期利息。

【问题】

本案中应当由谁来承担支付水泥价款的义务？

【法理分析与参考结论】

一、无权代理的概念和特征

无权代理，是指代理人不具有代理权而实施的代理行为。无权代理具有一般代理行为的表面特征，但不具有代理行为的实质特征，其外表特征与正常代理及有权代理并无差别，仅仅欠缺发生代理权的根据，因而不是真正的代理。

无权代理的特征如下。

（一）行为人实施的法律行为符合代理行为的表面特征

代理行为的特征有表面特征和实质特征之分。表面特征是代理人以被代理人的名义作出意思表示。实质特征是代理行为的法律后果直接归属于被代理人。无权代理只具有代理行为的表面特征而不具有实质特征。

（二）行为人对所实施的代理行为不具有代理权

行为人在实施代理行为时不具有代理权。不具有代理权的原因可以是自始没有，也可以是后来代理权丧失。

无权代理的类型有以下几种。

1. 未经授权的代理

在未经授权的代理中，"代理人"实施代理行为根本没有获得被代理人的任何授权。"代理人"或者明知自己没有代理权，或者误以为被代理人已作出了授权而实际上并没有进行授权。

2. 超越代理权的行为

在超越代理权的行为中，代理人获得了被代理人的授权，但实施的代理行为超越了被代理人所授予的权利。超越代理权的部分构成无权代理。

3. 代理权已消灭后的代理

在代理权已经消灭后的代理中，代理人本来是已经获得了被代理人的授权的，但代理权消灭后，仍然继续实施代理行为，构成无权代理。

二、无权代理的法律效果

无权代理本身不具有法律效力，不发生代理的法律效果。这是无权代理法律效力的基本规则。不过，这种无权代理的状况在有关当事人依法行使权利加以处置之前，尚处于或然的状态。为了稳定社会经济关系，法律认可无权代理在一定条件下可以转化为有权代理。

（一）发生与有权代理相同的法律效果

无权代理设立的民事行为，如果经过被代理人的追认，使无权代理性质发生改变，其所欠缺的代理权得到补足，转化为有权代理，发生与有权代理同样的法律效果，等于是有权代理。追认无权代理行为为有效的权利，是被代理人基于意思自治原则所享有的权利，其法律性质为形成权。权利的行使，可以向交易相对人作出，也可以向无权代理人作出。一经作出追认，无权代理行为如同有权代理一样发生代理的法律效力，效力溯及既往，无权代理行为自始有效，被代理人应当承受无权代理行为所发生的一切后果。

除被代理人追认之外，无权代理的法律后果由无权代理人自己承担。

（二）不发生与有权代理相同的法律效果

1. 被代理人行使拒绝追认权

无权代理行为发生之后，被代理人享有追认或者拒绝追认的选择权，因此，代理行为处于效力未定的状态。这时候，相对人可以进行催告。被代理人如果选择拒绝追认，明确表示拒绝追认，或者在交易相对人确定的催告期间内不作出追认表示的，无权代理行为即不生效力。

2. 视为拒绝追认

《民法典》总则编第171条第2款规定："……被代理人未作表示的，视为拒绝追认……"按照现在的规定，追认的除斥期间是一个月，只有在这一个月内，才有追认的权利。如果过了这一个月就被视为拒绝追认。

3. 交易的善意相对人行使撤销权

为了平衡当事人之间的利益关系，与被代理人享有的追认权相对应，交易相对人与无权代理人进行民事行为时，如果其不知也不应知其为无权代理的，则为善意交易相对人，享有对无权代理行为的撤销权。行使这一撤销权，就会直接地确定该无权代理行为不发生法律效力。

三、无权代理的民事责任

《民法典》总则编第171条规定了两个无权代理的民事责任规范。

（一）无权代理人实施的行为未被追认

无权代理人实施的行为未被追认的，善意相对人有权请求无权代理人履行债务，或者就其受到的损害请求无权代理人赔偿，其赔偿的范围，不得超过被代理人追认时相对人所能获得的利益。这里令人比较费解的就是赔偿范围的确定，所谓不得超过被代理人追认时相对人所能获得的利益，是说如果被代理人追认，相对人因此能够获得的那个利益范围。这样就比较好确定赔偿的范围了，超过这个范围的不予赔偿。

（二）相对人知道或者应当知道代理人无权代理

在无权代理中，如果相对人知道或者应当知道代理人是无权代理，并且造成了被代理人的权益损害，相对人和代理人就都存在过错，因此，应当按照各自的过错承担责任。这种责任的性质应当是按份责任，因为这一表述中使用的是"按照各自的过错承担责任"，当然是按份责任，而不是连带责任。

四、参考结论

本案中，黄某已经离开某果业公司，其与某水泥厂签订购销合同并未得到某果业公司的授权，属于无权代理行为。该无权代理合同只能约束黄某和某水泥厂，对于某果业公司不产生效力，因此，某水泥厂只能向黄某要求支付水泥款项。当然，如果某果业公司事后追认该购销合同，则应当由某果业公司支付水泥款项。

第四节　表见代理

案例4 **以公司"作废"公章签订合同纠纷案**

【案情】

2009 年 5 月，某服装公司因业务需要，将原圆形合同专用章更换为方形合同专用章，但由于工作疏忽，当时未登记收回并销毁原来的圆形合同专用章，该印章由王某保管。3 个月后，王某被公司辞退。王某离开公司后，使用公司的圆形合同公章与一家商场订立了购销合同，王某在收到商场 30 万元定金后，下落不明。商场遂以违约为由，要服装公司双倍返还定金 60 万元。

【问题】

商场有权要求某服装公司承担违约责任吗？

【法理分析与参考结论】

一、表见代理的概念和意义

《民法典》总则编第 172 条规定："行为人没有代理权、超越代理权或者代理权终止后，仍然实施代理行为，相对人有理由相信行为人有代理权的，代理行为有效。"这里规定的是表见代理。表见代理，是指被代理人的行为足以使第三人相信无权代理人具有代理权，并基于这种信赖与无权代理人实施法律行为的代理。换言之，表见代理虽无真实授权，却有外表授权，符合代理的一般特征，法律使其具有代理的实质后果。①

表见代理原本属于无权代理的一种，但法律并不使其产生无权代理的法律后果，而是令其产生有权代理的效果，即"该代理行为有效"，从而有别于上述三种无权代理。

表见代理的意义有以下几个方面。

第一，承认外表授权。所谓外表授权，就是指具有授权行为的外表或者假象，而事实上并没有实际授权。外表授权规则的适用，使表见代理的性质发生了变化，因为外表授权是产生代理权的原因之一，因此，外表授权是一种法律事实，它的效力就是使表见代理人获得代理权。②

第二，保护善意交易相对人的利益。在无权代理的情况下，交易相对人为善意无过失，不知或者不应知其为无权代理，有理由相信该无权代理行为为有权代理，而与其进行交易，如果一概宣告该行为为无效，那么将对其利益造成损害。为保护善意相对人的合法利益，确认表见代理为有权代理，就使其合法权益受到了保护。确认表见代理的意义，在于保护善意相对人的合法权益，是民法保护善意原则的体现。

---

① 刘凯湘：《民法总论》，北京大学出版社 2006 年版，第 354 页。
② 梁慧星：《民法总论》，法律出版社 1996 年版，第 230～231 页。

第三，保护动态交易安全。确认表见代理行为为有权代理，对本人的合法权益的保护存在不周的问题。但是出于对利益关系的平衡，使个人权利的静态安全与社会交易的动态安全得到合理的协调，牺牲个人权利的静态安全，让本人作出牺牲，以换取社会交易的动态安全，保护交易的安全。因此，这个制度的立法宗旨与善意取得、取得时效制度是一致的。

二、表见代理的构成要件

（一）须代理人没有代理权

代理人没有代理权，也就是行为人的代理行为是无权代理。这种无权代理，是指实施代理行为时无代理权或者对于所实施的代理行为无代理权。至于该无权代理人此前是否曾经拥有代理权，或当时是否有实施其他法律行为的代理权，则在所不问。

（二）客观上存在使相对人相信行为人具有代理权的理由

在这个要件中应当包括以下两个方面。

第一，相对人相信行为人有代理权的事实，这就是该行为人有被授予代理权的外表或者假象，即一定要有外表授权。该代理人以前曾经被授予代理权，或者当时拥有实施其他法律行为的代理权，或者被代理人曾有授予代理权的表示，或者根据交易习惯行为人的行为外表表明其有代理权，就构成外表授权。例如，行为人持有被代理人的授权委托书、空白合同书或者其他表明其具有代理权的证明文件。这些理由形成了行为人具有代理权的外观。

第二，相对人对行为人有代理权建立了信赖。如果仅仅有行为人有代理权的外表或者假象，但是并没有建立对行为人代理行为的信赖，也不构成表见代理，而是狭义的无权代理。建立信赖应当有正当理由。正当理由，应当依据实施法律行为的具体情形判断。

（三）相对人与行为人成立法律行为

构成表见代理，一定要相对人与无权代理人成立法律行为。如果其他要件都具备，但是相对人与行为人最终并没有成立法律行为，则不发生表见代理的问题。

（四）相对人善意且无过失

构成表见代理，相对人必须是善意无过失。其要求是，相对人不知道行为人没有代理权，且对其不知道没有主观上的过失。如果相对人明知行为人为无权代理，却与其成立法律行为，那就是明知故犯，对行为后果自负其责，与被代理人无关。

三、表见代理发生的原因

表见代理发生的主要原因有以下几种情况。

第一，被代理人以书面或者口头形式直接或者间接地向第三人表示以他人为自己的代理人，而事实上他并没有对该他人进行授权，第三人信赖被代理人的表示而与该他人实施交易行为。

第二，被代理人与代理人之间的委托合同不成立、无效或者被撤销，但尚未收回代理证书，交易相对人基于对代理证书的信赖，与行为人进行交易。

第三，代理关系终止后被代理人未采取必要措施公示代理关系终止的事实并收回代理人持有的代理证书，造成第三人不知代理关系终止而仍与代理人为交易。

第四，行为人的外观表象足以使第三人认为其是有代理权而与之交易的。

四、表见代理的效力

构成表见代理，发生以下法律效力。

（一）发生有效代理的效力

表见代理是一种有效的代理，产生与有权代理相同的法律效力。这种效力的最典型表现，就是表见代理人实施代理行为的法律后果，直接由被代理人承担。

（二）表见代理人的赔偿义务

表见代理人实施的代理行为，在被代理人承担后果责任之后，如果被代理人因此而遭受财产损失，有权要求表见代理人承担损害赔偿责任。

（三）善意相对人主张撤销时被代理人不得主张表见代理

如果相对人基于自己的利益考虑，主张表见代理行为为无权代理而请求撤销的，为保护善意相对人的利益，被代理人不得基于表见代理的规定而对相对人主张代理的效果。被代理人如欲代理行为有效，仍须依无权代理的规定，对无权代理人的代理行为进行追认。

五、参考结论

本案中，王某离开服装公司后，在没有得到授权的情况下以公司名义实施代理行为，属于无权代理。但是，由于王某保管着服装公司的合同专用章，并用该印章与商场签订了购销合同，足以使商场产生合理信赖王某是服装公司的代理人，构成表见代理，对服装公司具有拘束力，因而服装公司应该承担违约责任。

第五节　代理关系的终止

案例5　代理购买木耳纠纷案

【案情】

左某要回老家探亲，餐馆老板邓某知道左某老家盛产黑木耳且价格便宜，便请左某代购 100 斤黑木耳，左某应允。一个月后，左某从老家带回 100 斤黑木耳，当他到邓某家交付黑木耳并要求支付价款时，发现邓某半个月前因车祸死亡，餐馆也被债主接管。左某将 100 斤黑木耳交给邓某的妻子，并要求她付钱，她以不知此事、邓某已死且自己不需要为由，拒绝受领木耳和支付价款。

【问题】

左某的代理行为有效吗？邓某的妻子应否接受木耳并付款？

【法理分析与参考结论】

一、委托代理关系终止

（一）委托代理的消灭原因

代理权基于一定的原因而消灭，而且不同的代理有着不同的代理权消灭原因。代理权消灭后，代理人的代理资格即行丧失。《民法典》总则编第 173 条规定："有下列情形之一的，委托代理终止：（一）代理期间届满或者代理事务完成；（二）被代理人取消委托或者代理人辞去委托；（三）代理人丧失民事行为能力；（四）代理人或者被代理人死亡；（五）作为代理人或者被代理人的法人、非法人组织终止。"

委托代理的消灭原因如下。

1. 代理期限届满或者代理事务完成

代理人代理的期限届满，以及代理事务的完成，是消灭代理权的主要原因。这时，代理授权所要进行的工作已经结束，或者代理的时间已经完成，因此委托代理消灭。

2. 被代理人取消委托或者代理人辞去委托

代理关系存续期间，被代理人可以取消委托，因而消灭代理关系；在此期间，代理人辞去委托也同样消灭代理关系。

3. 代理人丧失民事行为能力

代理人丧失民事行为能力，就丧失了行使代理权的资格和能力，代理权也因此而消灭。

4. 代理人死亡

代理人死亡，不再存在行使代理权的主体，因此代理权消灭。

5. 作为被代理人或者代理人的法人、非法人组织终止

在法人或者非法人组织之间建立代理关系，或者被代理人或代理人是法人或者非法人组织的代理关系中，如果作为一方当事人的民事主体是法人或者非法人组织，并且这个法人或者非法人组织终止，代理关系也不再存在，代理权消灭。

（二）代理权消灭的效果

代理权消灭的效果是：第一，代理关系消灭后，代理权消灭，代理人不得再以被代理人的代理人身份进行活动，否则为无权代理。第二，代理权消灭后，代理人在必要和可能的情况下，应当向被代理人或者其继承人、遗嘱执行人、清算人、新代理人等，就其代理事务及有关财产事项作出报告或者移交。第三，委托代理人应向被代理人交回代理证书及其他证明代理权的凭证。

二、被代理人死亡后的代理行为

在代理关系存续期间，如果被代理人死亡，对于代理人在被代理人死亡后进行的代理行为是否有效，以前的法律没有规定过。《民法典》总则编第174条规定："被代理人死亡后，有下列情形之一的，委托代理人实施的代理行为有效：（一）代理人不知道并且不应当知道被代理人死亡；（二）被代理人的继承人予以承认；（三）授权中明确代理权在代理事务完成时终止；（四）被代理人死亡前已经实施，为了被代理人的继承人的利益继续代理。作为被代理人的法人、非法人组织终止的，参照适用前款规定。"

自然人死亡后的代理行为有效的范围：《民法典》总则编第174条对被代理人死亡后的代理行为是否有效，规定除了有效的具体事由之外，被代理人死亡后的代理行为都无效。

第一，代理人不知道并且不应当知道被代理人死亡。

在代理关系存续期间，被代理人已经死亡，但是代理人在履行代理职责时，不知道并且不应当知道被代理人已经死亡的，被代理人死亡后的代理行为仍然有效。这里使用的是不知道并且不应当知道的表述，是说明代理人对于被代理人死亡的事实，他确实不知道并且他也不应该知道，自己不仅要证明自己不知道的事实，而且还要证明自己不应当知道的事实，举证责任在代理人一方。

第二，被代理人的继承人予以承认。

这里的问题比较多：首先，这里的继承人是仅包括同一顺位的继承人，还是包括不同顺位的所有的继承人。如果是所有的继承人都要同意予以承认，将非常难以做到，没有办法执行。其次，应当是有继承权的同一顺位的继承人，他们承认即可，因为第一顺位的继承人在继承的时候，第二顺序的继承人还不能继承，他们没有权利表示不承认。最后，这里的继承人是否包括遗嘱继承人和受遗赠人，我们认为不包括遗嘱继承人和受遗赠人。因此可以理解为在继承开始后，能够行使继承权的同一顺位的继承人承认被代理人死亡后的代理行为有效的，可以认为代理行为有效。

第三，授权中明确代理权在代理事项完成时终止。

如果在授权委托书或者口头授权中，明确代理权在代理事项完成时才终止的，那么在被继承人死亡时，代理事项并没有完成，代理人当然可以继续完成这一代理事项，直至这个代理事项完成为止。因此，被代理人死亡后，如果授权中明确代理权是在代理事项完成时终止的，被代理人死亡后的代理行为仍然有效。

第四，在被代理人死亡前已经实施，在被代理人死亡后为了被代理人的继承人的利益继续完成的。在代理关系存续期间，代理行为在被代理人死亡前已经实施，但是还没有完成，此时被代理人死亡，代理人为了被代理人的继承人的利益，而将这一代理行为继续完成的，这一代理行为有效。

三、法定代理的终止

（一）法定代理的消灭原因

法定代理的消灭与委托代理的消灭原因不同。《民法典》总则编第 175 条规定："有下列情形之一的，法定代理终止：（一）被代理人取得或者恢复完全民事行为能力；（二）代理人丧失民事行为能力；（三）代理人或者被代理人死亡；（四）法律规定的其他情形。"

法定代理的消灭原因如下。

1. 被代理人取得或者恢复完全民事行为能力

被代理人如果是无民事行为能力人或者限制民事行为能力人，其取得了民事行为能力或者恢复了民事行为能力，不再存在法定代理和指定代理的基础和必要，法定代理和指定代理的代理权消灭。

2. 代理人丧失民事行为能力

代理人丧失民事行为能力，代理人无法行使代理权，因此而消灭代理权。

3. 代理人或者被代理人死亡

代理人或者被代理人死亡，法定代理和指定代理的基础不再存在，消灭代理权。

4. 法律规定的其他情形

在代理关系存续期间，也可以由其他原因引起被代理人和代理人之间代理关系的消灭。例如，如果人民法院或者其他指定代理的机关取消该指定代理，则丧失了法定代理的法律基础，因此消灭代理关系。

（二）法定代理原因消灭的后果

法定代理关系消灭后，依据其产生的法定代理权即行消灭。

四、参考结果

本案中，代理人左某在不知道被代理人邓某已经死亡的情况下继续实施了代理行为。在一般情况下，被代理人死亡后代理关系终止，但是在代理人不知道且不应当知道被代理人死亡时，其实施的代理行为有效，合同权利义务由被代理人的继承人承担。故邓某的妻子应该接受木耳并向左某支付价款。

第十二章　诉讼时效与期间计算

本章知识点概述

诉讼时效和除斥期间都是关于民事权利的存在时间。诉讼时效，又称消灭时效，是指权利人在一定期间内不行使权利，即在某种程度上丧失请求利益的时效制度。诉讼时效的适用范围仅适用于请求权，并且主要适用于债权请求权。诉讼时效期间完成，抗辩权随之发生，未经当事人主张，法院不得直接援引诉讼时效的规定而驳回债权人的诉讼请求。

诉讼时效的起算又称诉讼时效期间的开始，是指诉讼时效期间从何时开始计算，实际上即如何确定诉讼时效期间始期的问题。诉讼时效起算点的不同对双方当事人利益产生重要影响。目前关于诉讼时效起算的问题主要有三种立法例，我国民法认为，诉讼时效期间从知道或者应当知道权利被侵害时起算。诉讼时效的中断，是指在诉讼时效期间进行中发生了法定事由，以前经过的期间归于消灭，自中断事由终止后重新开始计算诉讼时效。时效中断的适用应注意以下方面问题：须有法定事由；中断事由发生于诉讼时效期间进行之中；中断事由消除后，诉讼时效期间重新计算。诉讼时效中止，又称诉讼时效的停止，是指在诉讼时效进行中，由于某种法定事由的发生，致使权利人不能行使请求权，因而暂时停止时效期间的计算，待阻碍时效期间进行的事由消除后，时效期间再继续计算。中止的适用应注意如下方面：存在中止的法定事由；中止事由须发生于特定期间；中止事由消除后，时效期间继续计算，这点将中止与中断明显区分开来。

除斥期间，也称为不变期间，是指法律对某种权利所规定的存续期间。其法律意义在于，督促权利人尽快行使权利，超过除斥期间怠于行使该权利的，则该权利消灭。一般认为，除斥期间的适用范围是形成权，但是随着市场经济的发展，为了稳定社会经济秩序，需要适当扩大除斥期间的适用范围。笔者认为，除斥期间的适用范围包括：形成权、某些特殊的请求权、某些特殊的支配权。

期限，是指民事法律关系产生、变更和终止的时间。期限分为期日和期间。期日表现的是时间的点，期间表现的是时间的段，即时段。二者可以独立发生作用，也可以与其他事实结合发挥作用。期限对于人的生活有重大意义，规定日历上的某一具体时间、一定的具体时间段、某一必然发生的事件的发生时刻以及当事人提出请求的时间等，都是期限。期限的确定方法有四种：一是规定日历上的一定时间；二是规定一定的期间；三是规定某一法律事实的出现的特定时刻；四是规定以某人提出请求的时间为准。

第一节　诉讼时效

案例1　赔偿款追讨纠纷案

【案情】

2014 年 2 月 13 日，万某某无证驾驶无号牌铃木牌二轮摩托车沿 009 县道（九蒋公路）由北向南行驶，18 时许行至湖北省天门市渔薪镇郑滩村八组地段时，将同向在道路右边行走的张某某撞倒致伤。2014 年 2 月 26 日，天门市公安局交通警察支队对该事故作出公交认字〔2014〕第 5013 号道路交通事故认定书，认定万某某负此事故的全部责任，张某某无责任。张某某向法院起诉请求：由万某某赔偿医疗费 17 070.82 元、误工费 6462.49 元、护理费 2361.29 元、住院伙食补助费 750 元、营养费 750 元、鉴定费 700 元、交通费 200 元、打印费 100 元，合计 28 394.60 元。张某某认为，其曾于 2015 年 3 月向法院提起过诉讼，法院收到材料后要求其办理户口后再提起诉讼。因张某某户籍在河南省，父母双亡后回湖北省天门市随外祖父母一起居住。本案交通事故发生时，张某某系孤儿、限制民事行为能力人，一年后才在河南省办好了户籍，故于 2016 年 5 月 3 日再次提起了诉讼。对此，万某某认为张某某起诉已超过诉讼时效，应当依法驳回。

【问题】

本案中张某某对于万某某的损害赔偿请求权是否超过了诉讼时效？

【法理分析与参考结论】

一、诉讼时效的起源与制度目的

诉讼时效是一种能够引起民事法律关系发生变化的法律事实。作为一种法律制度，诉讼时效又称消灭时效，是指权利人在一定期间内不行使权利，即在某种程度上丧失请求利益的时效制度。

诉讼时效制度起源于罗马的裁判官法，在罗马法早期，诉讼是没有期限限制的，但随着裁判官管辖权的发展，出现了"无限期诉讼"（也称为永久性诉讼）和"时效诉讼"（也称为法定期限诉讼）之分。① 到罗马帝国时期，则认为诉讼均有时效，权利人如果不在期限内提起诉讼，只是丧失诉讼上的救济而并不丧失实体上的权利，权利人仍可以依诉讼外的方法寻求救济。这种超过诉讼时效期间的债权，在罗马法上称为自然债务，以区别于法定债务，这就成为正式的诉讼时效制度，并一直沿用下来。在中世纪，教会法排斥时效制度，认为不论实际立法如何变动，凡是一种权利，纵使经过长期的忽视，在实际上是不可毁灭的。寺院法虽然承认时效制度，但对于不得为诉讼之人时效不进行，凡是法律上或事实上不能提起诉讼，或者诉讼的提起有困难的，都是时效停止的事由。到 11 世纪后期，随着注释法学派的兴起，在罗马法复兴之时，时效制度理论才逐渐传播开来。

我国古代没有诉讼时效制度。现代民法意义上的诉讼时效制度出现在《大清民律草案》，该法典草案在总则中设专章规定了该制。至民国时，民法建立了完善的诉讼时效制度。1949 年后，由于长期没有制定民法典，因而也

---

① ［意］彼德罗·彭梵得：《罗马法教科书》，黄风译，中国政法大学出版社 1992 年版，第 107 页。

不适用诉讼时效制度。直到 1986 年制定《民法通则》，才规定了诉讼时效制度，但是由于受苏联法律的影响，我国采用诉讼时效的称谓，而不是称为消灭时效，并长期沿用下来。

设立诉讼时效制度的主要目的，是为了客观地促进法律关系的安定，及时结束权利义务的不确定状态，稳定法律秩序，降低社会交易成本。一方面，由于权利人长久不行使权利，很可能会导致证据灭失，如果任由当事人无限期地在诉讼上主张权利，不仅会推翻长期已经存在的事实状态以及基于此事实状态而形成的各种法律关系，造成社会经济秩序的紊乱，也会导致诉讼久拖不决的后果，对义务人有失公平；而以诉讼时效期间替代证据，则可以简化法律关系，避免诉讼上的举证责任。另一方面，诉讼时效制度可以很好地平衡实际权利人与非实际权利人之间的利益关系，敦促真正的权利人及时行使权利以避免不利后果，同时在其存在时效过失时，使利益有利于非真正权利人，从而体现"法律帮助勤勉人，不帮助睡眠人"的法谚精神。

二、诉讼时效期间的种类

《民法典》总则编根据诉讼时效期间的不同，将其分为三种类型。

（一）一般诉讼时效

一般诉讼时效，是指由民法统一规定的，普遍适用于法律没有作特殊诉讼时效规定的各种民事法律关系的消灭时效。

由于保护利益的基点不同，各国规定的诉讼时效期间的长短也有所不同，当偏重于保护债权人利益时，其期间规定得较长；当意在促使权利积极行使、加快民事流转时，规定较短的期间。并且期间的长短随社会经济的发展而可能有所变化。多数国家规定了较长的普通诉讼时效期间，体现了对权利人权利的尊重。

（二）特别诉讼时效

特别诉讼时效，也叫作特殊诉讼时效，是指由民法或民法单行法特别规定的，只适用于某些特殊民事法律关系的消灭时效。

规定这种特殊诉讼时效，是因为这种诉讼时效所适用的民事法律关系对确定性的要求较强，必须在更短的期间内将其确定化，因此，它的期间通常短于一般诉讼时效的期间，只适用于法律特别规定的民事法律关系，不具有一般意义，并且优先于一般时效适用。

（三）最长诉讼时效

最长诉讼时效，也叫作绝对诉讼时效，是指不适用诉讼时效中止、中断、延长规定的诉讼时效期间。20 年的最长诉讼时效期间的规定，是针对那些不知道或者不应当知道其权利被侵害的权利人作出的。因为他们既然不知道或者也不应当知道其权利被侵害的事实，其诉讼时效便不可能按照原《民法通则》规定的"从知道或者应当知道权利被侵害时起计算"，只能从其权利被侵害时起计算。这样就需要规定较长的时效期间，才能达到保护当事人合法权益的目的。

三、诉讼时效期间的起算

《民法典》总则编关于诉讼时效期间的起算，包括一般规定和特别规定。一般性规定是第 188 条第 2 款前段，特别规定是第 189 条至第 191 条。

（一）诉讼时效期间起算的一般规则

诉讼时效期间起算的一般规则如下。

第一，在客观上，权利受到侵害。权利受到侵害是一个客观事实，是必须存在的事实。只有权利受到侵害，才能够确定诉讼时效的起算时间。

第二，在主观上，权利人知道或应当知道权利受到侵害。知道就是已知，应当知道就是应知。已知和应知都是权利人知道。其中应知是一种法律上的推定，即不管当事人实际上是否知道其权利受到侵害，只要客观上存在着知道的条件和可能，由于当事人主观上的过错，应当知道而不知道，诉讼时效期间仍应开始计算。

第三，在主观上，权利人知道或者应当知道与自己相对的义务人。在通常情况下，民事法律关系都有权利主体和义务主体，当权利受到侵害，权利人虽然知道或者应当知道这一客观事实，但是并不知道义务人是谁，在这种情况下，权利人一方面无法向其主张权利，另一方面也无法向法院、仲裁机构及其他相关部门提出自己的主张，要求进行保护。

第四，坚持主客观相统一的标准。在权利受侵害的客观事实和权利人已知或者应知权利受侵害以及义务人的主观方面，有时候是一致的，有时候是不一致的。主观方面和客观方面相一致的时候，按照同一的时间点起算诉讼时效。主观方面和客观方面不相一致的时候，肯定是客观事实发生在前，已知或者应知发生在后，则应当以主观吸收客观，在已知或者应知的时候，以已知和应知作为起算诉讼时效期间的时间点。

诉讼时效的起算受到最长期间的限制。请求权人不知道或不应当知道权利受到损害及其义务人，从权利受到损害之日起超过 20 年的，人民法院不予保护。

（二）诉讼时效期间起算的特别规则

1. 分期债务

对于分期债务诉讼时效期间的起算，《民法典》总则编第 189 条规定："当事人约定同一债务分期履行的，诉讼时效期间自最后一期履行期限届满之日起计算。"

对于分期债务如何理解，存在一个问题，即究竟是把一个债务分成若干期清偿，还是只是定期清偿的债务。前者如分期付款买卖的付款义务，是典型的分期债务。后者如房屋租赁的租金，通常是按月给付。

对于前一种分期债务，当然应当是在最后一期债务清偿期届满时开始计算诉讼时效期间，而不能将每一期的给付定为单独的给付而单独计算诉讼时效期间，因为分期债务是一个总体的债务，当然应当按照总体债务的清偿期间计算诉讼时效期间。

对于后一种债务的诉讼时效期间计算，在司法实践中，通常采取的方法是倒扣 3 年，即每一个月的租金给付，都单独计算诉讼时效期间，如果是按月支付租金，就按月终之日计算本月的租金诉讼时效期间；如果是按季、半年或者一年计算，也是按最终一日起计算诉讼时效期间。每一期应当缴付的租金超过诉讼时效期间的，都产生抗辩权，都可以拒绝继续履行。这样的做法其实是不对的，租用他人房屋以及其他不动产，仍然属于正在履行租赁合同，如果对于超过了诉讼时效期间的在前一些租金债务就可以主张诉讼时效期间完成的抗辩权的话，是非常难以理解的，也对保护债权人不利。

根据以上的分析，笔者认为，不论是前一种分期债务，还是后一种分期债务，都应当适用《民法典》总则编第 189 条的规定，诉讼时效期间自最后一期履行期限届满之日起计算。

2. 无民事行为能力人或者限制民事行为能力人起诉法定代理人

《民法典》总则编第 190 条规定："无民事行为能力人或者限制民事行为能力人对其法定代理人的请求权的诉讼时效期间，自该法定代理终止之日起计算。"这一条文规定的是无民事行为能力人或者限制民事行为能力人对自己的法定代理人侵害自己的合法权益，而对自己的法定代理人提起的诉讼。

这里规定的法定代理人，包括未成年人的父母，以及无民事行为能力人、限制民事行为能力人的监护人。未成年人的父母是未成年人的亲权人，是其当然的法定代理人。《民法典》总则编第 23 条规定："无民事行为能力人、限制民事行为能力人的监护人是其法定代理人。"因此所有的成年的无民事行为能力人和限制民事行为能力人的监护人，都是其法定代理人。

规定本条的理由是，无民事行为能力人或者限制民事行为能力人，他们在法定代理人履行职责期间，并不具有民事行为能力或者行为能力受到限制，无法判断自己的权益是否受到损害，如果按照诉讼时效期间起算的一般规则，将会严重损害他们的合法权益。只有当法定代理关系已经终止时，他们已经具有了民事行为能力，对自己的行为已经具有了辨别能力，因此，从这个时候开始计算诉讼时效期间，才能够更好地保护他们的合法权益。

3. 未成年人遭受性侵的损害赔偿

《民法典》总则编第 191 条规定："未成年人遭受性侵害的损害赔偿请求权的诉讼时效期间，自受害人年满十八周岁之日起计算。"这一条文是对未成年人遭受性侵的损害赔偿请求权的诉讼时效期间起算所作的规定。当未成年人遭受性侵害的损害赔偿请求权产生后，并不基于权利受到损害而开始计算诉讼时效期间，而是自受害人年满十八周岁之日起，开始计算诉讼时效期间。

这一规定特别值得研究的问题是，未成年人遭受性侵究竟产生的是何种损害赔偿请求权，受害人受到损害的权利是何种性质的权利。未成年人遭受性侵害，虽然这里只规定了损害赔偿请求权这种一般性的概念，但是具体分析，会侵害两种不同的民事权利，产生两个方面的损害赔偿责任：一是对未成年人进行性侵，造成未成年人的人身损害，侵害的是健康权和身体权，产生了财产上的损失，应当依照侵权责任编第 1182 条的规定承担人身损害赔偿的责任，因此，受害人产生的是人身损害赔偿的请求权。二是对未成年人实施性侵，最重要的还是对未成年人精神上和心理上的伤害，造成的是精神损害，这种侵害的权利实际上是性权利，通常称之为性自主权，当这种权利受到侵害以后，依照侵权责任编第 1183 条的规定，受害人产生精神损害赔偿请求权，侵权人应该承担精神损害赔偿责任。

四、诉讼时效期间完成的法律效果

我国民法对诉讼时效期间完成的法律效果的规定，经历了由胜诉权消灭主义到抗辩权发生主义的转变。

原《民法通则》第 138 条的规定系胜诉权消灭主义，采用的是苏联的立法例。这种规定在近年来遭到质疑，大多数人主张应当采德国的抗辩权发生主义。《民法典》总则编第 192 条规定诉讼时效期间完成的法律效果是产生永久性抗辩权。

胜诉权消灭主义与抗辩权发生主义的区别在于，消灭胜诉权，可以由法官依职权直接适用诉讼时效，即使当事人不以诉讼时效期间完成进行抗辩，法官仍然可以直接进行审查，并且直接适用诉讼时效，驳回债权人履行债权的请求。这无疑是在为逃债的债务人提供法律保护，使我国的诚信秩序和诚信道德缺失现状雪上加霜。而发生抗辩权，在保护权利人方面具有明显的优势，且能够实现法律逻辑上的前后一致，解决了义务人自己不援用时效抗辩时，法院不得主动援用诉讼时效规定的理论问题，同时，使享有抗辩权的主体范围、行使的方法、行使后是否可撤回等问题的解释，也有了合理依据。因此，我们主张采用抗辩权发生主义，即未经当事人主张，法院不得直接援引诉讼时效的规定而驳回债权人的诉讼请求。

《民法典》总则编第 192 条第 2 款规定："诉讼时效期间届满后，义务人同意履行的，不得以诉讼时效期间届满为由抗辩；义务人已自愿履行的，不得请求返还。"这一规定说明了诉讼时效期间届满后的另一个效果，即诉讼时效期间届满，当事人之间原来的请求权和义务，都变成了自然权利和自然债务。对于这种自然债务，履行还是不履行，不在于权利人的态度，而在于债务人的态度。债务人尊重权利人的自然债权，当然可以自愿履行罹于诉讼时效期间完成而已经变成的自然债务，这种履行并不存在法律的障碍。这种履行，可以是知道自己债务的诉讼时效期间已经完成，也可以是不知道自己债务的诉讼时效期间已经完成，债务人在主观上的这种知道或者不知道的态度，并不影响到履行债务的法律效果。债务人已经履行了债务之后，才知道自己享有诉讼时效期间经过的抗辩权的，不得再反悔而请求将已经履行的利益予以返还；而不知道自己享有诉讼时效期间超过的抗辩权而同意履行债务的，不得以自己不知道诉讼时效期间已经完成而再次以诉讼时效期间届满为由抗辩。

五、诉讼时效期间中止、中断和延长

（一）诉讼时效期间中止

时效制度意在敦促权利人及时行使权利，但其适用以权利人可以行使权利而怠于行使为前提，如果出现客观障碍而使权利人无法行使权利，则继续计算时效未免有失公平，因此应暂停计算期间以保证权利人有行使权利的必要时间，从而保护其权益。

按照《民法典》总则编第 194 条的规定，适用诉讼时效期间中止，应注意如下问题。

1. 应当存在中止的法定事由

（1）不可抗力。在诉讼时效期间的最后 6 个月内，如果发生《民法典》总则编第 180 条规定的"不能预见、不能避免且不能克服的客观情况"即不可抗力，诉讼时效期间中止。

（2）无民事行为能力人或者限制民事行为能力人没有法定代理人，或者法定代理人死亡、丧失民事行为能力或者丧失代理权。在诉讼时效期间的最后 6 个月内，如果权利人是无民事行为能力人或者限制民事行为能力人，没有法定代理人，或者有法定代理人，但是法定代理人已经死亡、丧失代理权或者丧失民事行为能力，都使正在进行的诉讼行为不能正常进行，一旦继续进行，就会损害权利人的合法权益，因此必须中止诉讼时效期间，待这些事由消灭后，再恢复诉讼时效期间。

（3）继承开始后未确定继承人或者遗产管理人。在继承已经开始，但是在诉讼时效期间的最后 6 个月内，还没有确定被继承人的继承人或者遗产管理人，无法确定继承法律关系的主体，或者无法确定遗产管理人，因此，无法进行正常的继承纠纷的诉讼活动，因而必须中止诉讼时效期间。①

（4）权利人被义务人或者其他人控制。所谓的权利人的义务人或者其他人的控制，实际上就是对继承权利人的强制。这种强制或者控制，包括两种情形：一种是身体强制，即对权利人的身体进行拘束，限制其人身自由，使其无法主张权利；另一种是对权利人的精神进行强制，使其不敢或者不能主张权利。

（5）其他导致权利人不能行使请求权的障碍。除了上述情形之外，凡是在诉讼时效期间的最后 6 个月内，出现其他能够导致权利人不能行使请求权的障碍的，都适用诉讼时效期间中止。对此法律没有列举，最高人民法院有关司法解释中也没有规定。有的法官列举了两种情形：一是有正当理由的给付延期，列举的是《德国民法典》规定的应给付延期和义务人由于其他原因暂时有权拒绝给付而停止进行诉讼时效期间。二是原告或者被告正在处于战争状态的武装部队服役，《苏俄民法典》规定了这一种诉讼时效期间中止的理由。② 这些内容可以参酌。

2. 中止事由须发生于特定期间

《民法典》总则编要求中止发生在时效期间最后 6 个月内，这是考虑了我国实际国情与权利人保护必要性的结果，因为在这种情形下权利人还有足够的时间行使权利。

3. 终止事由消除后的时效期间计算

《民法典》总则编第 194 条第 2 款规定："自中止时效的原因消除之日起满六个月，诉讼时效期间届满。"这样的规定意味着，只要在诉讼时效期间的最后 6 个月内出现中止时效的原因，就一律在中止时效的原因消除之日起

---

① 张驰："诉讼时效中止事由范围及其效力"，载《法律适用》2008 年第 6 期。
② 张驰："诉讼时效中止事由范围及其效力"，载《法律适用》2008 年第 6 期。

再加上 6 个月，诉讼时效期间就届满。这是一个比较重大的改变，这样的规定，更有利于保护请求权人的合法权益。

（二）诉讼时效期间中断

诉讼时效期间中断的适用应注意以下方面问题。

1. 须有法定事由

我国规定的法定事由主要有起诉、权利人一方提出要求、义务人同意履行义务。

（1）权利人向义务人提出履行请求。请求，是指权利人对于因时效受利益的当事人，而于诉讼外行使其权利的意思表示。[1] 法律不要求请求的形式，书面、口头均可，其形式只是一个举证的问题。

值得研究的是，如果请求后义务人不予理睬，在 6 个月内权利人又未提起诉讼或与诉讼有同一效力的事项时，此时因请求而中断的时效是不是还认为中断？通说认为，为了敦促权利人提起诉讼行使权利，也为了避免反复请求引起的烦琐问题，应视为不中断。[2]

（2）义务人同意履行义务。义务人同意履行，即义务人承认，是指义务人表示知道权利存在的行为，并通过一定方式（口头的或书面的）向权利人作出愿意履行义务的意思表示。这样，就使双方当事人之间的权利义务关系重新明确并稳定下来，因此，《民法典》总则编把此种情形作为中断时效的法定事由。

承认具有如下特点：承认为单方行为，由一方的行为即可成立；即使是对于特定第三人或不特定人所作的承认，亦足中断时效。[3] 承认可以明示，也可以默示，如支付利息、部分履行的行为、延缓期限的请求等，都构成承认而中断时效。

（3）权利人提起诉讼或者申请仲裁。起诉后的诉讼时效期间自当事人向法院提起诉讼时中断。因为时效期间中断是否发生，关键在于权利人有无积

---

① 胡长清：《中国民法总论》，中国政法大学出版社 1997 年版，第 363 页。

② 史尚宽：《民法总论》，中国政法大学出版社 2000 年版，第 653 页。

③ 史尚宽：《民法总论》，中国政法大学出版社 2000 年版，第 671 页。

极行使权利的状态，在权利人向法院提出起诉状时，就已表明其已经开始行使自己的权利，时效期间应当中断。

（4）与提起诉讼或者申请仲裁具有同等效力的其他情形。这是指权利人所实施的，与提起诉讼或者申请仲裁性质相当，具有同等效力的行为。《最高人民法院关于审理民事案件适用诉讼时效制度若干问题的规定》第12条和第13条对此进行了规定，在司法解释规定的事项中，除了申请仲裁一项已经规定在《民法典》总则编第195条第3项的情形中，其他的都可以作为与提起诉讼或者申请仲裁具有同等效力的其他情形。

2. 中断事由发生于诉讼时效期间进行之中

这种时间要求，较之于中止更为宽泛，只要是在诉讼期间范围内，无论事由发生于哪一个具体时间点均发生中断效果。可见，中断制度的存在，实际上使得权利人在某种意义上大大超越了时效期间的制约。

3. 中断事由消除后诉讼时效期间重新计算

诉讼时效期间中断，以前经过的期间归于消灭，时效重新开始计算。重新计算的时效期间的起算点的确定方法是：一是以起诉或提请仲裁、调解而中断的，自判决、裁定、调解协议生效之时起重新计算，即诉讼、仲裁期间，诉讼时效停止计算。二是以其他方式主张权利而中断的，自中断原因发生时重新计算。三是因债务人同意履行债务而中断的，自中断原因发生时重新计算。①

（三）诉讼时效期间延长

在通常情况下，权利人在诉讼时效期间内不行使权利，于时效期间届满后向法院要求保护权利的，法院不予支持。但有的权利人在诉讼时效期间内未能行使权利确有正当原因，那么严格适用诉讼时效将造成不公。

诉讼时效期间的延长，是对诉讼时效期间的中止和中断的补充。由于中止和中断的事由倾向于采取法定主义，不可能包罗诸多使权利人不能及时行使权利但又有正当理由的情况，法律特别设立诉讼时效期间延长制度予以衡

---

① 梁慧星：《民法总论》，法律出版社2001年版，第279页。

平，由法官行使自由裁量权弥补立法列举式规定的不足。但人民法院对时效的延长必须从严掌握，不得滥用，以维护诉讼时效制度的严肃性。

关于诉讼时效期间延长的适用条件，《民法典》总则编只原则性地规定"有特殊情况的"。依最高人民法院解释，该"特殊情况"是指权利人由于客观障碍在法定诉讼时效期间不能行使请求权的情形，在实务中通常适用于围绕大陆与台湾之间关系发生的诉讼。关于 20 年最长诉讼期间是否延长，延长多少，均由法院衡量权利人与义务人的利益，法秩序的安定性与权利保障的需要，根据特殊情况进行个案处理。因此，最长诉讼时效期间的延长属于法院自由裁量的范畴，当事人不能依法主张抗辩，而只能够申请法院予以审查、决定。一般认为，诉讼时效期间延长制度本身存在一些缺陷，诸如赋予法官太大的自由裁量权，没有明定延长的具体条件和期限，与设立时效制度以维护法律秩序的立法目的相悖，与诉讼时效缩短的现代立法趋势不符等。甚至有观点认为该制度已无太多的存在价值，因此，《民法典》总则编不应再规定诉讼时效期间延长制度。《民法典》总则编没有采纳这样的意见，仍然坚持人民法院有延长诉讼时效期间的权利，对于确有特殊情况的，仍然按照最高人民法院关于"是指权利人由于客观障碍，在法定诉讼时效期间不能行使请求权的情形"的解释来确定。

六、参考结论

本案中，诉讼时效期间的起算日为 2014 年 3 月 5 日，截止日为 2015 年 3 月 4 日。但由于张某某系未成年人，未办理户籍登记和居民身份证，故一审法院要求张某某办好户籍登记后再提起诉讼。此时诉讼时效发生中断，中断后诉讼时效期间的重新计算日为 2015 年 3 月 3 日，截止日为 2016 年 3 月 2 日。2015 年 9 月 2 日，即在诉讼时效期间的最后 6 个月内，其户籍登记和居民身份证尚未办理完毕，依照上述法律规定，本案诉讼时效发生中止，直至 2015 年 12 月 1 日张某某的户籍登记和居民身份证办理完毕，诉讼时效中止的情形才消失，故此，本案的诉讼时效期间应从 2015 年 12 月 2 日开始继续计算 6 个月。故张某某于 2016 年 5 月 3 日再次提起诉讼，未超过法定诉讼时效期间。

第二节　除斥期间

案例2　被迫出具借条要求撤销案

【案情】

　　某建筑公司与孙某合作，建筑公司出资进行建设，孙某出土地使用权，合作开发某小区建设工程。后孙某提出将土地出卖给建筑公司，退出合作开发工程建设。双方约定土地使用权出让金480万元，但是没有签订书面协议，也没有将土地使用权过户。一年后，建筑公司要求孙某协助将土地使用权过户，孙某趁机提出须另加800万元，否则不予过户。建筑公司无奈，出具欠孙某800万元借款的借条，孙某协助予以过户。14个月后，建筑公司向法院起诉，以胁迫为由，请求依法撤销该借款协议。

【问题】

　　建筑公司要求撤销借条的请求能够得到法院支持吗？

【法理分析与参考结论】

一、除斥期间的概念及适用范围

（一）除斥期间的概念和特征

　　除斥期间也称为不变期间，是指法律对某种权利所规定的存续期间。其法律意义在于，督促权利人尽快行使权利，超过除斥期间怠于行使该权利，则该权利消灭。《民法典》总则编第199条规定了除斥期间，这是我国法律第一次规定除斥期间。

　　除斥期间的特征包括以下几个方面：第一，除斥期间是法定期间。除斥期间都是法律明确规定的期间，是法定期间，不是当事人约定的期间，也不准许当事人约定，因此是强制性法律规范规定的期间，不得依据其他事由而变更。第二，除斥期间是权利存续期间。除斥，有排除、截止期限之意，①是权利被排除、期限被截止的意思。在该权利期间内，该权利存在，超过该权利的除斥期间，其后果是该权利消灭。第三，除斥期间的适用采法官职权主义。除斥期间届满后，不必对方当事人主张，法院可以主动依照职权确定该期间届满的效果，确定该权利绝对、当然、确定地消灭，因此，除斥期间的期间利益并不是当事人主动选择的，当事人只能被动承受，并且不能抛弃。

（二）除斥期间的适用范围

一般认为，除斥期间的适用范围是形成权，不过随着市场经济的发展，为了稳定社会经济秩序，需要适当扩大除斥期间的适用范围。因此，《民法典》总则编第199条规定的是撤销权、解除权等权利。

1. 撤销权

除斥期间的适用范围主要是形成权，撤销权是形成权，因此，其权利的存续期间适用除斥期间。其根据是，作为形成权的撤销权，会根据一方的意志而发生法律关系的发生、变更和消灭的效果，因此，对撤销权设定除斥期间的限制，不仅对他人的权利和社会公共利益有一定的关联，而且对撤销权的相对人具有期限利益，不使撤销权法律关系总是处于不稳定的状态。《民法典》总则编第152条规定撤销权的期间，就是除斥期间：①当事人自知道或者应当知道撤销事由之日起1年内、重大误解的当事人自知道或者应当知道撤销事由之日起3个月内没有行使撤销权；②当事人受胁迫，自胁迫行为终止之日起1年内没有行使撤销权；③当事人知道撤销事由后明确表示或者以自己的行为表明放弃撤销权。在这三种情形中，除了第三种情形不属于除斥期间的规定外，另外两种的1年和3个月，都是除斥期间。因此，上述几种情况都是除斥期间的适用范围。

2. 解除权

解除权是指合同订立后尚未履行或者尚未完全履行之前，基于法定或者约定的事由，通过当事人单方意思表示，即可使合同自始不发生效力的权利。因此，所谓解除权，即解除合同的权利，其包括法定解除权和约定解除权。

---

① 王利明：《民法总则研究》，中国人民大学出版社2012年版，第776页。

《民法典》合同编第 565 条规定："当事人一方依法主张解除合同的，应当通知对方。合同自通知到达对方时解除；通知载明债务人在一定期限内不履行债务则合同自动解除，债务人在该期限内履行债务的，合同自通知载明的期限届满时解除。对方对解除合同有异议的，任何一方当事人均可以请求人民法院或者仲裁机构确认解除行为的效力。"凡是符合上述规定，合同的一方当事人产生约定的或者法定的解除权，其性质属于形成权，享有解除权的一方当事人只要将自己解除合同的意思表示通知对方，即发生解除合同的效力。但有两种情况例外：一个是对方有异议的，要通过诉讼或者仲裁来确认；另一个是法律行政法规规定解除合同，应当办理批准登记手续的，要通过办理批准登记手续来确认。

解除权适用除斥期间的规定。《民法典》合同编第 564 条规定："法律规定或者当事人约定解除权行使期限，期限届满当事人不行使的，该权利消灭。法律没有规定或者当事人没有约定解除权行使期限，自解除权人知道或者应当知道解除事由之日起一年内不行使，或者经对方催告后在合理期限内不行使的，该权利消灭。"这里的约定的行使期间和合理期限，都是关于除斥期间的规定。《中华人民共和国消费者权益保护法》第 25 条规定："经营者采用网络、电视、电话、邮购等方式销售商品，消费者有权自收到商品之日起七日内退货，且无需说明理由。"这里规定的七日内无理由退货，就是远程销售的买卖合同，消费者享有七天的无理由退货的权利，这个权利其实就是法定的合同解除权，其除斥期间就是七天。

3. 某些特殊的请求权

法律规定，某些特殊的请求权也可以适用除斥期间。《民法典》总则编第 199 条规定的"等权利"，就包括这样一些特殊的请求权。例如，《中华人民共和国个人独资企业法》第 28 条规定，个人独资企业解散以后，原投资人对个人独资企业存续期间的债务仍然承担偿还责任，其除斥期间为 5 年。原《中华人民共和国担保法》规定的保证期间也是除斥期间。

4. 某些特殊的支配权

法律规定某些特殊的支配权也适用除斥期间。《民法典》总则编第 199 条规定的"等权利"，也包括这样一些特殊的支配权。《中华人民共和国著作权法》规定，著作财产权在作者死亡后50年后消灭，属于除斥期间。《最高人民法院关于适用〈中华人民共和国担保法〉若干问题的解释》第12条第2款规定："担保物权所担保的债权的诉讼时效结束后，担保权人在诉讼时效结束后的二年内行使担保物权的，人民法院应当予以支持。"该二年期间也是除斥期间的性质。

二、除斥期间与诉讼时效的区别

除斥期间与诉讼时效的区别在于以下几点。

（一）适用范围不同

除斥期间主要适用于形成权，只有在特殊规定的情况下，才可以适用于某些特殊的请求权和支配权。而诉讼时效只适用于债权请求权以及其他有关的请求权。由于请求权的范围远远大于支配权，因此，诉讼时效的适用范围规定在《民法典》总则编，作为一般的问题进行规定；而除斥期间的适用范围需要在民法分则中规定，并且作为特殊问题作具体规定。

（二）期间的计算方法不同

除斥期间的起算时间一般从权利成立之时计算，只有在例外的时候，可撤销合同的撤销权除斥期间的起算时间才是从当事人知道或者应当知道撤销事由之日起计算；并且除斥期间不适用中止、中断和延长的规定。而诉讼时效期间的起算时间是从当事人知道或者应当知道权利被侵害的时间起算；在期间进行过程中，出现中止、中断或者延长的法定事由，则时效期间相应地中止、中断或延长。

（三）法律效果不同

除斥期间完成的法律效果是直接消灭权利，权利本身不复存在。而诉讼时效期间完成的法律效果是仅消灭权利的胜诉权，消灭的是权利中受法院保护的权利的消灭，原来的请求权只是变成一种自然债，也就是对方当事人产生抗辩权，可以对抗债权履行请求权。

（四）是否允许法院主动援引和当事人抛弃不同

除斥期间完成后消灭实体权利，不管当事人是否提出主张，法院都可以主动审查，来确认除斥期间完成，以直接确认权利丧失；同时，除斥期间完成，不准许当事人抛弃期间利益，如果准许抛弃，则与以私人意思创设权利无异。[①] 而诉讼时效期间的法律后果是产生抗辩权，抗辩权是否行使，取决于抗辩权人是否主张，法院无权主动依职权进行审查，并且主动援引诉讼时效而判决；同时诉讼时效期间完成的期限利益，当事人可以抛弃，即不行使抗辩权而主动履行。

三、参考结论

本案中，建筑公司因被胁迫而与孙某签订的借款协议，属于可撤销合同之范畴，该建筑公司可以向人民法院主张撤销该合同。依据我国《民法典》总则编第 199 条的规定，撤销权作为一种形成权，受到除斥期间的限制，建筑公司在知道撤销事由之日起 14 个月后才向人民法院提出撤销之诉，其已经超过除斥期间，因此，其诉讼请求不能得到法院的支持。

第三节 期间的计算

案例 3 应某某与杨某等民间借贷纠纷案

【案情】

2014 年 1 月 10 日，杨某权、杨某夏向应某某出具借条，载明杨某权、杨某夏向应某某借款 80 万元，月息 3.5%，借款期限自 2014 年 1 月 10 日至 2015 年 1 月 9 日。该借条上有杨某以连带保证人身份签字担保。杨某权在此借条下方注明："此借款 80 万元由两笔组成，第一笔 30 万元，是二〇一四年元月十日由农行卡转账。第二笔 50 万元，是二〇一三年八月三十日由应某某农行卡转账（至今未还而转入此借款）"。因杨某权、杨某夏不能按时偿还借款，应某某于 2015 年 7 月 8 日诉至法院，请求依法判令杨某权、杨某夏等立即共同偿还款付息。

---

① 胡长清：《中国民法总论》，中国政法大学出版社 1997 年版，第 354 页。

【问题】

该案的期限应如何计算，起诉是否超过了诉讼时效？

【法理分析与参考结论】

一、期间和期日概述

（一）期间的概念与意义

期间，是指从某一时间点到另一时间点所经过的时间。实际上，期间是期日与期日之间的间隔时间，如某时至某时、某日至某日等。期日表现的是时间点，期间表现的是时间段，即时段，是以一定时点为起点，以到达另一时点为终点，期间延续的时间长度。① 期间必有一定长度，并且有始有终。因此，确定期间，须首先确定其起始时间和终止时间，即确定期日。

在民法上，期间的运用十分广泛，并可能产生多种法律效果。首先，在通常情况下，期间是指一段时间，有起始和终了的时间，即始期和终期，在始期和终期之间就是期间。其次，一定的时间经过，会产生一定的法律后果，因此，期间的经过也能成为民法上的法律事实，发生特定的法律后果。

期间可以由法律规定，也可以由当事人约定。无论是法定还是约定的期间，都对当事人之间的法律关系有重要的意义。期间在民法上的意义表现在以下几个方面。

第一，对于主体资格的意义。期间对主体资格的存在产生相当的影响，如失踪人经过一定时间杳无音讯，就可以推定其死亡；在被宣告死亡的期间内，被宣告死亡的人在法律上主体资格消灭，尽管他可能生存着。

第二，对于法律关系的意义。期间也可以成为民法上一个重要的法律事实，可以引起民事法律关系的产生、变更和消灭。例如，附始期的民事法律关系，其期间完成就发生民事法律关系；附终期的民事法律关系，其期间的完成，该民事法律关系就消灭。

---

① 史尚宽：《民法总论》，中国政法大学出版社 2000 年版，第 610 页。

第三，对民事权利存续的意义。期间能够作为民事权利存续时间的法律事实，当某一个权利存续有期间要求时，该期间完成，该民事权利消灭。例如，解除权和变更请求权通常适用除斥期间的规定，除斥期间完成，该权利消灭。

第四，对于民事义务履行的义务。在合同法律关系中，通常有履行期间，该期间完成，义务人应当履行合同义务，届时不履行义务，构成违约责任。在合同义务履行中，如果义务履行的期间未届至，义务人主张期前履行合同义务，尚须权利人同意，否则亦为违约。

（二）期日

期日是指不可分或者视为不可分的一定时间，乃时之静态，可喻为时之点。① "期日谓不可分或视为不可分之时之一点"，② 是指不可分割的特定时间。期日以静态的某一点作为表示时间的一种方式，因此，通常将期日称为"时间点"。期日常表现为某时、某日，该具体日期即为期日。

期日分为两种：一是独立的期日；二是为计算期间的方便而作为期间的起点与终点的期日。前者如 2012 年 12 月 15 日，为独立期日；后者如约定"自合同签订之日起一个月内生效"的起点也是期日，为计算的期日。

二、期间的计算

（一）期间计算的一般方法

《民法典》总则编第十章规定的期间的计算，规定的都是期间的一般计算方法。

1. 期间的计算单位

《民法典》总则编第 200 条规定："民法所称的期间按照公历年、月、日、小时计算。"这里规定的是期间的计算单位。

在我国，时间表达方法，有公历和农历之分。公历是世界各国通用的年历，农历是我国创立的依据月亮的运转确定的年历。公历是我国的通用历法，因此，我国民法所称的期间，应该按照公历的年、月、日和小时为计算单位，来计算期间。

---

① 王泽鉴：《民法总则》，中国政法大学出版社 2001 年版，第 509 页。
② 史尚宽：《民法总论》，中国政法大学出版社 2000 年版，第 610 页。

2. 小时和日、月、年的计算方法

《民法典》总则编第 201 条规定："按照年、月、日计算期间的，开始的当日不计入，自下一日开始计算。按照小时计算期间的，自法律规定或者当事人约定的时间开始计算。"这是规定计算期间的方法。

法律规定或者当事人约定的期间，是以小时计算的，如果有当事人约定，按照约定的期限时间到终止时间计算；如果没有当事人约定，或者当事人约定不明确，或者是当事人约定适用法定的计算方法的，则应当依照法律规定的起始和终止的时间点计算。

如果是按照年、月、日计算期间的，无论是法定或约定，期间开始的当天都不计算在内，而是以下一日开始计算期间。例如，计算撤销权的除斥期间，在知道或者应当知道的当天，不计算在期间之内，从下一日开始计算。

3. 年和月的终期确定

《民法典》总则编第 202 条规定："按照年、月计算期间的，到期月的对应日为期间的最后一日；没有对应日的，月末日为期间的最后一日。"这是对月和年计算期间的终期的确定。

所谓到期月，是按照月或者年计算期间的那个月，按月计算的，是指下个月；按年计算的，是指下一年的该月。所谓对应日，是按照月和年计算的期间的下月或下年该月的当日。如果有对应日，至该日为终期；如果没有对应日，月末日为期间的最后一日，这是指每年的 2 月，如果始期的时间 12 月 29 日，这一期间的终期如果 2 月是 28 日，就没有对应日，因此 2 月 28 日就是终期。

4. 期间的最后一日的特殊计算

《民法典》总则编第 203 条规定："期间的最后一日是法定休假日的，以法定休假日结束的次日为期间的最后一日。期间的最后一日的截止时间为二十四时；有业务时间的，停止业务活动的时间为截止时间。"

期间的最后一日，具有特殊的意义，即最后一日期间完成的时间，其法律后果都将出现，因此对当事人意义重大。《民法典》总则编第 203 条规定的是期间的最后一日的特殊计算方法，其宗旨是更好地保护当事人的权利，不至于因特别的问题而使当事人的权益受到损害。

第一，如果期间的最后一日是法定休假日，最后一日当事人将无法行使权利，因此，将法定期间的最后一日延长，指法定休假日结束的次日为期间的最后一日，给当事人留出一天的时间可以行使权利。例如，《中华人民共和国消费者权益保护法》第 24 条规定远程交易的消费者，享有七天的无理由退货的权利，而如果消费者是在春节前一天购物，那么春节休息七天期间消费者就无法行使这一权利，因此期间延长到春节假期后的第二天，以便给消费者留出充分的时间。

第二，期间的最后一日最终截止的时间，是该日的 24 点，这是一般的计算方法。如果特定法律关系涉及的是业务活动，而该业务活动有业务时间的，那么到停止业务活动的时间，就是最后一日的截止时间。例如，商店营业时间、公司业务活动时间等停止业务活动的时间是下午 5 点，那么截至 5 点，期间的最后一日结束。

（二）期间计算的具体方法

1. 期间的开始

按照小时计算期间的，从规定的时点开始。例如，从 10 点开始，两个小时就是 12 点。12 点的 60 分钟均在时点之内。

按照年、月、日计算期间的，开始的当日不计算在内，从次日开始计算期间，理由是"一日未满之时间为一日，实为不当也"。① 例如，约定 2012 年 12 月 10 日计算期间的，应当从次日即 12 月 11 日开始计算期间。

如果期间是约定开始于某一事实的发生的，则在计算期间时，该事实发生的当日不计算在内，亦从次日开始计算。

2. 期间的终结

以日、星期、月或者年约定期间的，以期间最后一日过去之日为期间的终止，也就是该期间最后一日的 24 点。

期间不以年、月或者星期之始日起算者，以最后的年、月或者星期与起算日相当日的前一日为期间的末日。如自星期一起算一星期的期间，即从星

---

① 这是民国民法的立法理由，参见王泽鉴：《民法总则》，中国政法大学出版社 2001 年版，第 510 页。

期二起算期间，以下星期的相当日即星期二的前一日为期间的末日。① 但以月或年定期间，于最后之月，无相当日者，以其月之末日为期间的末日。如自 1 月 31 日起算一个月，至二月无相当日 31 日，则以该月之末日即 28 日（或闰年的 29 日）为期间之末日。

（三）期间的计算

期间为一定的时间段，存在计算方法问题。期间的计算，有自然计算法和历法计算法两种方法。

自然计算法以实际的精确时间计算。该种计算法以时、分、秒为计算单位；一天为 24 小时，一星期为 7 天，一月为 30 天，一年为 365 天。例如，确定某日上午 9 时起 3 个月，是指自同日起第 90 天的同一时刻届满，而不论月份大小，单纯依每月 30 天计算。各法域通常采自然计算法。

历法计算法以天为计算单位。计算以日历所定的日、月、年为单位，一月并非为 30 天，而是按照月份不同的实际天数而有不同的具体时间。一年也有常年的 365 天和闰年 366 天的区别。例如，自 1 月 1 日起 3 个月，为 1 月 31 天、2 月 28 天（闰年为 29 天）和 3 月 31 天。

两种计算法，以月或年作为确定期间的情形，计算结果会有所差异，其各有利弊。我国民法的期间计算法兼采两种方法，《民法典》总则编第 200 条规定："民法所称的期间按照公历年、月、日、小时计算。"这意味着我国民法基本采取历法计算法，但对以时、分、秒为单位的期间，则采自然计算法。

期间的计算单位，可以是时、分、秒等微小单位，也可以是星期、月、年等时间单位。

三、参考结论

本案中，涉案借条约定的还款日为 2015 年 1 月 9 日，按照《民法典》总则编第 201 条的规定，故本案保证期间应自第二天即 2015 年 1 月 10 日起计算，期间的第 180 日即 2015 年 7 月 8 日为保证期间的最后一日。因此应某某于 2015 年 7 月 8 日起诉，属于法律规定的保证期间内要求保证人杨某承担保证责任，杨某的保证责任并不能因此而免除。

---

① 黄立：《民法总则》，元照出版公司 2005 年版，第 437 页。